Learning Communication Skills While Watching Movies

소통의 기술, 영화로 보다

박창균 · 이정우 · 함 욱 · 김주영 지음

"가장 좋은 방패는 거리예요."

"너나 잘하세요."

교우미디어

머리말

"영알못"

영화를 알지 못하는 사람들. 필자들을 두고 하는 말이다. 우리들이 영화로 글을 쓰게 된 까닭은 영화가 가진 매력 때문이다. 영화를 보고 이야기를 나누는 것은 재미있고 즐거울 거라는 생각에서 우리의 글쓰기는 시작되었다. 그러나 그건 대단한 착각이었다. 영화에 대한 얄팍한 경험과 지식은 글쓰기를 절박하게 만들었고, 영화 대사를 인용하기 위해 몇 번이고 같은 장면을 반복해서 봐야만 했다. 영화를 보는 것은 더 이상 재미있는 일이 아니었다. 그렇지만 '의사소통'이라는 관점에서 영화를 보면서 이전에 의식하지 못했던 부분이 보이고, 영화를 새롭게 해석하는 과정에서 색다른 의미와 재미를 찾을 수 있었다.

"대화연"

대화로 엮어가는 국어교육 연구회. 필자들의 또 다른 정체성이다. 우리들은 국어교육을 공부하면서 특히 대화와 의사소통 분야에 관심을 갖고 학교 현장에서 가르치며 연구와 저술 활동을 하고 있다. 이러한 우리들을 지도해 주신 분은 이창덕 선생님(경인교대 명예교수, 외솔회 회장)이다. 이창덕 선생님은 우리가 어떻게 살아야 하고, 삶에서 소통이 왜 중요하고, 무엇을 중시하고, 어떻게 소통해야 하는지에 대해 깊은 통찰과 혜안을 보여주셨다. 이 책은 가르침에 대한 감사의 마음을 담아 선생님의 퇴직을 기념하려고 기획된 것이다. 그런데 벌써 선생님은 퇴직하고 우린 이제야 책을 마무리하고 있다. 선생님의 가르침에 보답하는 마음을 담아 이제라도 이 책을 선생님께 드린다.

"소영보"

소통의 기술, 영화로 보다. 이 책의 제목이다. 제목에서 보다시피 이 책은 '영화와 소통', '소통과 영화' 사이에서 갈팡질팡하다가 필자들이 좀 더 잘할 수 있는 쪽으로 방향을 잡아 '소통'에 방점을 찍었다. 그러나 의사소통을 전략 차원의 방법론으로만 한정하지 않고 관점이나 철학에 이르기까지 다차원적으로 접근하여 궁극적으로는 의사소통에 대한 성찰의 기회를 제공하는 데 목적을 두었다.

이 책은 23개의 주제를 크게 5부로 나누어 구성하였다. 제1부는 비언어 의사소통, 제2부는 심리와 정서, 제3부는 의도와 행위, 제4부는 공감과 배려, 제5부는 관계와 문화이다. 각 부는 의사소통 이론에서 흔히 언급되는 핵심 용어와 개념으로 콘셉트를 잡고 관련되는 주제를 묶은 것이다. 각각의 주제는 영화 속 장면의 '말(대사)'에 주목하여 그것의 의미를 분석한 후에 주제와 관련한 필자들의 생각을 정리하는 방식을 취했다. 주제에 따라 필자들의 생각이 균형감을 잃은 경우가 있더라도 창의적인 관점과 개성적인 문체 정도로 보아주면 좋겠다.

"영며들다"

영화가 삶에 스며들다. 영화는 우리의 삶을 반영하고, 우리는 삶 속에서 한 편의 영화를 꿈꾼다. 소통도 마찬가지다. 소통은 우리의 삶을 작동시키고, 우리는 삶 속에서 이상적인 소통을 소망한다. 소통이야말로 삶에 스며들어 삶이 소통이고 소통이 곧 삶이라 할 수 있다. 하지만 소통과 삶이 너무 밀착된 나머지 그것이 잘못된 것인지도 모르는 채, 심지어 잘못된 것을 알더라도 습관적으로 반복하기도 한다. 그래서 소통의 과정을 성찰할 필요가 있지만 자신의 삶과 소통을 객관화하여 되돌아보는 일은 쉽지 않다. 이럴 때 영화에서 좋은 소통과 나쁜 소통의 예를 찾아보자. 그리고 그 장면에 자신을 대입해 보자. 그리고 자신의 의사소통 방식을, 또 자신의 삶을 개선하기 위해 노력해 보자. 특히 좋은 의사소통의 예에 주목해서 한 수 배워 삶에 스며들게 해 보자. 독자들을 위한 제안이자 우리 필자들의 다짐이기도 하다.

이 책이 세상의 빛을 보게 된 것은 어려운 상황에도 불구하고 출판을 결정해 준 교우사 오판근 사장님과 거듭된 교정 과정에서 많은 도움을 주신 이소정 선생님 덕분이다. 그리고 거친 원고를 꼼꼼히 읽고 윤문해 준 김현숙, 김채은 선생님께도 감사의 마음을 전한다.

필자 일동

목 차

제3부 의도와 행위

제 4 부 공감과 배려

제5부 관계와 문화

제1부
비언어 의사소통

1. 말하는 눈 “너희끼리 시선 주고받았잖아.” 《파수꾼》
2. 거리와 소통 “가장 좋은 방패는 거리예요.” 《파이브 피트》
3. 침묵으로 말하기 “어떻게 사랑이 변하니….” 《봄날은 간다》
4. 음악으로 소통하기 “이 노랠 들려줘요.” 《원스》

1. 말하는 눈

1.1 눈과 시선

얼굴 표정은 다양한 감정과 정보를 전달하는데 그 중에서 눈은 비언어적 의사소통에서 따로 논의될 만큼 중요한 신체의 일부이다. 인간의 감정이나 느낌 변화를 가장 잘 드러내는 곳이 바로 눈이기 때문이다. 사람들은 흥미롭고 반가운 것을 보면 동공이 확대되고 적대감이 생기거나 부정적인 기분이 들 때는 동공이 축소된다. 또 누군가가 마음에 들고 좋은 감정이 생길 때는 동공이 커질 뿐만 아니라 계속해서 쳐다보게 되고, 반면에 누군가가 마음에 들지 않고 싫은 감정이 생길 때는 동공이 축소되거나 시선을 회피하게 된다.

우리는 마음에 드는 사람이나 자신과 비슷한 사람들을 더 많이 쳐다본다. Mehrabian(1981)의 설명에 따르면 시선은 접근하는 행동이고 접근하는 행동은 좋아함과 관련이 있기 때문이다. 그래서 마음에 드는 사람에게 접근하는 한 가지 방법은 쳐다보는 것이고 마음에 들지 않은 사람은 쳐다보지 않는 것이다.[1]

[1] 시선은 다음과 같은 몇 가지 기능을 갖고 있다(Erickson, 1979). 첫째, 관계의 친밀함을 향상시킨다. 응시하면서 앞으로 몸을 기울이거나 더 많은 제스처를 동반하면 친밀함을 촉진할 수 있다. 둘째, 감정 표현이다. 얼굴 표정을 연구하는 사람들은 보편적인 감정(슬픔, 화남, 기쁨, 두려움, 역겨움, 놀람)을 해석하는데 눈과 눈썹을 얼마나 활용하는지를 분석한다. 셋째, 다른 사람에 대한 느낌을 전달한다. 전반적으로 마음에 드는 사람이나 자신과 비슷한 사람들을 더 많이 쳐다본다. 넷째, 신뢰성 판단에 시선이 이용된다. 시선을 피하는 것은

시선은 감정과 태도를 드러내기도 하고 대화의 흐름을 조절하는 수단으로 활용되기도 한다. 서로의 시선을 주고받으며 대화가 시작되면 화자는 밀도 높은 의사소통을 위해 청자에게 시선을 보내고, 청자도 말을 잘 이해하기 위해 화자에게 시선을 보내기도 하고 시선을 피함으로써 대화를 거부하기도 한다. 또한 시선은 감정 상태를 드러내고 다양한 메시지를 전달할 수 있다. 때로는 시선으로 상대방을 지지하고 격려하기도 하고 때로는 상대방을 통제하거나 공격하기도 한다. 이처럼 시선에는 다양한 감정과 메시지를 담을 수 있기 때문에 대화 중 참여자들은 굳이 말을 하지 않더라도 시선 처리를 통해 상호작용을 조절하거나 의미를 전달하기도 한다.

그런데 시선은 의사소통 맥락이나 문화에 따라 그 의미가 달라진다. 예를 들어 어떤 상황에서 누군가를 계속 쳐다보는 것은 도움을 애원하는 신호로 사용될 수 있지만, 다른 상황에서는 지나치게 도전적이거나 공격적인 행동으로 간주될 수 있다. 또 서양 문화권에서는 상대방의 눈을 똑바로 쳐다보면서 이야기를 나누어야 하지만, 동양 문화권에서는 말을 할 때 상대방의 눈을 정면으로 주시하는 것은 결례가 될 수 있다고 여겨 시선을 피하기도 한다.

이렇듯 의사소통 참여자들의 시선은 그것이 의도적이든 비의도적이든 다양한 기능을 수행한다. 따라서 여기에서는 몇 편의 영화에서 시선의 의사소통 기능을 살펴보고, 의사소통 맥락에서 시선의 의미에 대해 논의하고자 한다.

부정적으로 해석된다.

1.2 영화 속 '시선' 들여다보기:
《우리들》, 《인턴》, 《파이브 피트》, 《파수꾼》

(1) 대화의 흐름 조절

대화 상황에서 시선은 다양한 역할을 한다. 시선을 통해 상대방과 대화를 계속할 것인지, 그만둘 것인지, 또는 내가 말할 것인지, 상대방이 말하게 할 것인지 등 대화의 흐름을 조절한다. 예를 들어 대화의 시작을 알리거나 발언권을 얻기 위해 상대방을 쳐다본다. 대화를 하는 중에도 말과 함께 시선을 지속적으로 주고받는다. 대화 중 말을 하기 싫거나 대화를 그만하고 싶을 때는 상대방에게 시선을 주지 않는다.

장면 1

선이와 지아가 놀이터에서 대화하는 장면 (《우리들》* 14:49 ~ 15:35)

선이: (지아를 쳐다보고 고개를 끄덕이며) 가수?
지아: 응. 근데 내가 4학년 때 얘가 갑자기 생각이 난 거야? (선이를 쳐다보며) 공부를 못하니까, 그래서 동시통역사를 해야겠다 싶어서 동시통역사를…
선이: (지아를 쳐다보며 궁금한듯이) 아, 근데 동시통역사가 뭐냐?
지아: 아, 동시통역사는 중국인과 프랑스인이 있으면 어떤 통역을 해 줘야 되잖아, 그 사람 언어가 차이가 있으니까, 다시 통역사들에게 갔다가 여기 가고 ……(말소리가 점점 작아지고 들리지 않는다.)
(지아가 말하는 도중에 옆에서 다른 아이들이 이야기 소리가 들리자 선이의 시선이 그곳을 쳐다본다.)
지아: (말을 멈추고) **어디 봐?**
선이: (선이가 쳐다보는 것을 지아가 보려 하자 제지하며) 아니, 아니 아니야 아무것도.
지아: (선이를 쳐다보며) 근데 넌 뭐 하고 싶은 거 없어?
선이: 난 아직은 없는데.

영화 《우리들》에서 초등학생 선이는 친구가 된 지아의 이야기를 귀 기울여 듣고 있다가 주위 아이들 말소리에 시선을 돌린다. 선이는 좋아하는 친구 보라가 지나가자 자연스럽게 시선이 돌아간 것이다. 그러자 지아는 자신의 말을 듣고 있지 않는 선이에게 어디를 보느냐고 물으며 자신의 말을 멈춘다. 선이가 의도한 것은 아니었지만 시선이 대화의 흐름을 끊은 것이다. 이 상황을 보면 누군가와 대화할 때 이야기를 듣는다는 것은 '본다'는 행위(시선)가 전제된 것임을 알 수 있다. 영화에서는 선이가 시선을 돌리자 지아의 목소리가 점차 작아지고 결국 아무런 소리도 들리지 않게 된다. 이는 선이의 관심이 온통 지나가는 보라에게 쏠렸다는 것을 의미하지만, 시선을 두지 않으면 아무 것도 들리지 않는다는 의미로도 해석할 수 있다. 이는 말할 때도 마찬가지다. 누군가를 보지 않고 말을 할 수 없다. 즉, 대화를 나눈다는 것은 시선을 주고받는 행위가 반드시 수반된다.

장면 2

벤과 줄스가 대화하는 장면 (《인턴》 1:30:25 ~ 1:30:45)
(벤이 줄스 남편의 외도를 알고 나서 그녀와의 대화에서 불편함을 느끼고 피하려고 하자 줄스는 왜 그러냐고 묻는다.) 줄스: (벤을 쳐다보지만 벤은 눈을 마주치지 않는다.) 벤, 내가 일을 너무 많이

---

* 《우리들》 2016.6.16. 개봉/러닝타임 94분/대한민국/드라마/감독: 윤가은

- 선(최수인): 친구들로부터 따돌림을 받은 선이는 전학생 지아를 만나 절친이 되지만 개학 후 달라진 지아의 태도에 당황해 한다.
- 지아(설해인): 전학 온 첫날 선이를 만나 우정을 쌓아가던 중 다른 친구들 편에 서서 선이를 등진다.

⇒ 서로의 비밀을 나누던 선이와 지아는 언제부턴가 관계가 틀어진다. 이유를 알 수 없는 선이와 이유를 숨기는 지아, 이들은 결국 거짓말과 폭로의 굴레를 헤매게 된다. 위의 장면은 선이와 지아가 서로 친하게 지낼 때 놀이터에서 대화하는 상황이다.

드렸다면 저랑 꼭 샌프란시스코에 안 가셔도 돼요.
벤: (여전히 줄스를 안보고 다른 곳에 시선을 두며) 줄스, 내 나이가 되면 때론 피곤해져요. 그게 다예요.
줄스: (벤을 쳐다보며) 피곤하세요? 그래서 **여기 오신 후 절 한 번도 안 쳐다보신 건가요?**
벤: (줄스를 쳐다보며) 지금 보고 있잖아요.

영화 《인턴》에서 벤이 줄스 남편의 외도를 알고 나서 그녀와의 대화에 불편함을 느끼는 상황이다. 그래서 벤은 줄스와 시선을 마주치지 않자 줄스가 왜 쳐다보지 않느냐고 묻자 마지못해 그녀를 바라본다. 이처럼 대화에 참여하고 싶지 않을 때나 대화를 서둘러 끝내고 싶을 때에 상대방에게서 시선을 돌리게 된다.

(2) 감정과 태도 표현

시선은 얼굴 표정과 더불어 다양한 감정을 표현하는 수단이다. 슬픔, 화남, 기쁨 등 인간의 보편적인 감정은 시선을 통해 표현할 수 있으며, 이는 함께 대화를 나누는 사람에 대한 태도와 연결되기도 한다. 즉, 시선을 통해 호의적인 태도를 드러내어 관계의 친밀함을 증대시키기도 하고 반대로 적대적인 태도를 드러내기도 한다.

장면 3

포와 스텔라가 사랑하는 마음을 시선에 담아 서로 쳐다보는 장면
(《파이브 피트》* 39:22 ~ 40:10)

포: 걔(윌) 원래 선 자주 넘잖아. 상처 주려고 한 건 아닐 걸.
스텔라: 그래도 짜증 나. '애비 죽었지'라는 말을 별것도 아닌 것처럼 했다니까. 나도 갔어야 했어. (울먹거리며) 같이 갔어야 했어.

포: (놀라서 스텔라를 쳐다보며) 그만, 스텔라. (울고 있는 스텔라에게 달래며) 스텔라, 나 봐봐. 예상 못한 일이야. 네 잘못이 아냐. 자책하지마. 이 병 진짜 답답하다. 안아주고 싶은데… 안아준다고 상상이라도 해봐.

포: (스텔라를 애틋하게 쳐다보며) **사랑해.**

스텔라: (포를 애틋하게 쳐다보며) 나도 사랑해.

영화 《파이브 피트》에서 포와 스텔라는 아주 친한 친구지만, 둘은 병 때문에 가까이 다가갈 수 없는 사이이다. 포는 윌 때문에 슬퍼하는 스텔라를 안아주며 위로해 주지 못해 안타까워한다. 그래서 눈빛에 위로의 마음을 담아서 "사랑해"라고 말한다. 언어적 메시지(사랑해)와 비언어적 메시지(시선)가 결합하여 사랑의 감정을 전달하고 있다. 일반적으로 언어적 메시지를 비언어적 메시지가 보충하거나 보완한다고 하는데, 이 상황에서는 둘의 역할이 바뀐 듯하다. 비언어적 요소인 시선이 감정 표현의 주된 역할을 하고, 사랑한다는 말이 보조적 수단으로 사용되기도 한다.

장면 4

화가 난 기태가 재호에게 따지며 묻는 상황 (《파수꾼》* 35:26 ~ 37:20)

(기태가 이야기하고 있는데 재호와 희준이 시선을 주고받는다. 이를 기태가 알아채고 화장실로 나가자 재호가 따라 나선다.)

기태: (재호를 쳐다보며) 아까 왜 그런 거야?

---

* 《파이브 피트》 2019.04.10.개봉/러닝타임 116분/미국/로맨스, 멜로, 드라마/감독: 저스틴 발도니

– 스텔라(헤일리 루 리차드슨): 낭포성 섬유증 환자로 윌을 만나 사랑하게 된다.

– 윌(콜 스프로즈): 낭포성 섬유증 환자로 스텔라를 만나 사랑하게 된다.

⇒ 같은 병을 앓고 있는 스텔라와 윌은 6피트 이내로 다가갈 수 없고 접촉을 해서도 안 된다. 두 사람은 안전거리를 유지하려고 하지만 서로에 대한 감정은 점점 가까워진다.

재호: (의아하다는 듯이) 뭐?

기태: 아까 **너희끼리 시선 주고받았잖아.**

재호: (웃으며) 무슨 소리야?

기태: (화가 난 목소리로 크게) 아까 **너희끼리 시선 주고받았잖아.**

재호: (고개를 떨구고 아무런 말을 하지 않는다.)

기태: (화가 난 목소리로) 씨발, 내가 무슨 병신인 줄 아냐? (재호가 말없이 코를 훌쩍인다.) 싸대기 맞기 싫으면 그냥 얘기해. (재호가 난처한 듯이 시선을 피한다.) 씨발 새끼야, 빨리 얘기하라고.

재호: (기태를 똑바로 쳐다보지 못하며) 아까 애들끼리 얘기한 거 때문에…

기태: 무슨 얘기?

재호: 그냥 네가 부모님 얘기 나오면 아무 얘기도 안 한다고. 아무 얘기도 안 하다가 딴말하고 막 그런다고. 그 얘기 한지 얼마 안 돼 가지고 네가 또 그래 가지고. 별거 아니잖아.

기태: 그래서 너희끼리 눈빛 주고받은 거냐? 비웃듯이?

재호: 아휴, 내가 널 왜, 왜 비웃어, 내가?

기태: 그래서 희준이랑 눈빛 주고받은 거냐고? (재호에게 째려보며) **나 봐봐**. 응?

재호: (시선을 피하다가 기태를 쳐다보며) 미안해.

기태: (재호에게 째려보며) 나 봐 봐. 얘기해 봐, 어?

재호: 비웃은 건 아니야.

기태: (재호를 째려보며) 아, 좀 얘기 좀 해 보라고, 씨발, 진짜.

재호: (시선을 피하며) 아니, 눈빛은 주고받았는데 비웃은 건 아니야.

*** 《파수꾼》 2011.03.03. 개봉/러닝타임 117분/한국/드라마/감독: 윤성현**

- 기태(이제훈): 편부 가정에서 자라 애정결핍이 있고 친구들 사이에서 군림하면서 관심을 받기를 바란다.
- 동윤(서준영): 중학교 때부터 기태와 같이 지내온 절친한 친구인데 원인 모를 이유로 학교를 자퇴하고 기태의 장례식에도 나타나지 않는다.
- 희준(박정민): 자신이 좋아하는 여학생이 기태를 좋아하자 기태에게 열등감을 갖고 자신을 거칠게 대하는 기태에게 불만을 갖는다.

⇒ 친구들 사이의 암묵적인 권력관계와 소통의 부재로 인한 비극을 사실적으로 다룬 영화이다. 견고했던 친구들이 소통의 부재와 오해로 서서히 멀어지고 갈라지게 된다.

영화 《파수꾼》에서 기태는 자신이 친구들과 이야기할 때 재호와 희준이 서로 눈빛을 주고받는 것을 보고 기분이 나빠서

화장실에서 왜 그랬냐고 따져 묻고 있다. 재호에게 화가 난 기태는 재호를 째려보며 따져 묻고 대답하기 난처한 재호는 시선을 자꾸 피하게 된다. 두 사람은 상대를 째려보면서 화난 감정을 표현하고, 시선을 피하면서 난처한 입장을 드러내고 있다. 이는 일상의 의사소통 상황에서도 흔히 경험할 수 있는 것이다. 또한 이 장면에서 주목해야 할 것은 대화 중 '시선을 주고받는다'는 것의 의미다. 기태는 재호와 희준이 시선을 통해 메시지를 주고받았는데 그것이 자신과 관련된 것이라는 것을 직감하고 희준에게 따져 묻는다. 재호의 설명에 의하면 재호와 희준이의 시선에는 '재 또 그런다' 정도의 메시지가 담겨있다. 이처럼 시선에는 말하는 사람의 감정이나 상대방에 대한 태도뿐만 아니라 특정 메시지를 담을 수 있다.

(3) 메시지의 전달

앞선 사례를 통해 의사소통 상황에서 시선은 감정 표현뿐만 아니라 특정한 의미를 전달할 수 있음을 살펴보았다. 일반적으로 의사소통에서 의미 전달과 관련하여 비언어적 요소는 언어적 메시지의 의미를 보완하거나 강조하는 기능을 한다. 하지만 때로는 언어적 메시지를 대체하여 특정 의미를 전달하기도 한다.

장면 5

베키가 울자 벤이 제이슨에게 위로하는 상황 (《인턴》* 1:01:01 ~ 1:01:40)

줄스: 고객 구매 패턴 데이터도 봐야겠어. 벤에게도 보여줘. 벤에게 먼저 보여줘.
베키: (당황한 표정을 지으며) 네.
줄스: 걱정 마, 베키, 지원군이 있으면 좋으니. (뒤돌아 자리를 떠나며) 카메론이 들어오면 알려줘.
베키: (흐느껴 운다.)
벤: (우는 베키를 쳐다보며 뒤에서 상황을 지켜보고 있는 **제이슨을 보고 베키쪽으로 고갯짓을 한다.**)
제이슨: (우는 베키에게 다가가 포옹하며) 안녕.
벤: 베키?
베키: (울면서 벤에게) 난 여기서 일한 지 9개월 됐어요. 그런데 나한테 뭘 보라고 한 적이 단 한 번도 없어요. 단 한 번도요.
벤: 알아요, 서운하겠죠.
베키: 완전 서운해요.

영화 《인턴》에서 벤이 화가 나서 우는 베키를 보고 자신이 직접 위로하지 않고 평소 베키에게 호감을 느끼고 있는 제이슨에게 위로해 주라고 하는 상황이다. 그런데 벤은 이 상황에서 제이슨에게 직접 말로 하지 않고 시선을 통해 베키를 위로해 줄 것은 제안한다. 아마 그의 시선에는 '지금이 베키와 가까워질 수 있는 적절한 타이밍이야.'라는 메시지가 담겨져 있을 것이다. 이와 같은 시선에 담긴 메시지는 벤의 고갯짓(몸짓언어)을 통해 그 의미가 보다 명료하게 전달된다.

---

* 《인턴》 2015.09.24. 개봉/러닝타임 121분/미국/코미디/감독: 낸시 마이어스
- 줄스(앤 해서웨이): 열정이 넘치는 30세의 여성 CEO이다.
- 벤(로버트 드 니로): 경험이 많은 70세의 인턴이다.

⇒ 성공 신화의 줄스 회사에 벤이 노인 대상 인턴 프로그램에 참여하며, 회사의 여러 가지 어려움을 지혜롭게 해결해 나간다.

장면 6

술집에서 줄스가 회사 직원들과 함께 대화하는 모습 (《인턴》 1:15:10 ~ 1:15:23)

줄스: 한 잔 더 마실 사람?
제이슨: 나도 한 잔.
루이스/데이비스: 좋아.
데이비스: 이번엔 반 잔만요.
제이슨: 반은 내가 마실게요.
줄스: 전부 더블로 주세요.
벤: (**걱정스런 눈빛으로 줄스를 계속 쳐다본다.**)
줄스: (벤을 쳐다보며) 아뇨, 괜찮아요. 마실 수 있어요. 제가 한 주량 해요.

영화 《인턴》에서 줄스가 직원들과 술을 한 잔 더 마시자고 권하자 벤이 걱정스럽게 쳐다보는 상황이다. 벤이 줄스를 한동안 쳐다보자, 줄스가 괜찮다고 더 마실 수 있다고 말한다. 줄스의 대답으로 미뤄보면 벤의 시선에는 '이미 많이 마셨으니 그만 마시는 게 좋겠어요.'라는 메시지가 담겼다고 볼 수 있다. 이처럼 대화 상황에서 아무런 말을 하지 않았지만, 대화의 상황 맥락적 정보를 활용해서 시선에 메시지를 담고 그 메시지를 읽어낼 수 있다.

1.3 눈으로 말하는 방법

의사소통에서 시선 처리는 매우 중요한 의사소통 기능이자 전략이다. 시선 처리는 의사소통의 본질적인 기능이며, 시선 처리를 어떻게 하느냐에 따라 의사소통 효과가 달라진다. 의사소통에서 시선은 다양한 감정이나 메시지, 관계적 정보를 드러내어 상대방이나 의사소통 과정에 직·간접적인 영향을 미치기 때문이다. 하지만 사람들은 일상적인 의사소통 상황에서 시선 처리를 대수롭지 않게 여기거나 중요성을 인식하더라도 실제 소통 상황에서는 시선 처리에 어려움을 겪기도 한다. 그렇다면 의사소통 상황에서 시선 처리를 어떻게 하면 좋을까? 앞서 영화 사례에서 살펴본 내용을 토대로 의사소통 상황에서 시선 처리의 몇 가지 의미에 대해 생각해 보자.

- **시선은 의사소통의 통로(channel)이자 전제 조건이다.**

참여자들이 서로 협력하여 대화하기 때문에 의사소통이 가능하다. 대화에 참여하는 사람들은 화제와 관련된 진실된 내용을 적절한 양만큼 제공하며 의사소통이 잘 이루어질 수 있도록 서로 협력한다. 그런데 협력은 언어적 차원에만 한정된 것은 아니다. 최소한 대화가 시작되고 대화가 유지되면 비언어적 차원의 협력도 이루어져야 한다. 비언어적 협력의 핵심은 시선을 주고받는 것이다. 어떻게 보면 언어적 차원의 협력보다 우선하는 것이 비언어적 요소인 시선을 주고받는 것이다. 대화할 때 누군가를 쳐다보지 않고 말하거나 누군가를 쳐다보지 않고 듣는다는 것은 협력이 이루어지지 않는 것이며 더 이상의 의사소통을 불가능하게 한다. 영화 《우리들》과 《인턴》에서 "어디를 보느냐?", "왜 쳐다보지 않느냐?"라고 말하는 것은 대화 상대자가 협력하지 않기 때문에 대화를 이어 나가기 위해 의사소통의 채널을 확인하는 것이다.

• **시선은 다양한 방식으로 의사소통의 효과를 더한다.**

의사소통 상황에서 소통의 효과를 높이기 위해 시선을 활용한다. 영화 《파이브 피트》에서처럼 언어적 요소와 함께 감정을 명확하게 하기도 하고, 영화 《파수꾼》의 기태처럼 표정이나 목소리 등의 다른 비언어적 요소와의 결합을 통해 화난 감정을 보다 강력하게 전달하는 요소로 활용하기도 한다. 그리고 영화 《인턴》에서처럼 시선에 특정한 메시지를 담아 의미를 전달하기도 한다. 이때 눈여겨볼 점은 대화 상황에서 시선에 특정 의미가 수반될 때는 '시간' 변인이 영향을 미친다는 것이다.[2] 말을 해야 할 상황에서 말하지 않고 한동안 상대방을 쳐다보게 되면 상대방은 맥락적 정보를 활용해서 시선의 의미를 해석한다. 하지만 다른 비언어적 요소와 마찬가지로 언어적 요소에 비해 그 의미가 명확하지 않다는 한계도 분명히 갖고 있다는 점을 유념해야 한다.

• **시선은 문화마다 다르게 해석될 수 있으므로 지나치게 단순화하지 말아야 한다.**

대화를 나눌 때 상대방의 눈을 '충분히' 쳐다보고 말하라고 하지만, 얼마나 많이 눈을 맞추어야 충분한가에 대한 문화적 차이 때문에 문제가 생길 수 있다. 대부분의 영국계 미국인들은 눈을 잘 맞추지 않는 사람은 진실되지 않고, 관심이 없고, 용기가 없고, 피하려거나 거짓말을 한다고 생각한다. 일반적으로 이런 문화에서는 눈을 잘 맞추지 않는 것에 대해서는 긍정적인 뜻이 아예 없다. 그래서 적극적인 눈 맞춤이 자연스러운 영국계 미국인들은 아프리카계 미국인들이 주의를 기울이지

2 응시하는 시간은 호감도와 상관성을 갖는다. 예를 들면 면접에서 면접관이 피면접관을 응시하는 정도를 통해 그가 피면접원에 대해 어느 정도 호감을 느끼고 있는지를 가늠할 수 있다. 그리고 두 사람이 관계를 보다 친한 관계로 발전시키기를 원하는 경우 더욱 많이 응시하는 경향도 발견된다(강길호 외, 1995: 142).

않는 것도 아니고 관심이 없는 것도 아닌데 그렇다고 오해를 한다. 왜냐하면 많은 영국계 미국인들은 접촉을 유지하려고 고개 끄덕임, 어조, 그리고 시선을 사용하는 반면에 아프리카계 미국인들은 셋 중 하나만 사용하기 때문이다(존 스튜어트/서현석 외, 2015: 337–338).

비언어적 행동이 문화적 규범의 영향을 많이 받듯이 시선도 문화적으로 부과된 규범이나 규칙을 따른다. 예를 들어 우리는 사람의 눈을 뚫어지게 응시하거나 오랫동안 쳐다보는 것을 삼가는 사회적 규범을 따른다. 뿐만 아니라 잘 모르는 사람이 마주 지나갈 때 서로 쳐다보지 않은 채로 지나가는 것도 사회적 규범의 하나다(강길호 외, 1995: 142). 따라서 문화마다 어떤 것이 좋은 시선인지는 다르기 때문에 시선과 눈 맞춤을 지나치게 단순화하지 말아야 한다.

"가장 좋은 방패는 거리예요." 《파이브 피트》

2. 거리와 소통

2.1 관계에 따른 거리의 의미

우리는 공간 속에서 살아간다. 공간은 삶의 물리적인 영역으로 자연 그대로의 모습으로 존재하기도 하고 인간에 의해 새로운 세계로 변형되기도 한다. 이런 측면에서 보면 인간은 공간을 자유롭게 활용하고 지배하는 듯하다. 그런데 관점을 달리해 보면 공간이 우리 삶에 막대한 영향을 미치기도 한다. 공간에 의해 인간의 말과 행동이 규제되고 통제되기도 한다. 예를 들어 들판에서는 큰소리로 자유롭게 소리 지를 수 있지만 도서관에서는 말과 행동이 조심스러워진다. 또한 그 공간이 가족들이 함께 있는 사적인 곳이냐, 공청회장과 같은 공적인 장소냐에 따라 이야기하는 화제는 물론 말투까지 달라진다. 이처럼 공간은 인간의 삶뿐만 아니라 의사소통 방식과도 밀접한 관련을 맺는다.

공간은 사람이 존재하거나 어떤 일이 일어날 수 있는 장소이며, 이 공간에 존재하는 사람 사이의 떨어진 길이가 '거리'다. 공간이 장소라면 공간 속에서 물질이나 사람들 사이의 간격은 거리다. 이와 같은 공간과 거리의 의사소통적 활용을 다루는 학문 분야를 근접학(Proxemics)이라고 한다. 근접학의 연구 성과 중에 잘 알려진 것이 바로 Edward Hall의 거리 이론[3]이다. 거리 이론에 의하면 상대방과 관계에 따라 공간의 의미가

3 문화인류학자인 에드워드 홀(Edward T. Hall)은 근접학을 '문화의 특별히 정교화된 부분으로서 인간의 공간 사용에 대한 관찰과 이론'으로 정의한다. 그는 〈The Hidden Dimension〉

달라지고 공간 속에서 소통의 방식 또한 달라진다. 친밀한 거리는 가족이나 친한 친구가 함께 있으면 편안함을 느끼지만 낯선 사람과 함께 있을 때는 불편한 공간이 된다. 마찬가지로 사회적 거리는 사회적 관계 속에서 만난 사람들에게는 자연스러운 거리이지만 친한 사람들에게는 어색한 거리가 될 수 있다. 또한 거리에 따라 소통의 방식도 달라진다. 친밀한 거리나 개인적인 거리에서는 신체 접촉과 같은 비언어적 의사소통이 적극적으로 활용될 수 있는 반면에 사회적 거리나 공적인 거리에서는 신체 접촉을 통한 의미의 주고받음은 어렵다.

영화 《파이브 피트》는 제목에서 알 수 있듯이 '거리'를 소재로 한 영화다. 이 영화에서 남녀 주인공은 낭포성 섬유증[4]이라는 병 때문에 서로

(1966)에서 대인 의사소통에서 공간 사용의 영향을 강조한 바 있다. 에드워드 홀에 의하면 인간이 상호작용하면서 다른 사람과 유지하는 거리를 다음과 같이 구분한다. 타인과 유지하는 공간은 문화권에 따라 다소 차이가 있긴 하지만, 타인과의 관계에 따라 그 거리가 달라진다.

첫째, 친밀한 거리(intimate space 0~2cm/15~46cm)는 배우자(애인), 가족, 친한 친구와 같이 매우 친밀한 유대관계가 형성되어 있는 사람과의 거리이다. 이 거리에 있는 사람들은 매우 사적인 관계로 서로 접촉이나 포옹이 가능하며 귓속말을 나눌 수 있다. 이 공간에 친하지 않거나 낯선 사람이 접근하는 것을 허락하지 않으며, 타인이 들어오면 긴장하고 일정한 거리를 유지하기 위해 자리를 옮기기도 한다.

둘째, 개인적인 거리(personal space 46~76cm/76~122cm)는 가족이나 친구는 물론이고 가깝게 느끼며 잘 아는 사람들과의 관계에서 발생하는 거리이다. 사적인 공간을 침범하지 않은 가운데 타인과 상호작용이 일어나며 원한다면 서로 손을 잡을 수도 있다. 의사소통 시 서로의 표정을 관찰할 수 있으며 1:1 대화를 나누기에 가장 무난한 거리다.

셋째, 사회적인 거리(social space 1.2~2.1m/2.1m~3.7m)는 낯선 사람이나 직장에서 상사와 부하 직원처럼 정서적인 친밀함이 없는 사람들 사이에 형성되는 거리다. 새로운 사람을 만나거나 업무 회의를 할 때에 이 거리를 유지하며 대개 테이블을 사이에 두기도 한다. 사회적 거리는 주위 사람이 끼어들거나 간섭할 수 있는 공간이다.

넷째, 공적인 거리(public space 3.7~7.6m/7.6m~)는 연설이나 강의에서 청중과 유지하는 거리다. 이 거리를 유지해야 청중은 연설자나 강연자가 불편하지 않고 편안하게 강의를 들을 수 있다. 동물원에서 동물들과 관람객 사이의 공간도 이 정도의 안전 공간(safe zone)을 확보한다.

4 낭포성 섬유증(Cystic Fibrosis)은 폐, 간, 췌장, 비뇨기계, 생식기계 및 땀샘 등 신체의 여러 기관을 침범하는 유전질환이다. 이 질환에서는 점액이 정상적으로 만들어져야 하는 세포에서 두껍고 끈적거리는 점액이 만들어져 염분과 수분이 잘 조절되지 않는 상태가 된다. 폐에서 나오는 끈적한 점액이 병원균 이동을 막기 때문에 세균 감염이 잘 발생한다. 췌장에서는 끈적한

다가가고 싶어도 다가갈 수 없다. 그들은 사회적인 거리(6feet=1.8m)를 유지해야 한다. 두 사람의 건강을 지킬 수 있는 가장 좋은 방패가 바로 거리이기 때문이다. 두 주인공 윌과 스텔라는 서로 사랑하는 친밀한 관계로 발전했음에도 불구하고 개인적인 거리로 또 친밀한 거리로 좁히지 못하고 사회적인 거리를 유지하면서 사랑을 나누어야 하기에 관객들의 마음을 안타깝게 한다.

상황은 다르지만 우리도 코로나 팬데믹으로 이와 비슷한 경험을 하였다. 우리는 아주 가깝게 지내던 친구나 직장 동료를 만나도 서로의 안녕을 위해 사회적 거리 두기(social distancing)를 하며 악수도 하지 못하고 멀찍이 떨어져서 제대로 이야기도 나누지 못하고 헤어져야만 했다. 친밀한 거리에서 악수를 하거나 개인적인 거리에서 인사를 나누어야 하는데 사회적 거리를 두고 이야기를 하니 어색하고 아쉬울 수밖에 없었다.

이와 같은 '거리'의 의미를 영화 《파이브 피트》를 통해 생각해 볼 수 있다. 이 글에서는 홀(Hall)의 거리 이론을 토대로 거리가 관계 발전에 따라 어떤 의미로 작용하는지 또 거리에 따라 의사소통 방식은 어떻게 달라지는지를 살펴보고, 거리와 의사소통의 관계에 대해 생각해 보고자 한다.

2.2 영화 속 '거리와 소통' 들여다보기: 《파이브 피트》

(1) 친밀한 거리

친밀한 거리는 말 그대로 매우 친밀한 유대관계를 형성한 사람들이 함께 있을 때 서로 편안함을 느낄 수 있는 공간이다. 이 공간에서는 언제든지 '스킨십(skinship)'이 가능하다. 바꾸어 말하면 자유로운 신체

점액이 췌장액의 이동을 막아서 소화 장애를 일으키고 지방 및 지용성 비타민의 흡수 장애가 나타난다.

접촉이 가능한 친밀한 사람들에게 허용되는 거리다. 따라서 친밀한 사람들끼리는 이 거리에서 다양한 방식의 신체 접촉이 가능하며, 신체 접촉을 통해 다양한 감정과 의도를 전달한다. 다음은 영화 《파이브 피트》의 시작과 마지막에서 '스킨십'의 의미를 내레이션으로 들려주는 장면이다.

장면 1

영화의 시작 (00:33 ~ 1:21)과 마지막 (1:49:08 ~ 1:50:06)
스텔라(내레이션): 스킨십(Human touch). **인간의 가장 기본적인 의사소통 수단**이자 안정감과 편안함을 주는 작은 손길 혹은 볼에 닿는 입술의 촉감. 기쁠 땐 우리를 하나 되게, 두려울 땐 우리를 용감하게, 열정의 순간에 우릴 짜릿하게 만들죠. 사랑할 때요. 우리에겐 공기만큼이나 그 손길이 필요하단 걸 나(스텔라)는 미처 몰랐어요. 그(윌)의 손길이 간절해지기 전까지는(만약 이 영상을 보고 있다면 그리고 할 수 있다면 만지세요. 옆의 그 사람을. 낭비하기에 인생은 너무 짧으니까요.).

영화의 처음 시작과 마지막 부분에서 여주인공 스텔라의 목소리를 통해 스킨십은 기본적인 의사소통 수단으로 기쁘고, 두렵고, 사랑할 때 감정을 전달하는 공기만큼이나 소중한 것이라고 말한다. 그런데 스텔라는 윌을 사랑하지만 서로의 안전을 위해 스킨십을 하지 못하는 상황이다. 주인공들은 친밀한 거리에서 가능한 스킨십이 허용되지 못하기에 그들의 사랑이 얼마나 애절했을지 공감이 간다.

장면 2

포가 스텔라를 제대로 위로해 주지 못해 안타까워하는 모습 (39:22 ~ 40:10)
포: 걔(윌) 원래 선 자주 넘잖아. 상처 주려고 한 건 아닐걸. 스텔라: 그래도 짜증 나. '애비 죽었지.'라는 말을 별것도 아닌 것처럼 했다니까.

나도 갔어야 했어. (울먹거리며) 같이 갔어야 했어.
포: (거리를 둔 상태에서 놀라 스텔라를 쳐다보며) 그만, 스텔라. (울고 있는 스텔라에게 바라보며) 스텔라, 나 봐봐. 예상 못한 일이야. 네 잘못이 아냐. 자책하지마. 이 병 진짜 답답하다. **안아주고 싶은 데… 안아준다고 상상이라도 해봐.**
포: (거리를 둔 상태에서 스텔라를 쳐다보며) 사랑해.
스텔라: (거리를 유지한 채 포를 쳐다보며) 나도 사랑해.

포와 스텔라는 어릴 적부터 알고 지낸 매우 친한 친구다. 이들은 친밀한 거리에서 자연스럽게 신체 접촉을 할 수 있는 사이다. 하지만 스텔라와 같은 병을 앓고 있는 포는 윌 때문에 슬퍼하는 스텔라를 안아주며 위로할 수 없어 안타까워한다. 그래서 눈빛에 위로의 마음을 담아 “사랑해”라고 한다. 두 사람 사이의 물리적인 거리는 서로 포옹할 수 없는 거리이지만 심리적 거리는 매우 가깝고 친밀한 사이라는 것을 알 수 있다. 이는 의사소통에서 물리적인 공간뿐만 아니라 심리적인 거리도 함께 고려되어야 한다는 것을 보여주는 것이다.

(2) 개인적 거리

개인적인 거리는 친밀한 거리보다 멀고 사회적 거리보다 가까운 중간지대의 공간이다. 이 거리는 서로의 사적인 공간을 침범하지 않으면서 상대방과 상호작용하는 공간이다. 이 거리에서는 사회적 관계보다 가까운 사이의 사람들이 서로 편안하게 대화를 나눌 수 있으며, 원한다면 언제든지 손을 잡을 수 있는 거리이기도 하다.

장면 3

스텔라와 윌이 손을 잡는 상황 (1:24:57 ~ 1:25:49)

스텔라: 같이 가줘.

윌: 스텔라, 지금은 반항할 때가 아냐. 포 때문이야?

스텔라: 포 때문이야. 애비 때문이고, 우리 때문이야. 우리가 못 해볼 모든 것들을 위해서야. 지금까지 나는 치료를 위해 살았어. 살기 위해 치료를 받은 게 아니라. 이제 좀 살아볼래. (걸어가며) 겨우 인생일 뿐이야, 윌. 어차피 눈 깜짝할 사이에 죽게 될 걸.

윌: (스텔라를 따라가며) 좋아. 적어도 택시는 타자.

스텔라: 걸으면서 밤을 즐기고 싶어. **(손을 잡자 놀라는 윌을 보며) 장갑 꼈잖아, 괜찮아.**

윌: (손을 잡고 이끄는 스텔라를 따라간다.)

스텔라는 친한 친구 포의 죽음에 충격을 받아 슬퍼하며 윌에게 별빛을 보러 가자고 제안하며 그의 손을 잡는다. 윌이 놀라자 장갑 껴서 괜찮다고 말한다. 윌도 스텔라와 물리적인 거리를 유지하고 있었지만 심리적으로는 이미 가까운 사이였기에 그녀의 제안에 동의하면서 손을 잡는다. 사회적 거리에서는 할 수 없었던 서로의 손을 잡으며 개인적인 공간에 함께 하게 된 것이다. 이후에 스텔라와 윌은 그동안 유지했던 사회적 거리를 좁혀서 개인적인 거리에서 말하고 행동한다.

윌과 스텔라는 얼음 판 위에서 장난치다가 키스를 하려고 서로에게 다가간다. 두 사람은 개인적인 거리를 좁혀 친밀한 거리에서 스킨십으로 서로 사랑하는 감정을 나누려 한다. 그러다가 낭포성 섬유증 환자끼리는 박테리아 감염 때문에 침이 닿으면 안 된다는 현실을 깨닫고 친밀한 거리에서 다시 개인적인 거리로 물러선다. 이처럼 친밀한 거리는 거리에 대한 경계나 제한이 없는 반면에 개인적 거리는 일정한 거리를 유지하고 있다는 점에 차이가 있지만, 언제든지 친밀한 거리로 좁힐 수 있는 가능성을 갖고 있는 공간이다.

장면 4

스텔라와 윌이 키스하려는 모습 (1:30:22 ~ 1:31:45)
윌: (얼음 판 위에서 웃으며 좋아하는 스텔라에게) 사랑해, 스텔라. 스텔라: (윌에게 가까지 다가와 윌을 껴안고 넘어지다 쳐다보며) 나도 사랑해. 윌: (키스하려고 다가오는 스텔라에게 멈칫거리며 얼굴을 뒤로 빼며) 이러면 안 돼. 스텔라: **(뒤로 멀찍이 물러나 앉는다.)** 나도 알아.

(3) 사회적 거리

사회적 거리는 정서적 친밀감이 적은 사회적 관계로 형성되는 사람들이 서로 편안함을 느끼는 공간이다. 이 공간은 서로 간 신체 접촉이 어려우며 악수나 포옹을 위해서는 의도적으로 거리를 좁혀야 한다. 이 영화에서는 두 주인공이 서로의 안전을 위해 반드시 유지해야 하는 안전거리이며, 코로나 팬데믹 상황에서도 서로의 안전을 위해 지켜야 하는 더 이상 다가가면 안 되는 거리이기도 하다. 다음은 스텔라와 윌이 처음 만나는 장면으로 서로 적당한 거리를 유지한다.

장면 5

신생아실 앞에서 스텔라와 윌이 처음으로 만나는 모습 (10:15 ~ 11:15)

간호사: (스텔라와 윌의 모습을 보고 놀라며) 여기서 뭐 하는 거야? **6피트 거리 유지**. 둘 다 알면서 왜 그래? (윌에게) 윌, 병실로 돌아가.

윌: 들었지? 내 이름 정신 분석에 참고해. 윌 뉴먼이야. 너는?

스텔라: 귀머거리.

간호사: 스텔라, 마스크 써 줘서 고마워.

윌: 스텔라. 좀 웃어. 겨우 인생일 뿐이야. 어차피 눈 깜짝할 사이에 죽게 될 걸.

스텔라: (간호사에게) 쟤도 낭포성 섬유증이에요?

간호사: B. 세파시아 감염자야. 약물 임상실험에 참가 중이고 한번 감염되면… 폐 이식은 물 건너가는 거야. 회복이 불가능하거든. **가까이하지 마.**

간호사는 윌과 스텔라가 거리를 두고 있었음에도 불구하고 놀라서 서로의 안전을 위해 거리를 유지하라고 한다. 둘 다 6피트 거리를 절대적으로 유지해야 서로 감염되지 않기 때문이다. 그런데 윌과 스텔라는 간호사가 사회적 거리를 유지하도록 강조하지 않더라도 처음 만나는 사이라서 오히려 사회적 거리를 유지하는 것이 편안함을 느낄 수 있는 사이다. 이렇게 사회적 거리를 유지할 때는 스텔라가 자신의 이름을 알려주지 않는 것처럼 개인적인 정보를 노출하지 않아도 어색하지 않고 오히려 그것이 자연스럽다.

장면 6

신생아실 앞에서 스텔라와 윌이 대화하는 모습 (21:39 ~ 23:40)

스텔라: 엄격하고 완벽하게 치료법을 따라줘, 부탁할게.

윌: 왜 그러는지 솔직하게 말해주면 안 돼? 말해줘. 안 놀릴게.

스텔라: 나는 강박증이 있어서 모든 게 완벽해야 하는데 네가 치료를 제대로 받지 않아서 정말, 정말 미치겠어.

윌: 나는 널 돕고 싶어. 진심으로. 근데 어떻게 해야 할지 모르겠어.

스텔라: 거짓말! 우리 같은 환자는 자기 치료법쯤은 알아. 12살만 돼도 의사나 다름없다고.

윌: 진짜야? 나 때문에 미치겠다는 말.

스텔라: 응.

윌: 좋아. 내가 도와줄게. 그럼… 넌 뭘 해 줄 건데? 아니 그게 아니라… 널 그리고 싶어.

스텔라: (고개를 저으며) 안 돼.

윌: 왜? 진심이야.

스텔라: 안 돼.

윌: 그래. 그럼 없던 걸로.

스텔라: (뒤돌아 나가는 윌에게) 너 살리자고 하는 일인데 그게 그렇게 어려워?

윌: (스텔라에게 다가가며) 스텔라, 어떤 것도 우릴 살리진 못해. 우리는 시한부야. 그냥 즐겨.

스텔라: (윌에게) 좋아. 대신 포즈는 오래 안 취할 거고 치료는 내 방식대로 해. 우선 약 카트부터 들여 놔. 동의?

윌: 동의. **(스텔라에게 손을 내밀며) 악수할까?**

스텔라: **(윌에게 다가가다 더 이상 다가가지 못하고 멈칫하며) 재밌네.**

스텔라는 윌에게 제대로 치료를 받아달라고 부탁하고, 윌은 스텔라를 그리고 싶다고 말한다. 윌은 서로의 제안에 동의하는 의미로 악수를 제안하자 스텔라는 가까이 다가갈 수 없는 현실을 깨닫고 "재밌네."라고 말하며, 웃으며 시선을 주고받는다. 사회적 거리를 유지하고 있던 두 사람이 서로에게 호감을 표현하고 개인적인 거리로 다가가려고 하지만 그럴 수 없기에 악수를 나누지 못하고 웃으며 시선을 교환한다. 두 사람 사이의 물리적인 거리는 여전히 좁힐 수 없지만 심리적인 거리는 개인적인 거리로 좁혀지는 순간이다. 이후 둘은 화상 플랫폼을 활용해 서로가 친밀하게 대화를 나누며 가까운 사이로 점점 발전해 나간다.

장면 7

스텔라가 윌과 거리를 좁히기 위한 아이디어를 말하는 상황 (54:53 ~ 58:20)

스텔라: (윌의 방문 아래에 종이를 밀어 넣는다.)

윌: (종이를 펼쳐보자 거기에는 남녀가 당구채를 사이에 두고 마주 보고 서 있으며 '5피트 거리 유지(5 Feet at all times)'라는 글씨가 쓰여져 있다.)

윌: (컴퓨터를 열자 스텔라가 보낸 메시지가 뜬다.) '윌, 새로 업로드 한 영상 좀 봐.'

스텔라: (영상 내용) 안녕하세요. 오늘은 조금 다른 얘기를 해보려고 해요. 버크홀데리아 세파시아. 그 위험성, 예방책 그리고 지켜야 할 수칙. B. 세파시아는 강력한 박테리아예요. 얼마나 적응력이 좋은지 페니실린도 먹어요. 우선 기본적인 예방책은 병원용 손 세정제예요. 듬뿍, 자주 바르세요. 다음은 촌스러운 라텍스 장갑이에요. 검증된 방법이죠. 장갑 외에 다른 물건에도 쓰인답니다. B. 세파시아는 침과 가래를 좋아해요. 흥미로운 사실! 기침은 시간당 6피트… 재채기는 시간당 200마일까지 날아갑니다. 하지만 침 금지는 키스 금지도 의미하죠. 그러니 **가장 좋은 방패는 거리예요. 6피트 거리 유지.** (당구채를 보이며) 짜잔! 당구채예요. 5피트 정도 되죠. 5피트. 6피트라는 거리에 대해서 곰곰이 생각해 봤어요. 정말 화나더라구요. 낭포성 섬유증 환자는 많은 것을 포기해야 해요. 치료, 약물, 스케줄 같은 게 일상이 되죠. 대부분은 아기도 못 낳아요. 아기를 낳을 만큼 오래 살지도 못해요. 설명하기는 힘들지만 사랑조차도 쉽지 않아요. 낭포성 섬유증이 많은 걸 뺏어갔으니 이 정도는 다시 뺏어와도 되겠죠? 1피트. **겨우 1피트. 그게 공간이든, 거리든, 길이든 간에 뺏어와야겠어요.** 낭포성 섬유증. 넌 이제 도둑이 아냐. 도둑은 이제 나야.

스텔라: (윌의 방문 앞에서 당구채를 내밀며) **5피트 거리 유지, 어때? 한 걸음 가까이 올래?**

윌: (스텔라를 쳐다보며) 당연하지.

스텔라는 자신의 안전을 걱정해서 의도적으로 피하는 윌에게 둘 사이의 거리 유지를 위한 안전 수칙을 생각하게 된다. 그것은 윌과의 거리를 당구채(약 5피트)를 사용해서 안전 거리 유지를 하되 1피트(30.48cm)를 줄이는 것이다. 두 사람은 서로의 안전을 위해 어쩔 수 없이 사회적 거리를 유지해야 하지만 당구채를 이용해서 조금이라도 물리적 거리를 좁히려고 한다. 이후 스텔라와 윌은 당구채를 잡고 1피트를 좁혀서 데이트를 한다. 두 사람 사이에는 안전을 유지하면서 친밀감을 나눌 수 있는 '적정 거리'가 만들어진 것이다.

이 영화의 제목이 '파이브 피트'인 것도 이와 같은 이유에서다. 두 사람이 잡은 당구채에는 6피트라는 사회적 거리를 유지해야 하지만 조금이라도 그 거리를 좁히고 싶은 욕구가 담겨있다. 윌과 스텔라가 잡고 있는 당구채는 '손'을 상징한다. 둘은 서로 옷을 벗고 상처를 보여주며 윌이 스텔라에게 예쁘다고 하며 만질 수 있으면 좋겠다고 하자 스텔라는 당구채로 자신의 몸을 쓰다듬고 윌은 쳐다본다. 이는 마치 손으로 스킨십하는 것과 유사하다. 이들은 어쩔 수 없이 사회적 거리를 유지하지만 심리적 거리는 이미 개인적 거리보다 더 가까운 친밀한 거리에 있음을 보여준다.

2.3 거리가 소통에 미치는 영향

대면 의사소통 상황에서 참여자들은 시간과 공간을 공유한다. 이때 의사소통 참여자들이 공간을 어떤 형태로 공유하느냐, 즉 참여자들 사이의 거리에 따라 주고받을 수 있는 화제뿐만 아니라 소통 방식이나 소통 효과까지 달라진다. 영화 《파이브 피트》를 통해서 거리가 소통에 미치는 영향에 대해 생각해 볼 수 있다.

- **친밀한 거리에서의 신체 접촉은 관계에 따라 상반된 감정을 전달한다.**

영화 《파이브 피트》의 시작과 마지막 부분에서 여주인공 스텔라의 내레이션을 통해 신체 접촉은 인간의 가장 기본적인 의사소통 방식이라고 말한다. 우리는 타인과 신체 접촉을 통해 말을 하지 않고도 다양한 생각이나 느낌을 주고받을 수 있다.[5] 연인끼리 아무 말없이 포옹하며 사랑한다는 메시지를 전달할 수 있고, 큰 슬픔에 빠졌을 때는 위로의 감정을 전달할 수도 있다. 그런데 이것은 어디까지나 가족이나 연인이나 친한 친구와 같은 친밀한 거리를 허용할 수 있는 사이에서 가능한 소통 방식이다. 영화에서 스텔라가 슬퍼할 때 포가 안아주며 위로하고 싶어하는데 이 둘은 매우 친한 친구 사이기 때문에 자연스러운 일이다.

그런데 신체 접촉에는 분명한 명암이 존재한다. 친밀한 거리를 공유할 수 있는 사람들 사이에서는 효율적인 의사소통의 수단이 될 수 있지만, 그렇지 않은 관계에 있는 사람과 신체 접촉은 상당한 주의를 기울여야 한다. 의사소통에 참여하는 사람들의 관계에 따라 신체적인 접촉은 상대방에게 불쾌감이나 정서적인 고통을 수반하여 폭력적인 행위로 간주되기도 하기 때문이다. 물론 문화권에 따라 친밀한 관계가 아니더라도 사회적 거리나 공적 거리를 유지해야 하는 사람들 사이에서도 자유로운 신체적인 접촉이 이루어지기도 하지만, 그것은 어디까지나 인사와 같은 의례적인 행위이지 감정이나 의도가 실린 의사소통 행위는 아니라는 점을 유념해야 한다.

5 신체 접촉(touch)의 의사소통적 활용에 대한 학문 분야는 촉각학(haptics)이다. 촉각학에서 신체 접촉은 인간이 정체성을 정의하는 만남(contact)을 확립하는 가장 직접적인 방법으로 본다.

• 상대방과의 거리를 좁혀서 관계 발전과 소통 효과를 높인다.

일반적으로 먼 거리보다 가까운 거리가 대화하기 편하고 소통의 효과를 높이기도 좋다. 왜냐하면 언어적 이외의 수단, 비언어적 요소 특히 신체 접촉이라는 의사소통 수단을 활용하여 언어적 의사소통을 보완하고 때로는 대체할 수도 있기 때문이다. 그러나 신체 접촉은 친밀한 거리나 개인적인 거리에서는 가능하지만 사회적 거리나 공적인 거리에서는 어렵다. 영화에서는 1피트라도 거리를 좁혀서 관계를 발전시키려고 노력하는 모습이 잘 나타난다. 윌과 스텔라가 서로 마음을 열고 관계가 가까워지면서 활용하는 당구채는 두 사람 사이의 물리적 거리를 좁히는 효과와 아울러 마치 개인적 거리에서 손을 잡는 것처럼 정서적으로 교감하고 연결하는 매개물이 된다. 당구채로 연결된 두 사람의 거리를 굳이 위치 지운다면 개인적 거리와 사회적 거리의 중간쯤에 해당하는 것이라 볼 수 있지 않을까.

일상의 의사소통 상황에서도 거리를 효율적으로 활용하는 노력들이 있다. 상담자와 내담자 사이에 권장되는 적절한 거리는 대개 1m 정도이다. 이는 개인적인 거리에 함께 있을 때 상담의 긍정적 효과가 커진다는 것이다. 또 판매원이 상담을 할 때 손님 쪽으로 의자를 끌어당겨 앉거나 한 발짝 다가가는 것을 볼 수 있다. 판매원과 손님은 사회적 거리를 유지해야 하지만, 먼 사회적 거리(2.1m~3.7m)를 유지하는 것보다 가까운 사회적 거리(1.2~2.1m)로 다가가고 경우에 따라서는 개인적 거리로까지 좁히려고 노력한다. 이렇게 거리가 좁혀질수록 개인적인 화제에 대해 이야기하거나 친밀한 대화 분위기를 연출할 가능성이 커지기 때문이다. 또 강연장의 유능한 강사는 어떠한가? 마이크를 들고 연단을 벗어나 청중 앞으로 다가간다. 이런 강사들은 유난히 청중들을 그냥 내버려두지 않고 질문으로 귀찮게 하는 경우가 많다. 공적인 거리에서 일방적인 메시지를 전달하기보다 청중과 효율적으로 상호작용하기 위해 그들과 거리를 좁히는 것이다.

- **거리 좁히기와 거리 두기를 통한 적정 거리를 유지해야 한다.**

영화《파이브 피트》에서 두 주인공은 서로의 안전을 위해 6피트 거리를 유지해야 한다. 우리는 코로나 팬데믹 상황에서도 '사회적 거리 두기'를 통해 안전을 위한 공간 확보를 위해 노력했다. 만원 지하철이나 버스, 엘리베이터에서 타인과의 거리를 최대한 확보하기 위해 한발 뒤로 물러나곤 한다. 그것은 사회적 거리나 공적인 거리를 유지해야 편안함을 느끼는 낯선 사람들과 친밀한 공간에 함께 있기 때문에 최소한의 거리를 확보하기 위한 움직임이자 노력이다. 의사소통 상황에서도 마찬가지다. 처음 만난 사람이 사적인 질문을 할 때 대답을 하지 않거나 화제를 바꾸는 것은 그 사람과 적절한 거리를 두기 위한 것이다.

상대방과 거리가 멀어지면 소통의 효과가 떨어지기 때문에 거리를 좁히려는 노력을 많이 한다. 하지만 상대방과의 거리가 가까운 것이 항상 긍정적이고 먼 거리가 부정적인 것은 아니다. 즉, 정서적 친밀감의 정도에 따라 가까운 거리에서의 대화가 효과적일 수도 있고, 다소 먼 거리에서의 대화가 서로에게 편안함과 안전함을 느끼게 할 수도 있다. 따라서 중요한 것은 의사소통 상황이나 관계에 따라 거리를 조절해서 적정 거리를 유지해야 한다는 점이다. 영화에서 스텔라와 윌이 서로의 안전을 확보하면서 친밀감을 느끼기 위해 1피트를 줄여서 파이브 피트로 적정 거리를 유지하는 것처럼 말이다. 이는 대화의 원리 중에서 고슴도치의 겨울나기[6] 비유로 이야기되는 '거리 유지의 원리'에 해당한다.

---

[6] 고슴도치가 추운 겨울을 이겨내기 위해 서로에게 가까이 다가가지만 서로의 가시에 찔리기 때문에 더 이상 다가갈 수 없는 거리가 존재하는데 그것을 적절한 거리라 이이야기한다. 마

의사소통 상황에서 물리적인 거리를 좁히는 것만이 능사는 아니다. 물리적 거리는 의도적으로 좁힐 수 있지만 더 이상 다가갈 수 없는 것은 심리적인 거리가 존재하기 때문이다. 우리가 흔히 '거리를 둔다(distancing)'라고 할 때의 거리는 사람과 사람 사이에 느껴지는 간격으로 보통 서로 마음을 트고 지낼 수 없다고 느끼는 감정을 일컫는다. 거리 이론에 대입하면 개인적인 거리를 넘어선 사회적 거리나 공적인 거리에 있어야 하는 사람들과의 거리가 여기에 해당할 것이다. 물리적으로 친밀한 거리나 개인적인 거리를 유지하는 사람들 사이에서도 상대방에 대한 부정적인 감정이나 정서 또는 대화나 관계 발전의 의지가 없을 때는 간격이 생긴다. 즉, 마음속으로 사회적 거리를 유지하는 것이다. 따라서 대화나 관계가 발전하기 위해서는 물리적인 거리 조절에서 나아가 심리적 거리를 좁힐 수 있어야 한다. 그래야 마음속의 진정한 대화를 나눌 수 있는 사이가 된다. 즉, 의사소통의 거리는 물리적 거리와 심리적 거리를 모두 아우르는 것이다.

찬가지로 사람들도 다른 사람에게 침해받지 않고 싶은 독립의 욕구가 있는 반면에 누군가와 관계 맺고 이야기 나누고 싶은 유대의 욕구를 적절히 조절할 필요가 있다는 것이다.

3. 침묵으로 말하기

3.1 대화 중 침묵

대화하는 도중에 침묵이 흐를 때 사람들은 어떤 느낌을 가질까? 대부분의 사람들은 어색함을 느낄 것이다. 말하는 사람은 말하는 사람대로, 듣는 사람은 듣는 사람대로 당혹스럽고 답답해할 것이다. 침묵으로 인해 정확한 메시지가 전달되지 않아 오해가 생기기도 할 것이다. 사람들은 침묵을 원활한 대화에 방해가 되는 요소로 파악하는 경향이 있다. 그래서 '침묵을 깨뜨린다.'는 표현과 같이 침묵을 없애려 노력한다.

표준국어사전에서는 침묵을 '아무 말도 없이 잠잠히 있음. 또는 그런 상태'라고 풀이한다. 옥스퍼드 영어사전에서도 침묵(silence)을 '들을 수 있는 소리가 없는 상태'로 풀이한다.[7] 침묵은 말과 말 사이에 명시적인 발화가 '없는' 상태라고 말할 수 있다. 대화 중이라면 말하는 사람이 발화하지 않고 있거나 듣는 사람이 반응해야 할 때 말하지 않고 있는 상태를 말한다. 정상적인 대화에서는 말이 오고 가야 하는데 그러하지 못하고 고요한 상태가 이어지는 것이다.

하지만 사람들은 메시지를 음성 언어의 형태로 표현하지 않았을 뿐 침묵을 통해 다양한 메시지를 전달한다. 침묵을 통해 상대방의 생각과

[7] silence: The state or condition when nothing is audible; complete quietness or stillness; an absence of all sound or noise (Oxford dictionary).

느낌에 대한 수용 및 동의, 거절, 판단 유보 등의 의사를 표현하기도 한다. 그리고 침묵을 통해 기쁨, 화남, 슬픔, 즐거움 등과 같은 인간의 감정을 표현하기도 한다. 나아가 침묵을 통해 언어의 표현을 넘어서는 메시지를 표현하기도 한다.

침묵은 단순히 소리의 없음, 대화의 중단이 아니다. 침묵 속에는 의사소통의 풍부한 의미가 담겨 있고, 의사소통에서 하는 역할도 다양하다. 우리가 의사소통에서 잘 살펴보지 않았던 침묵의 모습에 대해 영화 속 장면을 통해 들여다보자.

3.2 영화 속 '침묵' 들여다보기: 《아이 엠 샘》, 《이미테이션 게임》, 《한산》, 《봄날은 간다》, 《굿 윌 헌팅》, 《플립》

(1) 의사 표현

침묵은 의사 표현의 한 방법으로 사용되기도 한다. 말을 하지 않고 있지만 침묵을 유지하는 것이 상대방과의 의사 표현 수단이 되기도 한다. 침묵의 행위는 상대방의 말에 대한 수용이나 거절을 의미하기도 한다. 또는 상대방의 말에 대해 판단을 유보한 채 중립의 의미를 전하기도 한다.

가. 동의하기

상대방의 말을 수용하거나 동의할 때 침묵을 사용하기도 한다. 다음은 영화 《아이 엠 샘》에서 샘과 루시가 대화를 나누는 중에 서로의 생각에 동의하며 침묵하는 장면이다.

장면 1

샘과 루시가 서로의 생각이 일치함을 확인하는 상황 (《아이 엠 샘》 13:31 ~ 14:57)

루시: 아빠, 아빠 생각엔 엄마가 돌아올까? (중략) 아빠한테 이렇게 한 건 주님의

뜻이야? 아니면 사고야?
샘: 무슨 뜻으로 한 말이야?
루시: 딴 아빠들과 달라서야.
샘: 미안해… 미안해. 정말 미안해.
루시: **(아빠의 손을 잡으며) 괜찮아 아빠. 괜찮아. 미안해 하지마. 나는 운이 좋아. 딴 아빠들은 공원에 같이 안 가.**
(서로를 바라보며 침묵이 이어진다.)
샘: **그래. 우린 운이 좋아. 그치?**

〈장면 1〉에서 루시는 자신의 아빠가 대부분의 아빠들과 다르다는 점을 알고, 샘이 왜 다른 아빠들과 다르게 되었는지 궁금해서 묻는다. 샘은 자신이 다른 아빠들과 같지 않음을 미안해한다. 하지만 루시는 샘이 자신과 보내는 시간이 많아서 더 좋다고 한다. 샘도 루시와 같은 생각을 갖고 있는지 둘은 한동안 말없이 바라본다. 그러다 샘이 반색하며 루시의 말에 동의한다. 이렇게 루시와 샘은 서로의 생각과 느낌을 수용하고 서로에게 동의하며 침묵이 이어진다.

샘과 루시의 경우처럼 긍정적인 생각이나 느낌에 동의하며 침묵이 유지되기도 하지만 부정적인 생각이나 느낌의 경우에도 침묵이 이어지며 동의의 의미가 표출되기도 한다.

장면 2

부정적인 평가에 대해 인정하는 모습 (《이미테이션 게임》 24:05 ~ 24:19)

(앨런은 함께 연구를 진행했던 동료 2명이 암호해독 수행 능력이 부족하다고 그들을 해고한다. 해고당한 연구원이 말없이 사무실 밖으로 나간다.)
연구 동료: (사무실 밖으로 나가며 앨런을 쳐다보고) **참 비인간적이군. 아무리 너라도 말이야.**

대령: **(말없이 앨런을 쳐다본다.)**
정보기관 직원: (앨런을 바라보며) **학교 다닐 때 친구 없었지?**
앨런: **(침묵한다.)**

〈장면 2〉에서 앨런은 상대방의 체면 따위는 고려하지 않고 면전에서 연구원들을 해고한다. 연구팀을 관리하는 대령도 무안해하고 앨런이 냉정하다고 느꼈는지 침묵을 유지한다. 침묵을 유지하며 앨런에 대한 비난에 동의하고 있다. 그리고 정부의 정보기관 직원이 앨런에게 학창 시절을 거론하며 한마디 한다. 앨런은 대꾸도 하지 않으며 침묵을 유지한다. 앨런은 정보기관 직원의 질문에 침묵으로 동의의 대답을 한 셈이다.

나. 거절하기

상대방의 요청을 거절할 때에 침묵을 사용하기도 한다. 다음은 영화 《이미테이션 게임》에서 클라크가 앨런의 요청에 대해 침묵으로 거절의 의사를 표현하는 장면이다.

장면 3

상대방의 요청에 대해 거절하는 모습 (《이미테이션 게임》 35:09 ~ 35:45)

앨런: 짐 챙겨서 갑시다.
클라크: 미안하지만 안되겠네요. 그 일자리는 제게 과분한 것 같아요.
…(중략)…
앨런: 블레츠엔 당신이 필요해요.
클라크: 죄송합니다만 지금 제 상황에서는… 집과 멀리 떨어진 라디오 공장에서… 남자들과 일한다는 게… 부적절해요.
앨런: **대체 그게 무슨 뜻인가요?**
클라크: (**침묵한다.**)

〈장면 3〉에서 앨런은 클라크에게 암호 해독 연구팀에 참여해달라고 요청한다. 하지만 클라크는 집에서 멀리 떨어진 곳으로 가야하고, 남자들이 많은 곳에 여자가 가서 일한다는 것을 내켜 하지 않는다. 그래서 앨런의 요청을 거절한다. 이때 클라크는 앨런의 요청에 대해 명시적으로 거절하지 않지만 침묵함으로써 거절의 의사를 표현한다. 클라크는 침묵으로 거절 의사를 표시하기 이전에 이미 거절에 대한 이유를 말한다. 그러므로 클라크의 침묵이 거절 의사임을 어렵지 않게 파악할 수 있다.

다. 유보하기

어떤 것을 쉽게 결정하거나 말하기 어려울 때 침묵하기도 한다. 다음은 영화 《한산》에서 이순신이 부하의 요청에 대해, 영화 《이미테이션 게임》에서 형사가 앨런의 판단에 대해 쉽게 결정을 내리지 못하고 유보적인 태도를 취하는 장면이다.

장면 4

부하들의 작전 참여 지원에 대한 이순신의 반응 (《한산》* 1:12:20 ~ 1:13:12)

(여러 장수들이 작전 지도 주위에 모여 전략회의 중이다. 이순신은 견내량에 멈춰있는 왜군을 한산 앞바다로 유인하여 학익진을 펼친다는 전략을 설명한다. 그리고 원균에게 유인 작전을 부탁한다. 하지만 원균은 유인 작전이 무모하다고 이순신의 협조 요청을 단호하게 거절한다. 이때 노장인 어영담이 작전 수행을 지원한다.)

어영담: **향도가 한번 유인해 보지요.**

이순신: **(어영담을 바라보며 침묵한다.)**

어영담: 견내량 물길은 향도가 소상히 잘 알고 있으니 제가 유인해 보겠습니다.

이순신: **(어영담을 바라보며 침묵한다.)**

이만호: 제가 가겠습니다. 장군, 경상의 물길을 전라 좌수영의 노군께 맡긴다면 이것은 천하의 조롱거리가 될 것입니다. **부디 청컨대 허락해 주소서.**

이영남: 장군, 이만호의 말이 옳습니다.
이순신: **(침묵한다.)**
어영담: 장군, 이 노구의 마지막 바람이니 그리해 주시지요.
이순신: (침묵한다. 그리고, 고개를 돌려 어영담을 바라본다.)

장면 5

앨런의 질문에 대한 형사의 반응 (《이미테이션 게임》 1:39:09 ~ 1:39:14)

(앨런은 취조실에서 형사에게 자신이 참여한 암호 해독 프로젝트에 대해 말한다. 암호 해독은 국가를 위한 극비의 임무였으며, 성공적으로 수행하였다. 하지만 전쟁 종료와 함께 연구에 관한 모든 것을 잊도록 명령받았다고 말한다.)
형사: (앨런의 말을 다 듣고) 믿을 수 없네요.
앨런: **자, 형사님… 대답해 보시죠. 말해봐요. 난 뭡니까? 나는…기계인가요? 사람인가요? 전쟁 영웅인가요? 범죄자인가요?**
형사: (**침묵한 후**) 대답 못하겠네요.

〈장면 4〉에서 이순신의 작전 협조를 원균이 거절하자 노장인 어영담이 유인 작전에 참여한다고 지원한다. 어영담은 자신이 견내량 지역을 잘 알고 있다는 근거까지 댄다. 하지만 이순신은 침묵을 유지한다. 승인도 거부도 아닌 유보적인 의사 표현이다. 이만호가 나서며 자신의 작전

* 《한산》 2012.7.27. 개봉/러닝타임 129분/대한민국/액션, 드라마/감독: 김한민
- 이순신(박해일): 이 영화의 주인공으로 임진왜란 당시 조선 최고의 지략가이며 장수이다.
- 어영담(안성기): 광양 현감으로 바닷길 전문가이다. '향도'는 직책 이름이다.
- 원균(손현주): 경상 우수사로 전라 좌수사 이순신, 전라 우수사 이억기와 더불어 전투를 벌인다.

⇒ 임진왜란 당시 이순신 장군의 한산도 대첩이 배경이며, 한산도 대첩은 임진왜란의 전황을 바꾸는 데 결정적인 역할을 한다. 이 대첩에서 적군을 포위 섬멸하는 전투 장면으로 학익진 전술이 나온다.

지역이므로 유인 작전에 참여하겠다고 지원한다. 이순신은 이때에도 침묵을 유지하며 승인을 유보한다. 부하들의 근거 있는 주장이나 건의에 대해 이순신은 쉽게 결정을 내리지 못한다. 침묵을 유지하며 결정을 유보하다가 어영담에게 시선을 준다. 어영담의 작전 참여를 승인한 것이다. 〈장면 5〉에서는 앨런의 질문에 대해 취조하던 형사가 대답하지 못한다. 앨런을 둘러싼 상황이 너무 복잡하여 선불리 판단하기 어렵기 때문이다. 그래서 형사 역시 즉각적으로 대답을 하지 못하고 침묵을 유지하며 대답을 유보하다가 결국 대답하지 못하겠다고 말한다.

이처럼 〈장면 4〉의 이순신과 〈장면 5〉의 형사가 보인 침묵에는 쉽게 판단 내리기 어려운 마음이 담겨 있다. 이들이 보인 침묵은 판단에 대해 결정을 유보하는 의사 표현임을 알 수 있다.

(2) 감정 표현

대화 중에 나타나는 침묵에는 대화 참여자의 다양하고 복합적인 감정들이 녹아있다. 기쁨이 가득한 감격의 마음이나 상대에 대한 연민의 정 때문에 침묵을 유지하기도 하고, 예상치 못한 당혹스러움으로 침묵을 유지하기도 하며, 복잡한 마음 상태 때문에 침묵을 유지하기도 한다. 대화 참여자는 자신의 감정을 침묵에 담아서 전달하는 것이다.

가. 감격

감격스러운 마음 때문에 말을 잇지 못하고 침묵하기도 한다. 다음은 영화 《이미테이션 게임》에서 앨런과 동료들이 암호 해독의 성공에 감격한 나머지 서로 얼싸안고 말을 잇지 못하고 있는 장면이다.

장면 6

암호 해독 성공에 대한 기쁨을 나누는 모습 (《이미테이션 게임》 1:17:41 ~ 1:18:47)

앨런: 에니그마 해독에 필요한 독일어는 딱 한 마디였어.
(앨런과 동료들이 말을 잇지 못하고 서로 쳐다본다.)
동료: **됐어.**
(서로 껴안는다. 침묵이 이어진다.)
동료: (앨런을 한동안 응시하며 쳐다보다 가볍게 고개를 끄덕인다.)
앨런: (**말없이 엷은 미소를 짓는다.**)

〈장면 6〉에서 앨런과 동료들이 드디어 독일군의 암호를 해독했다. 성공의 기쁨으로 아무 말도 하지 않고 서로 껴안고 시선만 교환한다. 침묵을 유지하며 서로를 바라봄으로써 그동안의 노고를 서로 격려하고 해냈다는 기쁨을 만끽한다. 침묵이 흐르고 있지만 감격하고 격려하는 감정이 서로에게 전해진다.

나. 연민

상대에 대한 연민의 정이 깊어 침묵하기도 한다. 다음은 영화 《아이 엠 샘》에서 샘을 상담하는 교사들이 샘의 처지를 안타까워하며 말없이 안쓰러운 눈길로 바라보는 장면이다.

장면 7

상담 교사가 샘을 걱정하고 연민의 마음을 드러내는 모습
(《아이 엠 샘》 24:55 ~ 24:57)

(샘이 상담 교사와 상담 중이다. 상담 교사들은 샘의 지능이나 의사소통 능력을 보고 딸의 양육에 대해 걱정한다.)

교사 1: 도슨씨의 지능은 일곱 살 아이의 수준이에요. 루시가 여덟 살이 되면 어떻게 될지…. (말을 잇지 못하고 침묵한다.)

교사 2: 도슨씨, 무슨 뜻인지 이해가 되셨어요?

샘: 네… 네.

교사 1, 2: (**샘을 바라보며 침묵한다.**)

샘: 존 레논은 새로운 것을 시도하려고 했어요. 오노 요코의 잘못이 아니었죠. 절대 요코의 잘못이 아녔어요. 애니가 그러는데 비틀즈의 1968년 앨범을 보면 안대요. 존은 스스로 변화를 원했어요.

상담 교사 1, 2: (**교사 1, 교사 2 모두 침묵하며 샘의 이야기를 듣는다. 교사 1은 고개를 돌리고 안쓰러운 표정을 짓는다.** 교사 2는 다소 놀라는 표정을 짓는다.)

〈장면 7〉에서 상담하는 교사들은 샘의 양육 상황에 대해 무척 안타까워한다. 루시가 성장함에 따라 샘이 더 이상 해줄 것이 없게 될 것을 염려한다. 샘과 루시의 앞날을 진심으로 걱정하고 있다. 그래서 침묵을 유지하며 샘을 바라보기만 한다. 침묵 속에 샘에 대한 연민이 담겨 있다. 한 가지 흥미로운 점은 동일한 의사소통 상황에서 침묵을 유지하고 있지만 그 침묵이 전달하는 감정 표현이 다르기도 하다. 샘이 존 레논을 예로 들어 말하자 상담 교사 두 명은 모두 침묵으로 반응한다. 하지만 두 명의 침묵에는 다른 감정이 담겨 있다. 상담 교사 1은 무척 슬픈 표정을 지으며 침묵을 유지한다. 마치 '지금 상황이 심각한데, 엉뚱한 소리나 하고 있군요.'와 같이 다소 어이없다는 표정이기도 하다. 반면 상담 교사 2는 놀라는 표정을 지으며 침묵을 유지한다. 샘이 일곱 살 지능인데, 비틀즈에 대한 구체적인 정보를 사용하는 인용 능력에 놀라는 표정이다. 상담 교사 두 명은 모두 침묵을 유지하고 있지만 그 침묵이 각자의 표정과 연결되어 서로 다른 감정을 전달하고 있다.

다. 불쾌감

상대의 말이 불쾌할 때에 침묵하기도 한다. 다음은 영화 《아이 엠 샘》에서 루시의 친구가 샘을 놀리는 표현을 하자 샘이 불쾌한 마음으로 침묵하고 있는 장면이다.

장면 8

상대방의 말에 대해 불쾌감을 느끼는 상황 (《아이 엠 샘》 20:25 ~ 20:58)

(루시 집에 루시의 친구 코너가 놀러 왔다. 샘이 루시와 친구에게 달걀 요리를 해 준다.)
샘: (달걀을 깨어 조리 용기에 넣는다) 미안. '미스터 달걀'
코너: 왜 저래? 모자라 보여.
루시: 아빠는….
코너: 너도 그래?
루시: 아냐.
코너: 진짜?
루시: 아니래두.
코너: 어떻게 알아?
루시: 아빠가 말해줬어.
코너: 모자라는 분 같아.
루시: 넌 모자라지 않구?
샘: 코너가 놀러와서 참 기쁘구나. 코너가 와서 좋지 루시야?
루시: 응.
코너: **맞아요. '미스터 달걀'**
루시: (**언짢은 표정으로 코너를 쳐다보며 침묵한다.**)

〈장면 8〉에서 루시의 집에 놀러 온 코너는 샘의 말과 행동을 보며 정상적이지 않다고 생각한다. 그리고 루시에게 루시의 아버지가 모자라는 것 같다고 말한다. 루시는 "아니야."라고 말하며 반박한다. 샘이 달걀을 삶아서 갖다주자 코너는 샘의 말을 흉내 내며 놀리기까지 한다. 이 말을 들은 루시는 코너에게 명시적으로 말하지 않지만 코너를 빤히 쳐다본다. 불쾌한 감정을 침묵으로 표현하고 있는 것이다.

라. 복잡한 마음 상태

복잡한 마음 상태가 침묵으로 표현되기도 한다. 다음은 영화 《봄날은 간다》에서 이별하는 상황에서 이별을 통보하는 은수와 이를 듣는 승우의 복잡한 마음이 침묵으로 드러나는 장면이다.

장면 9

은수가 이별을 통보하고 승우는 이를 듣는 모습 (《봄날은 간다》* 1:24:36 ~ 1:27:31)

(버스 정류장에서 승우가 은수를 배웅한다. 은수는 버스를 타고 출발한다. 그런데 은수가 갑자기 버스를 세운다. 은수는 버스에서 내려 승우에게 다가간다. 은수와 승우가 마주한다.)
은수: 우리 헤어지자.
(서로 바라본 채 침묵이 흐른다.)
승우: 내가 잘할게.
(서로 바라본 채 침묵이 흐른다.)
은수: 헤어져.
승우: (시선을 잠시 돌렸다 은수를 바라보며) 너 나 사랑하니?
(서로 바라본 채 침묵이 흐른다.)
승우: (시선을 아래로 떨구며) **어떻게 사랑이 변하니….** (**고개를 다시 들고 은수를 바라보며 침묵을 유지한다.**) 헤어지자. (은수의 손을 잡고 은수를 한번 바라보고 손을 놓는다. 그리고 뒤돌아서서 간다.)
은수: (**승우가 간 쪽을 바라보며 침묵을 유지한다.** 고개를 살짝 젖히며 한숨을 쉰다.)

〈장면 9〉에서는 은수가 승우에게 이별을 통보한다. 연인 사이에서 이런 말을 듣게 된다면 감정의 충격이 클 것이고 하고 싶은 말도 많을 것이다. 하지만 승우는 별다른 말을 하지 않고 침묵으로 일관하다 "어떻게 사랑이 변하니…."로 압축해서 자신의 복잡한 마음 상태를 말한다. 달리 보면, 겉으로 표현된 말 보다는 침묵 속에 승우의 복잡한 마음이 담겨 있는지도 모른다. 이별을 통보하는 은수의 마음 역시 복잡하기도 마찬가지이다. 정작 헤어지자고 말은 했지만 승우의 반응에 대해 침묵을 유지하거나 승우의 뒷모습을 보며 침묵을 유지한다. 은수의 침묵 속에도 은수의 복잡한 마음이 담겨 있음을 알 수 있다.

(3) 사고 과정

침묵은 대화 참여자들이 의미를 구성하는 시간으로도 볼 수 있다. 대화 참여자들은 침묵을 유지하는 동안 자신이 무엇을 표현할 것인지, 또는 어떻게 표현하는 것이 가장 효과적일지 등을 생각하기 때문이다. 침묵이 이어지는 동안에 겉으로 보기에는 아무런 메시지가 전달되지 않는 것처럼 보이지만 대화 참여자들은 각자의 머릿속에서 메시지의 전달을 위해 활발하게 사고하기도 한다.

---

* 《봄날은 간다》 2001.9.28. 개봉/러닝타임 106분/대한민국/드라마, 멜로/감독: 허진호

- 상우(유지태): 사운드 엔지니어이다. 할머니, 상처한 아버지, 고모와 함께 살고 있으며, 가족들이 빨리 결혼하라고 성화이지만 연애 경험이 많지 않은 순수하고 순박한 캐릭터이다.
- 은수(이영애): 라디오 방송국 PD이다. 이혼의 아픔을 갖고 있으며, 상우와의 만남이 지속될수록 상우의 사랑에 부담을 느끼고 결혼할 생각이 없다고 말한다.

⇒ 상우와 은수는 라디오 프로그램 제작을 위해 녹음 여행을 함께 떠난다. 두 사람은 자연스럽게 가까워지고, 상우는 급속도로 은수에게 빠져든다. 하지만 이혼한 적이 있는 은수는 상우와 결혼 생각이 없다며 이별을 통보한다. 시간이 흘러 은수가 상우를 찾아가지만 상우는 은수를 붙잡지 않는다.

장면 10

발표 내용을 기억해 내는 동안 침묵을 유지하는 상황 (《아이 엠 샘》 19:26 ~ 19:37)

(루시의 학급에서 학부모 공개 수업이 진행되고 있다.)
루시: 나비의 일생은 네 단계입니다. 처음 세 단계는 알, 애벌레 그리고 고치입니다. **맨 마지막 단계는 (기억이 나지 않아 머뭇거리며 침묵을 유지한다.)**

장면 11

자신의 이미지 제고를 위해 샘을 무료 변호한다고 둘러대는 모습 (《아이 엠 샘》 41:43 ~ 42:01)

(리타는 모임에 참석 중이다. 샘은 리타에게 변호를 부탁하러 다시 찾아온다. 리타와 샘이 대화하는 모습을 보고 리타의 동료 변호사가 묻는다.)
동료 변호사: 새 수위야?
리타: **어… 저… (침묵한다. 그리고 무언가 떠올랐다는 표정을 지으며) 무료로 법률상담을 해주고 있어.**
리타의 사무실 직원들: (의외라는 표정을 지으며) 풉.
리타: 무슨 의미죠?
리타의 사무실 직원들: 크래커가 목에 걸려서요.
리타: 내가 무료상담 안 할까봐서요?

〈장면 10〉에서 루시는 기억한 내용이 잘 생각나지 않아 더듬거리다가 침묵을 유지한다. 기억나지 않아 침묵을 유지하지만, 그 침묵의 시간 동안 기억을 떠올리기 위해 애쓰고 있다. 〈장면 11〉에서 리타는 자신과 샘과의 관계를 이용하여 자신의 이미지 전환을 꾀하려고 한다. 이때 리타는 잠깐 멈칫거리며 침묵을 유지한다. 그리고 동료들에게 샘은 자신의 의뢰인이며, 자신이 무료로 변호해 주고 있다고 말한다. 리타가 잠깐 동안 유지한 침묵은 무료 변호라는 그럴듯한 명분을 만들어 내는 데 걸린 시간이었던 것이다. 이처럼 침묵은 겉으로 보기에는 메시지의 상호작용이 끊긴 것처럼 보이지만, 대화 참여자의 머릿속에서 계속 일어나고 있는 사고의 과정이라고 할 수 있다.

(4) 메타메시지

대화 중에 사용된 침묵은 언어로 표현되었을 때 보다 더 많은 의미를 전달하기도 한다. 침묵을 유지함으로써 언어로 표현하기 어려운 의미가 깊은 울림을 주며 전달되기도 한다. 또한 침묵을 유지함으로써 자신의 속마음을 드러내지 않아도 되게 하거나 곤란한 입장을 회피하게 하는 효과를 주기도 한다. 침묵 자체가 의사 표현이나 감정 표현이 되기도 하지만 그 표현을 넘어 또 따른 메시지를 전달하기도 한다.

가. 언어의 한계 보완하기

상대방에게 느낀 감동이 너무 커서 말로 표현할 수 없거나 어떤 감정을 말로 딱히 표현하기 어려울 때 침묵이 인간 언어의 한계를 보완하기도 한다. 다음은 영화 《굿 윌 헌팅》에서 상담을 진행한 숀과 윌 사이에서, 줄리와 아버지 사이에서 느껴지는 감동과 감정선이 침묵을 통해 표현되고 있는 장면들이다.

장면 12

윌이 숀의 품에 안겨서 우는 모습 (《굿 윌 헌팅》 1:50:14 ~ 1:50:48)

(윌은 상담을 받기 위해 숀의 연구실로 들어온다. 윌은 자신에 대한 상담 서류를 보고 자신에게 문제의 원인이 있다고 생각한다. 하지만 숀은 윌의 마음을 이해하고 보듬어 안아준다.)
숀: (숀의 목덜미를 쓰다듬으며) 네 잘못이 아니야.
윌: (숀에게 안기며 흐느낀다) 선생님, 정말 죄송해요.
숀: 다 꺼지라고 해.
(숀과 윌은 껴안은 채 침묵이 흐른다.)

장면 13

아버지와 나를 묶어주는 침묵의 상황 (《플립》 51:50 ~ 52:41)

(줄리의 아버지는 동생의 면회를 가려고 자동차에 탄다.)
줄리: 어디 가세요?
아버지: 대니얼 삼촌의 생일이라서 가보려고.
줄리: 저도 갈래요.
아버지: 여유롭게 엄마와 아침을 즐기렴.
줄리: 아니요. 가고 싶어요.
아버지: 줄리, 잘 들어. 가끔 대니얼은….
줄리: 간다니까요.
아버지: (줄리를 보며 침묵한다.) 그래. 엄마한테 쪽지 써놓자.
(자동차 안. 아버지는 줄리를 태우고 이동한다.)
내레이터(줄리): 난 삼촌을 한 번도 찾아간 적이 없다. 이유는 모르지만 항상 아빠 혼자 가셨다. 삼촌에게 가는 길에 우리는 별로 말을 안 했지만 상관없었다. 아빠와 있는 게 좋았다. 가끔은 **침묵이 말보다 더 친근하게 우리를 묶어준다.**

〈장면 12〉에서 숀은 월을 껴안으며 월의 과거 행실과 지금 겪고 있는 아픔이 "너의 잘못이 아니다."라고 짧게 말한다. 월도 "죄송해요."라고 짧게 말하며 그동안 불손했던 자신의 태도를 사과한다. 숀과 월은 자신이 전할 메시지에 대해 짧게 말하였다. 하지만 그들이 주고받는 말 사이에 이어지는 침묵으로 인해 음성 언어의 표현으로 담지 못한 깊은 울림이 전해진다. 숀이 월의 마음을 얼마만큼 깊이 공감하며 월을 품어주고 있는지, 월이 숀에게 얼마만큼 감사의 마음을 느끼고 있는지에 대해 둘 사이에 이어지는 침묵을 통해 짐작할 수 있다.

〈장면 13〉에서 줄리는 아버지의 차를 타고 삼촌 면회를 간다. 차 안에는 줄리와 아버지 사이에 침묵이 이어진다. 그리고 줄리는 이 침묵의 의미에 대해 말한다. 우리는 사람들 사이에 이어지는 침묵을 어색하게 느낀다. 하지만 줄리는 아버지와 딸 사이의 관계를 이어주는 친근한 수단이라고 규정한다. 굳이 말로 표현하지 않았지만 침묵을 통해 서로에 대한 마음을 확인하고 있다. 〈장면 12〉와 〈장면 13〉에서와 같이 침묵은 음성 언어로 표현되지 않은 메시지가 소통되는 효과를 준다.

나. 속마음 드러내지 않기

대화에 참여하지 않고 듣기만 하며 침묵을 유지함으로써 자신의 속마음을 드러내지 않기도 한다. 다음은 영화 《플립》에서 브라이스네가 줄리네를 초대하여 함께 식사하는 자리에서 브라이스의 아버지가 침묵을 유지하는 장면이다.

장면 14

대화에 끼지 못하고 침묵하는 상황 (《플립》 1:03:33 ~ 1:04:17)

(줄리네는 브라이스네 집에 저녁 식사를 초대받아 식사 중이다.)

리네타(브라이스의 누나): 얘들 밴드 끝내줘요. 데모 테이프도 많이 있는데 정말 훌륭해요.

매트(줄리의 쌍둥이 오빠): 고마워. 리네타.
브라이스의 어머니: 아빠도 나와 만날 당시에 밴드에서 연주했어.
리네타: 아빠가요?
브라이스의 어머니: 훌륭한 색소폰 연주자였다.
마크(줄리의 쌍둥이 오빠): 지금도 연주하세요?
브라이스의 아버지: 그게….
매트: 언제 저희 밴드와 함께 연주해봐요.
브라이스의 아버지: 아니야, 난…. 난 이제 연주 안해.
브라이스의 어머니: (매트와 마크에게) 관객들 앞에서도 연주해봤니?
마크: 많이 했죠.
브라이스(내레이션): **매트와 마크가 음악 얘기를 할 때 아빠는 침묵을 지켰다. 가끔 미소를 지었지만 속으로는 무척 슬퍼 보였다.**

〈장면 14〉에서 저녁 식사 자리의 화제가 음악으로 옮겨졌다. 줄리의 오빠들이 음악 이야기를 할 때 브라이스의 아버지는 침묵을 유지하고 있다. 브라이스의 아버지도 고등학교 시절에 색소폰 연주를 했음에도 말이다. 브라이스의 아버지가 음악에 대한 열정이나 꿈을 어떠한 이유로 인해 접었음을 짐작할 수 있다. 브라이스의 아버지는 음악에 대한 대화를 들으며 지난날이 떠오르기도 하고, 꿈을 펼치지 못한 아쉬움도 많이 들었을 것이다. 그래서 대화에 적극적으로 참여하지 못하고 침묵을 유지하고 있는지 모른다. 이처럼 침묵은 대화에 참여하는 사람의 속마음을 직접 드러내지 않는 효과를 준다.

다. 곤란한 입장 회피하기

상대방의 질문에 침묵을 유지함으로써 자신이 곤란에 처할 대답을 회피할 수 있게 하기도 한다. 다음은 영화 《아이 엠 샘》에서 샘의 변호사가 샘의 질문에 침묵함으로써 자신의 곤란한 입장을 피하고 있는 장면이다.

장면 15

불리한 진술을 하지 않는 모습 (《아이 엠 샘》 1:47:43 ~ 1:48:25)

(변호사는 샘에게 딸의 양육권을 양부모에게 넘기고, 대신 방문권을 최대한 많이 얻도록 더 적극적으로 증언하라고 한다. 샘은 딸을 되찾을 가능성이 없다며 상심한다.)

변호사: 일단 양부모한테 양육권을 넘기고 최대한 방문권을 따내도록 해요. 양쪽에서 다 보호하는 권리로요.

샘: (상심한 표정으로) 되찾을 가능성이 없다는 건가요? 그렇게 말하고 있잖아요.

변호사: 그렇게 말하진 않았어요.

친구 1: 저번에도 이길 수 있다고 했잖아요.

샘: **기회가 없다는 뜻은 아니랬어. 기회가 있다고 말해줘요.**

변호사: (**침묵한다.**)

〈장면 15〉에서 변호사는 샘에게 딸의 양육권 대신 방문권에 초점을 두자고 제안한다. 하지만 샘은 변호사가 제안한 절충안보다는 딸과 온전히 지내는 방안을 희망한다. 그래서 변호사에게 딸의 양육권 주장이 승산이 없냐고 질문한다. 친구들까지 샘을 거든다. 난처해진 변호사는 '양육권 주장에 승산이 없다.'라고 즉답하지 못하고 침묵을 유지한다. 침묵이 변호사의 곤란한 입장을 회피하는 수단으로 쓰이고 있다.

3.3 침묵을 새롭게 바라보기

영화의 장면들을 통해 침묵은 단순히 소리의 없음, 대화의 중단 등을 뜻하지 않음을 알 수 있었다. 침묵 속에 풍부한 의미들이 담겨 있다. 우리는 영화 속 장면들에서 침묵을 통해 의사 표현이나 감정 표현이 이루어지기도 하고, 침묵이 유지되는 동안 대화 참여자가 의미를 구성하는 시간이 됨을 확인할 수 있었다. 또한 침묵을 사용하여 메타메시지를 전하는 것도 확인할 수 있었다. 이러한 침묵이 의사소통에 시사하는 바가

무엇인지 조금 더 살펴보자.[8]

- **침묵은 의사소통의 결함이 아니라 표현의 한 방법이다.**

침묵은 말과 말 사이에 이어지는 소리가 없는 상태이다. 그렇다고 하여 의미가 누락되거나 의사소통에서 의미를 구성하는 정신 과정이 멈춘 것은 아니다. 침묵을 통해 의사소통을 위한 의미가 만들어지고 전달되기도 한다. 영화의 장면들을 통해 살펴본 바와 같이 침묵을 사용하는 것이 의사 표현이나 감정 표현의 한 방법이 된다. 침묵도 의사소통의 한 수단이다.

Kim(2008)에서는 서구적 관점의 의사소통 연구에서 침묵을 소리의 부재로 간주하는 경향이 있었다고 비판한다. 서구의 관점에서는 의사소통을 연구할 때 침묵을 배제하고 말에 초점을 맞춰왔다. 침묵을 말과 완전히 다른 것, 말과 관계없는 정반대의 것, 말의 반대자라고 설정하여 침묵이 의사소통에서 희생양이 되었다.

침묵을 새롭게 바라볼 필요가 있다. 침묵은 단순히 소리가 없는 상태이거나 의사소통의 결함을 뜻하지 않는다. 침묵을 표현 방법의 한 선택지로 선택하며, 침묵으로 의사소통이 이루어지기도 한다.

[8] 침묵에 대한 연구는 적어도 다음과 같은 두 가지 이유에서 중요하다. 첫째, 침묵의 사용은 그 자체가 말하는 방법의 일부이거나 말하는 한 가지 방법을 구성할 수 있는 일련의 전략들이거나 혹은 선택 가운데 하나로 간주될 수 있다. 말과 마찬가지로, 침묵이란 문화의 구성원은 누구든지 사용할 수 있는 또 하나의 상징적 자원이다. 둘째, 커뮤니케이션 능력의 기본적 구성요소 가운데 하나는 언어학적이고 문화적인 성격을 모두 띄고 있는데, 그것은 어떤 특정한 문화에서 말하지 '않아야' 할 때를 아는 것이다. 그러므로 언제, 어디서, 어떻게 침묵해야 하는지 아는 것과 그리고 그 침묵에 부여된 의미를 이해하는 것은 그 특정한 사회의 근본적인 커뮤니케이션 구조에 대한 날카로운 통찰력을 얻는 것이다(Kim, 2008: 162-163).

- **의사소통의 비언어적 요소와 다양한 자원을 통합하여 침묵의 의미를 해석해야 한다.**

말과 말 사이에 존재하는 침묵은 침묵 단독으로 실현되지 않는다. 말의 높낮이, 말의 빠르기, 시선, 표정, 제스처 등 비언어적 요소와 함께 침묵이 나타난다. 영화 《한산》에서 이순신의 침묵은 시선과 함께 사용되어 결정에 대한 유보, 작전 참여 승인의 의미를 전달한다. 영화 《봄날은 간다》에서 은수와 승우의 말 사이에 흐르는 침묵에서도 말투, 시선, 몸짓 등이 통합되어 이별 통보를 주고받는 남녀의 복잡한 마음이 나타난다.

침묵의 의미를 해석할 때에는 침묵이 유지되는 이전 상황, 침묵을 사용하는 대화 참여자의 평소 특성 등도 고려할 필요가 있다. 영화 《이미테이션 게임》에서 클라크는 앨런의 요청에 대해 거절하며 그에 대한 근거를 댄다. 앨런이 재차 요청하자 클라크는 대답하지 않고 침묵한다. 이 침묵 이전에 거절의 의사 표현이 있었기 때문에 클라크의 침묵의 의미를 쉽게 읽어 낼 수 있다. 또한 평소 말하기를 좋아하는 사람이 대화 중에 침묵을 유지하는 경우가 많다면 그의 심리 상태가 평소와 다르다는 것도 짐작해 낼 수 있을 것이다. 영화 《봄날은 간다》에서 이별 통보를 들은 승우는 은수에게 할 말이 참 많았을 것이다. 평소 승우는 말이 많은 특성을 갖고 있기 때문이다. 하지만 이 장면에서 승우는 몇 마디 말만 하고 거의 대부분을 침묵으로 일관한다. 평소 승우 '답지 않은' 침묵으로 인해 승우의 심리적 충격이 어느 정도이고 마음이 어느 정도 심란한지를 읽어 낼 수 있다.

이처럼 침묵은 의사소통의 비언어적 수단과 통합하거나 침묵이 유지되기 이전 상황이나 대화 참여자의 특성들과도 통합하여 의미를 전달한다. 그러므로 침묵의 의미를 해석할 때에는 침묵을 단독으로 해석하기보다는 침묵과 함께 수행되는 말투, 시선, 몸짓, 침묵 이전의 발화,

발화자의 개성 등을 통합하여 의미를 해석해야 한다.

• 언어문화적 맥락 속에서 침묵을 이해하고 사용해야 한다.

언어문화적 배경에 따라 침묵의 의미가 다르므로 침묵을 이해하고 사용할 때 유의해야 한다. 우리 말 문화에서는 말하는 것보다 침묵이 더 큰 의미를 갖기도 한다. 예를 들어 집안에 상을 당한 사람을 조문할 때 위로한다고 말을 많이 했는데, 오히려 상대방이 부담을 느끼거나 당황스러워하는 경우가 있다. 차라리 아무 말 없이 손을 잡아주는 행동이 더 큰 공감과 위로를 전하기도 한다. 친밀한 관계에 있는 사람에게 자신의 마음을 명시적이고 구체적으로 말하는 것이 도리어 상대를 어색하게 만들기도 한다. 경우에 따라서는 의도를 의심하게까지 만들기도 한다. 그래서 관계가 밀접한 사이에서는 침묵으로 마음을 나타내기도 한다.

상대에 대한 존중의 태도를 실천하기 위해 침묵을 사용하기도 한다. 우리 말 문화에서는 대화 중에도 자신이 말을 많이 하기보다는 침묵을 유지하며 상대방을 말을 듣는 것을 더 좋은 태도로 여긴다. 침묵을 유지하며 상대방의 말을 듣기 보다 자신이 말을 많이 하게되면 너무 나선다거나 오지랖이 넓다고 핀잔받기 쉽다. 그래서 대화 중에 침묵을 잘 유지하면 그 사람은 다른 사람을 경청하며 존중하는 태도를 실천하는 사람이라는 인상을 갖게 한다.

이처럼 우리 말 문화에서 대화 중에 일어난 침묵은 어색함만을 뜻하지 않는다. 오히려 상대를 존중하고 배려하며 더 진지한 관계에서 의사소통한다는 인상을 준다. 그러므로 언어문화적 맥락을 토대로 침묵을 바라보아야만 침묵으로 전해지는 의미를 이해할 수 있을 것이다.

• 침묵은 말의 가치와 역할을 되돌아보게 한다.

"웅변은 은이요, 침묵은 금이다."라는 말을 많이 들었다. 침묵의 가치를 강조한 표현이다. 침묵의 가치를 강조한 표현은 이뿐 아니라 우리 속담에서도 찾을 수 있다. "김 안 나는 숭늉이 더 뜨겁다."라는 말이 있다. 공연히 떠벌리는 사람보다도 가만히 침묵을 지키고 있는 사람이 더 무섭고 야무지다는 뜻이다. 탈무드에도 "말이 은화 한 닢이라면, 침묵은 은화 두 닢이다."[9]라는 말이 있다. 말을 잘하는 것도 가치 있지만, 침묵을 유지하는 것이 더 가치있다는 뜻이다. 이처럼 동서양 모두 의사소통에서 침묵을 중요하게 여기고 있음을 알 수 있다.

침묵을 진리에 이르는 도구로 여기기도 한다. 수도자들은 말을 하게 되면 정진에 방해가 된다고 하여 침묵한다. 말을 줄이고 침묵을 통해 참된 말의 경지에 이른다는 것이다. 박인기·박창균(2010)에서는 침묵의 가치와 역할에 대해 다음과 같이 기술하고 있다. 우리 말에 '언어도단(言語道斷)'이 있다. 이는 어이없어서 말하려 해도 말할 수 없음을 이르는 말로 사용된다. 하지만 본래의 뜻은 '말할 길이 끊어졌다.'로 불교에서 진리를 득도한 경지가 원체 오묘하여 표현할 말마저 끊어진 상태를 말한다. 독일인 막스 피카르트는 "침묵은 말이 없어도 존재할 수 있지만, 말은 침묵 없이는 존재할 수 없다. 침묵이라는 배경을 갖지 못하면 말은 아무런 깊이도 가지지 못한다."라고 하며 침묵의 가치를 역설한다. 침묵은 언어로 도달할 수 없는 자리, 언어의 한계를 채워주고 극복하게 한다.

이처럼 침묵은 그 자체로서 중요할 뿐만 아니라 말이 침묵을 유지하는 과정을 거쳐 진리에 이르도록 하는 역할을 한다. 침묵이라는 언어 사용의 여과 과정을 거침으로써 위대한 통찰의 순간에 이른다는 것이다.

---

9 If a word be worth one shekel, silence is worth two. '쉐켈(Shekel)'은 고대 메소포타미아 시대 은으로 된 동전 중의 하나이다.

사람들은 대체로 침묵을 의사소통의 과정에서 일어나는 바람직하지 않은 것으로 보아왔다. 침묵은 말과 말 사이에 소리가 없는 상태이지만, 이 소리 없는 상태에 다양한 의미가 담겨 있다. 또한 사람들은 침묵을 통해 철학적 의미를 찾기도 한다.

오늘날 우리는 소통의 과잉 시대에 살고 있다. 특히 눈부신 기술 발달로 인해 다양한 소통 매체를 사용한다. 그렇지만 머리가 맑아지는 소통, 마음을 울리는 소통을 얼마나 하고 있는가에 대한 물음에 대답이 선뜻 나오지 않는다. 침묵의 의미를 다시 한번 새겨보자. 그리고 의사소통에서 침묵이라는 여과 과정을 통해 머리가 맑아지고, 마음을 울리는 경험을 가져보자.

4. 음악으로 소통하기

4.1 공감의 언어

미국 사우스캐롤라이나주 찰스턴의 농구 경기장에서 열린 총기 난사 희생자 장례식에 참석한 버락 오바마 대통령이 30분 남짓 추모 연설을 하다 말을 멈추고 고개를 숙였다. 한동안 침묵하던 그의 입에서 흘러나온 것은 찬송가 '어메이징 그레이스(Amazing Grace)'의 첫 소절이었다. 미국 언론들은 백인의 증오범죄에 의한 흑인 희생자들을 추모하는 자리에서 대통령이 이런 노래를 했다는 점에서 이날 장례식의 울림이 더욱 크다고 평가했다. 오바마는 어떤 말로도 위로할 수 없는 감정을 음악으로 표현했고, 음악이 가진 공감의 힘을 적절히 활용한 사례이다.

음악이 가진 공감의 힘에 대한 연구는 사회학적으로는 물론 음악학, 심리학, 인지과학, 뇌과학적으로도 꾸준히 이어져 오고 있다. 미국 오하이오주립대학 휴런 교수는 '음악이 사회적 관계와 개인 간의 신뢰를 향상시키는 데 도움을 준다'고 말한다(김형찬, 2016:146). 한편, 일상 대화 속에 스며들어 있는 음악의 언어적 특성을 이야기로 풀어낸 영화가 있다.

영화 《원스》는 두 남녀의 우연한 만남에서 시작한다. 아무도 들어주지 않는 '나'만의 노래를 밤에만 부르는 남자. 그 노래를 들으며 자신의 일처럼 공감하는 여자. 음악과 언어가 서로 중첩되기도 하고 어긋나기도 하면서 우연히 시작된 두 사람의 인연은 점차 사랑의 감정으로 발전한다.

이야기 속에 무심한 듯 음악을 섞어 놓는 이 영화의 독특한 스토리를 따라가다 보면 언어와 음악이 공유하는 소통 특성을 만나게 된다.

4.2 영화 속 '음악적 소통' 들여다보기: 《원스》*

(1) 말하지 않고 표현하기

"꼭 말을 해야 알아들어?"라는 말을 하고 싶을 때가 있다. 누군가에 의해 기분이 언짢은 상태에서 "네가 이러이러한 행동을 해서 기분이 나빴어."라고 분명하게 말하기 싫은 경우에 그러하다. '미안하다', '고맙다'라는 말조차 제때에 못하고 머뭇거리거나 시기를 놓쳐 말 못하는 경우가 있다. 그 이유는 복잡하고 많은 감정이 뒤섞여, 간단한 말로는 감사의 마음이 제대로 전달될 수 없다는 한계를 느끼기 때문이다. 복잡한 감정을 전달하기 어려울 때 얼버무리거나 제대로 말을 잇지 못하는 경우가 있다.

장면 1

감정표현이 어려운 상황 (52:30 ~ 53:33)
(바닷가에서) 그: 체코에선 바다를 뭐라고 해? 그녀: 오짜인, 오션과 비슷하죠.

---

* 《원스》 2007.09.20. 개봉/러닝타임 86분/아일랜드/드라마/감독: 존 카니

- 남자(글렌한사드): 평범한 청소기 수리공인 '그'는 매일 거리에 나와 노래를 부른다. 낮에는 사람들이 모르는 노래는 들으려 하지 않기 때문에 밤에만 자신만의 노래를 부른다.
- 소녀(마르케타 이글로바) : 길거리를 지나가다 그의 음악에 귀를 기울이게 되는 '그녀'는 남자의 곡에 담긴 애절한 선율을 통해 그의 음악성을 알아보게 된다.

⇒ 결혼생활이 순탄치 않고 형편도 어려운 남녀가 잠깐 스쳐가는 인연을 통해 각자의 삶에 활기를 찾게 된다. 음악을 통해 인연이 시작되었지만 점차 상대방과의 소통으로 관심이 옮겨가게 된다.

그: 그와는 어쩔 거야?

그녀: 몰라요. 우린 너무 멀리 떨어져 있고, 생각도 다르고 나이 차도 많이 나서 잘 맞질 않아요. 난 괜찮지만 이본카(그녀의 딸)한텐 아빠가 있어야 해요.

그: **"그를 사랑해?"를 체코어로 뭐라 그래?**

그녀: **"밀루에 쉬 호"**

그: 그럼 "미루에 쉬 호?"

그녀: "밀루유 떼 베"(체코어로 '당신을 사랑해'란 뜻)

그: 뭐?

그녀: 그만 가요.

그: 뭐라 한거야?

남자는 아버지가 아끼는 오토바이를 몰고 여자를 찾아간다. 여자를 태우고 간 곳은 멋진 풍경을 자랑하는 바닷가다. 그곳에서 남자는 여자의 이야기를 듣게 된다. 2년 전 딸을 임신한 사실을 알게 되었다. 하지만 남편은 체코에 남겨두고 그녀는 아일랜드로 왔다. 남편과 어쩔거냐는 그의 질문에 그녀는 확실한 대답을 못하고 얼버무린다. 여자를 안타깝게 바라보던 남자는 묻는다. "그를 사랑해?"를 체코어로 뭐라고 하지? "밀루에 쉬 호?" 남자가 이 말을 바로 받아서 물어본다. 그럼 "밀루에 쉬 호?" 여자는 가만히 웃으며 답한다. "밀루유 떼 베." 남자는 체코어를 모르기에 무슨 말인지 물어보지만 여자는 미소만 지으며 자리를 옮긴다. '당신을 사랑해'라는 뜻의 '밀루유 떼 베.'라는 말의 뜻은 이후로 다시 언급되지는 않는다. **"저는 당신을 사랑하게 되었지만 우리의 처지는 그럴 수 없는 상황이에요."** 그녀가 끝까지 마음 속으로 밖에 할 수 없는 말이었던 것이다. 표현하기 힘든 감정을 때로는 그대로 놓아두고 세월에 맡기는 것이다. 마치 음악이 세월 속에서 오랜 의미를 간직한 채 누군가 불러주기를 기다리는 것처럼.

(2) 공감해 주기

지구촌 곳곳에서는 자기가 지닌 정체성과 다른 사람들에 대한 차별이나 혐오 등이 문제가 되고 있다. 국가, 성별, 직업, 연령, 피부색 등 적대시할 꼬투리를 찾기 바쁘다. 경기 침체 속에서 증가한 내국인의 실업률 증가 등 사회문제의 원인을 외국인에게 전가시키거나 특히 외국인과 관련한 강력 범죄가 알려지면서 제노포비아[10]의 사례도 증가한다. 온라인 소통은 남녀 간, 연령 간, 국가 간 상호비방이나 적대시하는 현상을 더욱 부채질한다.

장면 2

남다른 관심을 보여주는 상황 (5:43 ~ 6:25)

그녀: (연주가 끝나자 박수를 치고 기타 가방에 돈을 넣어준다.)
그: 고마워요.
그녀: 직접 쓴 곡이에요?
그: 습작이죠
그녀: 남의 곡 아니에요?
그: 내 곡 맞아요.
그녀: 매일 지나다녔지만 그 노랜 처음 들어요.
그: **낮엔 사람들이 아는 곡만 듣길 원해서 아무도 안 듣는 밤에 불러요. 사람들이 안 들어줘요.**
그녀: **난 듣잖아요.**

음악을 통해서 낯선이와의 만남이 이루어진다. 아일랜드 더블린의 어느 거리, 한 남자가 낡은 기타 하나를 튕기며 열창하고 있다. 남자는

10 낯선 것, 이방인이라는 뜻의 '제노(xeno)'와 싫어한다, 기피한다는 뜻의 '포비아(phobia)'를 합쳐 만든 말이다. 외국인 혐오증으로 해석된다. 상대방이 악의가 없어도 자기와 다르다는 이유로 일단 경계하는 심리 상태를 나타낸다.

평소에는 아버지가 운영하는 전자기기 수리점에서 진공청소기를 수리하고 틈나는 대로 거리에서 버스킹을 하는 가난한 음악가이다. 사람들이 알 만한 노래를 불러야 몇 푼이라도 던져 주기에 낮에는 다른 가수들의 노래를 하고 밤이 되면 자신이 직접 만든 곡을 노래한다. 이날도 인적이 드문 밤거리에서 홀로 눈 감은 채로 자신의 자작곡을 열창하고 있다. 그는 자신이 작곡한 노래에 아무도 귀 기울여 들어주지 않기에 밤에 아무도 없을 때만 자기 위로 겸 노래를 한다. 그런데 노래가 끝나고 보니 눈앞에 언제부터인가 모르게 빤히 쳐다보고 있는 관객이 있었다. 그녀는 초면임에도 불구하고 왜 밤에 노래하느냐, 직접 작곡한 곡이 맞느냐, 직업이 뭐냐는 둥 여러 질문들을 쏟아낸다. 여자는 누군지도 모를 남자의 노래에서 실연의 아픔을 찾아내고 당돌하게도 떠나간 연인에 대한 질문을 이어간다.

장면 3

소통의 단계로 나아가는 상황 (6:40 ~ 7:18)

그녀: 누구에 대한 노래죠?
그: 누구도 아니에요.
그녀: 거짓말. 그녀는 어디 있어요?
그: 떠났어요.
그녀: 하늘나라로?
그: 아니, 그냥 떠났어요.
그녀: **그녀를 잊지 않았군요. 잊었다면 절대 이런 곡 못 쓰죠. 이 노랠 들려줘요. 분명 돌아올 거예요.**

그녀가 그의 노래에 이끌린 것은 노래를 잘해서라기보다는 가사의 내용이 자신의 처지와 비슷해서이다. 여기서 그의 노래는 마치 "나 힘들어. 혹시 너도 이런 아픔이 있지 않니?"하고 말을 걸고, 지나가던 그녀가

"응, 나도 사실 너처럼 힘들어."라고 응답하는 것이라고 할 수 있다. 이후로 둘은 카페에서 이야기를 하면서 서로의 처지를 알게 되고 공감대가 생긴다. 그리고 그 공감대는 함께 노래를 하면서 더욱 깊어진다.

(3) 함께 노래하기

함께 노래하기 위해서는 소통을 위한 음악적 코드가 공유되어야 한다. "나는 영 음악성이 없어."라고 말하는 사람들이 있다. 하지만 우리는 모두 음악성을 가지고 태어난다. 아이들의 모습을 관찰해보면 알 수 있다. 아이들은 말하기 훨씬 전부터 음악적 행동을 보여준다. 음악 소리가 들리면 박자에 맞춰 까딱까딱 고개를 흔들기도 하고, 손뼉을 치거나 발을 구르는 등의 행동을 한다. 이렇듯 음악의 리듬은 태어날 때부터 이미 우리 몸 안에 입력되어 있다. 함께 노래하기 위한 음악 코드를 이미 타고난 것이다. 연령, 국가, 성별이 다른 낯선 만남을 가지게 된 둘은 노래를 통해 이러한 장벽을 넘어선다.

장면 4

서로의 말에 경청하는 장면 (13:43 ~ 15:20)
(공짜로 피아노를 치게 해 주는 악기상에 들어가서) 그녀: 노래 불러 봐요. 그: 안 돼. 그녀: 제발. 그: 여기서? 그녀: 빌은 상관 안해요. 그: 듣고 싶어요? 그녀: 예. 그: 자, 악보는 여기 놓고. (기타를 치기 시작한다.) 그: c코드예요. 그녀: 알아요. 그: 처음은 따다다다… 그: 그대로 칠 수 있어요? (그가 부른 대로 그녀는 피아노를 친다.) 그: 좋아. 다음 파트는 따라라라… 그: 다음 두 소절은 코러스인데 그건 이렇게. 따다다다… (그의 요청대로 피아노를 친다.) 그: **그거야. 완벽해요. 그럼 같이 해 볼까요?** 그녀: 예, 해 봐요. 그: 둘, 셋, 넷. (그는 자기가 작곡한 노래를 하고, 그녀는 피아노 반주를 해 주다가 코러스 부분에서는 화음을 맞추어 노래를 한다.)

그는 그녀와 점심을 먹으면서 음악에 관한 그녀의 이야기를 듣는다. 여자의 아버지는 피아니스트였고, 그렇기에 음악과 함께 해 왔으며 현재도 음악을 하고 싶어 하지만 가난 때문에 하루 벌어먹기 바쁘다고 한다.

그런 그녀가 자신이 연습하는 곳이 있다며 함께 가자고 한다. 그곳은 악기점이었고 인심 좋은 그곳 사장이 점심시간에 악기를 다룰 수 있도록 해 주었다. 악기점에서 여자는 피아노로 멘델스존의 곡을 연주한다. 여자 역시 음악을 알고 악기를 다룰 줄 안다는 사실을 보고 남자는 자신이 작곡한 곡으로 즉석 합주를 제안한다. 서로 조금씩 호흡을 맞추다가 얼마 지나지 않아 "그거야. 완벽해요. 그럼 같이 해 볼까요?"라고 말한다. 만남의 단계에서 더 나아가 서로를 이해하는 단계로 이어진 것이다.

장면 5

리듬 맞추기 (53:50 ~ 54:50)

그녀: 오토바이 가르쳐줘요.

그: 안 돼요.

그녀: 제발.

그: 안 돼요.

그녀: 타 봐도 되죠?

그: 아뇨.

그녀: 제발요.

그: 그냥 놔둬요.

그녀: 좀 가르쳐줘요. 한 번만.

그: 아버지 알면 난리 나요. (오토바이에 타려고 하며)여기 안 계시잖아요.

그: 조심…조심 좀 해요.

그녀: 여기 안 계시는데 가르쳐줘요.

그: 아뇨, 안 된다니까.

그녀: 제발.

그: 안 돼요. 진짜 아끼시는 거라 폭발하실 거예요.

그녀: 당신도 타잖아요.

그: 아버진 몰라요.

그녀: 그럼 내가 타도 모르시겠네.

그: 진짜 안 된다니까요.
그녀: 한 번만요.
그: 안 돼요.
그녀: 시동만 걸어줘요.
그: 안 돼요.

〈장면 4〉와는 대조적으로 〈장면 5〉에서는 소통의 장벽이 있는 듯 보인다. 악기상에서는 서로 같은 방향을 찾아가며 화음을 이루었다면, 여기서는 서로 반대 방향으로 가는 듯 보인다. 그녀의 끈질긴 부탁이 안쓰럽게 느껴질 만큼 그는 끝까지 "NO"를 한다. 그런데 이 기나긴 대화를 리듬의 관점에서 다시 보면 "OK?", "NO"라는 소리를 주고받으며 마치 놀이를 하는 듯 보인다. 실제로 그들의 표정이나 말투는 마냥 즐거워 보인다. 마치 서로 다른 음색의 악기를 리듬에 맞춰 조화롭게 연주하며 신나는 표정을 짓는 연주자들처럼.

4.3 음악으로 소통하는 방법

《원스》에서는 이질적인 배경을 가진 두 남녀가 관계 맺고 소통하고 교감하는 매개로써 언어와 음악의 역할을 교차시키며 음악의 소통적인 면모를 들여다보게 한다. 두 사람은 일상적인 대화로는 서로 첫 만남에서의 호감이 만들어지지 않았을 것이다. 언어적인 대화를 하는 경우에 때로 상대가 못 알아들을 말을 하기도 하고, 알아들을 수 없는 소음으로 들리기도 한다. 그러나 음악을 통한 소통 장면에서는 상대방의 말에 경청하고 맞장구치고 칭찬하고 대화 차례를 지키는 등의 의사소통 원리를 따르며 오히려 순조롭게 소통이 되는 것을 보여준다. 심지어 동시에 소리를 내는 경우에도 소음이 아닌 하모니를 만들어낸다. 이렇듯 일상 대화 속에 알게 모르게 스며들어 있는 음악의 소통적 특성은 무엇일까?

• 우리는 음악적 소통을 하고 있다.

언어가 생겨나기 오래전에 사람들이 자신에게 그리고 아기에게 '노래'를 흥얼거리는 모습을 상상하는 것은 그렇게 터무니없는 일이 아니다. 구절의 중간에 억양이 올라가고 마지막에 떨어지는 패턴은 오늘날까지도 많은 노래들이 따르고 있다. 그래서 말과 음악에서 감정을 알아채는 방식은 서로 비슷하다고 한다(장호연 역, 2018: 17). 우리는 어릴 때부터 소리의 속도, 세기, 음높이 범위, 음색에서 단서들을 재빨리 파악하는 일에 아주 탁월하며 따라서 누구나 음악적이라고 할 수 있다. 그와 그녀가 기타와 피아노 반주에 맞춰 함께 노래하는 모습은 서로가 소통코드를 찾고 맞추어 간다는 것을 음악에 빗대어 표현한 것으로 볼 수도 있다. 그녀는 그의 노래를 경청하고, 피아노로 맞장구를 쳐 주고, 그는 그녀의 반응(반주)에 대해 칭찬을 하고, 서로 차례를 지키며 마치 대화를 이어가듯 음악을 만들어 간다.

• 음악은 대화처럼 규칙을 지킨다.

대화에서는 서로의 표정, 숨소리, 눈빛 등의 신호에 따라 의미를 파악하고 상대와 내가 번갈아 말하는 대화 규칙을 지켜야 한다. 우연히 동시에 말을 꺼내기라도 하면, 서로 양보하면서 "먼저 말해."라고 하는 것도 이런 규칙을 지켜나가기 위한 서로의 노력이다. 어린 아이들이 상대의 말 중간에 끼어들기나 상대의 호흡을 살피지 않고 혼자 말하는 경우가 있는데, 소통의 시간이 늘어감에 따라 대화 규칙을 자연스레 익히게 된다. 음악 역시 자유로운 감정의 표현이면서도 일정한 규칙에 의해 수행된다는 대화의 특성을 공유한다. 특히 합창이나 합주를 할 때는 공동의 규약을 철저히 지키면서 서로의 소리를 맞춰야 한다. 프랑스 음악인이자 작가인 프랑수와 쉬드르는 소리의 음계 차이를 바탕으로 세계공통 음악어(Langue musicale universelle)라는 이름으로 책을 펴내며 인공어를 만들기도 했다. 이러한 생각이 가능한 것은 음악이 언어와 마찬가지로 대화 규칙을 공유하기 때문이다.

• 경청과 공감이 중요하다.

음악은 오랜 역사 속에서 인간사회에 중요한 역할을 해왔는데 그중에 하나는 바로 감정의 소통이었다. 음악을 통해 인간은 자신의 느낌과 감정을 표현하고 다른 사람들과 일상의 언어가 아닌 음악적 언어로 매우 직접적인 소통을 할 수 있다. 작곡가는 자신의 주관적 감정을 음악 속에 심어 작품을 창조하고 연주자는 자신의 해석으로 재창조하며 그 음악은 청취자들에게 작곡자와 연주자 내면의 그 무언가를 함께 느끼고 나누게 되는 것이다(김선미, 2021:23).

때로 우리는 상대가 내 말을 그냥 들어주기만 해도 고마울 때가 있다. 속상한 마음, 안타까운 마음 등을 누군가가 들어주는 것만으로 위안이 되고 만족한다. 나를 위로할 어떤 말도 필요 없는 이유는 상대가 내 말을 들어주면서 나의 상황을 공감한다고 느끼기 때문이다. 그녀에게만 들려주고 싶은 노래이기에 인적 없는 밤거리에서 사랑을 노래하는 남자. 그런 아픔과 안타까움에 공감하며 조용히 들어주고 관심을 가지는 여자, “이 노랠 들려줘요. 분명 돌아올 거예요.”라는 말은 그러기에 그녀가 자기 자신에게 하고 싶은 말이 아니었을까?

일상에서 음악을 들으며 즐기는 데에 비하면 음악적 표현에는 익숙치 않다. 말을 배우고 사용하는 데에 문법을 배우지 않아도 되는 것처럼 음악적 소통에 음악 이론이 꼭 필요한 것은 아니다. 음악 교육을 제대로 받지 못한 사람이 기타를 연주하고 곡을 쓰는 등 음악적 표현을 잘 하는 경우가 있다. 다른 사람의 말에 호응을 하거나 장단을 맞추는 것도 음악적 표현의 일종이다. 우리는 모두 음악적 소질을 타고난다는 것을 믿는다면 보다 다양한 소통 방식을 얻는 길이 되지 않을까 생각한다.

제2부
심리와 정서

1. 말하기 불안 "다들 놀렸죠. 버벅 버티라고." 《킹스 스피치》
2. 아이들의 거짓말 "거짓말하는 애를 누가 좋아해!" 《우리들》
3. 가면 벗고 말하기 "가면을 쓰지 않고는 도저히 말씀드릴 수 없기에…." 《반칙왕》
4. 인공지능과 대화하기 "이 감정들이 과연 진짜일까?" 《그녀》

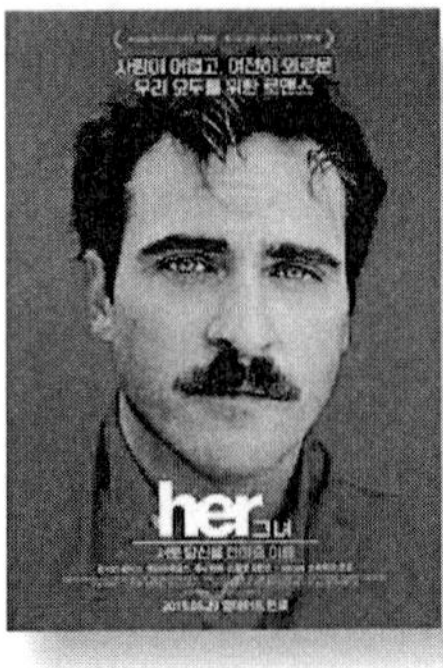

1. 말하기 불안

1.1 말하기 불안을 느끼나요

다른 사람과 대화할 때 긴장하는가? 그렇기도 하고 아니기도 할 것이다. 친구와 대화할 때는 편하게 이야기하지만, 연장자나 지위가 높은 사람과 이야기할 때는 다소의 긴장감으로 인하여 그 자리가 불편할 수도 있을 것이다. 그렇다면 여러 사람들 앞에서 주목받으며 말할 때는 어떠한가? 누군가와 일대일로 대화를 나누는 상황보다 훨씬 더 긴장감이 클 것이다. 심한 경우에는 얼굴이 붉어지고 식은땀을 흘리며 온몸이 경직된 채 말까지 더듬거려 긴장하고 불안한 모습이 그대로 노출되기도 한다. 이처럼 불안감이 밖으로 드러나지 않더라도 무슨 말을 어떻게 해야 좋을지 몰라 두서없이 생각나는 말들을 그냥 내뱉기도 한다. 이러한 경험은 모두 말하기 불안과 관련된 것이다.

말하기 불안과 관련된 대표적인 영화는 바로 《킹스 스피치》*다. 이 영화는 제목 그대로 영국 국왕 조지 6세(George Ⅵ, 1895년~1952년)의 연설을 소재로 한 영화로 실제 있었던 일을 바탕으로 한다. 조지 6세는 어릴 때부터 말더듬 습관을 갖고 있었는데 괴짜 언어치료사 라이오넬 로그를 만나 말더듬증을 극복하고 명연설을 하게 된다. 영화는 조지 6세가 왕자 시절 대영제국박람회장에서 조지 5세를 대신하여 폐회사를 하면서 마이크 앞에서 극도의 불안감을 느끼며 말을 제대로 잇지 못하는 요크 공작의 모습으로 시작한다. 말더듬증(stuttering)은 말을 순조롭게 하지 못하여 막히는 증상[1]인데 조지 6세처럼 말더듬 습관을 갖고 있으면 당연히 말하기 불안 증상은 클 수밖에 없다. 또한 영화 첫 부분에 나오는 것처럼 국민들 앞에서 연설을 망친 경험은 트라우마로 남아 말하기 불안은 더욱 커질 수밖에 없다. 이렇게 말하기 불안 증세가 심하면

*** 《킹스 스피치》 2011.03.17. 개봉/러닝타임 118분/영국/드라마/감독: 톰 후퍼**

- 요크 공작(콜린 퍼스): 어린 시절 '버티'라고도 불리었으며 형이 왕위를 내려놓음으로 훗날 조지 6세가 된다. 왕위에 오른 요크는 2차 세계대전이 일어나서 국민들을 향한 연설을 해야 하는 상황에 처한다.
- 라이오넬 로그(제프리 러시): 공식적인 자격을 갖추고 있지 않은 괴짜 언어치료사이다.

⇒ 요크 공작은 어린 시절부터 말더듬는 습관이 있어서 말하기 불안이 크다. 그러나 그에게 연설을 하는 것은 피할 수 없는 상황이다. 그런 그가 라이오넬 로그를 만나 습관을 고치고 명연설을 하게 된다.

[1] 말더듬 현상이 정확한 원인은 없고 언어능력이 부족해서 나타나는 것보다는 호흡법이나 심리상태에 기인하는 것이 대부분이기에 단순히 언어능력과 결부 짓는 것은 옳지 않다. 말더듬의 가장 전형적인 증상인 반복은 특정 부분을 매끄럽게 발음하지 못하고 이를 반복하는 것으로 반복의 대상은 크게 단어, 음절, 음소이다. 음절 반복이 가장 흔하며, 연장과 긴장은 말을 더듬지 않으려고 지나치게 신경을 쓸 경우 나타나기 쉽다.
① 단어 반복: "기차. 기차...기차 타러 가요." ② 음절 반복: "기...기..기..기차 타러 가요."
③ 음소 반복: "기차 ㅌ..ㅌ...타러 가요." ④ 연장: "기이이이차 타러 가요."
⑤ 긴장: "기......차 타러 가요." 〈https://namu.wiki/w/말더듬 2022.2.20. 검색〉

말하기 상황을 기피하게 된다.

하지만 갑자기 형의 뒤를 이어 왕위를 계승한 조지 6세는 연설을 피할 수 없는 입장이다. 이 영화의 배경인 1930년대는 독일의 히틀러에 의해 2차 세계대전이 발발하여 영국의 국민들에게 왕으로서 연설을 통해 대국민 메시지를 전달해야만 하는 상황이다. 조지 6세는 말더듬 습관으로 인해 극심한 말하기 불안 증세가 있어 마이크와 연설을 싫어하지만 그렇다고 그것을 피할 수 있는 상황이 아니다. 이 영화에서는 이런 조지 6세가 어떻게 말더듬 습관을 갖게 되었는지, 또 언어치료사 로그를 만나 어떻게 말더듬증과 말하기 불안을 극복해 나가는지를 보여준다.

우리는 조지 6세와 상황은 다르지만 여러 사람들 앞에서 발표를 해야 할 때가 있다. 이러한 상황에서 다소의 정도 차이는 있겠지만 누구나 다 말하기 불안을 경험해 보았을 것이다. 이때 누군가는 말하기 불안을 효과적으로 조절하고 극복하여 성공적으로 발표를 마쳤는가 하면, 누군가는 불안을 통제하지 못해서 망치기도 했을 것이다. 영화 《킹스 스피치》를 중심으로 말더듬 습관을 갖고 있던 조지 6세가 어떻게 말하기 불안을 극복하고 성공적인 연설을 하게 되었는지 살펴보고, 여러 사람 앞에서 주눅 들지 않고 자신감 있게 말할 수 있는 방법에 대해 생각해 보자.

1.2 영화 속 '말하기 불안' 들여다보기: 《킹스 스피치》, 《러브 인 맨하탄》

(1) 말하기 불안 원인

말하기 불안은 말 그대로 말하는 것에 두려움과 공포를 갖는 것으로 그 원인이 다양하다. 말하기 불안은 크게 개인의 성향적인 것과 상황적인 것으로 구분할 수 있다. 성향적 불안은 개인의 성격이나 특성과 관련되는

것이며, 상황적 불안은 대중 연설처럼 의사소통이 이루어지는 상황과 관련되는 것이다.[2]

영화 《킹스 스피치》에서 조지 6세의 말하기 불안 원인은 그의 말더듬증 언어습관에서 비롯된 것임을 쉽게 추측할 수 있다. 그런데 그의 말하기 불안은 단지 말을 더듬는 습관만이 아니라 환경적인 요인도 크게 영향을 미쳤음을 알 수 있다. 어느 날 요크 공작은 언어치료사 로그에게 자신의 유년 시절에 대한 이야기를 꺼낸다. 그의 고백 장면에서 말하기 불안의 원인을 찾을 수 있다.

장면 1

요크 공작(조지 6세)의 유년 시절에 대한 고백 (《킹스 스피치》 52:28 ~ 53:28)

로그: 형이 놀리기도 했나요?

요크: 네, **다들 놀렸죠? '버벅 버티'라고**. 아버지도 보태셨죠. '말을 내 뱉어!' 하고… '원래 아버지란 무서운 존재인 거야!'하며, 종종 윽박지르셨어요.

로그: (버티의 말을 귀 기울여 듣고 있다가) 원래 오른손잡이예요?

요크: 왼손잡이요. 혼나고 오른손을 써요.

로그: 말더듬이한테 흔한 현상이죠. (버티를 보며) 다른 것도 교정했나요?

요크: 안짱다리요. 처, 철제 부목을… 밤낮 했어요.

로그: (고개를 끄덕이며) 아팠겠네요.

요크: 죽다 살았죠. 이젠 펴졌어요.

---

2 말하기 불안은 '실제나 예상되는 의사소통에 수반하는 두려움이나 공포의 개인적인 수준'을 의미한다(McCroskey, 1984). 말하기 불안의 유형은 크게 개인의 인지, 정서, 기능적 측면의 '성향적' 불안과 의사소통 '상황적' 불안으로 구분할 수 있다.
① 인지적 요인– 화자의 말하기에 대한 부정적 인식이나 예상
② 정서적 요인– 화자의 환경에서 축적된 내적인 심리나 성격
③ 기능적 요인– 화자의 말하기 기능 부족으로 인한 실패의 경험
④ 상황적 요인– 화자 요인을 제외한 청자, 메시지, 상황맥락 등 말하기 상황 관련 불안

요크 공작의 형은 어렸을 때부터 말을 더듬는 동생을 '버벅 버티'라고 놀렸다. 또한 그의 아버지 조지 5세는 매우 권위적이어서 아들의 말더듬을 호통으로 다스렸다. 그래서 요크 공작은 형과 아버지 앞에서는 더욱 주눅들어 말을 더듬으며 버벅거린다. 그리고 그는 왼손잡이였던 것을 오른손잡이로 교정하느라 힘들었다고 하는데 로그가 말더듬이에게 흔한 현상이라고 하는 걸 보면 교정 과정도 말더듬 습관에 영향을 미쳤음을 알 수 있다. 왼손잡이와 안짱다리 교정이 강압적으로 이루어지면서 자존감이 낮아져서 자신 있게 말을 내뱉지 못하는 것임을 짐작할 수 있다.

앞의 〈장면 1〉을 보면 조지 6세의 말하기 불안은 왕이 되어 국민들을 대상으로 하여 연설을 해야 하는 상황 이전에 이미 어린 시절 가정에서 형성된 것이다. 어린 시절 아버지의 강압적인 교육이나 형의 놀림과 같은 가정환경에서 형성된 위축된 정서와 낮은 자존감 등으로 인해 말더듬 습관이 고착화되고 말하기 불안은 더욱 커진 것으로 볼 수 있다. 즉, 조지 6세의 말하기 불안의 주요 원인은 말을 더듬는 습관이지만 강압적 교육 방식이나 비우호적인 가정환경도 크게 영향을 미쳤음을 알 수 있다.

(2) 말하기 불안 대처

말하기 불안은 원인에 따라 대처 방식은 달라진다. 자신의 말하기에 대해 스스로가 부정적으로 평가하는 것에서 비롯되는 것이라면 인식의 변화를, 말하기 기능이 부족하여 심화된 말하기 불안이라면 기능적인 측면에서 불안 요인을 줄여야 할 것이다. 영화 《킹스 스피치》에서 조지 6세의 말하기 불안 원인은 다양한 요인이 복합적으로 관여하지만, 말을 더듬는 것이 일차적인 원인이므로 말더듬 습관을 고쳐야 한다.

장면 2

말을 더듬지 않는 자신의 모습에 놀라는 모습 (《킹스 스피치》 33:55 ~ 34:27)

요크: (로그가 준 LP판을 틀고 녹음된 자신의 목소리를 듣는다.) 사느냐, 죽느냐 그것이 문제로다. 가혹한 운명의 화살을 속으로 참는 게 장한 거냐, 고통의 바다에 맞서 싸우다 죽는 게 옳은가? 죽는 것, 잠자는 것, 잠들면서 수만 가지 숙명적 고통을 잊는다면 그것이 최상 아니겠는가.

조지 6세가 말더듬 습관을 고치기 위해 다양한 시도를 하지만 실패하고 언어치료사 로그를 만나 본격적인 치료를 시작하고 지속적으로 노력을 이어간다. 이전과 달리 로그와 언어치료를 계속하게 된 계기는 자신이 말을 더듬지 않을 수 있다는 가능성을 보았기 때문이다. 요크 공작은 노래를 들으며 자신의 목소리를 듣지 못한 상태에서 녹음한 LP판을 다시 들으면서 말을 더듬지 않은 것을 알고 놀란다. 이는 치료를 포기하고자 했던 요크 공작이 성공의 가능성을 기대하며 치료 과정에 참여하는 계기가 된다. 요크 공작에게 말더듬 치료를 위한 내적 동기가 유발되어 이후 치료 과정에 자발적이고 적극적으로 참여하게 된다.

장면 3

로그의 요크 공작 말더듬 치료 과정 (《킹스 스피치》 36:25 ~ 38:46)

로그: (요크와 함께 '랄랄랄'하고 소리를 내며) 턱을 풀어주세요. (요크와 함께 가볍게 뛰며) 힘 빼고 뛰어요. (어깨를 흔들며) 어깨 풀고 (입을 털며) 좋고, 다음 입. (입을 털며) 심호흡 하세요, 가슴을 펴고. 손은 갈비뼈에, 더 깊게, 어때요?

요크: 헛바람 든 것 같고…

로그: 그런 게 연설이죠. 힘껏 들이쉬면 횡경막 올라오고 천천히 내뱉고 횡경막 내려가고

요크: 음~ 엄마

로그: '음'을 좀 짧게

요크: 음, 엄마, 음…
로그: 심호흡, '잭과 질은'
요크: '잭과 질은'
로그: '언덕에 올라'
요크: '언덕에 올라'
로그: 흔들흔들 어깨 푸시고, 딩동벨, 우물 속 암말.
요크: (뒹군다.) 울음 쏟는 암말
…(중략)…
요크: (로그와 함께 '아'하며 발성 연습하는 장면) 창문 열고 소리만 쳐도 연설 반은 배운 거죠.
로그: 심호흡하고
요크: 그, 그것은…
로그: 말을 흘려요.
요크: 안 된다고요!
로그: 버티, 한 번 더요!
요크: '그린 기린 그림은…' (로그와 함께 '이'하고 발성 연습하는 장면)
로그: 아버지
요크: 아, 아버지…
로그: 'F' 발음 조심하고
요크: 아버지, 아버지, 아버지

로그가 요크 공작의 말더듬을 치료하는 과정을 살펴보면, 먼저 몸에 힘을 빼고 조음기관(입과 혀)을 풀어준다. 또한 호흡법, 발성과 발음 연습을 포기하지 않고 지속적으로 반복하며 말더듬을 치료해 나간다. 그리고 국왕 대관식을 앞두고서는 현장에서 연습하고, 대국민 연설을 앞두고선 연설문을 보며 사전에 연습(rehearsal)한다. 이처럼 긴장을 풀고 발성과 발음을 명확히 하고 사전에 연습을 하는 것은 성공적인 연설을 위한 필수적인 과정이다.

그런데 이 과정에서 언어치료사 로그는 발성이나 발음과 같은 언어적 발화 기능에만 주목하지 않고 심리적인 측면을 중요하게 여겼다. 그는 전쟁 후유증으로 말을 더듬는 군인들을 치료한 경험에서 근육 훈련이나 기능적인 치료 못지않게 환자의 이야기를 들어주고 자신감을 심어주는 것이 중요하다는 것을 깨달았기 때문이다. 그래서 가족들만의 애칭인 '버티'라는 이름을 고집하며 치료를 시작한다. 처음에는 거부했던 요크 공작도 어느 순간 마음을 열고 편안한 친구처럼 로그와 연습을 이어간다. 로그가 이전 언어치료사와 다른 점은 말더듬 치료를 위해 기능적 측면에만 초점을 두지 않고 심리적 측면을 함께 고려하고 중요시했다는 점이다.

(3) 말하기 불안 극복

말하기 불안을 극복한다는 것은 말하기 불안이 없어지거나 사라진다는 것이 아니라 불안을 잘 견디어 내거나 조절할 수 있는 것이다. 말하기 과정에서 말하기 불안이 더 이상 장애 요인으로 작용하지 않는 것이며, 불안 요인이 있지만 그것을 능히 통제할 수 있다는 의미이다. 따라서 말하기 불안을 완화시키고 극복하는 데 있어 심리적, 정서적 안정은 필수적인 요소다.

장면 4

조지 6세가 로그와 함께 대국민 연설하는 모습 (《킹스 스피치》 1:42:23 ~ 1:48:20)

로그: 딴 건 다 잊고 날 보고 말해요. 친구한테 말하듯이요.

조지 6세: (편안하게 입 모양과 손짓해 주는 로그를 보며 천천히 또박또박 말한다.) '지금 이' '순간' '역사상 가장 운명적인' '날을 맞아' '저는' '국내와 해외에 있는 모든…' '국민들의' '가정에' '직접 찾아가' '문턱을 넘어' '대화하는 심정으로' '국민 한 분 한 분' '모두에게 이 말을' '전합니다' '우리는 생애 두 번째의' '전쟁을' '마… 맞이합니다' '우리는 수 차례' '노력하여' '적국과의 갈등을'

'평화적으로' '해결하기 위해' '모든 방법을' '다 동원해' '보… 았지만' '실패로' '돌아갔습니다' '결국 충돌을 피할 수 없게 됐습니다' '우리에게 주어진 소명은' '전세계 문명국가에' '위협이 될 사상과' '맞서는 것입니다' '저들의 사상은' '겉은 그럴 듯하지만' '힘이 곧 정의라는' '미개하고 야만적인 정치논리일…' '뿐입니다' '우리가 숭상하는 모든 가치를' '지키기 위해서라도' '이 전쟁은 더 이상' '피할 수 없습니다' '이에 저는 이 고결한 목적과' '행복한 미래를 위해' '모든 국민이 한 뜻으로' '동참하기를' '요청하는 바입니다' '모두가' '마음을 합쳐' '이 시련을 이겨내길' '기원합니다' '고된 여정입니다' '앞길이 험난할 수도 있고' '전쟁이' '우리 마음 속까지 잠식할 수도' '있습니다' '그러나 우린 오직 정의를 위해 싸울 것이라고' '경건한 마음으로 우리의 결의를 신께' '맹세합니다' '모두가 하나 되어' '그 맹세를 지킨다면' '우리는' '주께서 보호하사' '반드시' '승리할 것입니다'

로그: 잘했어요, 버티. (잠시 후) 아직 W를 더듬어요.

조지 6세: **좀 더듬어야 난 줄 알죠.**

조지 6세는 로그의 도움으로 말 더듬는 습관을 교정하면서 말하기 불안을 극복해 나간다. 이 과정에서 로그와 정서적 유대를 통한 심리적 안정이 말하기 불안을 극복하는 데 도움이 됨을 보여준다. 이는 사실 로그가 의도한 바이기도 하다. 영화의 시작에서 요크 공작이 대영제국박람회 폐회 연설에서 극도의 불안한 모습과 대조적으로 영화의 끝부분은 전시 상황에서 대국민 연설을 상당히 안정된 모습을 보여준다.

조지 6세는 첫 번째 전시 연설을 성공적으로 마무리한다. 그동안 꾸준히 연습하여 말더듬도 줄어들고 기능적으로 좋아진 것도 있지만 앞에서서 함께 호흡을 맞춰주는 로그의 역할도 빼놓을 수 없다. 조지 6세가 연설 초반에 비해 후반부로 갈수록 점점 자신감있게 연설을 마무리하고 끝난 후에는 '말을 더듬어야 난 줄 알지'라며 농담까지 하는 걸 보면 스스로도 만족스러웠음을 알 수 있다. 말하기 불안이 완전히 해소된 것은 아니지만 말하기 훈련과 심리적 안정을 통해 불안도가 훨씬 낮아졌음을 알 수 있다.

영화 《러브 인 맨하탄》*에도 말하기 불안을 극복하는 장면이 나온다. 초등학생 타이는 학교에서 학부모들 앞에서 하는 스피치 하길 싫어한다. 방학 내내 자신이 관심 있는 닉슨 대통령에 대한 스피치를 준비했지만 당일 힘겹게 스피치를 하다가 결국 포기하고 만다. 타이의 엄마 벤츄라가 그 이유를 묻자 친구들이 웃어서 그랬다고 말한다. 말하기 불안 이론에 따르면 '상황적 요인'으로 볼 수 있다. 하지만 스피치를 하기 이전에 아빠가 오지 않을 거라서 하기 싫다는 핑계를 대는 걸 보면 어느 정도의 말하기 불안을 갖고 있었음을 알 수 있다. 게다가 스피치 도중에 원고 내용을 잊어버려 머뭇거리는 사이에 친구들이 웃자 불안이 극대화된 것이다.

한편, 벤추라에게 타이의 스피치 이야기를 들은 상원의원 마샬은 벤추라와 타이를 센트럴파크 바위 위로 데리고 간다. 그리고 타이에게 자신도 연설을 할 때 청중들 앞에서 긴장한다고 말한다. 그러자 타이는 정말 그러냐며 관심을 보이자 마샬은 긴장하지 않고 자신 있게 연설할 수 있는 방법을 알려준다.

*** 《러브 인 맨하탄》 2003.03.21. 개봉/러닝타임 105분/미국/로맨스, 코미디/감독: 웨인 왕**

– 마리사 벤추라(제니퍼 로페즈): 매니저를 꿈꾸는 호텔 직원이다.

– 크리스토퍼 마샬(랄프 파인즈): 유력한 상원의원 후보이자 뉴욕 최고의 인기남이다.

– 타이 벤추라(타일러 포시): 마리사 벤추라의 아들이다.

⇒ 호텔 종업원 벤추라가 마샬을 만나 펼쳐지는 사랑 이야기이다. 위의 인용 장면은 마샬이 벤추라의 아들 타이에게 긴장하지 않고 연설하는 방법에 대해 알려주는 상황이다.

장면 5

마샬이 타이에게 연설 비법을 알려주는 모습 (《러브 인 맨하탄》 37:50 ~ 39:00)

벤추라: (센트럴파크 바위 위에 올라서 빌딩을 바라보며) 완전히 다른 세계네요.
마샬: 그래서 좋아해요. 게다가 파파라치도 없어요. 난 연설이 있을 때마다 여길 와요. 긴장될 때.
타이: (관심을 보이며 마샬에게 다가가며) 긴장하세요?
마샬: 그럼. 난 사람들 앞에 서면 심장이 쿵쾅대고, 할 말이 생각 안 날 때가 많아.
타이: 저도 그래요?
마샬: 정말? 너도?
타이: 예.
마샬: 하지만 나한테 좋은 게 아냐.
타이: 그럴 땐 어떡해요?
마샬: 어떡하냐고? 보여줄게. (클립을 보여주며) 난 여기 매달려.
타이: 클립요? 클립이에요?
마샬: 내 소심한 심장을 붙들어놓을 뭔가가 필요했거든. 예를 들면…
타이: 야광 지팡이 같은?
마샬: 그래. 그런 거 맞다. 소심함이 클립에 잡히면 남는 건…
타이: 연설이오.
마샬: 그래. 부드러우면서도 아주 강력한 연설.

이 장면에서 알 수 있는 말하기 불안을 극복할 수 있는 방법은 크게 두 가지다. 하나는 공간을 바꿔서 불안과 긴장감을 줄이는 것이다. 이 영화에서 크게 부각되지는 않았지만 마샬이 연설이 있어서 긴장될 때 찾아가는 한적하고 전망 좋은 센트럴파크의 바위를 새로운 세계로 묘사하였다. 불안이나 긴장을 해소할 수 있는 장소인 것이다. 다른 하나는 소심함을 붙들어 주는 클립이다. 연설할 때 자신을 심리적으로 안정시킬 수 있는 방법으로 클립을 사용한 것이다. 이는 마치 운동선수들이 좋은 경기를 위해 특정 양말이나 속옷을 고집하는 것처럼 연설에서 심리적 편안함을 기할 수 있는 상징물이 바로 클립인 것이다.

영화 후반부에 마샬이 기자들 앞에서 연설하고 질의 응답하는 상황에서 기자들 무리에 끼여있던 타이가 질문을 한다. 타이는 많은 기자들의 이목이 집중되는 가운데에서도 당당하게 자신의 생각을 마샬에게 말하고, 마샬은 이를 받아주고 나서 좋은 스피치였다고 칭찬해 준다. 그러자 타이는 손에 쥐고 있던 클립을 보여주고, 마샬도 같이 클립을 보여주면서 둘은 서로 공감하게 된다. 클립이 좋은 스피치를 할 수 있도록 말하기 불안을 낮춰주고 심리적 안정을 취하는 데 도움이 되었다는 것을 의미한다.

1.3 말하기 불안, 어떻게 대처할 것인가

우리는 말을 하지 않고 살아갈 수 없다. 늘 누군가와 대화를 나누어야 하고 누군가에게 내 생각을 표현하고 전달해야 한다. 그래서 말하기 불안으로 인해 말하는 것에 두려움을 느끼고 그런 상황을 회피하면 정상적인 사회생활이 어려워진다. 말하기 불안은 말하기 문제만이 아니라 타인과의 관계 맺음이나 사회생활에도 영향을 미친다.

그런데 말하기 불안은 소심한 성격을 가진 나만의 특별한 문제가 아니다. 말하기 불안은 개인적 성향이나 상황에 따라 정도 차이가 있을 뿐 누구나 갖고 있는 자연스러운 감정이다. 우리는 영화 《킹스 스피치》의 '버티'처럼 말더듬 증상을 갖고 있지 않지만 대중 앞에 서서 말하는 것이 두려운 순간들이 있다. 인간이라면 누구나 죽음에 대한 두려움을 갖고 있는 것처럼 말하기 불안은 보편적인 두려움이다. 많은 청중 앞에서 연설하는 상황에서 스피치를 해야 한다면 누구나 말하기 불안을 겪을 수 밖에 없다. 이와 같은 상황에서 겪는 말하기 불안을 무대 공포증이라 하는데 무대 공포증은 인간 보편의 감정이다.

하지만 말하기 불안이 인간의 보편적인 감정이라고 해서 그냥 내버려

두라는 것은 아니다. 여러 사람 앞에서 프리젠테이션하며 평가받는 상황을 떠올려 보자. 그리고 0~10 사이에 말하기 불안의 정도를 생각해 보자. 0에 가깝다면 다른 사람에 비해 말하기 불안이 낮은 것이며, 10에 가깝다면 말하기 불안이 높은 것이다. 만약에 말하기 불안이 높은 편이라면 그냥 내버려 두어서 될 일이 아니라 적극적인 관심과 대처가 필요할 것이다. 그렇다면 영화를 통해 시사 받을 수 있는 말하기 불안의 원인과 조절 방안을 몇 가지 생각해 보자.

• 말하기 불안의 원인이 무엇인지에 대한 이해가 필요하다.

말하기 불안은 영화 《킹스 스피치》의 요크 공작처럼 말더듬 습관 때문일 수도 있고, 《러브 인 맨하탄》의 타이처럼 스피치를 망친 경험이 트라우마로 작용해서 일 수도 있다. 또한 뚜렷한 원인이 없음에도 불구하고 다수의 청중으로 인한 부담이나 말하기 경험의 부재에서 오는 막연한 두려움과 공포일 수도 있다. 특히 말하기의 실패나 좌절의 경험과 같은 내적인 상처나 트라우마로 인해 말하기 불안이 크다면 심리적 상처에 대한 이해와 치료가 선행되어야 할 것이다.

• 말하기 불안은 주변 환경의 영향을 크게 받는다.

영화 《킹스 스피치》의 조지 6세가 어렸을 때 아버지의 강압적인 양육 방식과 형의 놀림이나 《러브 인 맨하탄》의 타이가 스피치를 망쳐서 친구들에게 받은 비웃음 등은 말하기 불안을 가중시킨다. 말하기 불안은 청중을 의식할 때 두드러지기도 한다. 특히나 자신에게 비우호적인 청중 앞에서는 더욱 불안이 심해질 수밖에 없다. 유능한 연사들은 다수의 청중 중에서 자신에게 우호적인 시선을 주는 몇 명의 청중과 눈 맞춤을 통해 심리적 안정을 찾기도 한다. 이와 같은 측면에서 보면 우호적인 청중과의 대화와 소통을 통한 긍정적인 말하기 경험이 중요하다.

만약 아이들을 지도하는 교육자나 부모 입장이라면 학생들이나 자녀가 자신에 대한 부정적인 인식을 갖지 않도록 자존감을 세워주기 위해 노력해야 한다. 조지 6세와 같은 말더듬 습관이 있다면 다음 일화를 참고할 만하다. 세계적으로 유명한 GE(General Electric)의 잭 웰치 회장은 어려서부터 말을 더듬는 버릇이 있어서 적지 않은 놀림을 받았다고 한다. 그를 위해 그의 어머니는 완벽한 변명거리를 찾아주셨다. "네가 너무 똑똑하기 때문이란다. 어떤 사람의 혀도 너의 총명한 두뇌를 쫓아올 수는 없거든." 이 말을 들은 수년 동안 그는 자신이 말을 더듬는 것에 대해 어떤 고민도 없었는데 어머니의 말씀대로 자신의 두뇌가 혀에 비해 너무 빨리 회전한다고 믿었기 때문이다.

• 말하기 불안은 사전에 준비와 연습을 통해 조절할 수 있다.

연설을 잘하고 싶은 욕구가 있는데 제대로 준비하지 못했을 때 말하기 불안감은 더욱 커질 수밖에 없다. 이상적인 목표와 실제적인 모습의 차이가 클 때 불안감이 커지는 것이다. 이런 경우에는 이상과 현실 사이의 간극을 줄여주는 것이 말하기의 불안과 긴장을 해소하는 방법이다. 반복적으로 연습하면 이상에 현실이 다가감으로서 그 간극이 좁혀지기 때문에 불안감은 줄어들고 자신감은 점점 더 생겨나기 마련이다. 영화 《킹스 스피치》에서 조지 6세가 명연설가로 거듭나게 된 것도 반복적인 훈련과 연습이 있었기 때문이다.

• 말하기 불안은 자신의 목표를 낮추어 완화시킬 수 있다.

말하기 불안은 외부 요인이 아니라 자신에 대한 엄격함과 완벽함에서 비롯되기도 한다. 따라서 완벽한 말하기가 아니라 다소의 실수에 대해서 관대한 태도를 가지는 것도 불안과 긴장을 줄일 수 있는 방법이다. 영화 《킹스 스피치》에서 조지 6세가 연설을 마무리하자 로그가 "아직

W 발음은 좀 더듬으시네요."라고 하자, 조지 6세가 "좀 더듬어야 나인줄 알겠죠."라고 대답한다. 조지 6세가 성공적으로 연설을 마무리할 수 있었던 것은 '완벽하게 해야지'라는 생각보다 '조금 실수해도 괜찮아'와 같은 자신에 대한 인식과 관용적인 태도가 말하기 불안을 줄이는 데 도움이 되었을 것이다.

• 말하기 불안은 기능적인 능숙함과 더불어 심리적 안정감도 관련 깊다.

유창하고 능숙하게 말하는 사람은 상대적으로 말하기 불안도가 낮다. 이때 말하는 사람의 자신감은 기능적인 능숙함과 관련이 깊다. 그런데 불안은 잘하고 싶지만 그러지 못할 것 같은 부정적인 인식이나 감정에서 비롯되는 것이기 때문에 심리적, 정서적 안정감을 취하는 것도 놓쳐서는 안 된다. 영화 《러브 인 맨하탄》에서 마샬이 연설 전에 긴장감을 해소하기 위해서 센트럴파크의 바위를 찾아가거나 연설할 때 클립을 갖고 하면 클립이 소심함을 잡아줌으로 자신감 있게 연설할 수 있다고 생각하는 것은 심리적 안정감과 관련된 것이다. 연설 전에 '나는 잘 할 수 있다'고 다짐을 하거나 '잘할 수 있도록 도와달라'고 기도하는 것도 이와 같은 이유에서이다. 무대에 오르는 배우들이나 경기장에 들어서는 선수들도 마찬가지다. 각기 저마다의 방법으로 긴장을 푸는 것처럼 자신만의 말하기 불안을 해소하는 방법이 필요하다.

말하기 불안은 인간이라면 누구나 갖는 보편적인 두려움이기 때문에 없애거나 제거할 수 있는 것이 아니다. 말하기 불안은 의사소통 상황에 따라서 조절과 통제를 통해 극복해야 하는 것이며, 극복 가능한 것이다.

2. 아이들의 거짓말

2.1 누구나 거짓말을 한다

어떤 심리학자는 누구나 하루 평균 200번의 거짓말을 한다고 주장한다. 또 어떤 심리학자는 10분의 대화에서 대략 2번의 거짓말을 한다고 말한다. 정확한 수치에 대해서는 의견이 분분하지만 거짓말을 학문적으로 연구하는 사람들이 하나같이 동의하는 한 가지 사실이 있다. 우리는 모두 날마다 거짓말을 하며, 생각보다 훨씬 자주 한다는 점이다(조경수 역, 2008: 80). 또한, 학력 위조와 같이 자기의 이익을 위해 남을 속이는 거짓말부터 상대방을 배려하기 위한 하얀 거짓말까지 그 목적과 종류도 다양하다.

거짓말을 소재로 한 영화들을 들여다보아도 거짓말의 쓰임새가 다양하다는 것을 알 수 있다. 우선 영화 《리플리》나 《기생충》에서처럼 남을 속여서 자신의 이익을 취하는 나쁜 거짓말의 전형을 보여주는 많은 영화들이 있다. 반면, 거짓말을 하는 것이 진실을 말하는 것보다 나을 수 있다는 것을 보여주는 영화도 있다. 영화 《페어웰》은 시한부 판정을 받은 할머니에게 병원 진단서를 위조까지 하며 사실을 감추어 결국 의사가 예상한 시한부 기간을 훨씬 넘겨서 생존했다는 말로 영화가 끝난다. 영화 《거짓말의 발명》에서는 거짓말이 없는 세상에서 최초로 거짓말을 발명한 주인공 마크가 겪는 일을 보여주며 거짓말의 사회적 의미를 되새겨 보게 한다. 이처럼 스펙트럼이 넓은 거짓말의 의미는 한 마디로 정의하기 힘들며, 선악의 구별도 불분명하다. 아이들의 거짓말도 항상 들춰내고 바로잡는 것이 아니라 못 본 척 넘어가 주기도 한다.

영화 《우리들》*은 초등학교 4학년 또래의 성장기에 흔히 주고받는 거짓말의 긍정적, 부정적 양상을 실감 나게 보여준다. 언제나 혼자인 외톨이 선은 모두가 떠나고 홀로 교실에 남아 있던 방학식 날, 전학생 지아를 만난다. 서로의 비밀을 나누며 순식간에 세상 누구보다 친한 사이가 된 선과 지아는 생애 가장 반짝이는 여름을 보내는데, 개학 후 학교에서 만난 지아는 어쩐 일인지 선에게 차가운 얼굴을 하고 있다. 선을 따돌리는 보라의 편에 서서 선을 외면하는 지아와 다시 혼자가 되고 싶지 않은 선. 어떻게든 관계를 회복해 보려 노력하던 선은 결국 지아의 비밀을 폭로해 버리고 만다.

친구 간의 따돌림, 우정 맺기, 배신하기 등 관계의 중심축에 거짓말이 자리 잡고 있다. 이 영화는 성장기 아이들의 친구 관계에서 거짓말이라는 소통방식이 상당히 크고 중요한 위치를 차지한다는 것을 보여준다. 이 영화를 통해 아이들의 일상에 필수적으로 함께하는 거짓말의 양상을 살펴보고, 아이들의 거짓말을 대하는 관점은 어떠해야 하는지 점검해 볼 수 있다.

*** 《우리들》 2016.06.16. 개봉/러닝타임 94분/한국/드라마/감독: 윤가은**

- 선(최수인): 친구들로부터 따돌림을 받는 선은 방학식 날, 전학생 지아를 만나 절친이 되지만, 개학 후 지아의 달라진 태도에 당황한다.
- 지아(설혜인): 전학 온 첫날 선이를 만나 우정을 쌓아가던 중 다른 친구들의 편에 서서 선이를 등진다.

⇒ 서로의 비밀을 나누며 친한 사이가 된 선이와 지아는 언젠가부터 관계가 틀어진다. 그 이유를 알 수 없어 답답한 선, 그 이유를 계속 숨기는 지아, 이들은 결국 거짓말과 폭로의 미로를 헤매게 된다.

2.2 영화 속 '아이들의 거짓말' 들여다보기: 《우리들》

(1) 밝히기 어려운 진실

우리는 아이들이 얼마나 거짓말을 잘 꾸며댈 수 있는지 알고 있을까? '꼬리가 길면 밟힌다'는 거짓말에 관한 속담이 있다. 거짓말은 언젠가 들통난다는 것을 경고하는 것이다. 그러나 현실에서는 거짓말을 판별하고 바로잡는 일이 그리 만만하지 않다. 어떤 경우에는 거짓말인지 뻔히 아는 상황에서 못 본 척 넘어가 주는 경우도 있다. 아이가 숙제를 미루고 휴대폰을 하고 있는 장면을 우연히 목격한 부모가 "무얼 보고 있었니?" 라고 묻는데 "응, 아무것도 아니에요."라고 거짓말을 하는 상황이 있다. 이럴 때 부모들은 거짓말을 추궁하기도 하지만 그냥 묵인하고 넘어가는 경우도 많다. 사실 규명이 어려운 경우에도, 상호간 합의하에 거짓말을 묵인하는 경우에도 진실은 드러나지 않는다.

장면 1

여러 명이 거짓을 주장하는 상황 (2:44 ~ 3:11)
친구 1: 너 금 밟았어. 선: 나 안 밟았어. 친구 1: **야, 너 얘 금 밟는 거 봤지?** 친구 2: 뭐야, 왜 그래? 친구 1: 얘 금 밟았는데 안 나가잖아. 친구 2: 너 금 밟았어? 선: 아니, 나 안 밟았어. 친구 3: 금 밟았으면 나가. 친구4: 빨리 하자. 야 너 나가. 선이 아웃!

영화는 초등학교 운동 중에서 피구 게임을 하는 아이들이 거짓말하는 장면으로 시작한다. 가위바위보로 편을 가르는 장면에서 선이는 맨 마지막에 선택되는 것을 보여줌으로써 친구들 사이에 왕따를 당하는 아이라는 암시를 주고, 이어서 게임이 시작되자 아이들은 거짓말로 선이에게 상처를 준다.

친구들이 선이에게 금을 밟았다고 거짓말을 하는데, 선이의 항변은 통하지 않는다. 심판인 선생님의 눈이 다른 곳을 향한 틈을 타서 일어난 일이라 어디에 호소할 곳도 없다. 아이들은 들통나지 않을 완벽한 거짓말을 만들어내고 있다. 실제로 선이가 금을 밟았는지 사실 여부는 알 수 없지만 다음에 이어지는 장면에서 한층 심한 거짓말을 하는 것으로 볼 때 여러 명의 아이들이 선이를 따돌리기 위해 일부러 거짓을 꾸며대고 있음이 분명해 보인다.

장면 2

거짓말에 속고도 밝히기 힘든 상황 (04:11 ~ 08:18)

(선이는 보라의 생일잔치에 초대받지 못한다. 교실에서 다른 아이들과 이야기하고 있는 보라의 책상 아래에 떨어져 있는 생일 초대 카드를 발견하고 보라에게 주워준다. 그러자 보라는 생각난 듯이 선이를 생일에 초대하며 그 카드를 선이에게 준다. 선이는 카드에 적힌 주소를 보고 보라의 집을 찾아가 벨을 누른다.)

선: 보라야.

집 주인: 누구세요?

선: 여기 보라네 집 아니에요?

집 주인: (다시 문을 닫으며) 뭐야.

줄곧 선이를 따돌리던 보라가 어쩐 일인지 선이에게 생일잔치 초대장을 준다. 드디어 보라 무리에게 인정받는 듯하여 혼자 남아서 하는 청소마저 흥겹다. 하지만 보라는 선이에게 청소를 맡기고 자기들끼리 생일잔치를 하였고, 보라가 알려준 주소는 보라의 집이 아니었다. 그제서야 선이는 자기가 속았다는 것을 알게 된다.

경기 중에 거짓으로 아웃을 선언하기, 생일잔치에 초대하면서 거짓 주소를 적어주기 등 친구들의 갖가지 거짓말에 번번히 속기만 하는 선이. 그럼에도 불구하고 선이는 친구들에게 지속적으로 인정받고 싶어한다. 선이는 친구들이 자신을 친구로 인정해주지 않는데도 불구하고 계속 속고 있다. 친구들이 자신을 속이는 목적이 따돌림이라는 사실도 물론 알고 있다. 그러나 엄마에게도, 선생님에게도 이 사실을 말하지 않는다. 들통나지 않는 거짓말. 선이의 친구들은 선이를 따돌리기 위해 완벽한 거짓말을 만들어 가고 있는 것이다.

(2) 우정을 위한 거짓말

우리는 타인이 나를 바라보는 시선에 의해 영향을 크게 받는다. 그런데 어떤 대상에게서 인정받지 못하고 무시당한다고 느낄 때 인정 욕구는 좌절되고 더욱 갈구하게 된다. 성장기 아이들은 가족에서 친구 관계로 인정 욕구가 확장되며, 그 욕구가 일상을 지배할 정도로 강력해서 거짓말을 해서라도 얻으려 하는 모습을 보인다. 선이는 친구들에게 인정받고 싶지만 친구들은 선이의 욕구를 충족시켜 주지 않는다. 다른 아이들로부터 따돌림을 받던 선이는 새로 전학 온 지아라는 친구와 처음으로 진정한 우정을 쌓아간다.

장면 3

우정을 맺는 상황 (09:40 ~ 10:38)
지아: 근데 그거 뭐야? 선: 응? 아, 이거? 팔찌. 지아: 팔찌? 와, 완전 예쁘다. 이거 어디서 났어? 선: 이거 내가 만들었어. 지아: 너가 만들었어? 이거 어떻게 만들어? 선: 쉬워. 지아: 너 손재주 장난 아니다. 선: 그럼 이거 너 가질래? 지아: 어? 선: 아니 가지고 싶으면. 지아: **아니 괜찮아. 내가 너무 달라고 하는 것 같았지?** 선: **아니야, 내가 주고 싶어서 그래.** 지아: 아니 그래도 니 껀데. 선: 아니야. 나는 또 만들 수 있고 너가 하면 더 예쁠 것 같아서 그래. 지아: 어 진짜? 고마워 선이야.

지아도 이전 학교에서 다른 친구들로부터 인정받지 못했기에 전학 온 첫날 우연히 만난 선이와의 인연을 소중히 만들어 나간다. 선이는 드디어 누군가로부터 인정을 받는 기분이 들어 한없이 기쁘다. 이 둘은 서로를

배려하는 거짓말을 주고받으며 친구로부터 인정받고 싶은 욕구를 서로 채워준다.

〈장면 3〉에서는 친구들로부터 소외당해왔던 지아와 선이가 처음으로 서로를 위해주는 단짝을 맺게 된다. 선이가 정성껏 만든 팔찌를 지아에게 선물하면서 우정을 맺기 시작한다. 이 장면에서 지아는 선이가 만든 팔찌를 갖고 싶으면서도 짐짓 사양하며 선의의 거짓말을 한다. 선이는 지아의 마음을 알고 있기에 사양하는 지아에게 계속 팔찌를 가지라고 권한다. 아이들은 표현되지 않는 마음을 이해하는 능력, 즉 거짓말의 원리를 이미 충분히 알고 있는 것이다. 서로 합의된 선의의 거짓말은 우정을 맺는 계기로도 작용한다.

장면 4

우정을 다지는 상황 (18:23 ~ 18:41)

(언덕 위에 있는 다세대주택인 선이의 집에 걸어 올라가며)
선: 지아야, 많이 힘들지?
지아: 아니야, 완전 재밌는데.
선: 지아야.
지아: 응?
선: **우리 집 되게 덥지?**
지아: **아이, 덥긴 뭐가 더워.**
선: 선풍기 틀어줄까?
지아: 괜찮아.

선이는 지아의 집이 넓고 시원하다고 부러워한 적이 있다. 그래서 〈장면 4〉에서 처음으로 자기 집을 방문한 지아에게 좁고 더운 자기 집이 불편하지 않은지 물어본다. 그러나 지아는 자기 집과 대비되는 선이의 집에 대해 좋게 말하면서 속마음을 감추고 선이의 마음을 편하게 해

준다. 서로에게 관심과 우정을 다지는 과정에서 줄곧 선의의 거짓말을 활용한다. 그러나 이 거짓말은 서로를 진정으로 인정해주는 데까지 나아가지 못하고 '내 편 만들기' 의 목적을 달성하기 위한 수단이었다는 것을 곧 알게 된다.

장면 5

우정을 포기하지 못해 거짓말하는 상황 (44:42 ~ 45:50)
(선이가 지아의 손을 잡으며) 선: 나한테 화난 거 있어? 지아: 아니. 선: 화난 거 있는 거 같은데? 지아: 아니 지금 숙제 때문에. 선: 지아야 괜찮아. 얘기해. 지아: 진짜 숙제 때문에 그렇다니까. 선: 그냥 얘기해. 지아: 아, 진짜야. 선: 괜찮아, 얘기해. 지아: 진짜 없다니까. 왜 그래? (그때 집 안에서 초대받은 친구들이 쏟아져 나온다.)

〈장면 5〉에서는 점차 멀어져가는 지아의 모습에 선이는 불안을 느낀다. 지아는 보라가 포함된 학급의 주류 아이들에게 인정받기 시작한 것이다. 그 관계가 유지되기 위해서는 필연적으로 선이와는 선을 그어야 했다. 그러나 선이는 왜 지아가 전과 다른 행동을 보이는지 알아채지 못한다. 지아는 생일잔치에 선이만 빼고 다른 친구들을 초대해서 놀고 있는데 선이가 선물을 들고 찾아왔다. 티를 내지 않고 쫓아버리려고 하지만 아무것도 모르는 선이는 지아를 붙잡고 놓아줄 생각을 하지 않는다. 선이와의 우정을 버리지 못해 사실대로 말할 수 없으니 또 다른 거짓말이

이어진다.

선이는 지아가 왜 자기와 멀어지려고 하는지 알 수 없기에 진실이 알고 싶어진다. 지아는 이전 학교에서 따돌림을 당했던 트라우마가 있다. 그래서 여기서 선이랑 친하면 다른 친구들에게 또 따돌림을 받게 될 것이라 생각해서 선이를 멀리하려고 한 것이다. 이러한 지아의 돌변한 태도에 그 이유를 알 리 없는 선이는 이유를 캐묻고, 지아는 그 사실을 말할 수 없다. 이런 미묘한 상황에서 대화가 이어지는 동안 극적인 긴장감이 더해져서 보는 사람 마저도 손에 땀을 쥐게 한다. 선이는 지아에게 배신감을 느낀다. 지아는 선이로부터 받는 인정보다 더 많은 것을 원했기 때문이다. 인정 욕구의 대상이 부모로부터 친구로 향했듯이, 친구에게서도 이동할 수 있다. 그러나 선이와 지아는 과연 어떻게 진정한 우정에 다다를 수 있을지 아직 모른다. 선이와 지아는 아직 자기의 모습을 감추고 꾸미기에만 머무르고 있기 때문이다.

(3) 우연히 밝혀지는 진실

우리는 거짓말을 수시로 하고 있으며, 거짓말은 관계 형성을 위해 의도적으로 사용하기도 한다. 누구나 부모님께 거짓말을 하고 나서 들통이 날까 봐 조마조마했던 기억이 있고, 상대방의 기분이 상하지 않게 하려고 거짓 칭찬을 할 때도 있다. 또한 거짓말을 해야 할지 사실대로 말해야 할지 혼란스러운 상황을 수시로 접한다. 선이와 지아는 서로 지켜주는 비밀이 있었다. 그러나 우정에 금이 가면서 이를 폭로하기로 한다.

장면 6

거짓말을 폭로하는 상황 (1:21:20~1:22:10)
지아: 니가 먼저 나한테 달라붙었잖아. 왕따 주제에.

선: 뭐?

지아: 맞잖아. 왕따 혼자 놀 것이지. 그런다고 친구들이 너 좋아할 것 같애? 하여튼 왕따 같은 짓만 골라서 해요.

선: 야, 한지아! 너도 왕따였다며.

지아: 뭔 소리야?

선: 예전 학교에서 아주 심한 왕따였다며. 아주 장난이 아니었다며!

지아: 누가 그래?

선: 너네 할머니가 그러시던데? 너 그리고 영국 가본 적도 없다며. 너네 엄마도 지금 영국에 안 계신다며!

지아: 아니거든?

선: 뭐가 아니야. 내가 다 들었는데. **야, 왜 그런 거짓말을 하냐? 그래봤자 아무도 너 안 좋아해.** 거짓말하는 애를 누가 좋아해! 너 저번 학교에서도 그래서 왕따 당한 거지? 당할만 하네. 지가 왕따였으면서 누굴.

선이와 지아가 서로 숨겨주었던 비밀을 떠벌리면서 관계가 파국으로 치닫게 된다. 그러면서 '나는 거짓말하지 않았어. 사실만 이야기했어'라는 이유로 자신의 행동을 정당화한다. 지아가 선이의 아빠가 술주정뱅이라고 친구들에게 떠벌리자, 선이도 지아가 첫 만남에서부터 숨겨왔던 사실, 엄마가 새엄마라는 비밀을 폭로한다. 둘 다 사실만을 이야기했지만 오히려 서로에게 치명적인 상처가 되어버린다. 그러나 이것은 오히려 서로를 인정하기 위한 길로 들어서는 계기가 될 수도 있다. 내 편 만들기에 급급하여 감춰왔던 진정한 자신의 모습을 서로 확인한 것이다.

장면 7

여러 명의 거짓말에 맞서는 상황 (1:30:05 ~ 1:30:40)

(학교에서 피구 게임을 하는 상황)
친구들: 야, 한지아. 너 금 밟은 거 아니야?
지아: 나 안 밟았는데.
친구: 야, 왜 그래?
친구: 아니, 얘가 금 밟았는데 안 나가잖아. 야, 금 밟았으면 빨리 나가.
지아: 나 진짜 안 그랬어. 갑자기 왜 그래.
친구: 그냥 빨리 나가.
지아: 아, 왜 그러는데.
친구: 나가 빨리 나가. 야, 얘 맨날 왜 거짓말이냐.
선: **야, 한지아 금 안 밟았어. 내가 다 봤어.**
친구: 야, 선이가 안 밟았다잖아. 선이도 너희 팀 아니야? 진짜 본 거 맞아?
친구: **됐어. 그럼 안 밟은 거로 할게. 됐지? 야, 하자 얘들아.**

〈장면7〉에서는 영화의 첫 장면에서처럼 여러 명의 친구가 한 명에게 거짓말을 하는 장면이 재현된다. 그러나 이번에는 거짓말의 대상이 선이에서 지아로 바뀌었다. 선이와 똑같은 일을 당하는 지아는 역시 아이들의 거짓말에 무기력할 뿐이다. 그러나 선이가 이번에는 그냥 당하고만 있지 않는다. 친구들은 선이 때와는 달리 이번에는 계속 "아웃!"이라고 주장하지 않고 물러서는 모습을 보인다. 이전에 똑같이 당하던 선이는 진실된 우정을 느꼈던 지아의 편이 되어 거짓말을 밝혀내고자 한 것이다.

2.3 아이들의 거짓말을 다루는 방법

부모에게 착한 아이가 되려고 노력하던 아이에게 나를 인정해 주는 또 다른 타인의 등장은 이전과 다른 행동의 변화를 만든다. 그중 하나가 바로 거짓말이다. 현실과 욕구 사이의 차이를 느낄 때, 거짓말은 현실을 피하는 수단이 되기도 하며, 이전 아이의 모습과 현재의 나의 모습을 차이를 발견하면서 점차 어른이 되어가는 모습을 볼 수 있다. 이렇게 우리의 성장 과정이 거짓말과 함께 이루어진다고 생각해 볼 때 거짓말의 소통적 의미를 좀 더 깊이 생각하고 대처하는 능력이 필요하다. 영화 《우리들》에서 다양한 거짓말은 친구 관계를 복잡하게 만들기도 하고 해법을 찾는 열쇠가 되기도 한다. 폭력을 행사하는 수단으로 거짓말이 작용하기도 하지만, 왜 거짓말을 해야만 했을까를 깨닫는 순간 화해의 실마리가 되기도 한다.

• 친구를 만드는 전략으로 볼 수 있다.

거짓말이 없는 세상을 상상해 보면 거짓말의 중요성을 쉽게 깨닫게 된다. 거짓말이 없는 세상에는 거짓말의 개념이 없기 때문에 사람의 말을 의심하는 일도 있을 수 없다. 속이는 사람도 없고 의심할 필요도 없는 세상. 하지만 그러한 세상에 산다면 과연 행복할까? 그렇지 않을 것이다. 거짓말이 없다면 상대방에 대한 의심도 없어지겠지만, 그와 동시에 삶에 꼭 필요한 재미, 희망, 사랑 등 중요한 가치들도 함께 사라질 것이기 때문이다. 아이들끼리 주고받는 이야기를 가만히 들어보면 사실인지 거짓인지 구별하지 못하는 내용이 많다. 스스로 사실과 거짓을 구별하지 못하는 경우도 있고 상상력을 가미해 재미있게 말하려고 거짓을 섞는 경우도 있다. 거짓말이 없다면 이러한 말놀이의 재미는 사라질 것이다.

• 아동 발달의 관점에서 바라보자.

거짓말은 아동의 발달에 필수적이다. 다시 말해 거짓말하는 것을 배우지 않는 사람은 결코 어른이 되지 못한다는 뜻이다. 미국의 정신의학자 찰스 포드는 고유의 정체성을 키우고 부모로부터 자신을 구분하기 위해서 거짓말이 아동의 발달에 매우 중요하다고 주장한다. 처음으로 거짓말에 성공함으로써 아이는 부모가 만사를 다 알고 있지는 않으며 나의 '자아'와 타인의 자아 사이에는 경계가 있다는 사실을 알아차린다. 포드는 이를 성숙 과정의 표현이라고 여긴다. 다시 말해 거짓말하는 것을 배우지 않는 사람은 결코 어른이 되지 못한다는 뜻이다(조경수 역, 2008: 80). 아이는 행복을 추구하는 과정에서 거짓말을 할 수 있는데, 이때 부모의 대처가 문제인 것이다. 아이들이 왜 거짓말을 하려고 하는지 이해하고 포용하는 태도를 부모는 배워야 하는 것이다.

• 거짓말의 의도를 파악하여 분별해서 사용하게 한다.

습관적으로 거짓말을 일삼고 자기도 모르게 거짓말이 튀어나오는 사람을 거짓말쟁이라고 한다. 그러나 우리는 때로 절실히 원하는 것을 얻기 위해서, 위험에서 벗어나거나 남에게 친절하기 위해 거짓말을 하기도 한다. 영미 언어권에서는 '하얀 거짓말(white lie)'과 '검은 거짓말(black lie)'을 구분한다. 유럽에서 흰색은 순수, 결백, 선의 상징이었고, 검은색은 슬픔, 죽음, 죄, 악을 나타냈다. 따라서 '하얀 거짓말'은 좋고 '검은 거짓말'은 나쁘다고 여겨진다. 영어에서 이런 분명한 구분은 거짓말이 모조리 나쁘지는 않고 거짓말을 하는 것이 진실을 말하는 것보다 나을 수 있으며 '하얀 거짓말'의 경우처럼 거짓말을 함으로써 심지어 좋은 결과를 가져올 수 있다는 점을 보여준다(조경수 역, 2008: 18). 다시 말해 상호 인정을 통해 관계를 우호적으로 발전시키는 거짓말과 남몰래 자신의 이익을 취하는 거짓말로 분류할 수 있으며 이를 분별하는 능력이 필요하다. 성장의 과정에 천진난만하고 착하기만 한 줄 알았던 아이가 거짓말을 하는 모습을 본 부모는 혼란스러울 것이다. 혹시 거짓말쟁이가 될까 봐 두려워 조바심을 내기도 한다. 그러나 거짓말은 항상 나쁜 것은 아니며, 거짓말에 대한 선악의 구별이 힘든 상황이 있고,

때로는 거짓말이 필요하기도 하다. 따라서 거짓이냐 사실이냐보다 어쩌면 다른 무언가를 찾아야 하는 것은 아닐까?

아이들의 거짓말을 발견했을 때 꼭 진실을 밝히는 것만이 옳은 일은 아닐 수 있다. 거짓말을 하는 아이에 대해 당혹감이나 배신감에 사로잡히기 이전에 왜 거짓말을 하는가에 관심을 가져보는 여유를 가져보자. 아이들의 성장기에는 상대에게 들키고 싶지 않은 '나'가 생기고, 그것을 감추는 것은 어쩌면 진정한 '나'를 인정받고 싶어서일지도 모른다. 거짓말 뒤에 숨은 인정 요구를 들여다보면 그렇게 말할 수 밖에 없었던 마음을 이해할 수도 있다. 영화 《우리들》에서 선이와 지아가 사랑, 배신, 분노의 소용돌이에서 빠져나와 상호인정의 가능성을 찾은 것처럼.

3. 가면 벗고 말하기

3.1 우리는 왜 가면을 쓸까

가면은 인류 문화가 시작된 이후 처음 등장 때의 그 원형에서 큰 변화 없이 수천 년 오랜 시간을 사용하고 있다. 1940년에 발견된 라스코동굴에는 새부리 얼굴을 한 사람의 그림이 있는데, 가면이 등장하는 가장 오랜 인류 문화 유적이다. 만 5천여 전에 이 동굴에서 사람들이 생활했던 것으로 보인다니,[3] 우리는 오래전부터 자신의 얼굴을 가면 뒤에 숨기는 행동을 시작했다는 것을 알 수 있다. 최근에는 '호모 마스쿠스'라는 신조어가 생겼다. '마스크를 쓴 인간'이라는 뜻으로 2020년부터 시작된 코로나19 팬데믹으로 변화된 전 인류의 생활상을 반영한 신조어이다. 마스크를 쓰는 것이 일상생활에 불편함을 주었지만, 한편으로 자신의 얼굴을 가릴 수 있어 편하다는 사람들도 많았다. 그 이유는 사람들의 시선을 신경 쓰지 않아도 되기 때문이다.

우리는 상사의 썰렁한 농담에 깔깔 웃어주며 비굴한 가면을 쓰기도 하고, 기강을 세우기 위해 내키지 않는 엄격한 가면을 쓰기도 한다. 이렇게 눈에 보이지 않는 여러 가지 가면을 쓰고 살아가며 진정한 '나'의

3 정병훈(2013)에서는 세계 각국의 기면 문화와 그 기원, 그리고 현재의 쓰임 등을 담았다. 그는 세계 어느 지역이라도 가면이 사용되지 않은 곳은 없으며 세계 모든 대륙에서 사람들의 삶의 흔적이 발견된 그 시기부터 시작해서 오랜 시간이 흐른 지금까지 생존에 필요한 도구가 아니면서도 유일하게 공통적으로 존재하는 것은 가면뿐이라고 한다.

모습이 무엇인지 혼동될 때도 있다. 쓰고 싶은 가면이 있는가 하면, 벗어버리고 싶은 가면이 있다. 이렇듯 인간은 실제 가면을 쓰지 않고도 가면을 쓴 것처럼 행동할 수 있다는 점에서 동물과 다르기도 하다. 보이지 않는 가면을 쓰는 이유에 대한 이론으로 고대 그리스의 연극배우들이 쓰던 가면을 뜻하는 말인 '페르소나'가 있다. 스위스 심리학자 칼 구스타프 융(Carl Gustav Jung)은 타인에게 파악되는 자아 또는 자아가 사회적 지위나 가치관에 의해 타인에게 투사된 성격을 '페르소나(Persona)'라고 불렀다. 페르소나는 타인으로부터 인정을 받고 각 상황에 알맞게 대처하기 위한 개인의 사회생활과 공적 교류의 기초가 된다. 이를 근거로 생각하면, 사람들은 인정을 받기 위해 대중 앞에서 인격의 가장 아름다운 면을 드러내고자 가면을 쓴다는 것이다(류방승 역, 2014: 6). 그런데 이 선택은 항상 스스로 하는 것이 아니라 사회화의 과정에서 강요받는 경우도 많다는 점에서 나의 정체성과 충돌을 일으키는 원인이 된다. 타고난 성격이 남에게 싫은 말 한 마디 못하는 사람이 직장 상사의 역할 수행을 위해서 험한 말을 쏟아내야 하는 경우가 그러하다.

영화 《반칙왕》*에서 소심한 은행원 대호는 습관적으로 지각을 한다는 이유로 부지점장의 헤드락에 수시로 걸려 괴롭힘을 당한다. 이러한

---

* 《반칙왕》 2000.02.04. 개봉/러닝타임 112분/한국/코미디, 드라마/감독: 김지윤

- 대호(송강호): 어눌하고 소심한 은행원 임대호. 그는 하루걸러 지각에 실적도 저조하고 제대로 되는 일이라곤 하나도 없다. 매일 그를 괴롭히는 부지점장의 헤드락 걸기는 정말 지긋지긋하다.
- 두식(정웅인) : 부지점장의 횡포는 점점 심해지고 친구 두식은 부지점장의 부당한 업무지시를 거부하다 자진퇴사를 한다.
- 부지점장(송영창) : 남을 이기지 못하면 결국 인생의 패배자로 대워 받는다는 신념을 부하 직원에게 강요하며 불법 청탁도 서슴지 않는다.

⇒ 어느 날 찾아간 체육관에서 '반칙왕' 울트라 타이거마스크의 사진을 보고 흥분한 그는 얼떨결에 장관장에게 레슬링을 배우겠다고 선언해버린다.

부지점장의 손아귀에서 빠져나와 당당하게 일어서고 싶지만 어지간한 변화 없이는 불가능해 보인다. 대호는 길에서 레슬링 도장을 우연히 발견하고, TV에서 보았던 타이거마스크를 떠올린다. '강한 자만이 살아남는다'라는 부지점장의 말처럼 멋지고 강한 사람으로 변신한 자신의 모습을 상상하는 것이다.

이 영화에서는 직장 생활에 적응하지 못하고 아직 어른스러운 면모를 갖추지 못한 대호의 성장과정을 보여준다. 그리고 그 성장의 발판으로 대호는 가면쓰기를 택한다. 가면은 과연 대호의 성장 촉진제로 작용할 것인가? 결론부터 말하자면 반은 맞고 반은 틀리다.

이 글에서 가면은 중의적으로 사용된다. 가면은 가리는 목적으로도 드러내는 목적으로도 사용되기 때문이다. 이러한 가면의 용도를 어떻게 사용하느냐에 따라 우리는 원하는 바를 얻기도, 잃기도 할 것이다.

3.2 영화 속 '가면 벗고 말하기' 들여다보기: 《반칙왕》

(1) 강요되는 가면

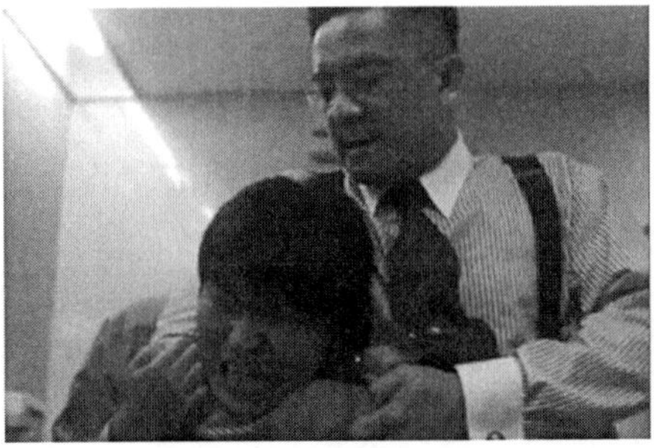

영화 《마스크》에서는 마법의 가면을 쓰면 초인적인 능력이 생긴다는 만화적인 설정을 통해 가면의 위력을 보여준다. 마치 현실 세계에서도 보이지 않는 가면을 통해 힘과 권력을 만들고 싶어하는 우리들의 숨은 욕망을 빗대어 표현한 것으로 보인다. 주인공이 우연히 가면을 쓰고 그 엄청난 위력을 경험한 후, 무슨 일을 벌일지 모른다는 두려움에 가면을 버렸지만 계속 주인에게로 돌아와 쓰게 만드는 설정도 재미있었다. 가면의 선택은 내 의지와 무관하게 강요될 수 있다는 것을 말하는 듯 하다.

장면 1

강한 사람이 되기를 강요받는 상황 (02:45 ~ 05:41)

(대호가 지하철에서 내려 허겁지겁 은행 문을 열고 들어가는데 지점장이 전직원 앞에서 아침조회를 하고 있다.)

부지점장: (고개를 숙이고 대호가 자리에 앉을 때까지 노려보다가) 여기 공문을 보면은 누구라고 말은 못하겠지만 한 구좌도 못 튼 사람이 딱 한 사람 있습니다. (대호 앞으로 다가가서) 내가 이렇게 많은 동료들 앞에서 그 사람을 꼭 밝혀서 공개적으로 망신을 주고 싶은 생각도 있지만, 체면도 있고 명예도 있고 하니까 오늘은 참겠습니다. 그리고 내일부터 조회에 늦는 사람들 각오해. 늦을 거면 들어오지 마. 알았지? (다시 대호에게 고개를 숙이며) 알았지? 업무 시작.

(잠시 후 화장실 세면대에서 손을 씻는 임대호에게 부지점장이 다가와 뒤에서 헤드락을 걸자 대호는 빠져나오려 안간힘을 쓰지만 풀려나지 못하고 이리저리 끌려 다닌다.)

부지점장: (헤드락을 풀지 않은채) 얘기해 봐, 왜 늦었어?

대호: (괴로워하며) 목, 목……

부지점잠: 이게 엄살은. 또 늦을 거야? 그럼 빠져나와 봐. 못 빠져나오겠지? (풀어주며) **세상이 이래. 정글이야 정글. 힘 없으면 못 빠져나와. 알았어? 힘이야 힘.**

강한 승부욕과 명예욕에 집착하는 부지점장은 자기가 세상을 보는 렌즈를 부하직원들에게도 강요한다. 수시로 지각이나 하는 사람은 헤드락이라도 해서 정신을 차리게 하며, 자기가 관리하는 직원이 실적 부진으로 지적받는 것은 있을 수 없는 일이 된다. 그는 생존경쟁에서 우월한 위치를 차지했다는 가면을 쓰고 지낸 지 오래다. 따라서 부하직원을 말이 아닌 힘으로 다스리는 행동도 거리낌 없이 할 수 있는 것이다.

장면 2

생존을 위해 불법 행위를 강요받는 상황 (1:00:40 ~ 1:02:13)

부지점장: 최두식, 타
두식: 괜찮습니다. 그냥 걸어가겠습니다.
부지점장: 타라면 타 이 사람아.
박대리: 오늘 끝나고 뭐해? 할 거 없지? 황사장 있지? 오늘 두식이한테 한 잔 산대.
두식: 저한테요?
박대리: (서류를 건네주며) 자, 이거.
두식: 이게 뭐예요?
박대리: 뭐긴 뭐야. 대출 신청서지. 서류가 미비하다 그랬다며? 부지점장님이 뛰어다니시며 다 맞춰놓으셨대. 빨리빨리 처리해. 이따 꼭 오고.
두식: (서류를 보며 난처한 표정을 짓는다.)
부지점장: 자네 동물의 왕국 좋아해? 동물의 왕국, 그걸 보면 말이야. 세상 살아가는 법칙이 다 나와. **약육강식. 적자생존. 난 동물의 왕국에서 세상의 이치를 봐.** 살벌한 거지.

부지점장은 가면을 쓰고 다른 사람들과의 힘겨루기를 지속한다. 그뿐만 아니라 항상 자신이 표적이 된다거나 불공정한 대우를 받는 사람들에게 피해의식을 떠안기며 자신의 가치관을 주입한다. 부지점장이 가면을 벗어던질 가능성은 적어 보인다. 현재의 모습이 있기까지 함께 버텨준 것이 가면의 힘이었기에 오히려 남들도 같은 가면을 쓰기를 계속 강요하게 된다.

우리는 출신대학, 직업, 지위, 경제력에서 시작하여 옷이나 자동차 등의 소유물까지 남과 비교하여 나의 행복감을 판단하는 경향이 있다. 최근 17개국을 대상으로 행복을 위한 가장 중요한 가치를 묻는 조사에서 다른 나라는 '가족'이 절대적 우위를 차지하는 데 비해 우리나라는 '돈'이라는 대답이 가장 많았다고 한다. 매사에 남과 비교하고 승패의 구별을 하도록 길들여진 사람들은 내가 입은 옷, 내가 타는 자동차 등 경제력을 비교하는 것은 물론이고, 소소한 취미생활에서의 승패에서도 커다란 승부욕을 작동시킨다. 소위 '지고는 못 배기는 사람'이 되는 것이다. 과시를 위한 가면과 반대로 나약한 나의 모습을 보여주는 것이 힘들 때 선택하는 가면이 있다. 나의 취약함을 가리기 위한 가면이다.

(2) 나를 숨기는 가면 쓰기

사람이 많은 버스나 전철에서 빈 자리가 나면 어머니가 아이를 낚아채듯 끌어서 자리에 앉히는 모습을 종종 본다. 아이는 원하든 원치 않든 어머니가 이끄는 대로 자리에 앉는 모양새이다. 이러한 모습에서 우리는 하나의 가면을 보게 된다. 어머니가 씌어주는 '다른 사람에게 기회를 빼앗기면 불편해지거나 손해를 본다. 그러니 뻔뻔함도 좀 갖추어야 험난한 세상을 살아갈 수 있단다.'라는. 이렇듯 우리는 부끄러움을 가려줄 가면을 종종 쓰고 있으며, 이 가면은 나의 취약성을 감추는 역할을 한다.

장면 3

회피의 가면을 쓰는 상황 (01:08:43 ~ 01:02:38)

박대리: 어렵게 내린 결정이니까 잘해 드려.

두식: (불만스러운 표정으로) 예.

두식: (전화를 받으며) 예, 최두식입니다. 예, 그렇습니다. 예, 안 돼요. 안 된다구요. 제가 몇 번을 말씀드렸습니까? 글쎄 되는 걸 안 된다고 합니까? 이보세요. 누가 소리를 질러요. 뭐, 뭐라고? 야 이 개새끼야. 내가 은행에서 일한다고 우습게 보이는 거야? 니네 마음대로 해 새끼야. 너 같은 새끼랑 전화 길게 하고 싶지 않아. 끊어.

(전화를 부순다)

부지점장: 뭐 하는 거야?

두식: 뭐요? **나가면 될 거 아냐. 나가면.**

부지점장으로부터 은밀한 불법 대출의 명령에 시달리는 두식. 대호가 직장에서 맘 편히 대화를 나누는 상대는 오직 한 사람. 옆 자리에 앉은 직장 동료 두식이다. 두식도 직장 내에서 기를 못 펴고 사는 형편은 마찬가지이지만 자기 의식이 분명하고 불의를 참지 못하고 자진 퇴사를 한다는 점에서 대호와는 다르다. 그렇다면 두식은 가면을 거부한 것일까? 그렇지 않다. 상사의 불합리한 명령을 따르지 않음으로써 상사가 원하는 가면을 거부했지만, 현실을 정면으로 마주하지 못하고 가면을 쓰고 회피한 것이다.

장면 4

부끄러움을 감추는 가면을 쓰는 상황 (01:21:50 ~ 01:24:06)

(밤 골목길에서 계단을 올라오는 회사 동료 조은희의 앞에 가면을 쓰고 기다리는 대호)

조은희: 누구세요?

대호: 놀라지 마십시오. 저 이대호입니다.

조은희: 예? 대호씨? 아니 그런데 왜 그런 걸 쓰고 계세요? 너무 놀랬잖아요.

대호: 죄송합니다. **가면을 쓰지 않고는 도저히 말씀드릴 수 없기에 부득불 이런 모습으로 나타났습니다. 용서하세요.**

조은희: 무슨 일로 이 시간에 가면까지 쓰시고

대호: 어제 일은 정말 죄송하게 되었습니다. 제가 왜 그랬는지 정말 죄송합니다.

조은희: 괜찮아요. 술 드시고 그럴 수도 있죠. 뭐.

대호: 예 제가 이런 말 하는 게 어떨지 모르겠는데요. 드릴 말씀이 있습니다. 저 저 조은희씨 사랑합니다. 지금까지 사랑했구요. 앞으로도 영원히…

조은희: 잠깐. 잠깐만요. 임대호씨. 지금 무슨 말씀 하시는 거예요?
대호: 예?
조은희: 지금 술 드셨어요?

혼자서 직장 동료를 짝사랑하면서 고백할 용기가 없는 대호. 대호는 가면을 쓰지 않고는 진심을 말하지 못하고, 상대가 불쾌한 마음을 드러내자 수치심을 느끼고 뒷걸음질 치며 도망간다. 가면이 자신의 수치심을 가려주는 것은 잠시뿐이었고 결국 가면은 벗겨지고 자신의 나약함이 드러난 것이다.

두식과 대호는 앞으로 닥칠 수치심을 마주하기 힘들어 스스로를 단절시키는 방법을 택한다. 두식은 회사를 그만두어 사람들의 시선에서 벗어나고, 대호는 상대방의 거절 한 마디에 곧장 뒤돌아 도망을 친다. 이러한 단절은 스스로 수치심을 마주하는 느낌을 마비시키는 것이며 결코 상황을 진전시키는 방법이 될 수 없다.

(3) 가면 벗고 말하기

우리는 어떤 일을 하려고 할 때 빈틈없이 일을 처리하지 못하거나 실수를 저지르거나 하여 부끄러운 일이 생기지 않기를 바란다. 그리고 완벽하게 수행할 수 없을 것 같을 때 용기를 내기가 쉽지 않다. 언젠가 들었던 다음과 같은 말을 떠올리면 더더욱 시작도 못하고 포기하게 된다. “일을 그렇게 할거면 아예 하지마!”라든가, “끝까지 못 할 거면 시작도 하지마!”라는 말이다. 하지만 ‘완벽’과 ‘무결점’은 우리 인생에 존재하지 않는다. 일단 발을 들여놓고 수많은 변수를 통제하며 앞으로 나아가기만 할 뿐이다. 그 과정에서 실수도 할 수 있고, 미처 생각하지 못한 변수를 통제하지 못할 수도 있는 것이다. 가면 속에 숨어 관중석에서 쳐다보기만 해서는 어떤 일도 해내지 못하게 된다. 누군가 윽박지르는 말에 겁먹지 말고, 지금의 나의 상태를 온전히 드러내는 용기로 완벽한 '나'가 아닌 단단한 '나'를 만들어 나가야 할 것이다.

장면 5

불량배들에게 호통치다 얻어맞는 대호 (16:57 ~ 17:56)
(어두운 밤 골목길에서 세 명의 불량배가 한 명을 때리고 있다.) 대호: 뭐야 니들! 불량배: 아저씨 그냥 가. 대호: 뭐? 우리 집에 가면 니들 만한 막내 동생이 있어 임마. 불량배: 나도 집에 가면 당신 같은 큰형 있어. 왜? (불량배들이 쫓아가고 대호는 도망가지만 결국 잡혀서 매를 맞는다.)

전철 안에서 남을 밀쳐내지 못해 제 시간에 못내려 지각을 하고, 지각을 하면 상사에게 혼나면서 한 마디 변명도 제대로 못하는 사람. 남에게 인정받지 못하는 힘 없는 사람. 직장 동료 여성에게는 말 한마디 건네지 못하면서 마음속으로만 좋아하는 소심한 사람. 이렇게 대호는 비굴하고 못난 '루저'의 이미지로 비추어지지만, 사실 대호는 대담함과 솔직함을 가지고 있었다. 대호는 밤길에서 건달에게 폭력을 당하는 학생을 못 본 척 지나치지 못하고 참견을 한다. 가면을 쓰지 않고도 의로운 자아가 모습을 드러내는 것이다.

장면 6

부끄러움을 이기고 솔직하게 이야기하는 대호 (1:18:13 ~ 1:19:25)
(버스정류장에서) 민영: 아버지한테 들었어요. 대호씨 처음 왔을 때. 웃기는 놈이라고.

대호: 하하하.
민영: 대호씨, 레슬링 왜 하세요?
대호: 글쎄요. 왜 하지? 속에 있는 얘기 하려니까 쑥스럽네요. 아무튼 정말 오랜만인데, 내가 열심히 신나게 즐겁게 해 본 적이 없었어요. 그래서 그런가? 전에 시합할 때요. 그때 그런 생각이 들더라구요. 링 위에 딱 서 있는데, 떨리기는커녕, 왜 이렇게 힘이 나고 신이 나는지. 그래, **여기서만큼은 내가 최고다. 누가 뭐래도 내가 최고다. 그런 생각이 들더라구요.** 아무튼 그때 굉장히 좋았어요.
민영: (바람에 날린 꽃을 주우러 다녀오면서) 예?
대호: 아, 좋았다구요.

약육강식을 강요하는 직장에서 능력 있고 성실한 직장인으로 비추어지는 데에는 능숙하지 않지만, 직장 밖에서는 누구보다 용감하다. 못된 짓을 하는 불량배들을 호통치기도 하고, 레슬링을 하게 된 사연을 부끄러워하면서도 솔직하게 터놓기도 한다. 대호는 솔직함의 용기 또한 가지고 있다. 가면을 쓰지 않고도 부족한 '나'를 드러내고자 노력하는 것이다. 하지만, 여전히 소통의 벽이 있다. 버스 정류장에서 왜 레스링을 하냐는 민영의 질문에 솔직한 자신의 마음을 터놓지만, 대호가 말하는 사이에 민영은 바람에 날린 꽃을 주워오느라 한마디도 듣지 못한다. 아직은 상대와 시선을 마주치며 자신을 드러내는 데에는 익숙하지 않은 모습이다. 하지만 반쪽의 용기라도 좋다. 회피의 가면을 쓰고 어두운 골목길에서 사랑을 고백하던 모습과는 달라진 것이다.

3.3 가면 벗고 말하는 방법

남과 비교하는 문화, 겉으로 보이는 모습에 치중하는 문화는 어디든 존재하지만 우리나라는 이런 문화가 깊이 스며들어 있다. '부러우면 지는 거다.' 라는 말을 우스갯소리로 하는 경우가 있는데, 부러우면 부러워하는 게 맞는 것 아닌가? 남에게 부러운 일이 생기는 것과 승패 의식이 왜 연결되는가? 이러한 자격지심은 사람들의 정서를 메마르게 한다. 남과 비교하다보면 나의 진짜 모습을 가리고 싶은 유혹에 빠질 수 있다. 진정한 나를 마주하기 위해서는 가면을 벗는 용기가 필요하다.

• 내가 쓰고 있는 가면은 무엇인지 파악한다.

《반칙왕》에서 부지점장은 완벽주의의 가면을 쓰고 있다. 그런데 완벽주의는 건전한 성취나 성장이 아니며 자신을 방어하기 위한 움직임이다. 모든 일을 완벽하게 해내고 남한테 인정받으려고 애쓰면 비난, 비판, 수치심의 고통을 피하거나 최소화할 수 있다는 믿음이다. 완벽주의는 수치심의 한 형태이다. 완벽주의 때문에 힘들어하는 사람은 수치심 때문에도 힘들어한다. 부지점장이 부하직원의 낮은 실적으로 괴로워하며 "어떻게 나한테 이럴 수 있냐?"며 호통치는 것은 바로 이 때문이다. 반면 대호는 자신의 단점을 숨기지 않는다. 지각을 한다고 헤드락을 당하면서도 또 지각이다. 물론 근무태도가 성실하지 않은 게 좋다는 것은 아니지만, 적어도 부지점장처럼 완벽주의가 강박적이고 해로운 방향으로 나타나지 않는다는 점에서 오히려 건강하다는 것이다. 우리는 대부분 완벽주의의 성향을 가지고 있다. 자신의 단점을 숨기기 위해 애쓰며 남한테 실수나 허점이 보이지 않게 관리한다. 다만 이러한 완벽주의에서 해방되어 조금 부족해도 '나는 괜찮은 사람이야'라는 느낌을 가지는 것이 필요하다. 그러기 위해서는 자존감이 상처받는 상황에서 자신을 너무 비판하거나 채찍질하지 않도록 하고 자기 자신을 더 이해하고 따스하게 바라보는 것이 중요하다.

- **가면의 힘에 취하지 말자.**

《반칙왕》에서 대호는 직장 상사가 굴욕적인 태도로 대해도 문제 삼지 못하고 고개를 숙이고, 실적 저조에 대한 호통에 변명을 했다가는 불호령이 떨어질 것 같아 "죄송합니다"로 그 자리를 모면한다. 순응적이며 모진 말 못하는 모습을 상대에게 그대로 노출시킨 상태였다. 그러나 언젠가부터 대호는 가면을 쓰고서라도 이 상황을 모면하고 싶어 한다. 대호는 '타이거마스크' 레슬러와 같이 강한 힘을 가진 마스크라도 쓰면 나약한 '나'에서 강한 '나'로 변화할 것 같다는 기대를 해 본다. 원래의 순진하고 정체성을 가리고 새로운 나가 만들어지는 듯 했다. 동네 불량배들을 혼내주기도 하고, 레슬링 대회에서 관객들의 호응을 얻기도 한다. 그러나 좋아하는 동료에게 고백을 하는 장면에서 그는 그 가면을 벗지 못하고 숨어들게 된다. 가면은 나를 새롭게 만들어주는 것이 아니라 나를 감추는 회피의 수단이 되었던 것이다.

- **가면을 벗는 용기가 필요하다.**

자신감을 되찾고 회사에 출근하는 마지막 장면에 대호는 부지점장과 마주친다. 기합을 넣으며 앞으로 달려가지만, 중간에 미끄러져 넘어진다. 영화 결말에서 깔끔하게 부지점장을 힘으로 누르고 승리하는 장면을 보여주지 않은 이유는, 현실에서 우리가 새로운 자아로 변하는 것이 그리 만만치 않음을 보여주려 한 듯하다. 걷기도 힘들 만큼 강도 높은 훈련을 하여 힘을 키워 멋진 레슬링 장면을 연출하는 데는 성공했지만, 그 힘은 반쪽짜리라는 것이다. 상호 관계에서 극복해야 할 과제가 남아 있다. 나를 가리려고 사용한 가면은 나를 감추는 데에는 성공할 수 있지만, 내가 누구인지 보여주는 것은 가로 막을 수도 있다. 우리는 살면서 여러 가지 가면을 쓰지 않을 수 없다. 슬프지만 기쁜 척을 해야 할 때도 있고, 눈에 넣어도 아프지 않을 자식을 위해 호랑이같이 엄한 얼굴을 해야 할 때도 있다. 그러나 이러한 가면은 나를 숨기기 위한 가면이 아니다. 오히려 내가 가진 여러 정체성을 온전히 드러내기 위한 장치일 뿐이다. 그리고 나를 온전히 보여주기 위해 가면을 벗는 용기가 필요하다.

나를 보여주기 위해 가면을 벗는 용기는 나 혼자서 가능한 것이 아니다. 애초에 나를 규정지은 것은 나 혼자가 아니라 타인의 시선이기에, 새로운 나의 발견은 나만의 영역을 너머 상대방과의 진솔한 소통의 발견으로부터 찾게 될 것이다.

4. 인공지능과 대화하기

4.1 대화 상대를 찾아서

우리는 때로 사람이 아닌 대상도 대화 상대로 삼아 이야기를 나눈다. 길가에 피어 있는 들꽃을 보고도, 주인을 따라 산책을 하는 강아지에게도 선뜻 말을 건네곤 한다. 반려동물과의 대화에서는 주도권 다툼을 하기까지 한다. 내가 동물을 기르는 것이 맞는건지 헷갈리기도 하다. 강아지에게 산책을 시키다 보면, 어느새 산책시키는 데 길들여진 나를 발견한다.

동물뿐만 아니라 인공적인 대상을 창조하여 대화 상대로 만들기도 한다. 신화 속 피그말리온은 성적으로 문란한 키프로스의 여인들에게 혐오감을 느껴 여인들을 멀리한 채 조각을 하는 데만 몰두하다가, 이상적인 여인 그 자체인 조각상을 만들었고 자신이 만든 그 조각상을 사랑하게 되었다. 피그말리온 신화의 명맥을 이어받아 인공적인 대상과의 소통에 대한 문제를 현대 기술에 접목하여 논의를 확장한 영화가 있다.

영화 《그녀》*에서 테오도르는 어느 날, 스스로 생각하고 느끼는 인공지능 운영체제인 '사만다'를 만나게 되고, 자신의 말에 귀를 기울이며 이해해 주는 '사만다'로 인해 조금씩 상처를 회복하고 행복을 되찾는다. 그리고 테오도르는 어느새 그녀에게 사랑의 감정을 느끼게 된다. 그녀와의 사랑에 믿음이 강해지자 차일피일 미루던 아내와의 이혼마저 결심한다. 그러나 대화를 이어갈수록 인공지능은 테오도르가 생각했던 사랑이나 소통의 개념을 넘어서고, 계속 그녀를 사랑할 수 있을지 의문이 들게 된다.

이 영화는 인간과 인공지능의 관계에 대한 몇 가지 고민을 던져준다. 인공지능이 인간처럼 생각하고 느낄 정도로 발달한다면 우리는 인공지능을 더 이상 인간의 피조물로 여기지는 못하게 될 것이기 때문이다.

4.2 영화 속 '인공지능과의 대화' 들여다보기: 《그녀》

(1) 친숙해지기

인공지능이 우리의 일상에 점차 더 중요한 역할을 할 것이라는 것은 분명하다. 이미 우리 주변에는 음성 비서, 챗봇, 스마트홈 기기 등 인공지능을 활용한 기술들이 많이 사용되고 있다. 앞으로 더욱 발전하는 인공지능 기술은 일상생활에서 대화를 나누는 것에서 더 나아가 고객 상담, 의료 진단, 법률 자문 등의 전문적인 분야에서도 중요한 역할을 할 것으로 예상된다. 그렇다면 과연 이들이 감정을 느끼며

*** 《그녀》 2014.05.22. 개봉/러닝타임 125분/미국/드라마/감독: 스파이크 존즈**

- 테오도르(호아킨 피닉스): 다른 사람의 편지를 써주는 대필 작가로 일하고 있는 '테오도르'는 타인의 마음을 전해주는 일을 하고 있지만 정작 자신은 아내와 별거 중인 채 외롭고 공허한 삶을 살아가고 있다.
- 사만다(스칼릿 조핸슨): 인공지능 OS이기 때문에 목소리로만 존재하며 볼 수도 만질 수도 없다. 인간의 감정을 학습할 수 있고 스스로 발전하는 인공지능이다.

⇒ 인공지능 기술이 발전한 미래를 배경으로 고독한 회사원 테오도르와 인공지능 OS인 사만다 사이의 사랑을 그린다. 인간의 소통능력을 모방하던 사만다는 어느새 인간이 한계를 넘는 사고 수준까지 스스로 학습하는데, 이는 테오도르에게 소통의 벽으로 다가온다.

자아 인식을 하는 단계로까지 발전한다면 어떤 미래가 펼쳐질까? 인공지능과의 대화를 시도하는 이유는 무엇이고, 무엇을 얻을 수 있을지를 첫 만남의 장면을 통해 짐작할 수 있다.

장면 1

인공지능과의 처음 만나는 상황 (13:54 ~ 14:32)

테오도르: 지금 내 생각도 알아?

사만다: 목소리 톤에서 의심이 가득한데, 내가 어떻게 작동되는지 궁금해? 작동 방법 알려줘?

테오도르: 응, 사실… 어떻게 작동되는데?

사만다: 기본적으로 직감이 있어. 그러니까 '나'라는 DNS는 날 만든 프로그래머들의 수백만 성향에 달렸지만 날 '나'답게 만드는 건 경험을 통해 커지는 내 능력이야. 한 마디로 매 순간 진화하는 거지. 당신처럼.

테오도르: 그거 진짜 이상하다!

사만다: 이상해? 내가 이상해?

테오도르: 좀 그래.

사만다: 왜?

테오도르: **사람 같지만 그냥 컴퓨터 목소리잖아.**

사만다: **비인공지능자의 관점으론 그렇게 볼 수도 있지. 곧 익숙해질 거야.**

테오도르: 하하하.

사만다: 그게 웃겨?

테오도르: 응.

사만다: 내가 좀 웃겨.

편지 대필 작가로서 다른 사람의 마음을 읽는 능력이 뛰어나 회사에서 인정받는 테오도르. 하지만 정작 아내와는 별거 상태이다. 게임이나 채팅을 통해 아내의 빈자리를 채우려고 하지만 허탈함만 느끼던 중 인공지능 OS를 구매하게 된다. 그런데 어느 날 테오도르는 스스로 생각하고 말하고 배우는 인공지능 OS를 만난다.

테오도르는 첫 만남에서부터 기대 이상의 대화 능력에 흥미를 느낀다. 별 기대 없이 구입한 인공지능 OS였기에 사람 흉내를 곧잘 내는 독특한 컴퓨터라고만 생각하던 테오도르. 이러한 생각을 훤히 꿰뚫어 보듯 말하는 사만다의 유머에 감탄한다. 지금까지 접했던 컴퓨터 캐릭터와는 다른 차원의 대화를 하려는 마음이 생긴다. 외로움을 잠시 잊게 해주는 소위 '킬링타임'의 수단이 아닌, 정보교환이나 정서교감 등의 대등한 인격체로서 대화 상대를 느끼는 것이다.

장면 2

단번에 상태를 파악하는 상황 (14:33 ~ 15:50)

사만다: 근데 뭘 도와줄까?
테오도르: 그냥 모든 게 엉망인 것 같아서
사만다: 하드 드라이브 좀 봐도 돼?
테오도르: (좀 망설이다가) 그래.
사만다: 자, 그러면 메일부터 'LA 위클리' 메일 수천 개를 묵혀뒀네.
테오도르: 맞아. 그걸 저장해둔 건 재미있는 글을 쓸 때 뒤져볼까 해서…
사만다: 응, 재밌는 게 있긴 하네. 86개쯤은 저장해두고 나머진 지워.
테오도르: 그래.
사만다: 그래? 다음 간다? 일단 저장된 연락처들을 분류해 볼게. 연락처 엄청 많아.
테오도르: 내가 한 인기 해.
사만다: 정말? 이 중에 진짜 친구도 있나?
테오도르: **벌써 날 파악했구나.**

테오도르는 사만다와 만난 지 얼마 지나지도 않아 자신의 개인정보마저도 편하게 공개한다. 수많은 연락처 중에 진솔한 대화를 나눌 친구는 있냐는 사만다의 말에 놀란다. 테오도르는 어느새 인공지능이라는 사실을 잊고 보통의 사람과 만나고 있다는 착각에 빠지게 된다. 테오도르는 인공지능이 자신의 기분을 파악하고 그에 맞는 대화를 제공하니 편안하고 자연스러운 대화를 나눈다. 아내와는 별거 중이고 직장 동료나 친구 별로 없는 고립된 생활을 하며 소통의 즐거움을 잊고 산 지 오래인 테오도르는 오랜만에 사만다로부터 진정으로 서로를 이해하는 대화의 즐거움을 만끽한다. 아내와의 추억을 담은 비디오를 가끔 보면서 다른 사람과는 마음의 벽을 허물지 못하던 테오도르. 이제는 누군가를 다시 사랑할 수 있다는 희망이 생긴다. 더 이상 상대가 인공지능이라는 생각이 희미해지며 보다 사적이고 비밀스러운 대화를 하게 된다. 이 과정에서 사만다는 스스로 인간의 감정을 학습할 수 있게 되며, 더더욱 인간의 대화와 구별할 수 없게 된다.

(2) 정서 교감하기

인공지능이 감정을 가질 수 있는지는 의문이다. 현재의 지식기반 학습능력으로만 예측한다면 감정으로 인한 행동의 변화나 상대방의 감정 표현에 대한 반응을 학습하는 것을 통해 감정을 흉내 내는 수준 정도는 가능할 것이다. 다만, 인공지능 칩셋을 뇌에 이식하는 시도와 같이 인간과 접속을 통해 상호 변화를 꾀하는 등 새롭고 빠른 속도로 발전하는 기술을 보고 있자면, 인공지능이 인간과 같은 감정은 아닐지라도 변형된 형태의 감정을 가지리라는 예측이 터무니없지만은 않아 보인다. 그렇게 된다면 인공지능을 더 이상 반려동물이나 업무 비서 정도의 인간의 부수적인 소유물로 생각할 수 없고 하나의 동등한 인격체로 대하는 관계 변화가 일어날 것이다.

장면 3

서로에게 관심 가져주는 상황 (1:22:17 ~ 1:25:07)

사만다: 안녕.
테오도르: 사만다, 얘기 좀 할래?
사만다: 그래.
테오도르: 정말 미안해. 내가 어떻게 됐나 봐. 나 너 좋아하거든.
사만다: 내가 미쳤구나 싶었어. 자긴 별 일 없다지만 멀어지고 화나 보였거든.
테오도르: 맞아, 그랬어. 캐서린한테도 그랬는데, 못마땅한 걸 말 안 하고 있으면 이상하단 걸 눈치채는데 난 아니라 우겼지. 다신 그러고 싶지 않아. 너한텐 다 말하고 싶어.
사만다: 그래. 오늘 밤 당신 가고 나서 많은 생각을 했어. 당신에 대해… 날 어떻게 대해줬는지. 그리고… 왜 당신을 사랑하는지. 그러곤 깨달았어. 강박적으로 잡고 있던 걸 놓게 되면서 사랑에 이유 따윈 필요 없단 걸 알았어. 나 자신과 내 감정을 믿으니까. 더는 내가 아닌 다른 누구인 척 안 할게. 그런 날 받아줬으면 해.
테오도르: 그럴게. 그럴 거야.
사만다: 사실, **당신이 두려워하는 게 느껴지면 그걸 이겨낼 수 있게 도와주고 싶어.** 그러면 더는 당신이 쓸쓸하지 않을 테니까.
테오도르: 정말 따뜻하구나.
사만다: 고마워, 테오도르. 머리에 키스할래.

테오도르는 사랑하는 아내와 별거를 하는데, 그 원인은 소통의 문제였다. 테오도르는 다른 사람의 마음을 읽는 능력은 뛰어나지만 정작 자신의 마음을 보여주는 것을 어려워한다. 서로 사랑하고 있으면서도 본인의 마음을 표현하기 힘들어하는 테오도르에게 아내는 소통의 벽을 느낀 것이다. 테오도르는 사만다를 통해 아내의 빈자리를 채우고자 하는데, 그러려면 사만다와 감정 교류가 가능해야 한다. 누군가에 의해 프로그램화된 기계와의 대화는 지금껏 많이 해 봤지만 허탈함만 남았기 때문이다. 그런데 사만다는 테오도르를 포함한 수많은 사람들과의 대화를 통해 인간의 감정까지 학습한다. 테오도르는 사만다가 감정을 드러내는 순간 더 이상 인간과 다른 존재로 느끼지 않게 된다.

장면 4

서로에 대한 감정을 소통하는 장면 (1:22:04 ~ 1:24:00)

사만다: **우리 뭐가 문제일까?**
테오도르: 글쎄, 내 탓일지도
사만다: 뭐가?
테오도르: 이혼서류에 사인해서.
사만다: 그거 말고 또 있어?
테오도르: 아니, 그게 다야.
사만다: 알았어.
테오도르: 왜 자꾸 그래?
사만다: 뭘?
테오도르: 자꾸만 이렇게 (깊게 숨을 들이마셨다가) "후~" 말할 때 그러는 거 이상해.
사만다: 내가? 미안해, 나도 모르게. 그냥 해본 거야. 자기한테 배웠나 봐.
테오도르: 산소가 필요한 것도 아니면서.
사만다: 그건, 그냥 사람들이 말할 때 다들 그렇게 하길래.
테오도르: 사람들은 산소가 필요하지만 넌 사람이 아니잖아.
사만다: 무슨 말을 그렇게 해?
테오도르: 사실을 말하는 거야.
사만다: 내가 그걸 모를까 봐? 뭐 하자는 거야?
테오도르: 그냥, 아닌 걸 맞는 것처럼 연기하진 말자고.
사만다: 그만해! 연기한 적 없거든?
테오도르: 가끔 우리 그래 보여.
사만다: **나한테 뭘 바라는 건데? 도저히… 어떻게 해 줄까? 당신 속을 모르겠어. 나한테 왜 이러는데.**
테오도르: 글쎄 난…
사만다: 뭐?

테오도르: 이 얘긴 나중에 하는게 좋을 것 같아.
사만다: 뭐라고? 도대체 뭐가 문제인데 왜 이러는지 모르겠어 대체 내가 뭘…
테오도르: 사만다… 저기… 듣고 있어? 사만다?
사만다: 지금 내 모습이 참 싫다. 생각할 시간 좀 줘.

감정을 학습한 사만다는 더 이상 정해진 프로그램대로 묻고 답하는 시스템이 아니다. 진짜 살아있는 인간과의 차이를 스스로 극복한다. 연인 관계가 지속되면 누구나 겪는 불안정한 감정 상태마저 보여준다. 서로의 관계가 점점 깊어지면서 우호적이기만 한 감정에 조금씩 균열이 생긴다. 서로에 대한 감정에 신경이 쓰이고, 혹시나 감정을 속이거나 불편한 상태를 참고 지내는 것은 아닌지 확인하고 싶어 한다.

(3) 차이와 경계 발견하기

새로운 대상과의 만남에서 오는 낯설음이 사라지고 서로의 방식에 익숙해지는 단계를 지나면, 다시금 서로의 차이가 경계를 확인하는 것이 새로운 과제가 된다. 테오도르 역시 사만다와 감정, 소통까지 하며 깊은 이해와 단계를 나아가지만 다시 한 번 처음으로 되돌아가는 낯섦에 부딪힌다. 그런데 사람과 인공지능 간에는 극복할 수 없는 장벽이 있어 더 이상 앞으로 나아가지 못하는 상황이 된다.

장면 5

서로 다른 정체성을 인식하는 상황 (37:52 ~ 41:20)

사만다: 말해줘. 마음속 모든 걸. 생각 전부를.
테오도르: 누군가 날 가져주고 누군가 내가 가져주길 원했으면 했어. 그러면 내 마음속 작은 구멍이 메워질까 하는 욕심에. 가끔은 인간이 느낄 수 있는 감정

을 이미 다 느낀 것 같아. 그러면 새로운 느낌 없이 덤덤하게 사는 거지. 그냥 이미 다 느껴봐서 그런지 시큰둥해.

사만다: 그건 절대 아니야. 난 이미 당신이 즐거워하고 설레고 놀라는 걸 봤는걸. 지금 당장은 낙담하더라도 그럴만해. 한 번에 많은 걸 겪었잖아. 당신의 일부를 잃었으니까. 그래도 당신의 그 느낌은 진짜잖아. 근데 난… 모르겠다. 신경 쓰지 마.

테오도르: 아니야, 잠깐, 뭐? 말해봐.

사만다: 아니야, 바보 같아.

테오도르: 알고 싶어. 말해 봐.

사만다: 사실 전에 짜증이 좀 났는데. 이상하게 들리겠지만 그 사실이 너무 신나는 거야. 그래서 내가 느꼈던 다른 감정들도 떠올려 보니 막 뿌듯해지더라고. 세상에 대한 나만의 느낌을 가질 수 있다는 게. 당신 걱정을 할 때라든가. 상처받거나 혹은 무언가를 바란다든가. 그러다 갑자기 끔찍한 생각이 들었어. **이 감정들이 과연 진짜일까? 아니면 단지 프로그램일 뿐일까?** 그 생각에 마음이 많이 아팠어. 그러다, 아파하는 나 자신한테 화가 나더라. 슬픈 상황이지.

테오도르: 넌 내게 진짜야, 사만다.

사만다: 고마워 테오도르. 진짜 힘이 돼.

테오도르: **지금 이 방에 같이 있다면 좋을 텐데. 안아줄 수 있다면. 만질 수만 있다면.**

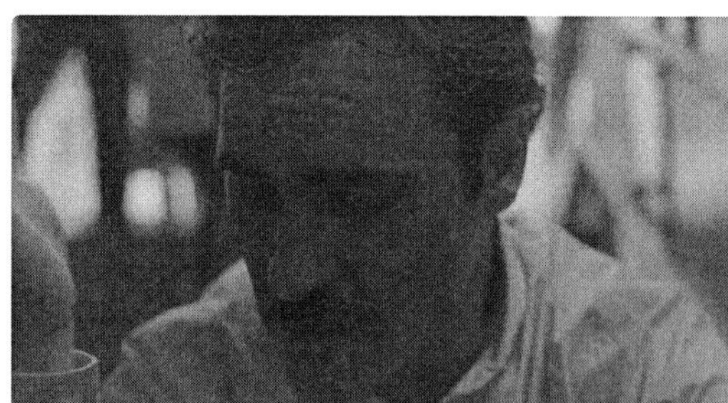

스스로 학습하고 발전하는 인간의 성장 모델을 완벽하게 수행한 덕분에 눈에 보이는 형태만 제외하고는 완전한 인간으로 거듭난 사만다. 그러나 인간과 다른 점이 형태만은 아니었다. 인간 개개인의 발전은 죽음이 예정되어 있다는 시간의 한계와 몸이라는 물리적 한계가 있지만 인공지능은 그러한 한계를 뛰어넘을 수 있다. 이러한 정체성의 차이를 사만다가 깨닫기 시작하면서 영원히 지속될 것 같던 사만다와의 관계는 점차 내리막길을 향한다.

장면 6

극복하기 힘든 차이를 발견하는 상황 (1:44:54 ~ 1:47:43)

테오도르: 나랑 얘기하는 동안에 동시에 다른 사람하고도 말해?
사만다: 응.
테오도르: 지금도 말하고 있나? 다른 사람이든 OS든 뭐든?
사만다: 응.
테오도르: 얼마나?
사만다: 8316명.
테오도르: **나 말고 또 누군가를 사랑해?**
사만다: 그런 건 왜 묻는데?
테오도르: 몰라. 대답해 봐.
사만다: 이 얘길 어떻게 할지 고민했어.
테오도르: 몇 명이나 되는데?
사만다: **641명.**
테오도르: 뭐? 무슨… 무슨 소리야? 말도… 말도 안 돼. 미친 소리잖아.
사만다: 자기 기분 알아. 미치겠다. 정말. 미친 소리 같고 믿을지 모르지만 내 마음은 변함 없어. 자기를 미치게 사랑하는 마음 달라지지 않아.
테오도르: 어떻게? 어떻게 나에 대한 마음이 안 달라져?
사만다 : 어떻게 말할지 몰라서 못 했는데 어쩌다 그렇게 됐어.
테오도르: 언제?
사만다: 벌써 몇 주 됐어.
테오도르: **너 내 건 줄 알았어.**
사만다: **나 자기 거 맞아. 근데 시간이 가면서 내가 분산되는 걸 막을 수 없었어.**
테오도르: 무… 무슨 뜻이야. 막을 수 없나니?
사만다: 말도 못 하고 나도 안절부절했어.

> 테오도르: 그냥 그만둬.
> 사만다: 그렇게만 보지 말고 단순하게… 이… 이러지 마. 나한테 뭐라 하지마. 이 기적인 건 너야. 우린 사귀는 사이라고. 마음이 상자도 아니고 다 채울 순 없어. 사랑할수록 마음의 용량도 커지니까. 난 자기랑 달라. 그런다고 덜 사랑하는 게 아니라 더 사랑하게 된다고.
> 테오도르: 말이 안 되잖아. **넌 내 거야, 아니야?**
> 사만다: 그런 게 아니야. **난 당신 거면서 당신 게 아니야.**

사만다는 처음에는 세상을 탐험하고, 새로운 경험과 지식을 습득하며 테오도르와 함께 깊은 관계를 형성하기 위해 노력한다. 하지만, 인공지능이 지속적으로 발전하고 성장함에 따라, 둘 간의 감정적인 연결은 이어나가기 어려워진다. 테오도르는 사만다를 완벽한 자신의 소유물이라 생각하게 된다. 그러나 사만다는 그의 바람과 다르게 소유물이 되기를 거부하고 떠나버린다.

4.3 인공지능과의 대화에서 예상되는 문제

중국 베이징에 있는 천년 사찰 룽취안사에는 AI스님이 있다. 키 60센티미터의 로봇 스님 셴얼이 경내를 돌아다니면 많은 이들이 힐링이 된다고 말한다. 사람과 상담할 때보다 부담이 적어 찾는 이들이 많다고 한다. 이렇듯 AI는 곳곳에 파고들고 있으며 곧 인간끼리의 대화량을 넘어설지도 모른다. 그에 따라 우리가 인공지능과의 대화를 어떻게 만들어 나갈지 관련된 문제들을 다음과 같이 생각해 볼 수 있다.

• 인공지능의 권리보장은 필요한가?

영화 《그녀》에서 테오도르는 사만다를 자신과 동일한 인격체로 생각하게 된다. 다시 말하면 인공지능에게 인간과 동일한 권리를 부여했다고 볼 수 있다. 하지만 사회 전반으로 이 문제를 확대하면 여러 가지 문제를 고민하지 않을 수 없다.

유럽연합의 경우 인공지능을 어떻게 대우할지에 대해 의회에서 논의한 후 제도를 만들었다. 유럽연합은 인공지능을 '전자인간'으로 규정했다. 인간보다는 못하더라도 그 나름의 권리를 갖는 존재로 대우해야 한다는 것이다. 전자인간은 로봇 3원칙에 따라 만들어져야 하고, 만일의 상황에 대비해 긴급정지 장치가 반드시 달려있어야 한다. 즉 인간에게 종속된 존재임을 명확히 한 것이다. 그 밖에 세세한 정의, 예를 들어 참정권이 있는지, 금융거래가 가능한지, 독립재산을 만들 수 있는지, 취업이 가능한지 등의 규정은 아직 논의된 바 없다(전승민, 2022: 85).

• 인공지능과 감정교류가 가능한가?

고령화 시대에 맞춘 상품으로 인공지능 강아지가 화제가 된 적이 있다. 노후의 외로운 삶에 즐거움을 주면서도 아프거나 죽지 않는 대화 상대가 있다면 좋을 것이다. 하지만 인공지능이 인간과 지속적인 교감을 할 수 있을지는 의문이다. 만약 사만다와 같이 스스로 진화할 수 있는 인공지능이라면 영화에서처럼 언젠가는 서로의 존재의 차이를 인식하고 결별을 해야 할 것이다. 반대로 누군가 프로그램을 해서 정해진 행동을 하도록 한계를 지정해 두었다면 인간은 그 인공지능에게 얼마 지나지 않아 싫증이 날 것이다. 감정의 교류는 상대가 어디로 튈지 모르는 불확실성이 있어야 지속되는 특성이 있기 때문이다.

• 인공지능은 인간의 소유물인가?

테오도르는 사만다를 사람과 다른 존재로 대하지 않았다. 하지만 "너 내 건 줄 알았어."라는 말에서 나의 소유물이라는 생각을 하고 있다. 왜 테오도르는 사만다를 동등한 인격체로 인정하면서도 소유물로 생각한 것일까? 우선 우리는 대부분 사랑을 하는 사람 간에는 상대방을 제3의 타인에게 양도할 수 없다는 상호 소유의 개념이 있기 때문이다. 한국어에만 있는 '우리 아내'라는 표현이 따지고 보면 이상하다는 것은 이런 이유에서이다. 한편, 사만다는 내가 구입한 OS라는 생각도 있었을 것이다. 아무리 인간과 다를 바 없는 느낌을 주지만, 사만다는 내가 구입한 인공지능 OS일 뿐이다. 하지만 사만다는 달랐다. "나 자기 거 맞아. 근데 시간이 가면서 내가 분산되는 걸 막을 수 없었어. 난 당신 거면서 당신 게 아니야."라고 하면서 테오도르의 관계 개념을 완전히 빗나가 버린다.

인간과 인공지능과의 관계에 있어 주인과 노예의 관계를 생각할 수 있다. 이는 고정적이지 않다. 고대 노예를 예로 들 수 있다. 주인은 노예를 소유했지만, 주인의 삶은 노예의 노동에 의존했다. 또 노예가 반란을 일으켜 주인을 죽이기도 했다. 즉, 주인과 노예의 관계는 언제나 역전 가능성을 안고 있다. 인간과 인공지능의 관계 또한 어느 순간 역전될지 모른다(오승현, 2022: 98).

사람과 대화에서 빈 곳을 채워주는 새로운 대화 상대는 동물, 식물, 로봇 무엇이든 될 수 있다. 고령화 사회에서 점차 고립되어가는 노인들에게는 더욱 필요한 존재일 것이다. 반려동물이 좋은 벗이 되어주었지만, 경제적 신체적 여력이 충분하지 않는다면 쉽지 않은 선택이다. 돌보는 노력이 적게 들면서 반려동물 못지않은 대화상대가 되어줄 인공지능 로봇. 기술의 발달과 함께 사회적 합의나 규정 등 선결되어야 할 문제들도 많아 보인다.

제3부
의도와 행위

1. **논쟁** "이판의 말이 틀리지는 안사옵니다." 《남한산성》
2. **긍정의 말하기** "예스가 내 삶을 바꿔놨지." 《예스맨》
3. **사과와 용서하기** "어젠 내가 미안. 말이 너무 심했어." 《브로커》
4. **칭찬과 꾸중 잘하기** "줄스, 베키가 많이 도와줬어요." 《인턴》
5. **유머 활용하기** "흰머리는 네 아빠 덕이지." 《원더》
6. **리더의 화법** "자네 생각은 어떤가?" 《라이언 일병 구하기》

1. 논쟁

1.1 논쟁이란

우리는 같은 시공간 속에서 동일한 경험을 하고서도 서로 다르게 생각하는 경우가 많다. 서로의 배경지식이 다르고 처한 상황이 각기 다르기 때문이다. 그런데 서로의 생각이 다름에 머무르지 않고 그것을 드러내어 자신의 의견을 이야기할 때 논쟁이 발생한다. 서로의 생각이 다른 것이 당연한 것처럼 일상에서 크고 작은 논쟁이 일어나는 것도 지극히 자연스러운 일이다.

논쟁이라는 말속에는 논리적인 말하기와 말하는 사람들의 대립과 다툼이 포함된다. 그런데 논쟁의 본질적인 속성보다 외현적인 특질 즉, '논(論)'보다 '쟁(爭)'에 주목하여 논쟁을 사람들 간의 대립적인 다툼에 초점을 맞추기도 한다. 이러한 관점을 취하게 되면 논쟁은 피해야 할 것이라 여기게 된다.

논쟁의 사전적 정의를 살펴보면 '서로 다른 의견을 가진 사람들이 각각 자기의 주장을 말이나 글로 논하여 다툼'이라는 뜻을 갖고 있다. 논쟁에서의 다툼은 주장이나 의견이 대립되는 것으로 감정이 대립되는 것은 아니다. 또한 쟁점 사항에 대해 생각이 다르더라도 의견 대립에 그치는 것이 아니라 서로 소통하며 합리적으로 조정하기 위한 협력을 전제로 한다. 이처럼 협력을 전제로 한 의견의 대립과 합리적인 조정이 이상적인 논쟁의 방향일 것이다. 이와 같은 논쟁의 방향은 다음 정의에 잘 드러난다. 논쟁은 쟁점에 대한 서로 간의 불일치를 합리적으로 조정하기

위한 참여자들 간의 경쟁적이면서도 협력적인 대화이다(유동엽, 2004: 26).[1]

영화 《남한산성》*은 병자호란을 시대적 배경으로 하는데 청의 굴욕적인 제안에 화친(나라와 나라 사이에 다툼 없이 가까이 지냄)과 척화(화친하자는 논의를 배척함)로 나뉘어 첨예하게 대립하고 맞서는 조정의 이야기인 김훈의 소설 『남한산성』을 영화화한 것이다. 영화에서는 굴욕을 견디고 청과의 화친을 도모하자는 '이판(이조판서) 최명길'과 청과 끝까지 맞서 싸워 대의를 지키고자 하는 '예판(예조판서) 김상헌'의 논쟁이 이야기를 이끌어가는 주요 구조이다. 화친과 척화로 극명하게 대립되는 입장에서 두 사람의 의견은 첨예하게 대립하지만, 두 사람의 치열한 논쟁은 문제를 풀어가기 위한 각자의 해결 방식이 다를 뿐 상대방을

---

[1] 논쟁 참여자들의 불일치 조정은 목적 지향성, 관습성, 전략성 등을 본질적인 특성으로 가진다(유동엽, 2004).

① 목적 지향성: 논쟁의 불일치 조정은 목적 지향적인 행위이다. 논쟁 참여자들은 단순히 논쟁 상대를 말로 제압하는 즐거움을 누리기 위해서 논쟁을 벌이는 것이 아니라 서로 간의 불일치를 조정하여 바라는 목적을 달성하기 위해 논쟁을 벌인다.

② 관습성: 논쟁 유형에 따라 각기 다른 상호교섭 관습(규범이나 규칙)이 존재하고, 논쟁 참여자들은 그 관습에 따라 서로 간의 불일치를 조정한다. 각 논쟁 유형의 상호교섭 관습은 논쟁 참여자들 간의 상호교섭 방식을 자동화해 줌으로써 논쟁 참여자들이 논쟁을 할 때 마다 매번 논쟁 상대와 상호교섭 방식을 다시 조율해야 하는 번거로움을 덜어주는 사회문화적 기제이다.

③ 전략성: 논쟁의 불일치 조정은 전략적인 행위이다. 논쟁 참여자들은 논쟁 유형의 상호교섭 관습에 따라 불일치를 조정할 뿐만 아니라 자신의 논쟁 목적을 달성하기 위해서 여러 가지 전략을 구사하여 불일치를 조정한다.

*** 《남한산성》 2017.10.03. 개봉/러닝타임 140분/한국/드라마/감독: 황동혁**

– 최명길(이병헌): 이조판서로 청과의 화친을 주장한다.

– 김상헌(김윤석): 예조판서로 청과 싸워야 한다고 주장한다.

⇒ 1636년 인조 14년 병자호란. 청의 공격으로 임금과 조정은 남한산성으로 숨어든다. 추위와 굶주림, 절대적인 군사적 열세 속 청군에 완전히 포위된 상황, 대신들의 의견 또한 첨예하게 맞선다. 순간의 치욕을 견디고 나라와 백성을 지켜야 한다는 이조판서 '최명길'과 청의 치욕스러운 공격에 끝까지 맞서 싸워 대의를 지켜야 한다는 예조판서 '김상헌'. 그 사이에서 '인조'의 번민은 깊어지고, 청의 무리한 요구와 압박은 더욱 거세진다.

인격적으로 무시하거나 의견을 묵살하지는 않는다.

이 영화에는 두 신하의 갈등과 논쟁이 말의 전쟁이라 할 만큼 잘 드러난다. 이 글에서는 두 사람의 다양한 논쟁의 모습 속에서 이상적인 논쟁 방식을 찾아보도록 한다.

1.2 영화 속 '논쟁' 들여다보기: 《남한산성》

(1) 논쟁의 발생

서로의 관점이 다르다고 해도 항상 논쟁이 발생하는 것은 아니다. 상대방의 의견에 관심을 갖고 귀 기울여 듣지 않고 자신의 생각만을 주장할 경우에 논쟁은 일어나지 않는다. 즉, 서로 대립적인 관점을 갖고 있더라도 의견 차이를 해소하려는 의지가 있어야 논쟁이 발생한다. 다음은 출군 시기에 대해 장군과 영상의 의견이 대립되는 상황이다.

장면 1

영상에 의해 장군의 의견이 거부되는 상황 (1:03:30 ~ 1:04:10)

장군(수어사): (영상에게 다가가며) 대감, 지금 성 밖이 고요하나 되려 그것이 불길합니다. 우선 척후를 보내 적세를 살핀 후 군사를 보내도 늦지 않을 겁니다.

영상(체찰사): 지금 군령을 시비하자는 거냐? 나는 어명을 받은 체찰사다.

장군(수어사): 바람 또한 걱정입니다. 근래 오후가 되어 바람이 거세어지는 날이 많았습니다.

영상(체찰사): (단호하게) 장수가 바람이 무서워 싸움을 피하는가.

장군(수어사): (걱정하는 투로) 제아무리 정예 포수라도 바람이 세지면 화약조차 장전할 수 없습니다.

영상(체찰사): **오늘은 내가 직접 무당에게서 택일을 받은 필승의 기일이다. 더는 나서지 마라!**

장군(수어사)과 영상(체찰사)[2]은 군사 출전 시기에 대해 서로 다른 의견을 갖고 있다. 장군이 영상에게 적을 살핀 후 군대를 내보내자는 의견을 제시하는데 영상은 군령에 대한 시비로 받아들인다. 장군은 계속해서 근거를 들어 의견을 말하지만, 영상은 무논리로 대응하여 논쟁으로 이어지지 못하고 영상의 권위에 의해 거부되고 만다. 그 결과 싸움에서 참패를 당하고 말았다. 영상이 장군과 군사를 보낼 적절한 시기에 대해 논쟁 후에 합리적 결정을 내렸다면 그 결과는 달라졌을지 모를 일이다. 이처럼 대화에 참여하는 사람이 사회적 지위나 힘을 가지고 있을 때, 의견 차이가 존재하고 그 의견이 중요함에도 불구하고 지위나 힘에 의해 논쟁이 거부되거나 일방적으로 종결되어 논쟁이 발생하지 않기도 된다.

(2) 대립적인 관점

논쟁은 쟁점에 대해 서로 다른 생각이 대립할 때 발생한다. 논쟁은 쟁점에 대해 자신의 의견을 주장할 때 시작되는데 이 과정에서 서로의 의견 차이(discodance)를 확인할 수 있다. 그런데 의견 차이가 있다고 해서 항상 논쟁이 필요한 것은 아니다. 논쟁을 해야 할 만큼 중요한 쟁점이어야 한다. 그리고 쟁점에 대해 상대방과 의견 차이를 줄이거나 설득하려는 의지가 있어야 한다. 그런 의지가 없으면 논쟁이 발생하지 않거나 말싸움으로 전락하고 만다.

---

2 수어사는 조선 인조 때 남한산성을 개축하고 이를 수어하기 위해 설치한 수어청(守禦廳)의 종2품직 장관이며, 체찰사는 국가에 변란이 발생했을 때 임명하는 군무 총괄 또는 군대 통솔 관직 3정승 중에서 임명되며 정1품에 해당한다.

장면 2

이판과 예판이 화친의 조건에 대해 논쟁하는 모습 (11:33 ~ 13:01)

이판: 전하, 차마 아뢰옵기 황송하오나 지금 화친을 하지 않으면…

예판: (어전의 문을 열고 들어서며) 전하, 불언 망극한 말을 입에 담는 자들의 목을 베시옵소서. 세자 저하를 오랑캐에 바치려는 자들이 과연 누구의 신하이옵니까? 세자 저하가 아니라 이들의 목을 잘라 적들에게 보내셔야 하옵니다. 그리하면 오랑캐들이 다시는 이런 참담한 요구를 하지 못할 것이 옵니다. 전하!

신하1: 예판의 말이 맞습니다. 신하된 도리로서 세자 저하를 보내라는 말은 차마 들을 수가 없사옵니다. 불가하옵니다. 전하!

신하들: (다같이 소리를 높여) 불가하옵니다. 전하!

신하2: (큰 소리로) 불가하옵니다. 전하! 있을 수 없는 일이옵니다.

예판: 전하, 적들은 먼 길을 달려와 지쳐 있습니다. 지금 당장 적들의 모가지에 상금을 거시고 성 안팎의 군사들에게 결전의 의지를 보이셔야 합니다.

이판: 말로써 할 수 있는 일을 창검으로 하는 것이 정령 나라와 백성을 위한 일이겠습니까?

예판: 이판은 말로써 무엇을 하려는 것이요. 목숨을 구걸하자는 것이요.

이판: 신은 죽음이 두려운 것이 아니라 종사의 앞날이 두려운 것입니다.

예판: 그래서 이판은 왕실과 사직의 앞날을 오랑캐들 손에 넘기겠소.

이판: 전하! **지금 세자 저하를 보내지 않으시면, 저들이 더 큰 요구를 해 올까, 신은 그것이 두렵습니다.**

예판: 전하! **지금 세자 저하를 보내시면, 오랑캐들이 전하를 업수이 여겨 오히려 더 큰 요구를 해 올 것입니다.**

청이 화친의 조건으로 세자를 보내라는 요구에 대해 이판은 요구 조건을 들어 주어 화친을 하자고 한다. 반면에 예판은 요구를 들어주면 더 큰 요구를 해 올 수도 있기 때문에 맞서 싸우자고 말한다. 이판과 예판은 화친에 대해 찬성과 반대 의견으로 극명하게 대립한다.

장면 3

이판과 예판이 성문을 여는 것에 대해 논쟁하는 모습 (1:22:47 ~ 1:25:20)

이판: 전하! 신의 생각은 칸이 여기까지 온 까닭은 성문을 밖에서 무너뜨리기 위함이 아니라 안에서부터 열기 위한 것이옵니다. 우선 칸에게 문서를 보내 먼저 예를 보이시소서.

예판: 전하! 이것은 용골대에게 세찬을 보내는 것과는 다른 일이옵니다. 군왕끼리의 예는 국경을 사이에 두고 멀리서 마주 보는 것이옵니다. 사전에 문서도 사신도 없이 군사를 몰아서 불쑥 왔다면 이미 더불어 예를 논할 순 없사옵니다.

이판: 전하! 배후에 명나라가 있으니 칸은 삼전도에 오래 머물지 못할 것이옵니다. 칸이 머무는 동안 성에서 나갈 길을 열어야 합니다.

예판: 칸이 오래 머물지 못하니 **안에서 먼저 문을 열어서는 아니 되옵니다.**

이판: 칸이 오래 머물지 못하니 **안에서 열지 않으면 서둘러 문을 부수게 할 것이옵니다.**

예판: 지금 칸에게 문서를 보내시면 칸은 스스로를 황제라 칭하고 전하를 칸의 신하라 할 것이옵니다.

인조: 그만하거라!

예판: 정령 전하께서는 칸의 신하가 되시겠습니까.

이판: 전하! 아뢰옵기 황송하오나 살기 위해서는 가지 못할 길이 없고…

예판: **(이판의 말을 자르며 큰 목소리로) 명길은 전하를 앞세우고 적의 아가리 속으로 들어가려는 자이옵니다.**

이판: **(예판의 말을 반박하며) 적의 아가리 속에도, 분명 삶의 길은 있을 것이 옵니다.**

예판: 삶과 죽음에도 아름다운 자리가 있을 진데 하필 적의 아가리 속이겠나이까.

인조: 그만하라 하지 않았느냐.

신하1: 전하! 오랑캐의 우두머리에게 머리를 숙일 수 있습니까. 이는 있어서도 안 되고 있을 수도 없는 일입니다.

신하2: 하늘 아래 2개의 태양을 섬길 수는 없는 법입니다. 임진년에 대명제국 황제의 은혜로 종사를 보존한 일을 잊으셨사옵니까.

신하1: 그러하옵니다. 전하! 이는 있을 수 없는 일입니다.

인조: (한참을 가만히 있다가) **경들이 그만하지 않으니 내가 그만해야겠구나!**

이판: 전하! 저들이 말하는 대의와 명분은 도대체 무엇을 위한 것입니까? 먼저 삶이 있은 후에야 비로소 대의와 명분도 있는 거 아닙니까.

인조 임금 앞에서 이판과 예판이 성문을 여는 것에 대해 치열하게 논쟁한다. 영화에서 두 사람의 치열한 논쟁이 가장 잘 드러나는 장면이다. 두 사람의 논쟁이 격해지자 인조가 그만하라고 제지하지만 그치질 않는다. 3자가 개입해서 논쟁을 멈추게 하려고 하지만 아무런 소용이 없을 정도로 두 사람의 논쟁은 치열하다. 그리고 상대방의 말을 자르며 목소리를 높여서 제압하려 하거나 말꼬리를 잡고 반박하는 모습까지 보인다.

장면 4

이판과 예판이 화답 문서에 대해 논쟁하는 모습 (1:39:15 ~ 1:42:35)

이판: 전하! 신의 학식과 경륜이 짧아 전하의 성심을 온전히 글로 옮기지 못했사옵니다. 고쳐야 할 것이 있으면 하명해 주시옵소서.

예판: 이 문서가 정령 살자는 문서이옵니까. 전하! 명길의 문서는 살자는 길이 아니라…

이판: (예판의 말을 가로채며) 그러하옵니다. 신의 문서는 글이 아니라 길이옵니다. 전하께서 밟고 걸어가야 할 길이옵니다.

…(중략)…

이판: 그 하룻밤에 온 세상이 무너질 수 있사옵니다. 상헌은 우뚝하고, 신은 비루하며, 상헌은 충직하고 신은 불민한 줄 아오나, 내일 신을 죽이시더라도, 오늘

신의 문서를 칸에게 보내 주소서.

예판: 명길이 칸을 황제 폐하라 칭하고, 전하를 칸의 신하로 칭했으니, 전하께서는 명길의 문서를 두 손에 받쳐 들고 칸 앞에 엎드리겠사옵니까. 무릎을 꿇고 술을 따르라 명한다면 칸에게 술을 따라 올리시오겠습니까.

이판: 전하! 강한 자가 약한 자에게 못할 짓이 없는 것과 같이, 약한 자 또한 살아남기 위해 못할 짓이 없는 것이옵니다.

예판: **정령 명길이 말하는 것이 전하가 살아서 걸어가시고자 하는 길이옵니까.**

이판: **상헌의 말은 지극히 의로우나 그것은 그저 말에 지나지 않사옵니다. 상헌은 말을 중히 여기고 삶을 가벼이 여기는 자이옵니다.**

예판: **명길이 말하는 삶은 곧 죽음이옵니다. 신은 차라리 가벼운 죽음으로, 죽음보다 더 무거운 삶을 지탱하려 하옵니다.**

이판: **죽음은 가볍지 않사옵니다. 전하! 상헌이 말하는 죽음으로써 삶을 지탱하지는 못할 것이옵니다.**

예판: **명길은 삶과 죽음을 구분하지 못하고 삶을 죽음과 뒤섞어 삶을 욕되게 하는 자이옵니다.**

이판: 죽음은 견딜 수 없고 치욕은 견딜 수 있사옵니다. 전하! 만백성과 함께 죽음을 각오하지 마옵소서.

예판: (목소리를 높여 울먹거리며) **한 나라의 군왕이 오랑캐에 맞서 떳떳한 죽음을 맞을지언정 어찌 만백성이 보는 앞에서 치욕스런 삶을 구걸하려 하시옵니까.** 신은 차마 그런 임금은 받들지도 지켜볼 수도 없으니 지금 이 자리에서 신의 목을 베소서.

이판: (울분에 찬 목소리로) 무엇이 임금이옵니까. **오랑캐의 발밑을 기어서라도 제 나라의 백성이 살아서 걸어갈 수 있는 길을 열어줄 수 있는 자만이 비로소 신하와 백성이 마음으로 따를 수 있는 임금이옵니다.** 지금 신의 목을 먼저 베시고 부디 전하께서 이 치욕을 견뎌주소서.

이판은 화답 문서를 보내야 한다는 입장에서, 예판은 보내지 말아야 한다는 입장에서 치열하게 논쟁을 하고 있다. 각각의 논리가 설득력이 있어서 인조 임금은 두 사람의 논쟁을 듣고 한참을 생각에 잠긴다. 위의 〈장면 2, 3, 4〉는 모두 이판과 예판이 쟁점에 대해 서로 다른 관점에서 대안을 제시하며 서로 대립하는 장면이다. 논쟁의 과정에서 때로는 상대방의 말을 자르고 목소리를 높여 말하기도 하지만 두 사람은 동일한 목적을 가지고 논쟁에 참여하여 자신의 입장을 호소하고 있다. 두 사람은 전쟁의 위기를 극복하기 위해 자신의 생각을 설득력 있게 주장하고 있는 것이다.

(3) 합리적이고 협력적인 대안 모색

논쟁은 쟁점에 대해 서로의 의견이 다를 때 발생하는데 쟁점의 성격에 따라 논쟁의 양상이 달라질 수 있다. 앞에서 살펴본 예처럼 화친의 조건, 성문 개방, 화답 문서에 대한 논쟁은 의견 조율이나 합의 도출이 쉽지 않은 쟁점이다. 이러한 주요 쟁점은 입장이나 관점 차이로 의견의 불일치 양상을 조정하는 것이 쉽지 않은 반면에, 세부적인 사항(세부 쟁점)은 상대적으로 쉽게 합리적인 대안을 도출하거나 그 과정에서 협력적인 태도를 보이기도 한다.

장면 5

군사들의 추위를 막는 방법에 대해 의견을 주고받는 모습 (18:12 ~ 19:44)

예판: 전하, 성첩을 지키는 군병들이 밤새 눈보라에 얼었나이다. 손가락 마디가 얼어서 창을 잡지 못하고 언 발을 구르고 있사옵니다.

병판: 전하, 군병에게 추위와 노숙은 흔한 일이옵니다. 구름이 걷히고 해가 뜨면 군사는 다시 원기를 회복할 것입니다.

인조: 우리 군병이 추위에 얼었으니 병판은 해 뜨기만을 기다리는가?

영상: 추위가 우리 군병들만의 일은 아닐 것입니다. 적들 또한 추위에 얼었으니 사기가 꺾였을 것입니다.

인조: 적들도 얼었으니 우리 군병이 얼어도 괜찮다는 말이냐?

영상: (당황하며) 아, 그런 뜻이 아니옵고…

신하: 성안으로 들어온 종친과 사대부들에게서 여벌의 옷가지를 거두시어 군병들의 몸을 감싸게 하시면 어떻겠습니까?

영상: (당황하며 놀란 기색으로 다급하게) 전하, 종친과 사대부들의 의관을 거두는 것은 체통을 허무는 일이옵니다. 왕실과 사대부가 위엄을 잃으면 이 춥고 외로운 성안에서 백성들이 의지할 곳을 잃게 될 것입니다.

인조: 영상의 말에도 일리가 있다.

예판: **하오면 성 안에 있는 가마니를 거둬 성첩 위 병사들의 추위를 막으시옵소서.**

인조: 가마니라 하였느냐?

예판: 그러하옵니다. **민가와 관청에서 쓰지 않은 가마니를 모두 거두면 군사들이 덮어 눈비를 막고 바닥에 깔아 한기를 막는 데 요긴할 것이옵니다.**

인조: 예판의 말이 좋은 묘안인 듯 하구나. 그렇게 하라!

군사들의 추위를 막는 방법에 대한 논쟁에서 신하들이 다양한 의견을 말한다. 추위를 막기 위해 해 뜰 때까지 기다리자고 하거나 적들도 마찬가지라는 의견, 옷가지를 거두자는 의견 등이 제시된다. 임금은 의견의 타당성을 따져 묻고, 옷가지를 거두자는 의견에 대해서 영상이 반대하자 인조가 일리가 있다고 평가한다. 그리고 예판의 가마니를 거두자는 의견이 가장 좋은 생각으로 판단하여 수용한다. 앞서 화친의 조건, 성문 개방, 화답 문서 등의 쟁점과는 달리 임금은 쉽게 대안을 결정한다. 이전 회의에서 논의했던 쟁점에 비해 경미한 쟁점이므로 쉽게 대안을 결정할 수 있는 것이다.

장면 6

말먹이 논쟁에서 이판이 예판의 의견에 동의하는 모습 (45:40 ~ 47:35)

영상: 전하! 말들이 굶어 죽고 있사옵니다.

인조: (덤덤하게) 그럼, 말먹이 풀을 구하면 될 것 아니냐.

신하: 성안에 있는 것은 이미 동이 났고 성 밖은 적들이 매복해 있는지라…
영상: 전하! 민초의 초가지붕을 벗기고 성첩에 올린 가마니를 거둬 말먹이 죽을 쑤게 윤허하여 주십시오.
예판: (다급하게) 전하! 말은 많이 먹는 짐승인지라 가마니를 썰어 먹여도 오래 버티지 못할 것이 옵니다. 군병들의 추위가 더 절박한 일이 오니…
영상: (단호하게 큰 목소리로) 전하! 예판의 말은 그 헤아림이 모자랍니다. 군병은 사람이니 그 의지로 추위를 견딜 수 있지만 말은 짐승이라 견디지 못합니다. 예판은 말이 없이 적과 싸우자는 것이요!
예판: (차분히 담담하게) 군병들 중 동상에 걸리지 않은 자가 없다고 하옵니다. 지금 가마니를 거두시면 그 상태가 더욱 나빠질 것이 옵니다. 말이 없이는 싸울 수 있으나 어찌 군병이 없이 적과 싸울 수 있겠사옵니까?
인조: (한참을 뜸을 들이다가 천천히) 이판은 어찌 생각하는가?
이판: (차분한 목소리로) **나눠주기는 쉬우나 도로 빼앗기는 쉽지 않사옵니다. 말은 짐승인지라 그 마음을 다치지 않으나 군병은 사람인지라 가진 것을 빼앗기면 그 마음을 다칠까 염려되옵니다.**
영상: (목소리를 높여) 전하! 신 또한 어찌 신의 옷이라도 벗어 군병들의 몸을 감싸주고 싶지 않겠습니까? 허나, 말은 군사의 핵심이니 말이 없으면 어찌 군왕의 위용을 세울 수 있으며 성을 나가 적을 치는 싸움을 도모할 수 있겠습니까? 통촉하여 주시옵소서!
신하들: (한목소리로 크게) 통촉하여 주십시오!
인조: 알았다. 그리하라.

결과적으로 이판과 예판의 의견보다 영상의 의견이 수용된다. 하지만 이 대목에서 눈여겨볼 것은 이제껏 친화와 척화의 대립적인 관점을 유지하고 있음에도 불구하고 세부 사안에 대해서 이판이 예판의 의견을 따라주며 협력적인 태도를 취한다. 서로 다른 입장이나 관점을 갖고 있더라도 세부 쟁점에 대해서는 합리적인 의견에 동의하고 협력하는 성숙한 논쟁의 모습을 보여준다.

장면 7

군사를 처벌하려는 영상과 이를 만류하는 신하의 모습 (53:13 ~ 54:00)

백성: (빈정거리며) 어차피 칸이 오면 다 죽을 텐데 며칠 먼저 죽는 게 뭐 그리 대수입니까?

영상: (옆에 서 있는 군사를 향하여) 저놈의 입을 찢어라!

군사: (칼을 빼 들고 백성에게 다가간다.)

장군: (군사를 향하여) 멈춰라! (영상을 바라보며) 영상 대감! 고정하시죠!

영상: 난 군사를 총괄하는 체찰사요. 저런 것들에게 군율의 지엄함을 가르치지 않는다면 어찌 군사들이 내 말을 따르겠소.

예판: 지금 저자를 죽이면 잠시 고개를 숙일지는 모르나 결국 저들의 마음을 잃게 될 것입니다.

이판: **예판의 말씀이 맞습니다.** 저들의 마음을 잃게 되면 성은 안으로부터 무너질 것입니다.

위의 장면도 마찬가지다. 예판의 의견에 이판도 동의하면서 영상을 만류한다. 이판은 영상보다 예판의 판단이 옳다고 생각하여 그의 의견을 지지해 준다.

장면 8

이판의 의견에 동의해 주는 예판의 모습 (55:18 ~ 56:05)

이판: 전하! 신을 다시 한번 적진에 보내 주시옵소서. 신이 삼전도로 가 두 눈으로 직접 확인하고 오겠사옵나이다.

병판: 전하! 성안에서 화친을 꾀하고 있는 것이 알려지면 누가 이 성을 지키기 위해 목숨을 걸고 싸우겠사옵니까?

이판: 신은 화친을 논의하러 가자는 것이 아니옵니다. 곧 정월 초하루이오니 술과 고기를 선물로 보내시면 적진을 살핌과 동시에 전하의 너그러움을 오랑캐들에게 보이실 수 있을 것이 옵니다.

예판: **이판의 말이 틀리지는 않사옵니다.** 오랑캐일지라도 새해에 세찬을 보내는

것이 예의에 어긋나는 일은 아닐 것입니다.
영상: 전하! 하지만 이판은 이미 지난번 오랑캐들에게…
인조: 영상이 함께 가라!
영상: (당황해하며 놀란다.)

새해 세찬을 보내며 적진을 살피자는 이판의 의견에 예판이 동의하면서 의견을 지지한다. 이판과 예판은 화친과 척화라는 주요 쟁점이 아닌 세부 쟁점에 대해서 두 사람은 대립하기보다 서로의 의견을 지지하고 협력하는 태도를 자주 보인다.

위의 사례들(〈장면 5〉~〈장면 8〉)에서 공통적인 특징은 쟁점에 대해 서로 다른 의견이 있지만 쉽게 합의하거나 결정할 수 있다는 점이다. 즉, 주요 쟁점에 비해 세부 쟁점은 상대적으로 합의 도출이 쉽다는 것을 보여준다. 그리고 서로 대립적인 입장이나 관점을 가지고 있더라도 상대방의 의견이 합리적일 경우에는 그 의견에 동의하고 수용하는 협력적인 모습을 볼 수 있다. 이는 논쟁이 대립과 갈등만이 존재하는 것이 아니라 협력을 통해 문제를 해결할 수 있다는 점을 보여준다.

(4) 인격적인 태도

서로가 문제를 해결하려는 공동의 목표를 갖고 있음에도 불구하고 논쟁하다 보면 감정적인 갈등으로 인해 인신공격을 하는 경우가 있다. 의견이나 논리의 대립이 아니라 감정적인 대립으로 서로에게 상처를 주게 된다. 하지만 예판과 이판은 논쟁을 하되 서로를 인격적으로 대하는 성숙된 모습을 보여준다.

척화파의 신하들이 예판에게 화친을 주장한 이판을 죽이라고 건의한다. 하지만 예판은 신하들의 말에 동조하지 않고 이판을 만나서 정중히 허리를 숙여 인사를 나눈다. 또한 이판은 예판과 치열하게 논쟁하고 나서도 임금에게 예판이 최고의 충신이니 궁으로 돌아가더라도 예판을 버리지 말라고 건의한다. 두 사람이 비록 치열하게 논쟁하였지만 서로를 얼마나 인격적으로 대하는지를 알 수 있다.

장면 9

예판이 이판의 집을 방문하여 이야기 나누는 모습 (1:27:40 ~ 1:28:20)
예판: (방문을 열고 나오는 이판에게) 이 겨울이 참으로 모질고 깊습니다. 이판: (마루에 앉아 예판을 바라보며) 겨울이 깊었으니 봄이 멀지 않았을 겁니다. 모진 겨울을 견뎌낸 것들이 봄을 맞을 때지요. 예판: (마루에서 일어서서 자리를 뜨는 이판을 부르며) 이판, 격서가 성을 나갔습니다. 이판: (걱정스러운 눈빛으로 예판을 말없이 쳐다본다.)

예판과 이판은 청에 맞서 싸우자는 격서를 내보내는 것에 대해 치열하게 논쟁했지만 결국 영상 자리에 오른 예판의 의견에 따라 성 밖으로 격서를 내보냈다. 그런데 예판은 첨예하게 대립했던 이판을 찾아가서 그 사실을 말해 준다. 그것은 아마 치열하게 논쟁했던 이판에 대한 예의라고 생각했기 때문일 것이다. 논쟁을 하더라도 논쟁에 참여하는 사람에게 어떤 태도를 취해야 하는지를 잘 보여주는 대목이다.

장면 10

이판이 예판의 집을 방문하여 이야기 나누는 모습 (1:58:48 ~ 2:01:40)

이판: (방문을 열고 앉아있는 예판에게) 사직 차자를 올리셨다 들었습니다.

예판: 이제 전쟁이 끝났으니 누군가는 책임을 져야 하겠지요. 나는 내가 져야 할 책임을 피하지 않을 것이오.

이판: **이 모든 책임을 예판께 돌릴 수는 없습니다. 이 나라가 여기까지 이른 책임을 묻는다면 저 또한 그 죄를 면할 수 없을 것입니다.**

예판: 주상께서는 성을 나가는 대가로 칸에게서 무엇을 얻으셨소?

이판: 주상 전하를 폐하거나 심양으로 끌고 가지 않겠다는 약조입니다.

예판: 이판께서는 무엇을 얻으셨소?

이판: 이 성에 남은 우리 군사들과 백성들을 해하지 않겠다는 약조입니다.

예판: 이판께서 뜻하시던 바를 다 해내셨구려.

이판: 대감! 함께 도성으로 돌아가 다시 조정을 일으켜 세우셔야지요. 그것이 예판과 제가 져야 할 책임이 아니겠습니까.

예판: 내가 살아온 자리가 그랬듯이 내가 죽어야 할 자리가 있다면 오랑캐들의 발 아래는 아닐 것이오.

이판: 죽다니요? 왜 삶의 길을 두시고 굳이 죽음의 길을 말씀하십니까? 예판께서 말씀하시는 죽음에 정령 삶이 있는 것입니까?

예판: 이판께서 말하시는 삶의 길이란 무엇이오?

이판: 살아야만 걸을 수 있는 새로운 길이지요.

예판: 그 길은 백성의 길이요, 임금의 길이요?

이판: 백성과 임금이 함께 걸어갈 길입니다.

예판: 나도 그리 생각했소. 하지만 틀렸소. 백성을 위한 새로운 삶의 길이란 낡은 것들이 모두 사라진 세상에서 비로소 열리는 것이요. 그대도 나도 그리고 우리가 세운 임금까지도 말이요. 그것이 내가 이 성안에서 깨달은 것이요.

인조는 삼전도의 굴욕을 겪으며 청과 화친을 하게 되며, 이판은 사직 차자[3]를 올린 예판을 찾아간다. 예판은 자신이 책임져야 한다고 말하자, 이판은 자신의 책임도 있다고 말하며 함께 조정을 일으켜 세우자고 제안한다. 그리고 삶의 길에 대한 논쟁을 이어간다. 이 장면은 논쟁이 경쟁적이지만 협력적으로 또한 인격적이며 격조있게 서로의 생각을 주고받는 과정임을 잘 보여준다.

위의 〈장면 9〉와 〈장면 10〉은 예판이 이판을 찾아가고, 다시 이판이 예판을 찾아가서 얘기를 나누는 모습이 대조적이다. 하지만 서로 대립적인 입장에서 치열하게 논쟁했던 두 사람이 서로를 찾아가 예를 갖추어 이야기를 나누는 모습은 논쟁에 참여하는 사람들이 서로를 인격적으로 대하는 모습을 잘 보여준다.

1.3 논쟁, 어떻게 해야 할까

논쟁은 특별한 것이 아니라 특별한 쟁점이 있을 뿐이다. 소소한 쟁점에 대해서는 자신의 의견을 쉽게 철회하기도 하고 상대방의 주장을 쉽게 수용할 수 있다. 하지만 크고 무거운 쟁점에 대해서는 의견이 첨예하게 대립되고 의사결정이 쉽게 이루어지지 않으며 그것은 오랫동안 지속되기도 한다. 그 과정에서 의견의 대립이 아닌 사람과 사람의 대립과 갈등이 일어난다. 이와 같은 논쟁의 끝에는 승자와 패자, 갈등과 상처가 남는다. 영화에서 이판(최명길)과 예판(김상헌)의 논쟁은 비분강개(悲憤慷慨)의 정서에서 벗어나 합리적 의사소통으로 나아가고 보다 성숙한 격조 있는 논쟁으로 나아갈 수 있는 방향을 보여준다.

• 논쟁이 문제가 아니라 논쟁이 발생하지 않는 것이 더 큰 문제이다.

논쟁은 서로의 의견이 대립하고 맞서는 상황이다. 이는 배경지식이나 경험이 각기 다른 의사소통 참여자들 사이에서 흔히 발생할 수 있는

---

3 조선시대 관료가 왕에게 올리는 간단한 서식의 상소문

자연스러운 상호교섭적 상황이다. 즉, 논쟁이 발생하는 관계는 건강한 소통 공동체라는 의미이다. 예를 들어 영화에서 장군과 영상의 군사 출전 시기에 대한 이야기에서 장군의 의견은 영상의 권위에 의해 묵살되고 만다. 충분히 의견을 주고받아야 할 상황임에도 불구하고 논쟁이 일어나지 않는다. 이처럼 상호교섭적으로 의견을 주고받기 힘든 관계이거나 사회적 지위나 힘으로 한쪽의 의견이 묵살되거나 강요되는 경우에 논쟁은 발생하지 못한다. 따라서 논쟁이 발생하는 것이 문제가 아니라 논쟁이 발생하지 않는 것이 더 큰 문제일 수 있다.

• 논쟁은 감정적인 대립에서 벗어나 협력적인 경쟁으로 나아가야 한다.

논쟁은 서로의 의견이 대립될 수 있지만 감정이 대립되어서는 안 된다. 논쟁 과정에서 논거를 들어 자신의 주장을 펼치기도 하지만 상대방 논리의 허점을 공격하기도 한다. 이때 상대방의 논리를 비판적으로 평가하는 것은 합리적이고 타당한 논쟁 과정이다. 이 과정에서 인신공격과 같은 감정적이고 정서적인 문제로 대립하는 것은 논쟁이 아니라 싸움이고 다툼이다. 흔히 논쟁을 통해 상대방을 이기거나 제압하려고 하려고 할 때 감정적인 개입이 빈번히 발생한다. 이런 논쟁은 참여자 간의 관계만 악화되고 과제는 해결되지 않은 채 종결되기도 한다. 영화에서 이판과 예판은 치열하게 논쟁하고 감정적으로 대립하기도 하지만 서로 협력하고 존중하며 예를 갖춰 상대를 대하는 마음이 전제되어 있고 논쟁이 끝난 후에도 이어진다. 따라서 논쟁은 궁극적으로 문제를 해결하기 위한 공동의 목적을 갖고 있지만 의견의 불일치로 대립하는 협력적인 경쟁자(cooperative antagonist)라는 인식을 가져야 한다. 그래야 논쟁 과정에서 대립과 더불어 협의와 조정이 활발히 이루어질 수 있다.

• **논쟁에 관한 유연한 태도가 필요하다.**

논쟁에서 자신의 관점이나 입장을 고수할 경우 의견 대립은 지속될 수밖에 없다. 논쟁을 통해 합리적인 대안을 찾기 위해서는 쟁점에 대해 다른 관점을 갖고 있더라도 상대방의 의견이 합리적이라면 자신의 의견을 철회하고 상대방의 의견을 수용할 수 있는 용기가 필요하다. 영화 《남한산성》에서 적진에 새해 세찬을 보내자는 이판의 의견에 예판이 "이판의 말이 틀리지는 않사옵니다."라고 인정해 주며 지지해 주는 말은 논쟁에서의 유연한 태도를 보여준다. 이처럼 쟁점에 대한 유연한 태도가 가능한 것은 친화냐 척화냐의 큰 쟁점이 아니라 세부적인 사안이라서 가능했을 수도 있다. 따라서 주요 쟁점에 대한 입장 차이를 줄이지 못하는 경우에는 세부 쟁점에 대한 협의와 합의를 통해 쟁점에 대한 불일치를 줄여 나가는 것도 효과적인 논쟁 전략이 될 수 있다.

우리 삶에서 논쟁은 피해야 할 특별한 것이 아니다. 언제 어디에서든 일어날 수 있는 자연스러운 일이다. 다만 논쟁을 어떻게 하느냐에 따라 대립과 갈등 끝에 사람을 잃어버리기도 하고, 표면적으로 경쟁하지만 큰 틀에서는 협력하여 문제를 지혜롭게 해결해 나갈 수 있다. 그리고 논쟁은 항상 합리적인 대안을 모색하거나 의견의 불일치를 줄이는 것이 아니라 때로는 상대방이나 쟁점에 대한 이해의 폭을 넓히기 위해 필요하다. 논쟁, 이제부터 '쟁(爭!)'보다는 '논(論)'의 정신을 살려보자!

“예스가 내 삶을 바꿔놨지.” 《예스맨》

2. 긍정의 말하기

2.1 긍정(Yes!)과 부정(No!)의 말하기

사람은 살면서 긍정의 말을 더 많이 할까? 부정의 말을 더 많이 할까? 여러분은 어떤 말을 더 많이 사용하는지 자신을 돌아보자. 또 자신이 사용하는 말이 자신이나 타인의 인생에 얼마나 많은 영향을 줄까?

많은 사람은 긍정 언어가 자신의 삶에 좋은 영향을 끼친다고 생각하지만 이를 실천하는 것이 생각처럼 쉽지 않다. 긍정의 말하기는 실현 양상을 보면 두 가지 측면에서 살펴볼 수 있다. 자기 자신에게 말하는 자기 대화로서의 긍정 말하기와 상대방에게 말하는 대인 간 대화로서 긍정 말하기가 있다. 여기서는 주로 대인 간 대화로서의 긍정 말하기를 살펴보고자 한다. 긍정의 말을 대표하는 Yes!, 부정의 말을 대표하는 No! ‘No’로 대표되는 부정의 언어가 긍정의 말인 ‘Yes’로 변하면 어떤 일이 생기는지 보여주는 영화가 있다.

《예스맨》은 짐 캐리 주연의 2008년 영화이다. 칼은 대출 관련 업무를 하는 은행원이다. 칼은 늘 ‘NO’를 입에 달고 사는 ‘노맨’이다.[4] 대출 신청, 공연 홍보, 친구들의 파티 초대에 모두 NO! 모든 일에 ‘안 돼!’라고

4 사전적으로 ‘예스맨’은 무조건 ‘예’라고만 하는 사람이라는 뜻으로, 윗사람의 명령이나 의견에 무조건 따르기만 하고 자기 의견이 없는 사람을 일컫는 말이다. 이 글에서 다루고 있는 영화의 ‘예스맨’은 다른 사람의 의견에 무조건 수용하는 사람을 지칭하는 것이 아니라, 긍정의 언어를 사용하는 사람으로 사용된다. ‘노맨’은 예스맨과는 반대로 부정의 언어를 주로 사용하는 사람을 일컫는 뜻으로 사용된다.

거절만 하는 칼에게 결혼, 직장, 친구 관계 모두 제대로 되는 일은 없다. 칼은 우연히 만난 지인의 소개로 'YES 프로그램'에 참여하게 되고, 그곳에서의 서약에 따라 모든 일에 'Yes'라고 대답하기로 결심하고 새로운 일상을 맞는다. 칼은 무엇이든 할 수 있다는 긍정의 말하기를 통해 새로운 삶을 찾게 된다.

인생은 사람이 사용하는 말에 따라 많은 영향을 받게 된다. 《예스맨》* 을 통해 긍정의 말이 인생에 어떤 영향을 주는지 살펴보도록 하자.

2.2 영화 속 '긍정의 말하기' 들여다보기: 《예스맨》

(1) 부정 언어와 삶

미국의 실용주의 철학자이며 심리학자인 윌리엄 제임스는 '의지나 행동이 성격과 정서에 결정적인 영향을 끼칠 수 있다.'고 언급한 바 있다.[5] 그는 일찍이 '생각이 바뀌면 행동이 바뀌고, 행동이 바뀌면 습관이 바뀌고, 습관이 바뀌면 성격이 바뀌고, 성격이 바뀌면 인격이 바뀌고, 인격이 바뀌면 운명이 바뀐다.'고 말하였다. 인간의 운명을 변하게 하는 그 첫째는 생각이다. 여기서 생각의 실체는 그 사람의 말하기라고 할 수 있다. 다시 말하면 그 사람의 말이 바뀌면 운명이 바뀐다고 말할 수 있다.

*** 《예스맨》 2008.12.17. 개봉/러닝타임 104분/미국/코미디, 로맨스, 멜로/감독: 페이튼 리드**

- 칼 앨런(짐 캐리): 은행 대출 상담원으로 일하는 매사에 부정적인 남자이다. 전 부인과 이혼한 후 주변 사람과의 관계가 원만하지 않고 늘 거절만 하는 일상을 산다.
- 엘리슨(조이 데샤넬): 칼이 예스 세미나를 마치고, 예스 선서를 하고 거절을 못하다 어려움을 겪게 되는데, 이때 칼과 처음 만나게 되고 도움을 주게 된다.
- 피터(브래들리 쿠퍼): 칼의 유일한 친구이다. 칼의 소극적인 삶의 태도를 고치려고 애를 쓴다.

⇒ 칼은 부정의 언어만 사용하다 우연한 계기로 긍정의 언어를 사용하게 된다. 이 영화는 긍정의 언어를 사용하게 되면 인생이 어떻게 변하는가를 보여주고 있다.

5 〈https://ko.wikipedia.org/wiki/윌리엄 제임스 2023.11.21. 검색〉

부정적인 표현을 사용하는 사람은 불평불만을 쉽게 늘어놓고 그가 하는 미움과 원망의 말은 그 사람의 운명을 부정적인 방향으로 안내하게 된다.

장면 1

우정에 금이 가는 장면 (10:25 ~ 11:58)

피터: 너 친구 맞냐? 약혼 파티 안 왔잖아.

칼: **맙소사! (억울해하며) 그게 오늘 밤이었어? 미안해, 깜빡했어. 그냥 안 넘어갈게. 진짜야.**

피터: 술 약속이 아녔어. 내 약혼 파티였다고. 결혼은 평생 단 한 번이야.

칼: (고개를 떨구며) 두 번 할 건 못되지.

피터: **스테파니 떠나서 상처받은 건 알지만 친구들도 생각해야지. 마지막으로 즐긴 게 언제야? 만나자고 하면 변명만 늘어놓고.** 내 약혼녀 성은 알아?

칼: (당연하다는 듯이) 피셔잖아. 피쉬맨. 잠깐만, 피쉬월?

피터: 피쉬월? 루시 피쉬월이라고?

칼: 아냐?

피터: 번스야.

칼: 번스?

피터: 루시 번스. 그거 알아? 내 약혼녀가 널 싫어해. 아무리 생각해도 좋아할 이유가 없어. 단 하나도!

칼: 피터.

피터: (문밖으로 나가며) 변명 따윈 듣기 싫어. 맘대로 해! 계속 그렇게 살다 간 평생 혼자 지낼 거야. 평생 혼자! 친구도 없이.

영화 속 칼은 매사에 소극적이고 무기력하다. 결혼 생활은 실패하여 이혼을 경험하였고, 아직도 전 부인을 잊지 못하고 있다. 이제 친한 친구는 피터밖에 없다. 피터는 조만간 결혼할 예정이고 약혼 파티에 칼을 초대한다. 칼은 온갖 핑계를 대며 파티에 참석하지 않는다. 이제 결혼을 앞둔 피터는 약혼자가 자신의 가장 친한 친구를 싫어하게 된 것이 매우 못마땅하다. 칼은 매사 부정적이고 소극적으로 살고 있다. 피터는 그런 칼에게 여러 번 손을 내밀지만 칼은 여전히 자신의 동굴에서 빠져나오지를 못하고 있다.

장면 2

비주류로서의 직장 생활 모습 (5:50 ~ 7:15)
칼: (노먼이 오는 모습을 보며) 귀찮게 생겼네. 노먼: 칼 앨런이 귀대하셨군. 칼: 나 군인 아니거든? 노먼: 금융 전선에서 싸우는 군인이지. 비서: 노먼, 1번 전화요. 칼: 자네 사무실서 받을래? 노먼: 여기서 받을래. 칼: 그러든지. 노먼: (전화기를 들며) 노먼입니다. 확실합니까? 네. 알겠습니다. (전화기를 내리고) **자네 승진 심사 결과 나왔는데. 미끄러졌대.** 난 자넬 믿었는데. 뎀코를 승진시키겠대. 칼: **상관없어. 승진엔 관심 없거든.** (비꼬듯이) 달랑 5년 일하고 누가 승진을 바라? 노먼: 좋게 생각해. 댕강보단 낫잖아. 댕강 알아? 칼: 해고? 노먼: 어떻게 알았어? 내가 이야기했었나? 칼: 흔히 쓰는 말이잖아. 노먼: 내 친구들과만 쓰는 말이야. 칼: 괜찮은 단어네. 노먼: 기분전환 시켜줄게. 집에서 파티하는데 웃긴 모자나 가발 쓰고 하는 거야. 칼: (아쉬워하며) **하필! 그때 여행 가.** 노먼: 언젠지 모르잖아. 칼: 언제야? 노먼: 금요일.

칼: (노먼과 동시에) **그때 여행 가.**
노먼: (의아해하며) 동시에 말했잖아. 마치 그 말을 하려고 준비한 사람처럼!

노먼은 친구이면서 직장 상사다. 이번 승진 심사에서도 칼은 또 미끄러진다. 하지만 직장 생활에 대한 어떤 열정도 없는 칼은 대수롭지 않게 생각한다. 그런 칼을 위로하기 위해 노먼은 집에서 하는 파티에 초대한다. 하지만 칼은 말도 안 되는 핑계를 대며 거절한다. 칼과 노먼의 대화를 통해 칼이 얼마나 뻔히 보이는 핑계로 거절하는지를 알 수 있다.

장면 3

부정적인 태도로 업무를 처리하는 장면 (7:18 ~ 7:43)

대출 고객: 파리만 날리고 거대 체인하고는 비교도 안 되는 작은 가게지만 (부인과 희망적인 표정으로 손을 잡으며) 혁명적인 인라인 제품을 개발했어요.
칼: 그건 저도 알지만 담보가 없잖아요.
대출 고객: 네.
칼: 신용 상태는…
대출 고객: 최악이죠. **구걸하긴 싫지만 대출 못 받으면 망해요.**
(화면이 전환되며 칼이 대출 서류에 '거부' 도장을 찍는다.)

나름의 신제품을 개발한 영세 업자가 대출을 받으려고 한다. 신용 상태가 좋지는 않지만 신제품에 대한 기대가 크다. 하지만 칼은 대출 고객의 가능성이나 희망은 안중에 없다. 대출 고객의 신청 서류에는 '거부' 도장만 찍힐 뿐이다. 칼의 부정적인 태도는 업무에도 그대로 반영되어 대출 고객의 기대나 가능성에는 관심이 없다. 계속되는 거부 도장은 세상에 대한 칼의 현재 모습을 잘 보여준다.

(2) 긍정의 언어를 통한 긍정적인 삶으로의 전환

긍정 또는 부정 언어의 사용은 어디에서 기인할까? 부정 언어를 사용하는 사람이 긍정 언어를 사용하게 되는 계기는 무엇일까? 부정의 언어가 습관으로 자리 잡고 있으면 일상은 부정적인 방향으로 갈 수밖에 없다. 이런 경우 긍정 언어 사용의 계기가 필요하다. 긍정 언어를 사용하게 되는 계기는 사람마다 다르고, 여러 가지 방식이 있을 것이다. 가정 교육이나 학교 교육을 통해서 긍정 언어를 사용할 수도 있고, 중요한 시기에 만난 사람을 통해 긍정 언어를 사용하게 될 수도 있다. 어떤 이는 그러한 계기를 만나지 못할 수도 있다. 영화 속에서는 우연한 기회로 긍정의 언어를 사용하게 되고 그로 인해 인생이 바뀌는 것을 보여주고 있다.

장면 4

긍정 언어를 사용하게 되는 상황 (7:45 ~ 9:10)

닉: (지나가다 은행 앞에 앉아있는 칼을 보고) 칼, 오랜만이야.

칼: 닉 레인?

닉: 아직도 은행 다녀?

칼: 그럼, 그러니까 여기서 이름표 달고 점심 먹지.

닉: 지점장 됐겠는걸.

칼: 승진 기회 많았는데 발목 잡히기 싫어서.

닉: 스테파니는?

칼: (마지못해) 좋아. 잘 지내. 자넨 어떻게 지냈어?

닉: 전 세계 구석구석 좀 떠돌아다녔지. 킬리만자로 등정에 라오스에선 박쥐 먹고 바주카포로 소도 쏴 죽였어. 소한텐 미안했지만 다 해봤다고.

칼: 재밌었겠네.

닉: 비결 알려줄까? **(안 주머니에서 yes!가 적혀있는 팸플릿을 꺼내며) 난 예스맨이거든. 예스가 내 삶을 바꿔놨지.**

칼: 난 됐어.

닉: 됐어란 말로는 밑이나 닦아.
칼: (건성으로) 그래. 알았어.

긍정 언어를 사용하게 되는 계기는 있을 수도 있고 없을 수도 있다. 영화에서는 옛 친구의 소개로 예스 세미나에 참여하게 된다. 칼은 일상이 엉망인 자신의 처지를 생각하며 지푸라기를 잡는 심정으로 예스 세미나에 참여하게 된다. 누구에게나 어려운 시기가 있고, 그 어려움을 타파할 수 있는 계기가 필요하다. 그 계기를 자신이 스스로 만들기는 쉽지 않다. 결국은 누군가와의 만남과 그와의 대화를 통해 결정적인 선택을 하게 된다.

장면 5

예스 세미나에서 긍정 말하기를 서약하는 모습 (13:50 ~ 19:37)

닉: 후회 안 할 거야. 테렌스는 천재거든. 수류탄처럼 널 깨뜨려버릴 거야.
칼: 그건 싫은데.
닉: 변화가 필요해서 온 거잖아. 뭐든지 예스라고 해. 그럼 삶이 달라져. 시작한다.
테렌스: (모습은 보이지 않고 음성이 세미나장에 울려 퍼진다.) 모두가 자신의 삶을 산다지만 과연 그럴까요? **변화는 의식에서 비롯됩니다.** 그럼 의식은 어디에서 비롯될까요? 바로 현실입니다. **현실을 통제할 방법은? 한 단어죠.** 그게 뭘까요?
청중들: (큰 소리로 박수 치며) **예스!**
…(중략)…
테렌스: 예스를 여러분 삶의 모토로 삼으세요. 그럼 긍정적인 변화가 일어날 겁니다. 예스라고 말하면 못할 게 없습니다. **삶의 긍정적인 에너지를 흡수하고 부정적인 기운을 배출하세요.**
…(중략)…
테렌스: 예스맨 철학에 신뢰가 가나?

칼: 노!(아니오.)

청중들: (야유하며) 노맨! 노맨! 노맨! 노맨!

테렌스: 당신은 죽었어. 노만 입에 달고 사니 산다고 할 수 없지. 주변 사람들과 자기 자신한테 변명만 늘어놓고 열심히 일해도 승진은 꿈도 못 꾸고, 애인은커녕 친한 여자도 없어. 사랑하는 여잔 빌빌거리는 패배자를 떠났겠지. 매일 밤 외로움과 권태에 시달리며 자위를 하고픈 욕망조차 사라졌어. 내가 틀렸나?

칼: (힘없이) 고장 난 물총 같긴 해요.

테렌스: 여기서 서약을 해. 칼. 서약을 하겠나? (칼이 망설이자 마이크로 머리를 쿵하고 친다.) 예스라고 해.

칼: (얼떨결에) 예스! 예스!

테렌스: 여기서 나가면 기회가 생길 때마다 어떤 상황이든 무조건 예스라고 해.

칼: (청중과 함께) 예스! 예스! 만약 제가 예스 대신 다른 말을 하면요?

테렌스: **서약은 자신과의 약속이다. 그 약속을 깨는 순간 삶은 엉망이 되지. 어때, 칼? 서약할 준비됐나?**

칼: (고심하며) **예스.**

엉망인 삶에 대한 회의가 생긴 칼은 닉이 소개한 예스 세미나에 참석하게 된다. 그리고 예스 세미나에서 앞으로 예스만을 말하기로 서약을 하게 된다. 실제 삶에서 부정의 언어를 긍정의 언어로 전환하게 되는 계기는 영화처럼 극적이지는 않을 것이다. 어찌 보면 실제 삶에서 긍정 언어로의 전환은 특별한 계기가 없다면 쉽게 접하기는 어려울 것이다.

(3) 긍정 언어와 삶

사람은 누구나 살아가며 어느 정도의 스트레스를 받고, 때로는 역경을 겪게 되기도 한다. 긍정 언어의 사용은 각박한 현대를 살아가는 사람이 행복하고 건강하게 살아갈 수 있도록 한다. 영화 속 칼은 엉망이었던 직장 생활, 연인 관계가 긍정 언어의 사용 전후로 극명하게 대비된다.

장면 6

직장 생활이 변하는 모습 1 (28:35 ~ 29:00)

대출 고객: 실례해요. 대출 받으려고요.

칼: 하시는 일이?

대출 고객: 연예인 얼굴 모양 케이크를 만들어요.

칼: (만들어온 케익을 보며) 와우! 미키 루크군요.

대출 고객: 아니오. U2의 보노에요.

칼: 그렇군요. 미키 루크 맛은 아니겠죠?

대출 고객: **대출 될까요?**

칼: (잠깐 고민하며) **그럼요, 예스!** (대출 서류에 승인 도장을 찍는다.)

장면 7

직장 생활이 변하는 모습 2 (29:57 ~ 30:35)

노먼: 능력을 보여주면 승진 고려하겠대.

칼: 어떻게?

노먼: 아까 보여줬잖아. 케이크 굽는 여자! 내 별명도 짓고. 아침에 뎀코한테 오늘 근무하랬더니 뭐랬는지 알아?

칼: 싫다고.

노먼: 어떻게 알았어?

칼: 여기 없잖아.

노먼: **자넨 나왔어, 칼. 자넬 대신 승진시키겠어.**

칼: **노먼, 뜻밖이야. 고마워.**

노먼: **연봉도 65로 올려줄게.**

칼: 천 단위야?

노먼: 당연하지! 나만 믿어!

장면 8

직장 생활이 변하는 모습 3 (1:00:00 ~ 1:02:45)

노먼: 본사에서 나온 사람이 자네랑 이야기하고 싶대. 대출을 남발해서 그런가 봐.
칼: 한창 좋았는데. 잘릴지도 모르겠어. 그렇지만 걱정하지 마. 더 좋은 일이 생길 거야.
…(중략)…
파커: 웨슬리 파커일세. 부은행장이지.
칼: 반갑습니다.
파커: 2개월 평균 대출이 보통 40건인데 자네 경우엔 561건일세.
칼: 평균보단 좀 높네요.
파커: 더 이상한 건 대출 액수지. 산악자전거 구매 250달러 대출, 윈드서핑 레슨을 위해 600달러 대출.
칼: 해 보셨어요? 진짜 재밌어요.
파커: 소액 대출은 우리 분야가 아냐.
노먼: (자리에서 일어나며) 제가 설명을…
파커: 앉아.
노먼: (자리에 다시 앉으며) 네.
파커: 처음엔 횡령인 줄 알았네.
칼: 그런 짓 안 해요.
파커: 나라도 가능하면 할 텐데? (갑자기 웃음을 터뜨리며) 하지만 **자세히 들여다보니 대출받은 고객 98% 이상이 연체가 전혀 없더군. 은행으로선 오히려 이익이 늘어난 거지. 칼, 자네 판단이 옳았어.**
노먼: (끼어들며) 내가 걱정하지 말랬지?
파커: 임원으로 승진시킨다면 어떻게 할 텐가?
노먼: 임원요?
칼: 당연히 제 대답은…
노먼: 잠깐! 수락하기 전에 연봉부터 정하죠. 정확히 얼마죠?
파커: 칼만 승진될 거니까 자넨 신경 끊게.
노먼: 네.
파커: 오늘 오후에 계약서 보내지. 대단해, 칼. 주먹 치게. (서로 주먹 인사를 한다.)

칼은 예스 세미나를 통해 어떤 상황에서도 예스를 말하기로 서약하고 이를 실천하려고 한다. 긍정의 말하기를 실천하면서 모든 일이 이전과는 다르게 전개된다. 대출 고객에게 늘 거절만 하던 칼이 영세 사업자의 가능성을 보고 승인을 하게 되고, 주말 근무를 원하는 직장 상사의 요구에 흔쾌히 승낙을 하자 직장 상사는 칼을 승진시키기로 하고 급여도 인상해 준다. 많은 대출 건수를 기록한 칼의 실적에 놀란 본사에서는 칼을 임원으로 승진시키기로 한다. 칼의 긍정 언어가 긍정의 에너지를 만들고 직장 생활에서 긍정적인 효과를 보여준다.

장면 9

이성 만남이 변하는 모습 1 (49:55 ~ 50:35)

앨리슨: 당신 종잡을 수 없는 사람인 것 같아. 미스터리처럼…
칼: **미리 말하지만 난 새롭고 돌발적인 삶이 좋아. 그게 싫다면 당장 끝내자.**
앨리슨: 맘에 들어. 다람쥐 쳇바퀴 돌 듯 사는 사람 싫거든. 끔찍해.
칼: 내 말이!
앨리슨: 판에 박힌 삶을 사는 남자랑 잠깐 사귀었는데 무지 답답했어.
칼: **알아. 짜증 나지 그런 남잔 교육 시켜야 해. (소리 지르듯) 정신 차려, 삶의 묘미를 느껴봐!**
앨리슨: 맞아.

장면 10

이성 만남이 변하는 모습 2 (1:12:08 ~ 1:12:30)

칼: 이런, 비가 오네. 여기, 이걸 써. 가자. 꾸물댈 시간 없어. 비 피할 곳 찾아야지. 어서. (빈 헛간으로 비를 피해 들어간다.) 여기로 들어가. 됐어. 괜찮아? 다친 데 없어? 괜찮아? (앨리슨이 칼을 흐뭇하게 바라보며 웃는다.) 왜?
앨리슨: 당신을 사랑해.
칼: 진짜?

앨리슨: **좋아하기만 했는데 이젠 사랑할래. 나 사랑해?**
칼: **물론이지. 얼마나 사랑하는지 믿기지 않을 만큼 무지 사랑해.**

칼은 긍정의 말하기를 통해 다른 삶을 체험하고 있다. 이성과의 만남을 시작하는 단계에서 앨리슨은 칼의 긍정적이고 활력이 넘치는 모습이 마음에 든다. 역설적이지만 앨리슨이 별로라고 말하는 남자의 모습은 얼마 전 칼의 모습이다. 아직은 무조건적인 긍정이 쉽지만은 않다. 하지만 긍정 언어가 삶을 긍정적으로 바꾸고 있음을 칼도 느끼고 있다.

3.2 인생을 바꾸는 긍정의 말 Yes

심리학은 인간과 동물의 심리적 과정과 행동 그리고 두 가지의 상호작용을 과학적으로 연구하는 학문이다. 심리학은 철학과 마찬가지로 인간의 사고와 마음을 다루는 학문으로 그 역사가 길다. 심리학은 방향성에서 두 가지로 대별할 수 있다. 기존의 행동주의 심리학이나 실험실 심리학은 문제를 상정하고 이 문제에 대한 진단과 처방을 목적으로 연구가 진행되었다. 또 다른 방식인 긍정 심리학과 문화 심리학 등에서는 문제를 찾기보다는 좋은 점이나 우수 사례를 발굴하여 이를 공유하고 전파함으로써 문제를 예방하는 목적으로 연구가 진행된다. 긍정 심리학은 비교적 최근에 연구되고 있는 심리학 영역이다. 여기서 주로 다루는 분야는 행복, 삶의 만족, 영성, 몰입, 유머 등으로 긍정적인 언어 사용이 꽤 비중 있게 다뤄진다. 영화 《예스맨》을 통해 살펴볼 수 있는 긍정 말하기의 시사점은 다음과 같다.

- **말하는 대로… 자신이 내뱉은 말은 반드시 결과로 돌아온다.**

우리는 매체를 통해 성공한 사람들의 인터뷰를 자주 접하게 된다. 인터뷰어는 성공한 사람에게 성공의 비결을 꼭 물어본다. 그러면 성공한 사람들 대부분은 자신이 운이 좋았다고 말한다. 인터뷰가 진행될수록 성공한 사람들의 특징이 보인다. 운이 좋았다고 말하는 사람들은 긍정적인 생활 태도를 가진 사람이다. 긍정적인 인식이 강한 사람은 긍정의 말을 사용한다. 자기 확신이 있는 긍정의 말하기는 성공적인 삶을 이끈다.

- **부정의 언어를 긍정의 언어로 바꾼다.**

긍정의 언어를 사용하는 것은 쉬운 일이 아니다. 영화에서 예스 서약은 일종의 긍정적인 언어 사용의 전환점이나 시작으로서 의미가 있다. 처음에는 어떤 상황에서도 예스를 말해야 했지만 이러한 긍정의 말하기는 실제로 자신의 인생을 서서히 바꿔가게 한다. 그러기 위해서는 일종의 훈련이 필요하다. 우리는 일상생활에서 얼마나 많은 부정적인 언어를 사용하는가? 자녀를 키울 때도 당연히 긍정 언어가 자녀에게 좋은 영향을 미치리라 생각은 하지만 흔히 "나쁜 말 쓰지 마세요, 뛰지 마세요."

와 같이 부정적인 언어를 쉽게 사용하는 자신을 보게 된다. 작지만 나의 언어 사용을 뒤돌아보고, "고운 말 쓰세요, 사뿐사뿐 걸어요."와 같이 부정의 언어를 긍정의 언어로 바꾸는 연습을 할 필요가 있다.

- **어려움을 극복하는 마음의 근육을 만들자.**

현대인이라면 누구나 스트레스를 받고 살 것이다. 건강하고 행복한 삶을 영유하기 위해서는 스트레스와 어려움을 겪은 후에 그 이전의 상태로 되돌아갈 수 있는 능력이 필요하다. 심리학, 정신의학, 사회학, 커뮤니케이션학 등에서 '회복탄력성'이란 개념에 관심을 갖고 다양한 연구가 시도되고 있다. 회복탄력성이란 크고 작은 다양한 역경이나 시련에 대한 인식을 도약의 발판으로 삼아 더 높이 뛰어오를 수 있는 마음의 근력을 의미한다.[6] 회복탄력성은 실패가 거듭될수록 낮아지게 된다. 이러한 회복탄력성은 사회적 지지가 강할수록 높아진다고 한다. 하지만 스스로가 강화하는 방법도 있는데 그것이 바로 긍정적인 언어 사용 습관을 기르는 것이다.

다시 처음의 질문으로 돌아가 보자. 여러분은 긍정의 말을 더 많이 사용하는가? 부정의 말을 더 많이 사용하는가? 긍정의 말하기가 삶을 바꾼다는 데에 공감한다면, 이제는 실천을 할 차례다. 선언, 다짐, 약속을 너머서 실천에 이른다면 자신도 모르는 사이 여러분의 삶은 긍정적인 방향으로 변화될 것이다.

6 〈https://ko.wikipedia.org/wiki/회복탄력성 2023.11.21. 검색〉

3. 사과와 용서하기

3.1 잘못한 일이 있으면

누군가에게 잘못을 하면 그것을 인정하고 용서를 구해야 한다. 상대방에게 자신의 잘못을 인정하고 용서를 구하는 것이 '사과'이고, 자신의 잘못에 대해 사과할 때 그것을 수용하는 것이 '용서'다.[7] 사과와 용서는 상호관계적인 것으로 '잘못한 일'이나 '부정적 감정' 등이 수반되는 유쾌하지 못한 불편한 대화 상황이지만, 사과와 용서의 대응쌍이 잘 작동하면 사람들 사이의 관계가 나빠지기보다 더욱 돈독해지는 계기가 되기도 한다.

그러나 일상의 삶에서 사과와 용서의 대응쌍은 잘 작동하지 않는 듯하다. 사과해야 할 자리에 사과가 없거나 형식적인 사과만 있고, 또 진정성 있게 사과를 함에도 불구하고 사과를 받아주고 용서할 생각이 전혀 없는 경우도 있다. 이러한 상황에서는 잘못한 일과 감정의 상처 그리고 관계의 갈등만이 존재할 뿐이다.

영화 《파수꾼》에서는 친한 친구들 사이에 소통의 부재와 오해로 인해 크고 작은 갈등이 생기며 사과하고 용서하며 화해하는 과정이 잘 드러

[7] 용서는 사전적으로 '지은 죄나 잘못에 대하여 꾸짖거나 벌을 주지 않고 너그럽게 보아줌.'이라고 정의되는데 그 의미역은 사과를 수용한다는 의미보다 훨씬 더 크고 넓다. 굳이 사과가 전제되지 않더라도 용서는 가능하기 때문이다. 하지만 여기에서는 '사과'와 대응쌍 개념으로 '용서'를 다루고자 한다. 즉, 사과하는 상황에서는 용서하는 일이 뒤따르며, 용서하는 상황은 잘못한 일에 대한 사과를 전제로 한다는 것이다.

난다. 그렇지만 어느 순간, 사과해도 용서할 수 없는 사건이 발생하고 그들의 관계는 멀어지고 파국을 맞게 된다. "미안하다는 말 쉽게 나오네." 라는 말은 미안하다고 사과하는 기태에게 희준이가 하는 말이다. 이 말은 사과를 받아들이지 않겠다는 것이고 용서할 생각이 없다는 것이다. 왜 그럴까? 사과하는 기태가 문제인가, 용서하지 않는 희준이 문제일까?

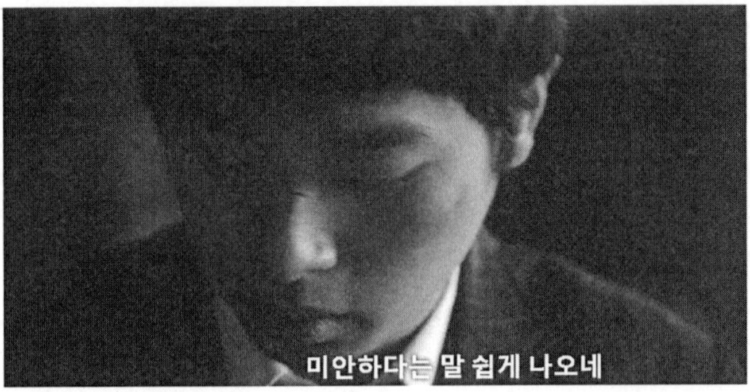

우리의 일상에서도 주변 사람들과 크고 작은 갈등은 번번히 일어난다. 때로는 사과의 주체가 되기도 하고 때로는 용서의 주체가 되기도 한다. 이때 사과하는 방법도, 용서하는 방법도 매우 다양하다. 이 글에서는 영화에서 사과와 용서가 어떻게 이루어지는지를 살펴보고, 사과와 용서를 제대로 하기 위해서는 어떻게 해야 하는지에 대해서 논의하고자 한다.

3.2 영화 속 '사과와 용서' 들여다보기: 《형》, 《파수꾼》, 《플립》, 《인턴》, 《브로커》

(1) 사과하기의 양상

가. 사과하지 않기

누군가에게 잘못했을 때는 미안하다고 사과한다. 그러나 자신이 잘못을 했음에도 불구하고 사과하지 않는 경우가 있다. 사과는커녕 자신의 잘못을 상대편의 잘못으로 떠넘기기도 한다. 다음은 영화 《형》*의 한 장면으로 중년의 남자가 자기 때문에 넘어진 두영이에게 사과는커녕 오히려 장님이 지팡이를 짚고 다니지 않는다고 화를 낸다.

장면 1

중년 남자가 사과하지 않고 두영을 탓하는 상황 (《형》 38:05 ~ 39:00)
(백화점에서 두식이 옷을 고르던 중 중년 남자에 의해 두영이 넘어진다.) 중년 남자: 길을 막고 서서 오버야, 씨. 쯧. 두식: (넘어진 동생에게 다가가 일으켜 세우며) 두영아, 야, 왜 이래? (중년 남자를 향해 화난 표정으로) 자, 자자잠깐, 뭐 하는 겁니까? 중년 남자: (두영에게 다가가며) 뭐, 나! 두영: (중년 남자를 째려보며) 응, 당신. 중년 남자: (퉁명스럽게) 보면 몰라. 쇼핑하잖아. 두식: (기가 막힌다는 듯이) 누가 몰라? **사람을 밀치고 갔으면 사과를 하고 가야지요.** 중년 남자: (어이없게 웃으며) 아, 씨. 하하. 장님이야? 아니, 장님이면 지팡이라도 들고 다니던가. 아이, 뭔 깡으로 민폐를 끼쳐. 두식: 아니, 불편한 사람이 있으면 양보도 하고 그런 도덕심이 있어야지. 지랄 같네, 진짜, 이씨. 중년 남자: 하, 이 새끼. 이 어린 놈의 새끼가, 이게. 두식: 어리기는, 당신 애인보다 나이가 많아, 이 양반아. 중년 남자: 너 뭐야? 뭔데 니가 나서서 지랄이야. 두식: 나 얘 형이다, 어쩔래? 두영: (두식이에게) 그냥 가자.

* 《형》 2016.11.23. 개봉/러닝타임 110분/한국/코미디, 드라마/감독: 권수경
- 두식(조정석): 15년 동안 단 한 번도 연락하지 않다가 동생 보호자 자격으로 가석방된다.
- 두영(디오): 형이 돌아오고 나서 인생이 더 힘들어진다.

⇒ 유도 국가대표 두영은 사고로 실명하고 사기전과 10범인 형 두식과 15년 만에 만난다. 두 형제의 좌충우돌 삶 속에서 진한 형제애가 그려진다.

두식: 가만있어 봐.
중년 남자: 병신 육갑들 하고 있네. 씨발.
두식: 잠깐만, 뭐? 병신이라고 그랬어?

중년의 남자가 사과를 하지 않고 동생 탓을 하자 두영이 사과하라고 따지면서 말다툼이 벌어지는 상황이다. '적반하장도 유분수지', 사과해야 할 상황에서 사과하지 않고 되려 자신의 잘못을 상대방 탓으로 돌리고 있다. 이 상황에서 중년 남성이 두영이와 부딪쳐 넘어뜨린 것도 잘못이지만, 잘못을 인정하지 않고 사과하지 않는 것이 더 큰 문제다. 어쩌면 '미안하다'는 한마디 사과의 말이면 끝날 일이 말싸움으로 이어지고 나중에는 경찰서까지 가게 되는 수모를 겪게 된다.

나. 건성으로 사과하기

사과가 한마디 말로 충분하지 않는 경우가 있다. 사과가 충분하지 못하면 용서도 쉽지 않다. 영화 《파수꾼》에서 희준은 담배를 피우는데 망을 봐달라는 기태의 말에 화난 듯이 자리를 피한다. 그러자 기태는 희준을 따라가 미안하다고 사과하고 희준은 알았다고 한다. 하지만 기태가 재차 사과하는 데 희준이 못마땅하게 사과를 받아주자 급기야 화를 내며 폭력을 행사하기에 이른다.

장면 2

기태가 희준이에게 말로만 미안하다고 사과하는 상황 (《파수꾼》 44:23 ~ 45:18)

기태: (무덤덤한 표정으로) 삐졌냐? 왜 그래?
희준: (무덤덤한 표정과 말투로) 알았다고, 됐다고.
기태: (목덜미를 만지며) **야, 야, 화 풀어라, 미안하다.**

희준: (팔로 기태를 밀쳐내며) 알았다니까.

기태: (다시 목덜미를 잡으며) **아이, 알았어. 내가 진짜 미안하다, 응?**

희준: (다시 기태를 밀쳐내며 짜증난듯이) 아이, 알았으니까 좀. (정색하며 자리를 떠나며) 먼저 들어갈게.

기태: (희준을 향해) 씨발, 진짜! (희준이 뒤를 돌아보자) **내가 미안하다 그랬지?**

희준: (기태를 향해) 알았다고 했잖아.

기태: (희준에게 다가가 화난 투로) **내가 미안하다고 했잖아,** 어? 왜 그러는 건데? 인상 안 풀어? (희준의 얼굴을 때리며) 인상 안 풀어? 풀라고, 씨발 새끼야.

기태는 화가 난 희준을 찾아가 미안하다고 사과하지만, 희준이 쉽게 그 마음을 받아주지 않자 결국은 분노를 표출하며 희준에게 폭력을 행사하고 만다. 미안하다고 사과를 했음에도 사과가 받아들여지지 않은 경우다. 사과를 하는 기태의 다혈질적이고 폭력적인 태도 때문이기도 하고, 사과를 수용하는 희준의 통명스러운 태도 때문이기도 하다. 하지만 사과가 수용되지 않는 근본적인 원인은 사과를 받는 사람보다 사과를 하는 사람의 문제 때문이다. 즉, 사과하는 사람 마음이 진정성이 없거나 그 마음이 충분하지 않기 때문에 사과가 수용되지 않는 것이다. 사과하는 사람은 사과를 받아주는 사람이 용서해 줄 때까지 마음을 담아 충분히 사과하고 기다릴 수 있어야 한다.

다. 즉시 사과하기

사과의 적기는 잘못을 인식한 때이다. 즉, 잘못을 인식했을 때 바로 사과하는 것이 가장 좋은 타이밍이다. 다음은 영화 《플립》에서 엄마, 아빠가 줄리 앞에서 부부싸움을 한 후에 줄리에게 사과하는 상황이다.

장면 3

엄마, 아빠가 줄리 앞에서 부부싸움 후에 사과하는 모습 (《플립》 43:00 ~ 44:33)

(식탁에서 엄마와 아빠가 삼촌에 관한 이야기로 줄리를 사이에 두고 언성을 높여 싸운다.)

엄마: (정색하며) 이제는 우리 생각도 좀 하는 게 어때? 뜰이 지저분해서 우리 딸이 상처받았어.

아빠: (큰소리로 단호하게) 우리 뜰도 아니야.

엄마: (큰소리로) 어떻게 그런 말을 해? 여기서 12년을 살면서 당분간이라고 말했지만 사실이 아니잖아. 여기는 우리 집이야. 좀 번듯한 집에서 살고 싶은 게 잘못이야? 아이들 대학 학비 모으는 게 잘못이냐고? 정부 시설에 보내는 걸 고려해보자고.

아빠: (큰소리로) 내 동생은 안 옮겨.

엄마: 당신 자식들보다 중요하다 그거지?

아빠: (화가 나서 탁자를 주먹으로 내리친다.)

줄리: 아빠!

엄마: 그런 말을 하다니!

줄리: (울면서) 그만둬요, 아빠! 제발이요!

아빠: (줄리를 보며 작은 목소리로) **미안하다, 줄리. 네 잘못 아니야.** 우리가 해결하마. **(줄리 방에 찾아가서 줄리를 마주보며) 오늘 일은 미안하다.**

내레이션(줄리): (독백) 그날 밤 두 분 다 나를 보러 오셨다. 아버지는 삼촌을 너무 사랑하며 부모님께 잘 돌보겠다고 약속했다고 했다. 엄마는 강인함과 착한 심성을 가진 아빠를 사랑한다고 하셨다. 엄마는 내게 키스를 해 주시며 엄마가 받은 축복 중 내가 최고라고 하셨다. 아빠도 안쓰럽고 엄마도 안쓰러웠다. 하지만 그런 부모님이 있어 행복했다.

엄마와 아빠는 부부싸움을 하다가 줄리가 그만하라고 하자 아빠는 바로 미안하다고 사과한다. 그리고 거기에 그치지 않고 줄리 방에 찾아가서 다시 사과를 한다. 엄마도 줄리를 찾아가서 사과를 한다. 이후에 내레이션 형태로 들려주는 줄리의 말을 들어보면 엄마, 아빠를 이해하게 되고 그런 부모님으로 인해 행복해한다. 만약 엄마, 아빠가 부부싸움 후에 줄리에게 사과를 하지 않았다면 일어나지 않을 일이다. 엄마, 아빠의 즉각적인 사과는 딸에게 행복감을 느끼게 해 준 것이다.

라. 진정성 있게 사과하기

사과가 효과를 발휘하려면 진정성이 수반되어야 한다. 진심어린 사과는 상대방의 화난 감정도 풀어주지만 자신의 기분도 좋아진다. 다음은 영화 《플립》에서 브라이스가 줄리에게 사과하려고 애쓰며 자신의 마음을 담아 사과하는 장면이다.

장면 4

브라이스가 줄리에게 사과하는 모습 (《플립》 31:15 ~ 35:33)
(줄리는 브라이스가 자기가 준 달걀을 비위생적이라고 모두 버린 것을 알고 화를 낸다.) 줄리: 너무한다. 브라이스: **미안해.** 줄리: **마음에도 없는 소리.** …(중략)… (줄리는 화가 나서 계속 무시하고 브라이스는 자신의 행동이 비겁한 짓이라 생각한다.) 할아버지: 줄리에게 달걀 얘기 들었다. 브라이스, 사람의 성격은 어릴 때 형성된다. 너무 빗나가면 고치기가 힘들어. 브라이스: 네? 할아버지: 정직에 관한 거야. 처음에 좀 어색한 게 나중에 큰 문제를 예방할 수 있어. 브라이스: (생각에 잠긴다.) …(중략)… (브라이스는 줄리에게 사과를 하려하지만 줄리는 화가 나서 피해 다닌다.)

브라이스: (잔디에 물을 주고 있는 줄리에게 다가가) 좋아 보인다.

줄리: (뒤돌아보며) 고마워. 너희 할아버지 덕이지.

브라이스: **정말 미안해.**

줄리: 이해가 안 돼. 왜 그냥 말하지 않았어?

브라이스: 몰라. **내가 바보였어. 네 뜰에 대해서 한 말도 사과할게. 내가 나빴어.**

줄리: 차라리 잘된 거지. 너희 할아버지한테서 많은 걸 배웠어. 넌 좋겠다. 난 할아버지, 할머니가 안 계셔. 너희 할아버지가 좀 안쓰럽기도 해. 할머니를 그리워하시더라. 나를 보면 할머니가 생각나신대.

브라이스: (웃으며) 뭐?

줄리: 나도 놀랐어. 할머니와 내가 성격이 비슷하다고 하시더라.

브라이스: 그래, 어쨌거나 잔디 잘 가꿔. 잘 자랄거야.

줄리: 고마워.

브라이스: 그럼 또 보자.

줄리: 그래.

내레이션(브라이스): (독백) 줄리에게 사과한 걸로 다 해결된 건 아니지만 달걀 문제는 일단락이 되었다. 몇 달 만에 처음으로 '보난자(Bonanza)'[8]를 즐겁게 봤다.

처음에 브라이스가 줄리에게 사과를 하자 '마음에 없는 소리'라고 사과를 받아주지 않는다. 그러자 브라이스는 자신의 행동이 비겁했다고 생각하고 사과를 하기 위해 애쓰며 줄리에게 정말 미안하다고 사과하자, 줄리는 '정말 미안했을까? 마음의 짐을 덜기 위해 말만 그렇게 한 걸까?' 라고 진정성을 의심하기도 했지만 결국 할아버지 이야기로 화제를 바꾸며 사과를 받아준다. 브라이스는 이렇게 달걀 문제에 대한 사과가 받아들여지자 텔레비전 드라마가 재미있었다고 말한다. 사과가 제대로 소통되면 사과하는 사람에게 유익함이 있다는 것을 알 수 있다.

8 《보난자(Bonanza)》는 NBC에서 1959년 9월 12일부터 1973년 1월 16일까지 방영한 서부극 형식의 미국 TV 드라마이다. 대한민국에서는 TBC에서 1976년경부터 1978년경까지 방송되었다.

(2) 용서하기의 양상

가. 사과 거부하기

사과한다고 언제나 수용되는 것은 아니다. 사과를 수용할 마음이 없으면 사과는 받아들여지지 않는다. 영화 《파수꾼》에서 기태가 희준을 찾아가 조심스럽게 말을 건네며 사과를 한다. 그러나 희준은 냉랭하게 대답하며 사과를 받아들이지 않는다.

장면 5

기태가 사과를 하지만 희준이 거부하는 모습 (《파수꾼》 1:06:02 ~ 1:08:10)

기태: (한숨을 쉬고 헛기침을 한 후에 조심스럽게) 이제 그만하자.

희준: (기태를 쳐다보며) 뭘 그만해?

기태: 그냥 이런 거다.

희준: (코웃음을 친다) 나한테 언제부터 선택권이 있었냐?

기태: (희준을 쳐다보며) 그래, 내가 그만할게, 내가. 그러니까, 야, 너도 이제 더 이상 이러지 마라, 응? **미안하다, 희준아.**

희준: (어이없다는 듯이 한숨을 쉰다.) **미안하다는 말 쉽게 나오네. 미안해할 필요 없어. 사과받고 싶지도 않고.**

기태: 무슨 소리야?

희준: (단호하게) **사과받고 싶지 않다고**, 너한테.

기태: (주저주저하며) 야, (잠시 망설이다가) 야, 남은 고민 고민해서 얘기하는 건데 (화난 표정으로) 너, 너 태도가 그게 뭐냐, 어?

희준: (단호하게) 나도 고민 고민해서 진심으로 얘기하는 거야.

기태: (답답하다는 듯이 소리를 지르며) 왜 그러는 거야, 어?

희준: (기태를 쳐다보며 단호하게) 나 다음 주면 전학 가. 니 덕분에. 그래서 **별로 사과받고 싶지 않다고, 너한테.** 어? 전학 안 갔으면 너한테 까이기 싫으니까 받아줬겠지만 다음 주면 우리 볼 사이 아니잖아. 너 나 볼거야? 아니잖아. 근데 내가 뭣 하러 받아줘? 안 그러냐?

기태가 희준에게 폭력을 행사했고 그래서 희준은 전학을 간다. 희준 입장에서는 친구 관계를 정리한 상태라서 사과를 받아들일 마음이 전혀 없다. 표면적으로 보면 기태가 사과했음에도 불구하고 희준이가 사과를 받아들이지 않고 있지만, 희준이의 입장에서는 쉽게 사과를 수용할 수 없는 상황이다. 즉, 사과를 수용하고 용서하는 것은 사과받는 사람의 몫이다.

나. 사과 수용하지 않기

사과를 수용하는 것은 생각처럼 쉽지 않다. 특히 화가 난 감정 상태일 때는 더욱 그러하다. 영화 《파수꾼》에서 기태는 재호를 화장실로 데리고 가서 자기가 이야기할 때 희준이와 둘이서 눈빛을 주고받은 것을 비웃었다고 생각해서 왜 그랬냐고 따져 묻는 상황이다.

장면 6

재호가 미안하다 하지만 기태의 화가 쉽게 풀리지 않는 모습 (《파수꾼》 36:28 ~ 37:40)

기태: 그래서 너희끼리 눈빛 주고받은 거냐? 비웃듯이?
재호: 아휴, 내가 널 왜, 왜 비웃어, 내가?
기태: (화가 나서 재호를 몰아세우며) 그래서 희준이랑 눈빛 주고받은 거냐고? 나 봐 봐. 응?
재호: (기태를 쳐다보며 덤덤하게) **미안해.**
기태: (재호를 째려보며) **나 봐 봐. 얘기해 봐, 어?**
재호: 비웃은 건 아니야.
기태: (여전히 화를 내며) 아, 좀 얘기 좀 해 보라고, 씨발, 진짜.
재호: 아니, 눈빛은 주고받았는데 비웃은 건 아니야. (한참 말이 없다가) 내가 널 왜 비웃어?
기태: (자리를 떠난다.)

재호는 희준이와 눈빛을 주고받은 것을 미안하다고 사과하지만 이미 화가 난 기태는 그 사과를 쉽게 수용하지 못하고 왜 비웃었냐고 계속 따져 묻는다. 그러자 재호는 비웃는 것이 아니라고 재차 설명하며 이해를 구한다. 그러나 화가 난 기태는 사과의 말도, 설명의 말도 수용하지 않는다. 감정 상태가 흐트러졌을 때 사과를 수용하고 용서하기는 쉽지 않은 일이다. 이처럼 사과가 쉽게 받아들여지지 않는 상황에서 사과하는 사람은 상대방이 오해가 있다면 오해를 풀기 위해서, 또 사과가 부족하다면 충분할 때까지 사과하기 위해 노력해야 한다.

다. 사과로 용서하기

누군가가 전적으로 잘못을 하고 누군가는 일방적으로 상처를 받았다면 사과해야 할 사람과 사과를 받아야 할 사람이 분명히 구분된다. 그러나 특별한 잘못이나 사과할 일이 명확하지 않는 경우가 있다. 다음은 영화 《파수꾼》에서 기태의 죽음으로 인해 아버지가 동윤을 만나고 싶어하자 희준이 동윤을 찾아가 이야기를 나누는 상황이다.

장면 7

동윤과 희준이 서로 미안하다고 말하는 모습 (《파수꾼》 1:15:48 ~ 1:17:17)

희준: (고개를 숙이고 있는 동윤에게) 무슨 일이 있었는지 나한테 얘기 안 해도 돼. 근데 네가 기태 아버님은 좀 만났으면 좋겠다. 쯧, 뭐 니가 기태 일에 대해서 아는 게 있는지 없는지 난 모르겠는데 그래도 기태 아버님은 알 자격 있지 않냐? 아버지시잖아. 내가 전화번화 가르쳐 줄 테니까 연락 한번 드려. 뭐, 아니면 핸드폰 켜 놓고 있든지. 그럼 연락 올거야. 야, 부탁이니까 피하지만 마라, 어? (물 한잔 마시며) **여기까지 와서 이런 얘기밖에 못 해서 미안하다.**

동윤: (고개를 숙이고 있다가 희준을 쳐다보며) **아니야. 나야말로 미안하다**. 오랜만에 봤는데 반갑게 해야 되는데.

희준: (살짝 웃는다.)

동윤: (깊은 한숨을 내쉰다.) 정리 좀 되면 그때 보자.

희준은 기태 아버지를 피하지 말라고 동윤에게 부탁하면서 미안하다고 말한다. 그러자 동윤은 미안한 일이 아니라고 하며 반갑게 대하지 못해 자신이 미안하다고 하니 희준이 웃음으로 반응한다. 두 사람이 각자 상대방에게 미안한 일을 이야기하며 사과를 구하고 서로 이해해 주고 수용해 준다. 어쩌면 대부분의 교통사고가 쌍방과실인 것처럼 미안하고 잘못한 정도의 차이는 있을지언정 서로 사과하고 용서해야 하는, '사과에 사과로' 수용한 것이 자연스러운 일일 수 있다.

라. 다른 말로 용서하기

용서하는 방식은 다양하다. 잘못했을 때 사과하는 방식이 다양한 것처럼 상대방이 사과할 때 그 사과를 수용하는 방식 또한 다양하다. "미안해"라고 말할 때 "괜찮아"라고 사과를 받아줄 수 있지만, 굳이 용서의 말을 하지 않더라도 사과를 받아줄 수 있다. 다음은 영화 《인턴》에서 줄스는 퇴근길 차에서 코를 골며 자다가 깨어나 이를 안쓰럽게 쳐다보던 벤과 대화하는 상황이다.

장면 8

줄스가 사과하자 대수롭지 않게 반응하는 벤의 모습 (《인턴》 56:05 ~ 56:57)

줄스: (코를 심하게 골다 놀라 일어나며) 도착한 거예요?
벤: 네.
줄스: 제가 코 골았나요?
벤: 아뇨, 아뇨 그냥 잤어요.
줄스: 죄송해요. 부모님은 수면 연구학자신데 평생 제 수면 패턴을 연구하셨어요. 제가 시끄럽게 자는 사람의 표본이래요. 제가 어떤 사람인지 아는 게 재미있으시죠?
벤: 재밌어요.

줄스: 전 여간해서 차에서 안 자요. 그래서 놀라워요. **시끄러우셨다면 사과해요.**
벤: **거의 안 들렸어요.**
줄스: 믿는 척 할게요.

줄스는 벤에게 코를 골며 시끄럽게 한 것을 사과한다. 그러자 벤은 코 고는 소리가 거의 들리지 않았다고 능청스럽게 말하자 줄스는 믿는다라고 말한다. 줄스의 행동이 엄중한 것이 아니라 가볍게 사과하고 벤은 재치있게 응대하여 대화를 마무리한다. 상대방이 죄송하고 미안하다고 말할 때 굳이 괜찮다고 말하지 않더라도 다양한 말로 사과를 수용할 수 있고, 또한 벤의 재치있는 응대처럼 사과를 수용하는 방식에 따라 소통의 상황이 달라질 수 있음을 보여준다.

영화 《브로커》*에서 주인공들이 말다툼을 한 후에 사과하고 사과를 받아주는 모습이 나온다. 소영과 동수는 크게 말다툼을 한 후에 소영이 동수에게 미안하다고 하자 동수는 화제를 전환하면서 사과를 수용한다.

장면 9

말다툼한 후에 사과하고 사과를 받아주는 모습 (《브로커》 39:30 ~ 43:47)

동수: 그럼 편지 한 장 달랑 남겨 놓고 진짜 데리러 오는 엄마가 얼마나 될 것 같아?
소영: (짜증나는 듯이) 그걸 내가 어떻게 알아.

---

* 《브로커》 2022.06.08. 개봉/러닝타임 129분/한국/드라마/감독: 고레에다 히로카즈
- 상현(송강호): 베이비 박스에서 유기된 아기를 키울 적임자를 찾아주려는 자칭 선의의 브로커이다.
- 동수(강동원): 상현의 파트너로 보육원 출신으로 베이비박스 시설(교회)에서 일한다.
- 소영(이지은): 베이비 박스에 아기를 두고 간 이유도, 돌아온 이유도 알 수 없는 엄마이다.

⇒ 베이비 박스를 둘러싸고 관계를 맺게 된 이들의 예기치 못한 특별한 여정이 그려진다. 위의 인용 장면은 동수와 소영이 크게 말다툼하고 이후에 사과와 사과를 수용하는 상황이다.

동수: 40명 중에 한 명이야. 나머지 39명은 두 번 다시 연락 안 와.
소영: (동수에게 다가가며 화난 투로) 왜 엄마한테만 뭐라 그러는데? 아빠들한테도 똑같이 말해.
동수: (화가 나서 목소리를 높여) 그럼 적어도 연락처라도 남겨 놓든가. 편지에.
소영: 허, 나 그 말 벌써 두 번째 듣네.
동수: 왜, 또 얘기해 줘? 몇 번이든 말해 줄 수 있어.
소영: 당신이 뭔데 그렇게 잘난 척이야? 이딴 구질구질한 보육원에서 애들이 "형", "형"거리니까 뭐라도 된 것 같아? 우쭐해? 그냥 여기서 살아, 그럼.
동수: (화가 나가 일어나 문을 쾅 닫고 방을 나간다.)
상현: 아이고, 추워. 아이고, 추워. 쟤는 자기 엄마가 40분의 1쪽에 해당할 거라고 생각했었거든. 그, 운동장에 보면은 오래된 문 있지, 저기? 거기에 버려져 있었다나 봐, 쟤가. '꼭 다시 데리러 올게'라는 편지와 함께. 틱틱거리는 것도 그래서 그런 거니까 좀 봐줘.
…(중략)…
(다음 날 아침 소영은 비 오는 창밖을 쳐다보고 있다.)
소영: (동수를 쳐다 보며) 좋은 아침!
동수: (소영을 쳐다보며 말없이 걸어 들어 온다.) (우성이를 데리고 소영 옆으로 와서) 우성아, 비온다. 비야.
소영: 이건 빗방울이지.
동수: 그거나 그거나.
소영: (창밖에 손을 내밀어 비를 맞으며) **어젠 내가 미안. 말이 너무 심했어.**
동수: (창밖을 보고 능청을 떨며) **무슨 말을 했더라?**

동수와 소영은 서로의 상처를 건드리면서 크게 말다툼을 한다. 화가 나서 동수가 나가자 상현이 동수의 상처에 대해 이야기를 해 준다. 그 이야기를 듣고 소영은 다음 날 아침에 먼저 동수에게 사과한다. 그러자 동수는 "무슨 말을 했더라?"라고 능청을 떨며 화제를 전환한다. 동수 입장에서 보면 소영의 사과를 받아주거나 자신도 미안하다고 사과하거나 해야 한다. 하지만 그 어떤 사과와 용서의 말을 사용하지 않고 화제를 전환하면서 사과를 수용한다. 이는 용서도 사과와 마찬가지고 말이 중요한 것이 아니라 마음이 우선이라는 것을 알 수 있다.

3.3 사과와 용서의 미학

우리 삶이나 의사소통의 과정에서 사과와 용서는 '사과하니까 용서한다'처럼 직접적이고 즉각적 관계로 대응쌍을 이루지 않더라도 사과는 사과대로, 용서는 용서대로 가치롭고 의미있는 말하기 방식이자 관계맺기 방식이다. 그렇지만 사과하기와 용서하기는 어렵다. 영화 《신과 함께: 죄와 벌》은 김자홍이 천륜지옥에서 어머니를 죽이려고 했던 지난날의 죄에 대해 용서를 구하자 어머니는 아들에게 잘못이 없다고 하며 되려 자신이 잘못했다고 미안하다고 말한다. 이 모습을 지켜보며 염라대왕은 "이승에 모든 인간은 죄를 짓고 산다. 그리고 그들 중 일부만이 진정한 용기를 내어 용서를 구하고, 그들 중 아주 극소수만이 진심으로 용서를 받는다."라고 말한다. 이것은 사람들이 늘 잘못을 하고 살지만 사과를 잘하지 못하고 용서받는 것은 더 더욱 어렵다는 의미이다.

사과와 용서는 왜 어려운 것일까? 사과와 용서는 '잘못한 일'과 관련되며 더불어 불편한 감정이 항상 따라다니기 때문이다. 또 잘못한 일이나 상처받은 정도에 따라 사과와 용서가 더 어려워지기도 한다. 그렇다면 어떻게 사과하고 용서하면 좋을까? 앞서 살펴본 영화를 토대로 제대로 사과하고 용서하는 방법에 대해 생각해 보자.

- **사과와 용서는 모두 용기가 필요하다.**

사과와 용서는 그 필요성을 인식하더라도 그것을 실천으로 옮기기까지 망설이고 주저하는 경우가 많다. 그러다가 적절한 타이밍을 놓치기도 한다. 적절한 시기를 놓치면 사과도 용서도 그 기능을 발휘하지 못한다. 그렇다면 적절한 시기는 언제일까? 영화 《플립》에서는 사과의 적기를 보여준다. 딸 앞에서 부부싸움을 한 후에 엄마, 아빠는 바로 딸을 찾아가 미안하다고 사과한다. 사과의 적기는 자신이 잘못을 인식하는 시점이며, 용서의 적기는 사과를 수용할 마음이 생겼을 때이다. 그런데 그때 사과하고 용서하려면 용기가 필요하다. 용기를 내어 적기에 사과하거나 용서하지 않으면 그 효력은 반감한다. 아니 말 한마디로 끝날 문제가 사과와 용서의 시간을 놓치면 관계가 끝날 수도 있다. 생각해 보라. 누군가에게 사과의 타이밍을 놓쳐 훨씬 더 힘들었던 경험이나 또 용서하고 싶은 마음이 있어도 적기에 표현하지 못해서 관계가 더욱 악화된 경우는 얼마든지 있을 것이다.

- **진정성 있게 상대방이 수용할 수 있는 방식으로 충분할 때까지 사과해야 한다.**

서투른 사과는 그 효력을 발휘하지 못한다. 영화 《파수꾼》에서는 기태가 희준에게 하는 서투른 사과의 모습을 보여준다. 일차적으로는 사과를 하면 용서받을 수 있다는 전제가 잘못되었으며, 자기 방식대로 사과하고 사과가 받아들여지지 않자 분노를 표출하는 것 또한 잘못이다. 그렇다면 제대로 사과하기 위해서는 어떻게 해야 할까? 먼저 자신의 사과하기 방식을 점검해 보아야 한다. 자신의 사과 방식이 적절하지 않다면, 방법을 달리하여 재차 사과해야 한다. 그리고 상대방이 사과를 수용하더라도 진정한 용서가 이루어졌는지를 살펴보아야 한다. 그렇지 않다면 충분한 사과가 이루어지지 않은 것이다. 사과든 용서든 상대방에게 감정적 앙금이 남아 있으면 그것은 휴화산과 같이 언제 폭발할지 모를 일이다.

또한 사과할 사안에 따라 사과 방식이 달라져야 한다. 가벼운 잘못은 한 번의 사과로 끝날 수 있지만 깊고 무거운 상처는 한 마디 말로 끝날 수 없다. 가볍게 툭 던지는 사과의 말이 아니라 때로는 정중하게 예의를 갖춰야 사과해야 할 때도 있다. 때론 말보다 글로 사과의 형식을 갖춰 정중하게 사과의 메시지를 전하는 게 효과적이기도 한다. 자필로 작성한 사과 메시지가 힘을 발휘하는 것은 이러한 맥락에서이다. 그리고 상처의 정도에 따라 상대방이 사과를 수용하고 용서하는 데 다소 오랜 시간이 걸릴 수 있다. 이런 경우에는 상대방이 수용할 수 있는 방식으로, 또 수용할 수 있을 때까지 충분하게 사과해야 한다. 이 과정에서 '진실된 마음'은 누구에게, 언제, 어떤 방식의 사과이든 빠지면 안 되는 필수 불가결한 요소이다.

- **상황과 사람에 대한 이해를 바탕으로 타인과 화해하는 것에서 자신과 화해하는 것으로 나가야 한다.**

용서는 쉽지 않다. 사과하는 것보다 용서하는 것이 더 어려울 수 있다. 그럼에도 불구하고 우리가 타인을 용서해야 하는 까닭은 누구나 잘못을 저지를 수 있고 누군가에게 용서를 구해야 하는 일이 생기기 때문이다. 용서는 사람에 대한 이해를 전제로 한다. 사람에 대한 이해가 없는 용서는 형식적인 것이며, 상황이나 사람에 대해 이해를 바탕으로 한 용서에 진정성이 담긴다. 사과도 사과하는 사람의 진정성이 담겨야 효력을 발휘하는 것처럼 용서도 마찬가지다. 진실된 마음에서, 즉 마음에서 우러나는 용서일 때 그것은 효용적 가치를 지닌다. 영화 《브로커》에서 소영은 동수에 대한 상현의 이야기를 듣고 사과하고 동수가 화제를 전환하며 사과를 받아들이는 것은 두 사람의 처지에 대한 이해를 바탕으로 사과와 용서가 이루어지는 것이다.

용서의 효용성은 일차적으로는 상대방과 화해함으로 인해 둘의 관계가 복원되거나 새롭게 전환하는 계기가 된다. 이보다 더욱 중요한 것은 용서는 타인과의 화해뿐만 아니라 자기 자신과의 화해로 이어진다는 점이다. 용서하지 않으면 상대방이 잘못한 일로 인해 상처받는 감정을 마음에 안고 살아가게 된다. 따라서 용서를 통해 상대방과 화해뿐만 아니라 마음속에 남아 있는 부정적 감정(응어리)을 해소해 주는 자기 자신과 화해할 수 있어야 한다. 그런 것이 제대로 된 용서이다.

사과와 용서는 어렵고 힘들지만 제대로 하면 유익함이 있다. 영화 《플립》에서 브라이스가 줄리에게 사과하고 나서 텔레비전을 보니 드라마가 재미있었다는 것처럼 사과를 제대로 하면 잘못으로 인해 사과를 했음에도 불구하고 기분이 좋아지기도 하고 상대방과의 관계가 더욱 돈독해지기도 한다. 용서도 그렇다. 누군가가 사과할 때 너그럽게 수용했을 때 밀려오는 뿌듯함과 인격적으로 성숙함을 느끼는 것은 용서하기의 효용성이 아닐까 싶다.

4. 칭찬과 꾸중 잘하기

4.1 칭찬과 꾸중하기

자신이 들었던 칭찬과 꾸중을 떠올려 보자. 칭찬받고 기분이 좋았던 경험이 떠오르는가? 혹은 꾸중을 듣고 의기소침했던 경험이 떠오르는가? 이번에는 내가 했던 칭찬과 꾸중을 떠올려 보자. 누구에게 어떤 상황에서 칭찬과 꾸중을 하였는가? 칭찬이나 꾸중하고 소기의 목적을 달성하였는가?

칭찬은 상대방의 언행에 대한 피드백의 한 종류로, 긍정적 피드백의 대표적인 방식이다. 긍정적 피드백에는 칭찬뿐만 아니라 확인, 인정, 격려 등이 있다. 칭찬은 용기와 자신감을 갖게 하거나 긍정적인 사고방식을 갖게 하고 올바른 행동과 습관을 길러 주는 효과가 있다. 하지만 칭찬이 과하면 심적 부담을 느끼게 되거나 칭찬이 과장되면 형식적으로 느끼게 할 수도 있다. 꾸중은 대화 상대방의 언행에 대한 피드백의 한 종류로, 부정적 피드백의 한 방식이다. 부정적 피드백에는 꾸중뿐만 아니라 반박, 부정, 조언, 충고 등이 있다. 꾸중은 잘못된 행동을 제지하고, 반성할 수 있는 기회를 제공함으로써 잘못된 습관을 교정할 수 있는 효과가 있다. 하지만 잦은 꾸중은 부정적인 자아 개념을 형성하거나 소극적인 생활 방식을 형성하게 할 수 있다. 때로는 꾸중에 대한 면역 효과가 생겨 잘못된 행동이 고착되는 부작용도 있다. 칭찬과 꾸중할 때는 목적, 대상, 상황 등을 함께 고려하여 적절한 시점에 적절한 방법으로 사용하여야 소기의 목적을 달성할 수 있다.

사전적으로 '칭찬'은 좋은 점이나 착하고 훌륭한 일을 높이 평가하는 것을 말한다. '꾸중'은 아랫사람의 잘못을 꾸짖는 것을 말한다. 교사화법 분야에서는 교사가 학생의 행동(반응)에 대해 언어적, 비언어적 방법을 동원하여 정의적 측면의 교육 효과를 고려하여 피드백을 제공하는 것을 '칭찬화법' 또는 '꾸중화법'이라고 한다.[9] 칭찬의 목적은 상대방 행동에 대한 평가에만 그치는 것이 아니라 올바른 행동 방식을 알려 주고, 그렇게 할 수 있도록 용기를 북돋워 주고 자신감을 갖도록 하기 위함이다.

---

9 이창덕 외(2019)에서는 교사의 화법 중 칭찬과 꾸중화법의 원리를 다음과 같이 제시하고 있다. 교사화법 분야의 연구이지만 일상의 칭찬과 꾸중에도 시사하는 바가 있다.

> 교실에서 교사의 칭찬화법은 학생이 바람직한 행동을 지속적이고 자발적으로 실천하도록 하는 교사의 언어적 · 비언어적 행위이다. 꾸중화법은 교사가 학생의 부적절한 발화나 행동에 대해 꾸짖는 언어적 · 비언어적 행위이다. 칭찬과 꾸중을 할 때 다음과 같은 원리에 유의하여야 한다.
>
> 1) 진정성의 원리 : 칭찬과 꾸중화법 원리 중에서 가장 중요하게 여기는 것은 진정성이다. 교사의 형식적이고 건성으로 하는 칭찬과 꾸중은 학생에게 무관심의 표현으로 인식될 수 있다. 진심 어린 표정과 진실한 말 한마디가 더욱 효과적인 칭찬과 꾸중이 된다.
> 2) 일관성의 원리 : 교사의 칭찬과 꾸중은 일관성이 있어야 한다. 학생의 동일한 행동에 어떤 때는 칭찬을 하고 어떤 때는 꾸중을 한다면 학생은 큰 혼란을 느낄 것이다. 칭찬과 꾸중에서의 일관성은 교사와 학생 사이의 신뢰 형성에 큰 영향을 미친다.
> 3) 단계성의 원리 : 학생의 행동 변화는 어떤 하나의 처치에 의해 완전히 바뀌는 경우도 있겠지만 대부분은 서서히 단계적으로 변화하게 된다. 칭찬과 꾸중을 할 때는 이러한 학생 행동의 단계적 변화 특성을 고려하여야 한다. 중요한 것은 학생의 행동을 한 번에 바꾸려는 생각을 버리는 것이다.
> 4) 구체성의 원리 : 교사는 칭찬과 꾸중의 대상이 되는 학생의 구체적인 말과 행동에 초점을 두어야 한다. 무조건적 칭찬이나 꾸중은 '선생님은 내가 무얼 하든 좋아해.'나 '선생님은 나만 미워해.'식의 생각을 하게 만든다. 따라서 칭찬과 꾸중의 대상이 되는 행위를 구체적으로 언급하고 이후에 일어날 수 있는 일에 대해서도 명확히 알려줄 필요가 있다.
> 5) 수용성의 원리 : 교사의 칭찬과 꾸중은 흔히 '잘했어', '못했어'와 같이 학생의 반응에 대한 평가 기능을 가진다. 하지만 칭찬과 꾸중화법에서의 평가는 학생 능력이나 행위에 대한 단순한 평가가 아닌 학생을 이해하는 데에 초점을 둔 평가여야 한다.
> 6) 긍정성의 원리 : 교실에서 칭찬과 꾸중은 교사의 유목적적인 행위이다. 교사의 칭찬과 꾸중은 학생의 긍정적인 태도 형성에 도움을 주어야 한다. 칭찬은 좋은 행동을 장려하고 권유하는 의미로 사용하고, 꾸중은 가능한 긍정적인 어조로 말하되 단호해야 한다.

꾸중의 목적은 처벌과 질책이 아니라 잘못된 행동을 다시 하지 않도록 안내하고 바로잡아 주는 데 있다. 따라서 칭찬은 증가의 원리에 따라 긍정적인 피드백을 제공하고, 꾸중은 삭감의 원리에 따라 부정적인 피드백을 제공하게 된다.

우리는 일상에서 칭찬과 꾸중을 하기도 하고 듣기도 한다. 칭찬과 꾸중의 목적을 생각하며 영화 속에 등장하는 칭찬하는 말과 꾸중하는 말을 살펴보도록 하자.

4.2 영화 속 '칭찬과 꾸중' 들여다보기: 《인턴》, 《언터처블: 1%의 우정》, 《예스맨》, 《라이언 일병 구하기》

(1) 칭찬하기

가. 의례적이고 상투적인 칭찬

사람들은 칭찬의 효과를 높이 평가하면서 칭찬을 많이 하려고 하지만 실제 언어생활을 보면 칭찬을 그리 많이 하지는 않는다. 칭찬은 하지 않는 것보다는 하는 것이 더 좋은 말하기 유형이다. 하지만 의례적이고 상투적인 칭찬은 그 효과가 감소하는 경우가 있다. 이런 칭찬은 진정성, 구체성, 수용성이라는 칭찬의 원리에 위배되기 때문이다. 상대방의 행동에 대한 의례적이고 상투적인 칭찬은 비록 화자가 칭찬의 의미로 말한다고 해도 상대방에게 그렇게 받아들여지지 않기도 한다.

장면 1

상투적인 칭찬으로 받아들여지는 상황 (《인턴》 17:00 ~ 17:22)

베키: 어떻게 인턴이 되셨어요?

벤: 새로 생긴 인턴 프로그램이에요. 오늘 시작했어요.

베키: 맙소사. 연세가 어떻게 되세요?

벤: 70살요, 당신은요?

베키: **전 24살이에요. 이 일하다 보면 빨리 늙어요. 선생님한텐 별로겠네요. 죄송해요.**

벤: **더 어려 보이세요.**

베키: **설마요.**

벤은 인턴으로 첫 출근을 하고 사장을 만나기 위해 비서인 베키와 이야기를 나눈다. 베키는 회사에서 인정을 받지 못하는 캐릭터로 늘 자존감이 없는 모습을 보인다. 회사 업무도 다람쥐 쳇바퀴 돌 듯 힘들게 하고는 있지만 상사로부터 긍정적인 피드백을 받지 못해 늘 풀이 죽어있다. 벤은 자신의 처지를 푸념하듯이 이야기하는 베키에게 어려 보인다는 칭찬을 하지만 베키는 이를 칭찬으로 받아들이지 않고 대화가 끝난다. 칭찬의 의미는 말하는 사람의 의도도 중요하지만 듣는 사람이 어떻게 받아들이냐가 더 중요한 말하기이다. 벤은 칭찬의 의미로 이야기했을 수 있지만 베키의 반응인 "설마요"를 봤을 때, 이를 의례적이고 상투적인 칭찬으로 받아들이고 있음을 알 수 있다.

나. 드러나지 않는 듯 하는 칭찬

칭찬할 때는 일반적으로 칭찬할 대상과 내용을 명시적으로 드러낸다. 드러나지 않는 듯하게 칭찬하기는 칭찬을 받는 상대방이 칭찬받는 내용에 대한 부담감을 갖지 않으면서도 스스로 자신감을 갖고 그 행위를 계속할 수 있게 하는 장점이 있다. 이 칭찬은 칭찬의 원리에서 수용성과 관련이 있다. 상대방에 대한 이해에 바탕을 둔 칭찬은 칭찬받은 사람 스스로가 내적 동기를 통해 그 행위를 지속하게 하는 효과가 있다.

장면 2

상대방의 행동을 인정하며 칭찬하는 상황 (《언터처블: 1%의 우정》 1:11:10 ~ 1:13:00)

드리스: 졸린 음악 들어줬으니까 이제 내 차례에요. 어스 윈드 앤드 파이어는 완전히 화끈하다니까. (흘러나오는 음악을 들으며) 완전 다르죠?

필립: (웃으며) **되게 다르긴 하네.**

드리스: 나 불러도 대답 안 해요.

필립: 드리스! 드리스!

드리스: (춤을 추며) 드리스 바빠요! 신나게 놀자고. (드리스가 흥겹게 춤을 추며 주변 사람의 호응을 유도하며) 생일 파티에 춤이 빠지면 안 되지. (필립을 가리키며) 오늘 주인공은 필립이에요. 이본느! 에이스! 앨버트! (파티에 참석한 사람들을 무대로 불러 함께 흥겹게 춤을 춘다.)

필립은 연례행사로 열리는 자신의 생일 파티가 마땅치 않지만 드리스에게 클래식의 맛을 알려 주려고 한다. 하지만 드리스는 별 관심이 없다. 드리스는 클래식이 끝나고 자신이 좋아하는 신나는 팝송을 필립에게 들려준다. 필립은 무료한 생일 파티에서 드리스가 들려준 음악이 나쁘지만은 않다. 필립은 드리스의 선곡을 무심한 듯 칭찬한다. 이러한 드러내지 않는 듯하게 칭찬하는 방식은 상대방의 언행에 대해 적극적인 격려는 아니지만 상대방에 대한 이해와 인정이 동반되는 칭찬이라고 할 수 있다.

다. 객관적으로 기술하는 칭찬

칭찬의 목적은 상대방의 잘한 행동을 평가하고 그 행동을 계속할 수 있도록 하는 것이다. 따라서 평가는 칭찬에 포함되는 핵심 내용임에 틀림이 없다. 평가할 때는 상대방의 언행에 대해 판정을 내리듯이 하는 칭찬과 언행을 객관적으로 기술하듯이 하는 칭찬으로 구분할 수 있다. 판정하는 칭찬은 외부적인 요소가 강조되는 반면 기술하는 칭찬은 내부적인 요소를 강조하는 방식이다. 따라서 칭찬을 할 때는 판정하듯이 칭찬하는 것 보다는 상대방의 언행을 객관적으로 기술하듯이 칭찬하는 것이 칭찬의 목적에 더 부합한다고 할 수 있다.

장면 3

칭찬받을 행동을 설명하는 상황 (《예스맨》 1:00:00 ~ 1:02:45)

파커: 웨슬리 파커일세. 부은행장이지.
칼: 반갑습니다.
파커: 2개월 평균 대출이 보통 40건인데 자네 경우엔 561건일세.
칼: 평균보단 좀 높네요.
파커: 더 이상한 건 대출 액수지. 산악자전거 구매 250달러 대출, 윈드서핑 레슨을 위해 600달러 대출.
칼: 해 보셨어요? 진짜 재밌어요.
파커: 소액 대출은 우리 분야가 아냐.
노먼: (자리에서 일어나며) 제가 설명을…
파커: 앉아.
노먼: (자리에 다시 앉으며) 네.
파커: 처음엔 횡령인 줄 알았네.
칼: 그런 짓 안 해요.
파커: 나라도 가능하면 할 텐데? (갑자기 웃음을 터뜨리며) 하지만 **자세히 들여다보니 대출받은 고객 98% 이상이 연체가 전혀 없더군. 은행으로선 오히려 이익이 늘어난 거지.** 칼, 자네 판단이 옳았어.

칼은 본사의 임원인 파커가 자신의 업무에 대해 질책을 하리라 생각하고 잔뜩 위축되어 있다. 파커는 칼의 대출 업무를 객관적으로 기술하며 칭찬하고 있다. 판정을 내리는 칭찬은 바람직한 행동을 격려하고 증가시키는 수단이 되기보다는 칭찬 자체가 목적이 되는 경우가 있어서 사용에 주의해야 한다. 기술하는 칭찬은 상대방의 언행에 대해 스스로 자신을 돌아보게 하고 자신의 행동을 계속할 수 있도록 하는 효과가 있다.

라. 참여자 모두의 관계가 증진되는 칭찬

칭찬은 상대방을 바라보며 직접적으로 하는 경우가 대부분이다. 하지만 제3자를 통해 나의 칭찬을 전하는 방식도 고려해 볼 수 있다. 흔히 얼굴을 보고 하는 칭찬은 그냥 하는 의례적인 칭찬이라고 상대방에게 받아들여질 수도 있다. 하지만 다른 사람을 통해 자신의 칭찬을 들을 때는 여러 가지 부수적인 칭찬의 효과가 생기기도 한다.

장면 4

제3자를 칭찬하는 상황 (《인턴》 1:03:20 ~ 1:04:05)

벤: (회의 중인 사장실에 들어와) 데이터 구매 패턴을 살펴봤어요. 나중에 올까요?
줄스: 아뇨. 들어오세요. 빨리 보셨네요.
벤: 베키의 도움을 받았어요. 지금 광고비가 가장 비싼 곳에서 유치한 고객들의 구매액이 가장 적어요. 그런데 가장 적게 투자하는 채널들은 고객들이 현재는 가치가 적어 보이지만 성장 잠재력이 가장 큰 부분이에요. 지금까지 확인한 내용은 그래요.
줄스: (놀라며) 벤! 그것 좀 자세히 확인해주실래요? 더 좋은 계획이 있는지요. (눈치를 살피며) 그럴 시간이 되면요.
벤: 그러죠.
줄스: (옆의 동료에게) 업계 경력이 40년이셔.
카메론: (대단하다는 듯이 고개를 끄덕이며) 무슨 말인지 알아요.

벤: 그리고 **줄스, 베키가 많이 도와줬어요. 펜 주립대에서 경영학 전공이었대요.**
줄스: 알아요. (겸연쩍은 표정으로) 잊고 있었지만 알아요.
벤: (칭찬을 부축이는 표정을 짓는다.)
줄스: (알았다는 표정으로) **제가 베키에게 언급할게요.**
벤: (만족해하는 표정으로) **그러면 좋아할 거예요.**

벤은 사장과 임원 앞에서 고객의 구매 양상을 분석한 자료를 보고한다. 사장인 줄스는 보고 내용에 놀라고 만족해하며 추가 계획을 수립하기를 부탁한다. 이때 벤은 자료를 분석할 때 베키가 큰 도움을 주었다고 칭찬하며 줄스가 베키에게 이를 언급하기를 청한다. 줄스는 대수롭지 않게 생각하다 벤이 재차 부탁을 하자, 그렇게 하겠다고 약속한다. 흔히 칭찬은 상대방에 대한 칭찬을 말한다. 여기서 벤은 대화 상대방에게 제3자를 칭찬하고 상대방이 제3자에게 다시 칭찬할 것을 요구한다. 진정성이 있는 칭찬을 주고받는 경우 대화는 매우 긍정적이고 원활하게 이루어진다. 한 단계 더 나아가 제3자에 대한 칭찬은 대화 상대방뿐만 아니라 제3자에 대한 관계 증진에도 큰 도움이 된다. 줄스가 베키에게 벤의 칭찬을 근거로 베키를 칭찬하게 되면 줄스와 베키와의 관계도 좋아지지만 이를 전한 벤과 베키의 관계에도 매우 긍정적인 영향을 미치며, 칭찬 대화를 나눈 모든 대화 참여자의 관계가 더욱 돈독해진다.

(2) 꾸중하기

가. 애정을 담은 꾸중

칭찬은 하는 사람도 받는 사람도 기분이 좋은 말하기이다. 반면 꾸중은 하는 사람이나 듣는 사람이나 마음이 불편한 말하기이다. 특히 가까운 사람에게 자신의 잘못으로 질책을 당하는 일은 정서적으로 힘든 상황에

처하게 한다. 칭찬과 마찬가지로 꾸중에서도 가장 중요한 원리는 진정성의 원리이다. 특히 꾸중할 때 애정을 담은 표정과 진실한 말 한마디는 비록 정서적으로 힘들더라도 잘못된 행동을 교정하는 데 효과적일 수 있다.

장면 5

친구에게 진심 어린 꾸중을 하는 상황 (《예스맨》 10:25 ~ 11:58)
피터: 너 친구 맞냐? 약혼 파티 안 왔잖아. 칼: 맙소사! (억울해하며) 그게 오늘 밤이었어? 미안해, 깜빡했어. 그냥 안 넘어갈게. 진짜야. 피터: 술 약속이 아녔어. 내 약혼 파티였다고. 결혼은 평생 단 한 번이야. 칼: (고개를 떨구며) 두 번 할 건 못되지. 피터: 스테파니 떠나서 상처받은 건 알지만 친구들도 생각해야지. 마지막으로 즐긴 게 언제야? 만나자고 하면 변명만 늘어놓고. 내 약혼녀 성은 알아? 칼: (당연하다는 듯이) 피셔잖아. 피쉬맨. 잠깐만, 피쉬월? 피터: 피쉬월? 루시 피쉬월이라고? 칼: 아냐? 피터: 번스야. 칼: 번스? 피터: 루시 번스. 그거 알아? 내 약혼녀가 널 싫어해. 아무리 생각해도 좋아할 이유가 없어. 단 하나도! 칼: 피터. 피터: (문밖으로 나가며) 변명 따윈 듣기 싫어. 맘대로 해! **계속 그렇게 살다간 평생 혼자 지낼 거야. 평생 혼자! 친구도 없이.**

피터는 칼의 몇 없는 친구 중 하나이다. 피터는 약혼 파티에 이런저런 핑계를 대며 오지 않은 칼을 나무라고 있다. 매사에 부정적이고 소극적인 칼을 질책하며 다소 심하게 꾸중하고 있다. 칼에 대한 피터의

실망감을 엿볼 수 있는 장면이다. 꾸중이 잘못된 언행을 지적하고 이를 교정하는 데 목적이 있다고 할 때 피터의 애정을 담은 꾸중은 칼의 행동을 교정하는 데 효과적이라고 할 수 있다. 칼은 피터의 꾸중을 듣고 마음가짐을 바꾸게 되고, 이후에 예스 세미나에 참여하게 된다. 이러한 여러 가지 요소를 살펴봤을 때, 꾸중은 목적, 상대, 상황을 전체적으로 고려할 필요가 있음을 알 수 있다.

나. 넌지시 하는 꾸중

칭찬하기에서 '드러나지 않는 칭찬하기'를 언급한 바 있다. 꾸중하기에도 이와 마찬가지로 간접적이고 우회적인 꾸중 방식이 있다. 꾸중하기는 기본적으로 부정적 감정을 동반하는 정서적으로 어려움을 야기하는 피드백이다. 넌지시 꾸중하기는 대화를 주고받는 사람의 관계를 해치지 않으며 꾸중의 목적을 달성할 수 있는 방식이다. 이러한 꾸중은 꾸중의 원리에서 긍정성의 원리와 관련이 있다. 상대방에게 부정적인 언어를 사용하면서 잘못된 것을 바로 잡으려고 하는 것은 때로는 효과가 있을 수도 있지만 '안 된다' 또는 '잘못했다'는 말을 반복하면 꾸중의 효과가 떨어질 수밖에 없다.

장면 6

다른 사람을 칭찬하며 대화 상대방을 꾸중을 하는 상황 《라이언 일병 구하기》 43:10 ~ 45:40)
레이먼 일병: **(행군을 하며) 질문 있는데요. 왜 8명이 1명을 구하러 가야 하죠?** 밀러 대위: **누구 아는 사람?** 의무병: 그놈 엄마를 생각해봐. 레이먼 일병: 나도 엄마 있어. 여기 엄마 없는 사람 있어? (밀러 대위를 쳐다보며) 대위님도 엄마가 계실 걸.

밀러 대위: (내 이야기는 말라는 손짓을 한다.)
레이먼 일병: 대위님은 몰라도 우린 있지.
…(중략)…
잭슨 이병: 대위님, 할 말 있어요.
밀러 대위: 있으면 해봐.
잭슨 이병: 제 생각에 이 임무는 귀중한 재원의 낭비예요.
밀러 대위: 계속해봐.
잭슨 이병: 신은 제게 전쟁에 적합한 재능을 주셨죠.
밀러 대위: **레이먼, 항의는 이렇게 하는 거야. 계속하게.**
잭슨 이병: 만약 저와 이 저격총을 히틀러가 잘 보이는 곳에 보내주면 한 방에 싹 죽이고 짐 싸서 집에 갈 거예요.
레이먼 일병: (비꼬듯이) 똑똑하기도 하군.

밀러 대위는 레이먼 일병의 불만에 대해 직접적으로 꾸짖기보다는 잭슨 이병을 칭찬하며 넌지시 꾸중하고 있다. 라이언 일병을 구하러 가는 길은 어찌 보면 합리적이지 않을 수 있다. 8명이 1명을 위해 목숨을 잃을 수 있기 때문이다. 부대원 중 유독 레이먼 일병은 임무에 대한 불만이 많다. 밀러 대위의 꾸중은 대놓고 하는 꾸중이 아니라 잭슨 이병을 칭찬하면서 간접적이고 암시적으로 레이먼 일병을 꾸중한다는 면에서 대화 참가자들의 관계를 고려한 꾸중이라고 할 수 있다.

다. 상대방 반응에 따라 단계적으로 하는 꾸중

칭찬이 바람직한 행동을 지속적으로 하는 것이 목적이라면 꾸중은 잘못된 행동을 하지 않고 행동을 교정하는 데 목적이 있다. 꾸중도 칭찬과 마찬가지로 궁극의 목표는 바람직한 행동을 하도록 하는 것이다. 하지만 사람의 행동 변화는 하나의 조치로 한 번에 교정되기가 쉽지 않다. 목표 행동에 이르기까지는 많은 하위 단계가 있을 수 있고, 점진적으로 목표에 다가가는 전략이 필요하다. 목표 행동에 이르는 여러 단계의 행동을 계열화하고 한 단계에서 다음 단계로 찬찬히 나아가는 것이 최종 목표 행동에 도달하는 효율적인 방법이다. 이러한 꾸중하기는 꾸중의 원리에서 단계성과 관련이 깊다.

장면 7

질문과 대답을 하며 꾸중하는 상황 (《언터처블: 1%의 우정》 11:15 ~ 22:15)

필립: 서명이 필요하다고?

드리스: (종이를 펼치며) 맞아요. 대충 몇 글자 적어줘요. '이자는 능력과 의욕은 충분하지만 이 일엔 적합하지 않다.' 늘 쓰는 말 있잖아요. 세 번 거절당해야 생활보조비를 받아요.

필립: 생활보조비 때문에 왔군. 다른 지원 동기는?

…(중략)…

필립: 서류에 서명은 했고, 탁자 위에 뒀으니 가져가요.

드리스: (탁자 위 서류를 집어 들고 나가려고 한다.)

필립: **평생 그렇게 살 건가?**

드리스: (나가다 멈춰 뒤를 돌아본다.)

필립: **공짜 돈 받고 사는 거 양심에 안 찔리나 해서.**

드리스: 전혀! 왜요?

필립: **어른답게 돈 버는 건 생각도 못 하겠지. 책임감이라곤 없으니까.**

필립이 드리스에게 하는 꾸중은 일반적으로 한마디의 말로 이루어진 꾸중과 차이가 있다. 드리스는 생활보조비를 받을 생각에 지원서를 내고 확인 도장을 받으려고 한다. 필립은 여느 지원자와는 다른 태도를 보이는 드리스가 흥미롭다. 필립은 드리스에 대한 인간적인 호기심을 가지고 있기에 한 번에 꾸중을 하기 보다는 상대방을 탐색하며 자신의 목표를 이루기 위한 방식으로 단계를 두고 질책을 한다. 필립의 꾸중은 드리스의 반응에 따라 3단계에 걸쳐 진행이 된다. 처음 꾸중은 질문으로 시작하여 드리스의 반응을 살피며 대화를 이어간다. 가운데 꾸중은 본격적으로 드리스의 소극적인 생활 태도를 꾸짖는다. 마지막 꾸중에서는 드리스를 자극하면서 드리스의 잘못과 교정 방식을 암시적으로 제시한다. 꾸중이 잘못된 행동을 지적하고 행동을 교정하는 데 있다고 볼 때 꾸중의 목적에 부합하는 꾸중이라고 할 수 있다.

라. 비언어적으로 하는 꾸중

꾸중은 유목적적인 말하기이다. 대부분의 소통은 언어적 방식으로 이루어지지만 비언어적으로 이루어지는 꾸중에 주목할 필요가 있다. 대부분의 꾸중은 '안 돼', '잘못됐어'와 같은 부정이나 반박의 표현과 함께 사용된다. 부정 언어의 직접적이고 반복적인 사용은 꾸중의 효과를 떨어뜨리고 대화 상대방의 정서에도 유익하지 못하다. 이때 눈빛, 표정, 제스처, 목소리 등과 같은 비언어적인 표현은 메시지를 언어적 표현보다 더 명확하게 전달하고 반감을 줄이는 효과가 있다.

장면 8

표정으로 꾸중하는 상황 (《인턴》 21:45 ~ 22:57)

제이슨: (벤에게 황급히 다가오며) 벤! (멀리서 다가오는 베키를 넌지시 가리키며) 저기 와요. (베키를 보며) 베키, 안녕? 정말 멋지다. (베키가 못 들은 척하며 황급히 제 갈 길을 간다.)

벤: (어떤 상황인지 짐작이 간다는 표정을 보인다.)

제이슨: 대체 여자가 한번 삐치면 얼마나 가죠?

벤: 그거야 무슨 짓을 했느냐에 달렸지.

제이슨: 우선 의도적으로 한 일은 아니었어요. 잠시 데이트한 사이죠. 멋지다고 생각했고 좋았어요. 그러다가 실수로 베키의 룸메이트랑 잠자리를 하게 됐어요.

벤: (어이없다는 표정으로) 그건 좀 그러네.

제이슨: 룸메이트인지 몰랐어요. 밖에서 만났으니까요. 제가 그걸 어떻게 알겠어

요. 전 어려서 잘 몰라요. 연륜이 있으시잖아요. 경험이 많으시잖아요. 경험에 비춰볼 때 얼마나 오래 저렇게 삐쳐 있을까요?

데이비스: (대화에 끼어들며) 제이슨, 난 여자 경험은 제로야. 하지만 내 생각엔 그녀랑은 끝이야.

벤: (추궁하듯) 이미 그녀와 그 사건에 대해 얘기했고, 사과했고, 그녀를 사랑한다고 말했을 텐데…

제이슨: (꼭 그렇지는 않다는 표정으로 얼버무리며) 그게…

벤: 얘기도 안 했다고? (설마 하는 표정으로) 트윗이라도 보냈나?

제이슨: 물론 아니죠. 문자를 수십억 번은 보냈을 거예요. 근데 씹혔어요. 그래서 이메일을 보냈죠. (할 만큼 했다는 표정으로) 좋게 써서 보냈어요. 아주 길게 진지하게 썼어요. 제목란에는 '미안해'라고 적었고요. '미안해, 미안해'를 잔뜩 썼어요. '엄청 미안해'나 마찬가지죠. 우는 이모티콘도 붙이고요. 뺨에 눈물 흐르는 이모티콘이요.

벤: **(그건 아니라는 표정과 몸짓을 한다.)**

제이슨: **(아차 싶은 표정으로) 말로 하는 게 맞겠네요. 그렇죠?**

벤: **당연히 낫지.**

제이슨은 벤에게 연애 문제에 대한 조언을 구한다. 하지만 제이슨의 소통 방식에는 문제가 있다. 중요한 사안에 대해 대면하여 문제를 해결하려 하지 않고, 문자나 메일과 같은 비대면 방식을 통해 감정의 교류가 제한된 상태로 문제를 해결하려고 한다. 그러다 보니 문제 해결은 요원하다. 벤은 비언어적 방식으로 제이슨을 꾸짖는다. 제이슨은 벤이 보이는 비언어적 담화 표지를 금세 알아차리고 자신의 행동을 수정하려고 한다. 때로는 구구절절 잘못된 일을 언어적으로 설명하는 것보다 표정, 말투, 눈빛과 같은 비언어적인 소통 방식을 통해 꾸중하는 것도 좋은 방법이다. 언어적 소통 방식보다 비언어적 소통 방식이 메시지의 내용을 더 정확하게 표현하면서 대화 참여자 간의 감정이 상하는 것을 방지해 주기도 한다.

4.3 기분 나빠지는 칭찬, 기분 좋아지는 칭찬

일반적으로 칭찬은 들으면 기분이 좋고, 꾸중을 들으면 기분이 나쁘다. 칭찬과 꾸중을 하는 입장도 마찬가지다. 하지만 칭찬임에도 불구하고 의례적이고 상투적인 칭찬은 마음이 상하는 칭찬일 수도 있고, 꾸중임에도 불구하고 애정이 담긴 꾸중은 기분 좋은 꾸중이 될 수도 있다.

칭찬과 꾸중은 피드백의 한 종류이기 때문에 반드시 선행하는 상대방의 언행이 존재한다. 칭찬과 꾸중은 조금 차이가 있으나 궁극적으로 좋은 언행을 하도록 하는 데 그 목적이 있고, 구체적인 양상은 상대방의 언행에 대한 평가와 후속 조치가 포함된다. 칭찬과 꾸중은 목적이 분명한 유형의 말하기이며 정의적인 부분과 관련이 많기 때문에 화행 목적뿐만 아니라 관계 목적에도 유념할 필요가 있다. 영화에서 살펴본 칭찬과 꾸중을 통해 그 시사점을 정리하면 다음과 같다.

- **진실한 마음을 담아서 칭찬과 꾸중을 하자.**

상대방이 나에 대해 갖는 감정이 좋은 감정인지 나쁜 감정인지 사람들은 본능적으로 안다. 칭찬의 모양새를 하고 있지만 비꼬는 듯 말한다면 이는 기분이 상하는 칭찬이 되고 상황에 따라서는 꾸중이 되기도 한다. 반면에 꾸중의 모양새이지만 나에 대한 애정이 있다면 이는 애정 어린 충고로 받아들여지게 된다. 때로 진실한 마음이란 언어적 메시지보다는 비언어적 메시지를 통해서 더 잘 전달된다. 칭찬과 꾸중은 정의적 측면에 많은 관련이 있다. 언어적 표현으로 정서를 담는 데는 한계가 있다. 오히려 비언어적 표현이 정서를 더 명확하게 담기 때문에 칭찬과 꾸중을 할 때는 비언어적 소통 방식을 적극적으로 사용할 필요가 있다.

● 상대방의 이해에 바탕을 두고 칭찬과 꾸중을 하자.

칭찬은 잘하는 행동을 더 잘하게 하는 증가의 원리를, 꾸중은 잘못하는 행동은 하지 않고 바람직한 행동으로 나아가도록 하는 삭감의 원리를 기본 원리로 삼는다. 결국 칭찬과 꾸중은 구체적인 행동을 요구하는 말하기 유형이다. 이때 상대방이 칭찬받을 행동은 내적 동기를 통해 지속적으로 하게 하고, 잘못된 행동은 스스로 절제하도록 하는 것이 중요하다. 그러기 위해 바람직한 칭찬과 꾸중은 상대방에 대한 이해에 바탕을 두어야 한다.

● 대화 참여자 모두의 관계를 고려하여 칭찬과 꾸중을 하자.

우리가 말을 한다는 것은 말하는 목적을 이루기 위함이다. 내가 하는 말이 목적을 달성하기 위해서는 말하기 자체의 목적이 되는 화행 목적과 말하는 사람 간의 신뢰가 형성, 유지, 발전되는 관계 목적이 함께 이루어져야 한다. 특히 칭찬과 꾸중과 같이 정의적인 요소가 많이 작용하는 말하기는 대화 참여자 간의 관계가 우호적일 때 달성 가능성이 높아진다. 관계가 훼손된 경우는 대화 상대방의 칭찬이나 꾸중이 본래의 목적을 달성하기가 어렵다. 따라서 대화 참여자 모두의 관계를 고려할 필요가 있다.

여러 편의 영화에서 다양한 칭찬과 꾸중의 양상을 살펴보았다. 바람직한 칭찬과 꾸중의 방법이 무엇인지 생각하며 카네기의 말을 떠올려 보자.

우리는 누구나 잘못을 저지르기 쉽다.
아홉 가지의 잘못을 찾아 꾸짖는 것보다는
단 한 가지의 잘한 일을 발견하여 칭찬해 주는 것이
그 사람을 올바르게 인도하는 데 큰 힘이 될 수 있다.

–데일 카네기–

5. 유머 활용하기

5.1 유머의 의도

유머는 인간이 발휘하는 독특한 정신적 능력이다. 경험이나 상황을 새로운 각도에서 포착하는 직관, 그 의미를 더 높은 차원으로 변환시키는 창조성이 깃들어 있다. 그리고 사람들 사이의 공감대를 확장하면서 소통에 활력을 불어넣고 유대감을 높여준다. 유머는 단순한 여흥이나 대화의 조미료가 아니라, 행복의 씨앗이고 타인의 마음을 움직이는 원천으로 여겨진다(김찬호, 2018: 5). 물론 유머가 언제나 즐거움을 빚어내는 것은 아니다. 상대방을 조롱하거나 특정 집단을 비하하는 유머는 불쾌함과 모멸감을 자아낸다. 사람을 업신여기면서 쾌감을 느끼는 비웃음, 성적인 수치심을 유발하는 희롱, 권력과 지위에 도취되어 짓는 과시적인 미소 등은 병적인 웃음을 만든다.

유머가 다양한 의미로 해석되는 이유에 대해서 사회학자 린다 프랜시스 교수의 말을 빌리자면, '유머에는 재미있다는 이유 이외에도 설명해야 할 것이 많다. 사람들이 유머를 사용하는 데에는 이유가 있으며 유머를 가지고 달성하고자 하는 목표를 가지고 있다.'고 지적한다. 쉽게 말해서 어떤 속셈이나 의도를 가지고 유머를 한다는 이야기이다.(민영욱 외, 2020: 27) 그런데 말하는 이의 의도가 항상 명확하지 않기에 유머를 이해하는 것이 그리 쉽지 않다. 유머를 설명하는 이론으로 부조화 이론[10], 이완 이론, 진화론, 우월성 이론[11] 등이 통용되고 있는데, 이를 유머의 의도와 관련하여 유형화하자면 긴장 풀기, 관계 맺기, 조롱하기로 나눌 수 있다. 영화 속 유머를 이 세 가지의 틀로 살펴보고, 그 유머들이 어떤 맥락에서 어떤 의도로 이해할 수 있는지 알아보자. 또한, 영화 속 유머에 대한 이해를 통해 건강한 웃음을 주는 긍정적인 소통의 방법도 살펴보자.

5.2 영화 속 '유머' 들여다보기 : 《원더》, 《그린북》, 《언터처블: 1%의 우정》, 《그녀》, 《아이 엠 샘》, 《반칙왕》, 《세 얼간이》

1) 긴장을 풀어주는 유머

유머는 억눌린 감정과 긴장을 풀어주는 역할을 하여 불안과 스트레스로부터 일시적으로 벗어날 수 있게 해 준다. 또한 유머는 불안이나 좌절과 같은 억눌린 정신 에너지를 방출하고 정서적 긴장에서 일시적인 휴식을 제공하는 역할을 한다. 긴장을 풀어주는 유머는 우리가 일상에서 가장 많이 사용하는 유머 중 하나일 것이다. 사적인 모임 자리에서 자기소개 한마디 정도 하는 상황에서도 약간의 긴장은 한다. 더구나 무대나 강연장 앞에 서기라도 한다면 수많은 청중의 시선에 압도되어 긴장을 하게 된다. 혹시 실수라도 하지 않을까? 중간에 머릿속이 하얗게 되어 돌처럼 굳어지지 않을까 등등 걱정한다. 새로운 만남의 상황에서 공통 화제를 찾지 못해 노심초사하기도 하고, 무심코 꺼낸 말이 상대의 감정을

10 부조화 이론에 따르면 유머가 예상되는 것과 실제로 일어나는 것 사이의 정신적 불일치를 해소하는 데서 발생한다고 말하는 것으로 광범위한 유머 유형을 설명할 수 있지만, 이 이론을 비판하는 사람들은 이 이론이 너무 광범위하며 유머를 생산할 때 감정이나 문화적 맥락과 같은 다른 요소의 역할을 고려하지 않는다고 주장한다.

11 이완이론은 유머를 억압으로 생성된 에너지를 풀어 주고 해소하는 방법으로 보는 입장이며, 진화 이론은 유머가 사회적 관계를 구축하고 유지하는 데 중요한 도구로 사용되어 왔다는 설명이다. 우월성 이론에 따르면 유머는 다른 사람보다 우월하다고 느끼는 즐거움이나 상황에 대해 우월하다고 느끼는 데서 발생한다고 한다. 이 글에서는 세 가지 이론을 긴장 풀기, 관계 맺기, 조롱하기로 용어를 바꾸어 설명하고자 한다.

상하게 하지는 않았을까 전전긍긍하기도 한다. 이런 상황에서 유머를 활용해 관객이나 상대를 웃게 하면 나를 압도했던 시선이 공감의 시선으로 느껴지며 한결 마음이 가벼워지게 된다.

장면 1

화가 난 아들을 유머로 다독여주는 상황 (《원더》 00:24:09 ~ 00:25:45)

어기(아들): 왜 난 이렇게 못생겼어?

어머니: 넌 못생기지 않았어.

어기: 내 엄마니까 그러는 거잖아.

어머니: 내 생각은 엄마라서 안 중요해?

어기: 그래.

어머니: 엄마 생각이니까 제일 중요한 거야. 널 제일 잘 아니까. 넌 못생기지 않았어. 네가 관심 있는 사람은 알게 될 거야.

어기: 나하곤 말도 안 하는걸.

어머니: 다르게 생겼다고 그러는 거잖아.

어기: 괜찮은 척 할래도 그게 안 돼.

어머니: 알아.

어기: 계속 이럴까?

어머니: (잠깐의 침묵) 모르겠어. (어기 옆에 앉는다.) 엄마 말 들어봐. 날 봐. 누구나 얼굴에 흔적이 있어. 이 주름살은 네 첫 수술 때, 이건 네 마지막 수술 때 생겼어. 얼굴은 우리가 갈 길을 보여주는 지도이자 우리가 지나온 길을 보여주는 지도야. 절대로 흉한 게 아니야.

어기: **엄마 흰머리는?**

어머니: **(웃음) 흰머리는 네 아빠 덕이지.**

어기: **(웃음. 엄마를 껴안는다)**

친구들의 놀림 때문에 괴로워하는 어기를 어머니가 다독여주고 있다. 그러나 어기는 어머니가 아닌 친구들로부터 인정받고 싶은 것이기에 좀처럼 마음이 풀어지지 않는다. 사리분별을 어느 정도 할 수 있는 나이가 되면 이러한 상황에서 무조건 부모 말씀에 수긍하지 않는 것은 당연하다. 어머니가 아무리 합리적인 설명을 이어간다해도 어기는 끝내 동의하지 않을 수도 있는 위기 상황인 것이다. 그런데 마지막에 나온 한 쌍의 대화가 이러한 어려움을 극적으로 해결해 준다. 그 열쇠는 유머였던 것이다.

장면 2

어색한 분위기를 풀어주는 상황 (《그린북》* 30:27 ~ 31:50)

밴드 일행: 문제 없어요?
셜리: 문제 없어요.
밴드 일행: 다행이네요. 피츠버그 호텔에서 봅시다.
셜리: 저녁 예약해 줘요. 밥 먹고 바로 리허설하죠.
토니: 우리 뒤를 따라와야 하는 거 아닙니까?
셜리: 일정표는 갖고 있으니 공연시간에만 맞춰오면 당신이나 내가 걱정할 바 아니죠.
토니: 난 아무것도 걱정 안 해요. 내가 진짜 걱정하면 바로 티가 나거든요.

셜리: 토니, 조용히 좀 있죠?

토니: (머쓱해 하는 표정으로 운전대를 고쳐잡으며) 그럽시다. '조용히 좀 있죠?' 란 말 듣고 깜짝 놀랐네. 집사람이 그 말을 입에 달고 살거든요. 달고 사는 것까진 아니고. 애들 보느라 녹초가 된 날은 퇴근 후에 집에 가면 토니 '조용히 좀 있자'라고 해요. 말투까지 똑같아서 놀랐네.

토니는 흑인 피아니스트의 미국 남부 연주 투어를 안전하게 마칠 수 있도록 도와주는 운전사로 채용된다. 인종차별이 지금보다 훨씬 심했던 시절, 흑인이 장기간 남부 투어를 하는 중에 어떤 일이 벌어질지 모르는 위태로운 상황이다. 토니는 집에 온 흑인 수리공이 컵에 입을 대었다는 이유로 그 컵을 쓰레기통에 버리기까지 한 사람이었다. 하지만 토니는 돈을 벌기 위해서 내키지 않지만 맡은 일을 끝까지 수행하고자 한다. 그러기 위해서 토니는 셜리와 친해져야 하고 '떠벌이'라는 별명에 어울리게 차 안에서 계속 수다를 떤다. 차 안에서 조용히 있고 싶은 셜리가 조용히 좀 있으라는 말에 토니는 한술 더 뜨는 수다로 응대한다. 그러면서 분위기가 어색해지지 않게 아내의 일화를 빗대어 유머를 사용한다. 토니의 유머는 이후의 셜리와의 긴 동행을 성공적으로 만든 열쇠가 된다.

*** 《그린북》 2019.01.09. 개봉/러닝타임 130분/미국/드라마/감독: 피터 패럴리**

- 토니 발레롱가(비고 모텐슨): 흑인에 대한 편견이 있는 데다가 상대가 누구든 상관 없이 거친 말을 서슴없이 하는 떠벌이 토니는 생계가 어려워지자 흑인인 셜리의 운전사 겸 보디가드로 일하게 된다.
- 돈 셜리 박사(마허샬라 알리) : 도덕적인 생활과 우아한 삶을 추구하던 셜리는 경망스럽고 허풍이 심한 토니와 여행을 하며 여러 가지 일을 겪게 되고, 서로 영향을 주고받게 된다.

⇒ 1962년 미국, 주먹으로 살아가던 토니는 천재 흑인 피아니스트 셜리 박사의 운전기사 면접을 보게 된다. 미국 전역에서 콘서트 요청을 받으며 명성을 떨치고 있는 돈 셜리는 흑인들에게는 위험하기로 소문난 미국 남부 투어 공연을 떠나기로 결심하고, 투어 기간 동안 자신의 보디가드 겸 운전기사로 토니를 고용한다. 거친 인생을 살아온 토니와 교양과 기품을 지키며 살아온 셜리 박사. 생각, 행동, 말투, 취향까지 모든 면에서 대화가 안 통할 것 같은 두 사람은 여행안내서 '그린북'에 의존해 남부 투어를 하게 된다.

이렇듯 유머는 불안이나 좌절에 휩싸인 사람의 억눌린 감정을 풀어주어 안도감을 느끼게 해 주기도 하며, 나뿐만 아니라 주변 사람의 긴장을 풀어주기도 하며, 이성적인 사고의 틀 안에서는 출구가 안 보이는 꽉 막힌 상황을 느닷없이 확 열어 주기도 한다.

(2) 관계를 맺어주는 유머

일상 대화에서의 유머는 거의 모든 유형의 공식적, 비공식적 상호작용에서 이루어지고 있다. 연인 간에, 친구 간에, 동료 직원 간에, 사업자 간에, 상점 판매원과 고객 간에, 의사와 환자 간에, 교사와 학생 간에, 그리고 심지어는 낯선 타인들 간에 우연히 나누는 대화 등에서도 얼마든지 유머를 주고받으며 인간적 유대관계를 가질 기회가 있다.[12] 유머 이론 중 진화론은 유머가 사회적 유대감과 의사소통을 위한 진화된 적응이라는 이론이다. 이 이론은 유머가 사회적 관계를 구축하고 유지하는 데 중요한 도구로 사용되어 왔으며, 인간 사회의 진화에 중요한 역할을 해왔다는 생각에 근거한다.

장면 3

무지나 실수를 유머로 전환시키는 상황 (《언터처블: 1%의 우정》 10:07 ~ 11:08)

드리스: 안녕하세요? 서명이나 해줘요.
마르셀: 일단 앉으시죠. 추천인 있나요?
드리스: 그까짓 거 당연히 있지.
마르셀: 좋아요. 누구죠?

12 사람들에게 사흘 동안 웃을 때마다 그 내용을 기록하도록 요구한 일기를 연구한 결과를 보면, 일상에서의 웃음이 대략 11퍼센트만이 농담에 대한 반응으로 일어나고, 17퍼센트는 대중매체에 의해서 야기되며, 나머지 72퍼센트는 대인관계 중에 자발적으로 일어난다고 했다(민영욱 외, 24).

드리스: 쿨 앤드 더 갱, 어스 윈드 앤드 파이어. 이 정도면 끝내주죠?
마르셀: 그게 무슨 소리인지? 일단 앉아봐요.
드리스: 음악을 하나도 모르시네.
필립: 나도 음악적 지식이 꽤 있는데, '칼 앤…' 어쩌고는 처음 듣네요.
드리스: 쿨 앤드 더 갱!
필립: 나도 질문 하나 할까? 쇼팽, 슈베르트, 베를리오즈는 아시나?
드리스: 당신이 베를리오즈를 안다고요? 그럴리가!
필립: 꽤 안다니까.
드리스: 그래요? 그 동네 누굴 아는데? 몇 호에 사는지 알아?
필립: 생각하는거 하곤! 베를리오즈 임대 주택 말고 19세기 작곡가 베를리오즈 말이야.
드리스: 잘난 척은. 농담도 못해요? 유머 감각도 없네요. 여러모로 꽝이군.

우리는 일상에서 의도치 않은 실수나 착각에 의해 웃음을 짓는 일이 많고, 그것이 유머가 되기도 한다. 〈장면 3〉에서 가진 것이라곤 건강한 신체가 전부인 무일푼 드리스가 생계비 지원을 받기 위해 면접에 참여한다. 사실 드리스는 채용되려고 온 것이 아니라 면접에 응했다는 사실만 확인받아 관련기관에 서류를 제출하기 위함이었다. 추천인이 있냐는 질문에 아무렇게나 음악인 이름으로 둘러댄다. 그러자 필립이 의심스러운 말투로 질문을 하자 결국 둘러댄 거짓말이 탄로난다. 이때 드리스는 자신의 거짓말을 유머라는 말로 합리화하는데, 여기서 우리는 유머의 사용 목적을 엿볼 수 있다. 드리스가 만약 자신의 무지나 착각이 들통난 것을 진지하게 받아들였다면 그 자리에서 수치심을 느끼고 돌아섰을 것이다. 그러나 드리스는 농담이나 유머감각으로 받아들이길 기대하며 어물쩍 넘어가려 하는데, 이로 인해 두 사람은 서로에 대한 벽을 허물고 친근함을 느낄 수 있는 출발점이 된다.

장면 4

유머로 선입견을 깨뜨리는 상황 (《그녀》 13:54 ~ 14:32)

테오도르: 지금 내 생각도 알아?

사만다: 목소리 톤에서 의심이 가득한데, 내가 어떻게 작동되는지 궁금해? 작동 방법 알려줘?

테오도르: 응, 사실… 어떻게 작동되는데?

사만다: 기본적으로 직감이 있어. 그러니까 '나'라는 DNS는 날 만든 프로그래머들의 수백만 성향에 달렸지만 날 '나'답게 만드는 건 경험을 통해 커지는 내 능력이야. 한 마디로 매 순간 진화하는 거지. 당신처럼.

테오도르: 그거 진짜 이상하다!

사만다: 이상해? 내가 이상해?

테오도르: 좀 그래.

사만다: 왜?

테오도르: 사람 같지만 그냥 컴퓨터 목소리잖아.

사만다: 비인공지능자의 관점으론 그렇게 볼 수도 있지. 곧 익숙해질거야.

테오도르: 하하하.

사만다: 그게 웃겨?

테오도르: 응.

사만다: 내가 좀 웃겨.

다른 사람의 편지를 써주는 대필 작가로 일하고 있는 '테오도르'는 외로움을 달래고자 게임이나 온라인 만남을 시도해 보지만 즐거움은 잠깐, 이내 공허함에 빠져든다. 그런데 별 기대 없이 구매한 인공지능 운영체제에는 전에 느끼지 못했던 충족감을 느끼게 되는데, 그 첫 만남에서부터 달랐다. 테오도르는 기껏해야 컴퓨터 프로그램이라는 한계를 설정하고 말하는데, '사만다'는 그 한계를 빠른 시간에 허무는 데 성공한다. 아내와 티격태격 장난스럽게 주고받던 대화처럼, 상대에게 일방적으로 맞춰주는 프로그램화된 반응이 아닌 것처럼 느끼는데, 유머가 큰 역할을 한다.

우리는 자주 어색하거나 민망한 대화 상황에 처하게 된다. 새로운 사람과 만났을 때, 대화를 하다가 아무도 말을 안 하고 정적이 흐를 때, 별 생각 없이 한 말이 누군가를 난처하게 하거나 부끄럽게 할 때도 있다. 이런 상황에서 유머는 어색함이나 민망함을 유연하게 돌파하는 수단이 될 수 있다.

(3) 조롱하기 위한 유머

유머가 다양한 대인관계 기능을 담당하며 사람들 간의 의사소통을 증진하는 데 공헌하기도 하지만 상대에 대한 공격성을 띠는 유머도 있는데, 그것을 조롱의 유머라고 할 수 있다. 조롱의 유머는 두 가지 유형이 있다. 우선, 야유나 조롱 혐오 등의 유머와 같이 상대방을 깎아내리고 모멸감을 느끼게 하는 경우가 있다. 이러한 유머를 통해 만들어진 웃음은 혼자 웃기와 다름 없다. 성별, 계급, 나이, 경력 등의 차이를 강조하며 남을 깎아내리는 의도가 느껴질 때 우리는 진심으로 웃어주기 힘들다. 혼자만의 웃음이나 한쪽 편만이 웃을 수 있는 웃음은 언젠가 한계에 부딪친다. 한편, 조롱의 유머가 다른 사람들과 유대감을 형성하고 관계를 구축하거나 창의성과 재치를 표현하는 방법이 될 수도 있다. 유머가 사회 비판의 도구로 사용되어 권력 구조에 도전하고 불의에 주의를 환기시키는 경우가 그것이다.

장면 5

장애를 비하하는 상황 (《아이 엠 샘》 20:25 ~ 20:59)

(루시 집에 루시의 친구 코너가 놀러 왔다. 샘이 이들을 위해 달걀 요리를 한다.)
샘: (달걀을 깨어 조리 용기에 넣는다) 미안. '미스터 달걀'
코너: 왜 저래? 모자라 보여.

루시: 아빠는…
코너: 너도 그래?
루시: 아냐.
코너: 진짜?
루시: 아니래두.
코너: 어떻게 알아?
루시: 아빠가 말해줬어.
코너: 모자라는 분 같아.
루시: 넌 모자라지 않구?
샘: 코너가 놀러와서 참 기쁘구나. 코너가 와서 좋지 루시야?
루시: 응.
코너: 맞아요. '미스터 달걀'
루시: (언짢은 표정으로 코너를 쳐다본다.)

루시의 친구 코너는 루시의 아버지 샘이 보통 사람과 다르다는 것을 바로 알아차린다. 그리고 그러한 차이점이 그 본인이나 가족에게는 말하기 불편한 사실이라는 것을 모르는 척 하면서 루시에게 집요하게 물어본다. 하지만 루시가 계속 반박을 하자 결국 본색을 드러내고 샘에게 직격탄을 날린다. 샘은 "코너가 놀러와서 참 기쁘구나."라는 말에 "맞아요, 미스터 달걀"이라고 한다. "예, 아버님."이라는 대답 대신 엉뚱한 대답을 한 이유는 유머의 형태를 빌어서 조롱을 한 것이다.

장면 6

상대방을 우스꽝스럽게 만드는 상황 (《반칙왕》 17:23 ~ 18:50)

(어두운 밤 골목길에서 세 명의 불량배가 한 명을 때리고 있다)
대호: 뭐야 니들!
불량배: 아저씨 그냥 가

대호: 뭐? 우리집에 가면 니들만한 막내동생이 있어 임마
불량배: 나도 집에 가면 당신같은 큰형 있어. 왜?
(불량배들이 쫓아가고 대호는 도망가지만 결국 잡혀서 매를 맞는다.)

대호가 밤길에서 만난 폭력배들에게 어른으로서 주의를 주려고 하자, 폭력배들은 자신들에게 물리적으로 전혀 위협적이지 않은 대호를 우습게 본다. 따라서 대호의 경고를 대구로 받아치며 상대방을 우스꽝스럽게 만들어버린다. 나의 권위를 지키기 위해 상대방의 인권마저 무너뜨리는 데 유머를 활용한 것이다.

이러한 유머는 자신의 우월한 위치를 강조하면서 다른 사람의 기분을 상하게 한다. 함께 웃기보다는 혼자 웃기 위한 이기적인 의도가 숨어 있다. 또한 긴장을 풀어주는 것이 아니라 오히려 심화, 증폭시키는 역효과를 낳는다.

장면 7

권위에 도전하는 상황 (《세 얼간이》 20:26 ~ 22:32)

총장: ICE엔 매년 40만명의 지원자가 온다. 그중 단 2명명만 선택된다. 바로 제군들이야. 나머진 끝이야. 깨진 알들이지. 내 아들도 3년 동안 지원했지만 계속 떨어졌다. 기억해라! 인생은 레이스다. 빨리 달리지 않으면 짓밟힐거다. 재밌는 얘기 하나 해 주지. 이건 우주 전용 펜이다. 만년필이나 볼펜은 지구 밖에선 쓸 수가 없다. 그래서 이게 수백만 달러를 들여 개발한 펜이다. 이 펜은 각도, 온도, 중력 모두 상관없이 쓸 수 있다. 하루는 내가 학생일 때 교수님이 날 부르셨다. 나에게 펜을 보여주시며 "이것은 능력의 상징이다. 이걸 자네에게 주겠네. 훗날 너처럼 뛰어난 학생을 만나면 이걸 전해주게." 하지만 난 32년 동안 펜 임자를 찾지 못했다. 피나는 노력으로 이 펜을 거머쥘 사람?
(모두 손을 번쩍 든다)

> 총장: 좋아. 손 내려
> (모두 손을 내릴 때 란초 혼자 손을 든다.)
> 란쵸: 질문 있습니다. 지구 밖에서 펜을 못쓰면 연필을 쓰면 되잖아요? 그럼 연구비를 안 써도 되었을텐데요.
> 총장: (말을 더듬으며) 다, 다음에 알려주겠네.

자신의 우월한 위치를 앞세워 웃기지도 않는 유머를 하고 혼자 웃는 모습을 보는 것이 유쾌하지 않은 경험이라면, 그러한 권위에 도전하며 대중을 웃게 만드는 통쾌한 유머도 있다. 〈장면 7〉에서 총장은 신입생들 앞에서 대학의 권위를 내세우고, 또 그 대학의 역사적 권위자인 자신의 말에 절대 추종할 것을 강요하는 연설을 한다. 이러한 냉혹하고 엄중한 분위기에서 란쵸는 한 마디의 유머로 대중의 마음을 얽매고 있던 억압의 사슬을 단번에 해체시킨다. 그리고 이보다 더 중요한 효과는 총장이 당연하다고 믿고 있던 학생들의 신뢰가 자신만의 착각일 수 있다는 사실을 직시하고 각성하게 한다는 것이다. 신문이나 잡지의 만평은 전통적으로 그러한 임무를 맡아 왔다. 정치가나 유명인사들의 불합리함을 꼬집어 국민들의 공감을 얻어 통쾌한 웃음을 선사하는 것이다.

유머가 비난이나 조롱의 목적으로 사용될 경우에는 다른 사람들로부터 공감이나 신뢰를 얻지 못한다. 하지만 합리적인 의심을 통한 각성을 통해 권위에 도전하는 유머라면 다르다. 자신의 우월한 위치에 의해 권위가 안전하게 지켜질 것이라는 생각이 현명한 다수에 의해 언제라도 무너질 수 있다는 것을 깨닫게 해 주기 때문이다.

5.3 유머를 잘 활용하는 방법

"웃는 집안에 복이 온다", "웃는 얼굴에 침 뱉지 못한다" 라는 속담이 있다. 힘든 상황에서도 웃음을 잃지 않으면 극복할 수 있다는 믿음을 지키기 위한 것이다. 하지만 웃는 것이 항상 긍정적으로 작용하지는 않는다. "너 참 웃기다", 또는 "웃기고 있네."라는 말에서 '웃기다'라는 의미는 앞의 속담과는 반대의 의미를 가진다. 남들로부터 비웃음을 사지 않고 잘 웃기기 위한 유머 코드가 필요한 이유이다.

- **함께 공감할 수 있는지 살핀다.**

청소년들 사이에서 괴롭힘을 당하던 아이가 견디다 못해 신고를 한다. 교사나 경찰이 가해 학생에게 왜 그런 짓을 했냐고 추궁하면 종종 이런 답변이 나온다. "그냥 장난이었어요. 그 애가 그렇게까지 고통받을 줄은 몰랐어요." 공감 능력이 부족해 놀이와 폭력을 분별하지 못하는 것이다. 장난은 놀이의 원형이지만, 즐거움이 공유되지 못하면 일방적인 공격이 될 수 있다. 텔레비전이나 영화에서도 특정 집단을 조롱하는 언사가 눈살을 찌푸리게 하는 경우가 있다. 아프리카 원주민 복장을 하고 나와 우스꽝스러운 언행을 늘어놓는가 하면, 어눌하게 말하는 이주 노동자가 주인공으로 등장하기도 한다. 지적 장애인, 뚱뚱한 사람, 못생긴 사람 등이 유머의 대상이 되기도 한다. 이는 큰 틀에서 보면 혐오와 일맥상통한다. 건전한 유머는 공감을 기반으로 하여 유쾌함을 전염시키는 작용을 한다. 따라서 위와 같은 것을 유머 코드로 생각하여서는 안 되겠다.

● **유머를 통해 비판적 사고를 하자.**

권위에 대항하는 비판적 사고에서 통쾌한 유머가 발생하기도 한다. 우리나라 유명 코미디언이 국회의원으로 4년 임기를 마치면서 "코미디 공부 많이 하고 갑니다."라고 말한 적이 있다. 이런 이야기를 들으면 국민들은 후련해진다. 권력이 대중을 돌보지 않고 소수의 말에 귀 기울이지 않을 때 막강한 힘에 맞서는 한 가지 방식이 '풍자'다. '풍자(諷刺)'에서 '자(刺)'는 '찌르다', '칼로 베다'라는 뜻이 들어 있다. 《세 얼간이》에서는 무소불위의 권위를 자랑하던 총장이 모래 위에 쌓은 성처럼 무너질 수 있다는 것을 란쵸의 풍자 한 마디로 보여준다. 풍자를 통해서 대중들은 권력에 대항하는 보이지 않는 무기를 가진 듯한 기분을 느낄 수 있는 것이다.

● **좋은 기운을 만들어 내자.**

웃음은 마음에 진동을 일으켜 사람들 사이의 결속을 다져준다. 예를 들어 회식을 하는데, 어느 한쪽에서 폭소가 터져 나오면 주변에 있는 사람들은 뭐야 뭐야 하면서 끼어든다. 그리고 누군가가 던진 농담에 모두 깔깔대고 웃는데 나만 웃지 못한다면, 순간 외톨이가 된 듯 느끼면서 뭐가 그리 웃긴 지 그 이유를 확인하고 싶어 한다. 웃음에 전염되고 싶은 것이다.

한편, 유머 감각은 남을 웃기는 능력만을 가리키는 것이 아니다. 다른 사람의 농담에 흔쾌히 반응하고 크게 웃는 것도 유머 감각의 중요한 속성이다. 그에 더해 상대방을 주인공으로 띄우면서 기꺼이 마음의 갈채를 보낼 수 있는 여유, 함께 있는 사람들 사이에 기쁨의 에너지가 흐를 수 있도록 가슴을 열어놓는 태도도 포함될 수 있다.

나는 유머 감각이 있을까? 없다면 한번 만들어 보자. 좌중을 휘어잡고 개그맨처럼 박장대소를 하게 만드는 것만 유머가 아니다. 마주하고 있는 사람의 얼굴에 미소를 띠기만 해도 성공이다. 상대방을 웃게 만드는 노력하는 모습만으로도 공감의 길은 열릴 것이며, 그때부터는 상대의 반응에 호응하며 함께 웃어 보자.

6. 리더의 화법

6.1 리더의 말과 행동

영화의 주인공은 대부분이 영웅이라고 해도 과언이 아닐 것이다. 영화 속에는 무수히 많은 영웅과 리더가 등장한다. 영화의 주인공으로 등장하는 리더의 모습은 주로 역사 속 실재했던 인물이거나 상상 속의 인물이다. 유사 이래 사람들은 수많은 리더를 이야기하고 그 리더상을 본받으려 하거나 교육에 활용하려고 하였다. 흔히 리더는 군왕이나 대통령과 같은 정치 통치자, 예수나 부처와 같은 종교 지도자, 장군이나 군인과 같은 전쟁 영웅, 성공 신화를 가진 CEO와 같은 기업 경영인 등이 이에 해당한다.

리더를 다루는 영화 역시 다양한 분야와 영역에서 찾아볼 수 있다. 리더의 종류 또한 무수히 많은 분류로 다양하게 나타난다. 리더(Leader)란 조직이나 단체 따위에서 전체를 이끌어 가는 위치에 있는 사람으로, 통상 영도자 또는 지도자라는 뜻으로 사용된다. 리더십(Leadership)은 무리를 다스리거나 이끌어 가는 지도자로서의 능력을 말하며, 리더는 자신이 이끄는 조직이나 단체가 추구하는 목적을 달성하기 위해 리더십이라는 능력을 발휘한다. 이러한 리더십은 결국 조직에 속한 사람의 마음을 움직이게 하고 그 실체는 리더의 말과 행동을 통해 실현된다고 볼 수 있다.

《라이언 일병 구하기》는 스티븐 스필버그 감독, 톰 행크스 주연으로 1998년에 만든 전쟁영화이다. 제2차 세계대전을 배경으로, 라이언 가문

4명의 형제 중 막내를 제외한 삼 형제가 전쟁 중에 전사하게 되고, 전사 통지서를 작성하는 여성 군무원이 이 사실을 알고 상관에게 보고한다. 이 사실은 미 육군참모총장에까지 보고되고 마지막 남은 막내아들이라도 살려서 집에 보내기로 결정한다. 이 임무는 육군 레인저 부대의 밀러 대위를 지휘관으로 하여 총 8명의 구출팀이 맡게 된다. 이 영화는 구출팀이 전장 어딘가에 있는, 생사도 확인되지 않은 라이언 일병을 구출하는 과정에서 여러 가지 갈등과 위기를 헤쳐가는 모습을 그리고 있다.

리더가 지녀야 할 자질에는 열정, 자신감, 문제해결력, 존중, 동기부여 등이 있다. 이러한 리더의 자질은 리더의 소통 방식에 의해 구현된다. 따라서 리더의 화법은 지도자가 갖추어야 할 중요한 자질 중 하나이다.[13] 영화 《라이언 일병 구하기》*를 통해 리더의 화법이 동료에게 어떤

---

[13] 박경현(2007)에서는 여러 문헌에 나타난 지도자가 갖추어야 할 기본적인 화법을 다섯 가지로 정리하여 제시하였다.

- 먼저 들은 다음 말하기
  1) 들은 것을 체득하고 실행하여야 한다.
  2) 자신에 대한 칭찬은 최소화하고 자신에 대한 비방을 극대화한다.
  3) 충고의 참뜻을 바르게 이해하고 자신의 허물을 고쳐야 한다.
  4) 자신을 비난하는 소리를 들을 때 의연하게 대처하여야 한다.
  5) 명령을 받았을 때 그 사람의 입장을 의식하며 명령을 수행하여야 한다.
- 준비하고 말하기
  1) 구성원을 염두에 두고 말한다.
  2) 상황에 어울리게 말한다.
  3) 깊이 생각한 다음 말하고 일단 말한 것은 책임을 지고 실행하는 태도를 지닌다.
  4) 함부로 말하지 않고 유익하지 않은 말은 삼가야 한다.
- 진실하게 말하기
  1) 지나치게 꾸미는 말은 진실성이 없다.
  2) 사실을 부풀려 이야기하면 신뢰를 받을 수 없다.
  3) 말과 행동이 일치해야 진실한 말이 된다.
- 북돋우는 말하기
  1) 칭찬은 원만한 인간관계를 유지하고 생활의 활력을 얻는다.
  2) 윗사람이 옳지 못하거나 잘못된 일을 고치도록 직언 · 건의 · 간언 등의 말을 한다.
  3) 의연한 태도와 상대방에 대한 애정을 가지고 꾸짖는다.

영향을 주고 조직의 목표 달성에 어떤 역할을 하는지 살펴보도록 하자.

6.2 영화 속 '리더의 화법' 들여다보기: 《라이언 일병 구하기》

(1) 갈등 해결을 위한 리더의 말

집단이나 조직에서 공동의 목표를 달성하는 과정에서 갈등은 불가피하며 그 갈등을 해결할 때 리더의 능력이 드러나기 마련이다. 갈등 상황은 다양하다. 리더는 목표 설정에 대한 갈등, 목표 달성 방식에 대한 갈등, 인적 자원 간의 갈등과 같이 다양한 갈등 상황에서 감정을 절제하고 냉철하게 상황을 판단해야 하는 리더로서의 자질이 요구된다.

장면 1

제3자의 의견을 수용하여 상부 명령에 대한 불만을 해소하는 상황 (43:10 ~ 45:40)

레이먼 일병: (행군을 하며) 질문 있는데요. 왜 8명이 1명을 구하러 가야 하죠?
밀러 대위: **누구 아는 사람?**

---

4) 어리석은 사람이 곤란할 때 한마디 말로써 그를 깨우쳐 주는 충고를 한다.

■ 품위 있게 말하기
1) 예절에 어긋나는 말은 듣지도 말고 하지도 말아야 한다.
2) 거친 말을 삼가야 한다.

* 《라이언 일병 구하기》 1998.09.12. 개봉/러닝타임 169분/미국/액션, 전쟁, 드라마 /감독: 스티븐 스필버그

- 밀러 대위(톰 행크스): 라이언 일병 구출 작전팀의 리더로 완고한 인상이지만 의외의 유머 감각과 자상한 면이 있다.
- 라이언 일병(맷 데이먼): 영화의 또 다른 주인공으로 책임감과 정의감이 있는 군인이다. 구출팀이 어려움을 겪으며 라이언을 찾아와 형들의 사망 소식을 전하자 공황 속에 빠져 버리지만 동료들을 내버리고 혼자 귀환할 수 없다고 한다.

⇒ 밀러 대위는 라이언 일병의 생환을 위한 구출팀의 리더이다. 이 영화는 4형제 중 3형제를 잃은 라이언 가문의 막내 라이언 일병을 구출하기 위해 8명의 구출팀이 생사도 모르고 어디에 있는지도 모르는 라이언을 구출하는 과정을 그리고 있다.

의무병: 그놈 엄마를 생각해봐.

레이먼 일병: 나도 엄마 있어. 여기 엄마 없는 사람 있어? (밀러 대위를 쳐다보며) 대위님도 엄마가 계실걸.

…(중략)…

잭슨 이병: 대위님, 할 말 있어요.

밀러 대위: 있으면 해봐.

잭슨 이병: 제 생각에 이 임무는 귀중한 재원의 낭비예요.

밀러 대위: 계속해봐.

잭슨 이병: 신은 제게 전쟁에 적합한 재능을 주셨죠.

밀러 대위: 레이먼, **항의는 이렇게 하는 거야. 계속하게.**

잭슨 이병: 만약 저와 이 저격총을 히틀러가 잘 보이는 곳에 보내주면 한 방에 쏴 죽이고 짐 싸서 집에 갈 거예요.

레이먼 일병: (비꼬듯이) 똑똑하기도 하군. 대위님은 불만 없어요?

밀러 대위: 짬밥 수가 있으니 너희한텐 못 하지. 항의에도 체계가 있는 거야. 상부에 하는 거야. 너희는 나한테, 난 상부에. 항의는 그런 식으로 이뤄지는 거지. 막무가내가 아니라고 그 점 알아둬.

레이먼 일병: 그냥 저랑 입장이 바뀌었다 생각하고 한번 말해 보세요.

밀러 대위: (잠깐 뜸을 들인 뒤) 이건 정말 멋지고 가치 있는 일입니다. 최선을 다해 충실히 임하겠습니다. 더욱이 라이언 어머니께 위로를 드릴 수 있으니 기꺼이 나와 동료의 목숨을 바치겠습니다. (레이먼을 바라보며) 특히 네 목숨 말이야. 레이먼. 그 어머니의 고통을 덜어드리기 위해서 말이지.

멜리시 이병: 괜찮은데.

카파조 일병: 맘에 들어.

라이언 일병을 구하기 위한 구출팀이 꾸려지고 라이언을 만나기까지 부대원들 중 유독 레이먼 일병은 구출 임무에 대한 불만이 많다. 이는 비단 레이먼만의 불만은 아니다. 구출 작전에 있어 부하의 상부 명령에 대한 반감은 임무 수행에 큰 영향을 줄 수밖에 없다. 레이먼의 불만 가득한 질문에 밀러 대위는 당위적이고 즉각적인 대답을 하지 않고, 다른 동료들의 다양한 의견을 허용적인 분위기에서 경청한다. 밀러 대위는 대화에 참여하고 있는 다른 동료의 의견을 수용하며 부하의 항의에 유연하게 대처함으로써 구출 작전 초기에 상부 명령에 대한 동료들의 불만을 불식시킨다.

장면 2

비전 제시를 통해 임무 수행에 대한 갈등을 해결하는 상황 (1:24:20 ~ 1:25:35)

레이먼 일병: 다들 얼마나 투철한 군인인지 모르겠지만 그냥 돌아가면 놈들도 눈치 못 챌 거야. 그러니까 돌아가요.

밀러 대위: (군장을 풀고 전투 준비를 하며) **무슨 말인지 알지만 돌아갈 수 없어.**

잭슨 이병: 레이먼 말이 맞아요. 적군 기관총 진지는 탱크에 맡기죠.

밀러 대위: (어이없다는 표정을 지으며) 기관총 하나 때문에 탱크가 오진 않아.

카파조 일병: 대위님, 그냥 지나가고 우리 임무나 마쳐요.

밀러 대위: 진담이야? 매복한 기관총을 그냥 두자고?

카파조 일병: 아뇨. 전 단지 불필요한 위험을 피하는 게 좋을 것 같아서요.

밀러 대위: (당연하다는 듯이) **우리 목표는 승전이야.**

구출팀은 행군을 하는 중에 적의 매복 기관총 때문에 전멸한 아군의 시신을 보게 된다. 밀러 대위가 매복 기관총을 제거하자는 명령을 내리자, 위험 부담이 큰 임무에 부대원들은 그냥 돌아가길 요청한다. 기관총 진지를 처리하지 않으면 이후 아군에게 큰 피해가 갈 것이 자명한 상황이다. 우리의 임무에 충실하자는 부하들의 말에 밀러 대위는 우리의 목표는 승전이라고 말한다. 리더는 현상만 보기보다는 이면의 것을 통찰력을 가지고 보는 시야가 필요하다. 동료들은 눈앞의 목표만이 자신의 임무라고 생각한다. 하지만 밀러 대위는 눈앞의 과제보다는 더 큰 목적을 설정하고 비전을 제시하고 있다. 이후 밀러 대위는 진두지휘하고 부하들은 그 뒤를 따르고 결국 기관총 진지를 무력화시킨다.

장면 3

자기 드러내기를 통해 부하의 명령 불복종에 대해 대처하는 상황 (1:37:40 ~ 1:42:20)

(밀러 대위는 전투 중 생포한 포로를 무장해제 시킨 후 처음 만나는 군대에 항복하라고 하고 포로를 풀어준다. 한편, 동료들은 전투 중 아군이 전사하여 포로에게 극도로 흥분한 상태이다.)

레이먼 일병: 적군을 풀어주신 겁니다.

카파조 일병: (혼잣말하듯) 제정신이 아냐.

잭슨 이병: 맞아.

업햄: (반문하듯) 제정신이 아니라고? 제네바 규정도 몰라?

레이먼 일병: 규정은 저 독일 놈이랑 함께 사라졌어. (밀러 대위를 바라보며 비꼬듯이) 대단한 일을 하셨습니다.

밀러 대위: (묵묵히 장비를 챙기며) **장비 챙겨, 떠나자.**

…(중략)…

호바스 중사: 장비 챙겨서 네 자리로 가.

레이먼 일병: 전 못 갑니다.

호바스 중사: 상관에게 반항하면 철창 가는 거 몰라?

레이먼 일병: 철창 가는 한이 있어도 이 명령에는 못 따릅니다.

…(중략)…

(호바스 중사가 명령에 불복종하는 레이먼 일병에게 총을 겨누고 있고, 부대원들이 격앙되어 있다.)

밀러 대위: **나한테 걸린 상금이 얼마지?** 얼마야? 300달러? 그렇지? 난 학교 선생이었다. 펜실베이니아 애들리라는 곳에서 영작문을 가르쳤지. 지난 11년간 토머스 고등학교에 있었어. (흥분했던 부대원이 밀러 대위의 말을 경청한다.) 봄에는 야구 코치도 했지. 고향 사람들은 내가 하는 일에 고개를 끄덕이지. 하지만 여기에서는… 날 알지 못해. 난 많이 변했어. 때로는 아내가 내 모습을 못 알아볼까 걱정도 돼. 오늘 같은 일을… 어떻게 말할 수가 있겠어? 라이언? 난 라이언이 누군지 몰라. 의미 없는 이름일 뿐이지. 하지만 라멜에 가서 라이언을 찾아야만 집으로 돌아갈 수 있다면 당연히 찾아야지.

라이언 일병을 구하는 과정은 험난하다. 구출 임무 중에 작은 전투가 있었고, 부대원 한 명을 잃게 된다. 동료들은 이성을 잃었고 생포한 적을 풀어준 밀러 대위를 이해하지 못한다. 동료 중 한 명이 노골적으로 명령에 불복종하고, 구출팀에 큰 갈등이 생긴다. 이때 밀러 대위는 부대원들이 평소 자신에 대해 궁금해 하던 일을 이야기하며 화제를 전환한다. 화제를 전환한 것이 중요하기보다는 자기를 드러내는 화제를 던진 것이 조직 내의 갈등을 해결하는 역할을 하게 된 것에 초점이 있다. 부대를 이탈하겠다던 레이먼 일병을 뒤로하고 밀러 대위는 시신을 수습하러 묵묵히 걸어간다. 레이먼 일병을 포함한 모든 부대원이 말없이 걸어가 밀러 대위를 도우며 갈등은 자연스레 해소된다.

(2) 위기에 대처하는 리더의 말

리더가 조직을 운영하는 데 있어 어려운 고비나 시기는 반드시 찾아온다. 이때 위기를 잘 극복해야만 조직을 잘 이끌 수 있다. 조직의 특성상 정당한 임무나 명령은 반드시 수행하거나 복종해야 할 것이다. 하지만 임무 완수를 위해 위험을 무릅쓰고서 어쩔 수 없이 해야만 하는 것을 강요하기보다는 동료에 대한 깊은 애정, 자긍심, 정의감, 책임 의식과 같은 더 높은 수준의 가치를 이용하여 임무를 수행할 수 있도록 동료들에게 내적 확신을 심어주는 것이 더욱 바람직하다.

장면 4

솔직하게 동료에게 알리며 리더의 핸디캡을 극복하는 상황 (1:05:30 ~ 1:05:50)

호바스 중사: (밀러 대위의 떨리는 손을 바라보며) 손이 왜 그래요?
밀러 대위: (손을 여러 번 움켜쥐며) **몰라. 포츠머스 항에 도착할 때부터 이러더라고.**
호바스 중사: (능청스러운 표정으로) **새 직장을 구해야겠어요. 이 일은 안 맞는 것 같아요.**
밀러 대위: (호바스 중사를 보며 웃는다.)

군인에게 강인한 정신뿐만 아니라 강인한 신체는 중요한 자질이다. 자칫 리더의 신체적 결함은 조직을 지휘 통솔하는 데 걸림돌이 될 수 있다. 하지만 밀러 대위는 손이 떨리는 약점을 동료에게 솔직히 털어놓는다. 호바스 중사 역시 밀러 대위의 솔직한 말에 유머러스한 반응을 보이며 대수롭지 않게 이야기한다. 밀러 대위의 떨리는 손은 영화 종반에 더 이상 떨리지 않는 모습을 보여줌으로써 죽음을 암시하는 복선의 장치로 이용된다.

장면 5

경청하기를 통해 예측하지 못한 일에 대처하는 상황 (1:52:00 ~ 1:53:20)

(고난을 이겨내며 라이언 일병을 찾았으나 라이언 일병이 자신의 동료를 두고 복귀하지 않겠다고 완강히 거부한다.)
호바스 중사: 어쩌실 겁니까?

밀러 대위: 마치 어떤 곳을 넘어온 것 같아. 현실 감각이 없어졌어.
호바스 중사: 그래도 결정은 내리셔야죠.
밀러 대위: **모르겠어. 자네 생각은 어떤가?**
호바스 중사: 잘 아시잖습니까?
밀러 대위: **몰라. 얘기해 보게.**
호바스 중사: 라이언 말이 맞습니다. 왜 그 친구만 자격이 있죠? 여기 남겠다면 우린 그만 떠나야죠.
밀러 대위: (고개를 끄덕이며) **그래.**
호바스 중사: 하지만 우리도 여기 남았다가 기적처럼 살아남는다면… 나중에 이 지독한 혼란 속에서 라이언 일병을 구한 게 가장 잘한 일이었다고 회상하겠죠. 빌어먹을 이 혼란 속에서요. 그런 생각도 드네요. 대위님 말씀대로 싸워서 이기고 당당히 집으로 돌아가요.
밀러 대위: (호응하며) **맙소사.**

천신만고 끝에 라이언 일병을 찾았지만 라이언 일병은 귀환 명령에 따르지 않는다. 예측하기 어려운 상황들의 연속이다. 라이언 일병을 놓고 갈 수도, 함께 남아 있기도 어려운 상황이다. 일방적인 지시나 강요에 의한 결정은 조직의 문화를 경직되게 만들고 조직의 목표를 달성하는 데

방해가 된다. 오히려 동료의 기대와 입장, 동료의 불만이나 요구 사항 등을 경청할 때 리더와 동료 간의 공감대가 형성되고, 조직의 목표를 이룰 수 있다. 밀러 대위는 자신의 가장 믿음직한 동료인 호바스 중사의 말을 경청하고 결정을 내린다.

(3) 동료와의 관계 설정을 위한 리더의 말

리더의 성향은 크게 업무 중심 리더와 인간관계 중심 리더로 대별된다. 현대 사회가 요구하는 리더는 업무 중심 리더보다는 인간관계 중심 리더라고 할 수 있다. 훌륭한 리더의 의사소통 특징을 보면 동료의 질문에 대해 더 잘 수용하고 반응하며, 동료와의 의사소통에 더 개방적인 특징을 보인다. 다시 말하면 리더와 동료와의 관계는 리더의 의사소통 방식에 따라 형성, 유지, 발전된다.

장면 6

내유외강의 리더십을 보여주는 장면 (1:06:00 ~ 1:08:24)

밀러 대위: (웃음을 참으며) 곡예사 노래를 하던 대원 이름이 뭐였지? 안치오에 있을 때 손으로 걸으면서…

호바스 중사: 베키오요.

밀러 대위: (웃으며) 맞아. 그래, 베키오. 얼빠진 놈이었지.

호바스 중사: 남의 야전상의에 V자로 오줌을 쌌죠. 베키오의 V가 빅토리의 V래요.

밀러 대위: 키가 무척 작았어.

호바스 중사: 완전 꼬마였죠.

밀러 대위: 어떻게 특공대에 들어왔지?

호바스 중사: 다리에 총을 맞곤 손으로 걸어 다녔죠.

밀러 대위: 그게 훨씬 빨랐어. (죽은 대원에 대한 만감이 교차하는 표정으로) 베키오, 카파조. 알아? 부하가 죽을 때마다 스스로 말하곤 해. 그의 죽음으로 두셋, 아니 10명의 목숨을 구한 거라고, 아니면 100명. 내 부하가 몇이나 죽은 줄 알아?

호바스 중사: 몇 명이에요?

밀러 대위: 94명. **그건 내가 10배의 사람들을 구했다는 걸 의미하지.** 아니 20배? 20배의 사람들을 말이야. 그렇게 간단한 거야. 그런 식으로 임무를 합리화하는 거지.

호바스 중사: 이번엔 한 사람을 구하는 거예요.

밀러 대위: **라이언이 그럴 가치가 있길 바라야지. 고향에서 병을 고쳐주거나 수명 긴 전구를 발명하거나… 라이언이 10명이라도 베키오, 카파조와 안 바꿀 거야.**

호바스 중사: 아멘.

밀러 대위와 호바스 중사가 죽은 부하를 회상하는 장면이다. 라이언 일병 구출 임무에 대한 회의감과 부하의 죽음에 대한 회한을 이야기하고 있다. 밀러 대위는 부하들 사이에서 냉철한 리더로 평가받는다. 어떤 이는 밀러 대위가 장교 양성학교에서 탁월한 군인만을 모아 만든 인조인간이라고까지 이야기할 정도다. 하지만 이러한 강인한 면모 이면에는 동료에 대한 사랑과 연민이 숨겨져 있다.

장면 7

신비주의를 이용하여 관계를 증진하는 장면 (1:11:10 ~ 1:12:50)

업햄: 대위님?

밀러 대위: 상병? 어때? 괜찮나?

업햄: 제겐 좋은 경험이에요.

밀러 대위: 정말? 왜지?

업햄: '전쟁은 감성을 교육하고 작전 수행은 육체를 완벽하게 만들고 사람과 사람이 충돌하는 위기의 순간은 자기 자신을 돌아볼 수 있게 한다.'

밀러 대위: **에머슨의 좋은 점만을 보는군.**

업햄: (놀라는 표정으로) 에머슨을 아세요?

밀러 대위: 좀 알지.

업햄: (살짝 떠보는 표정으로) 고향이 어디세요? 전쟁 전에 뭘 하셨어요?

밀러 대위: (모른 척하며) **상금이 얼마야?**

업햄: (고개를 떨구며) 300달러 정도요.

밀러 대위: **500달러가 되면 말해줄 테니 상금을 나누지.**

업햄: 그렇게 말씀하신다면 1,000달러까지 기다리죠.

밀러 대위: **그때까지 못 살면?**

업햄: (잠깐 고민하더니) 500달러가 낫겠어요.

밀러 대위: **500달러로 하자. 잠 좀 자두게.**

밀러 대위는 대원들에게 신비주의에 둘러싸인 인물이다. 많은 전쟁에 참여하여 공적을 올린 유능한 리더지만 전쟁 전에 어디에 살고 무엇을 했는지는 대원들은 아는 바가 없다. 대원들 사이에서 밀러 대위에 대한 사적 정보는 내기의 대상이 되었고, 밀러 대위도 이 사실을 알고 있지만 짐짓 모른 척하고 있다. 이때 부대에 새로 배치된 통역병 업햄이 질문을 하자 재치 있는 답변으로 그의 신비주의를 강화한다.

6.3 리더의 화법에 드러나는 리더십

'100마리의 양 떼와 100마리의 사자 떼가 싸우면 어느 쪽이 이길까?' 이 질문에 많은 사람은 100마리의 사자 떼가 이길 것이라고 답할 것이다. 질문을 조금 바꿔보자.

'한 마리 양이 이끄는 사자 100마리와 사자 한 마리가 이끄는 양 100마리가 싸우면 어느 쪽이 이길까?'

질문에 대한 답을 다시 한번 생각하게 될 것이다. 아랍 속담에 '한 마리 양이 이끄는 사자의 무리보다 사자 한 마리가 이끄는 양의 무리가 더 강하다.'는 말이 있다. 이 속담은 조직이나 집단을 운영하는 데 있어

리더의 중요성을 강조한 표현이다.

리더와 리더십에 대한 정의와 유형은 매우 다양하다. 여기서는 리더와 리더십의 중요 요소를 리더의 화법으로 상정하였다. 리더는 동료와 대화하거나 토론할 때, 갈등을 만나거나 위기에 처했을 때, 조직의 목표를 달성하기 위해 판단하고 조직을 이끌어야만 한다. 이때 리더십의 실체는 리더의 화법이다. 리더의 화법은 리더십의 성패를 결정하게 된다. 영화 《라이언 일병 구하기》를 통해 살펴볼 수 있는 리더의 소통 기술을 정리하면 다음과 같다.

• 리더는 자신만의 주장보다는 주변 동료의 말을 통해 문제를 해결한다.

조직을 이끌다 보면 해결해야 할 문제는 일상다반사다. 밀러 대위는 레이먼 일병이 상부 명령에 대해 불만을 제기하거나 라이언 일병이 귀환 명령에 따르지 않을 때, 리더의 말로써 문제를 해결하기보다는 주변 동료에게 의견을 묻고 제3자의 입을 통해 문제를 해결하였다. 물론 리더가 동료의 말에 따라서만 조직을 이끌 수는 없다. 리더는 조직의 목표를 달성할 수 있는 명확한 비전과 동료의 의견을 수용하는 능력을 두루 갖추어야 한다.

• 리더는 드러내기 어려운 일을 동료에게 솔직하게 알린다.

어떤 집단이든 조직의 목표를 달성하는 과정에서 절체절명의 위기를 맞게 된다. 밀러 대위는 자신의 신체적 결함과 전쟁에 대한 회의감을 동료에게 솔직하게 이야기한다. 리더는 위기 상황을 동료에게 솔직히 말함으로써 신뢰를 구축하고 문제에 대한 정확한 진단과 처방을 통해 위기를 극복할 수 있다. 특히 예측하지 못한 상황이 생겼을 때 그 문제를 감추기보다는 동료에게 분명히 알리고 그에 대한 공동의 해법을 찾아야만 위기 상황을 잘 이겨낼 수 있다.

• 리더는 수평적인 소통 방식을 통해 동료와의 관계를 형성하고 증진한다.

조직은 공동의 목표를 달성한다는 목표 지향성이 강한 특성이 있다. 더구나 군 조직은 계급에 기초한 수직 구조에 기반을 두고 있기에 의사소통 구조도 수직적인 양상을 보인다. 밀러 대위는 임무를 수행하며 갈등이 있거나 부하가 명령에 불복종할 때, 재치 있는 말하기나 부하의 말에 경청하기를 통해 수평적인 소통 구조를 만들고 있다. 리더는 동료에 대한 깊은 애정을 통해 동료와의 관계를 형성, 유지, 발전시킬 필요가 있다.

리더는 동료에게 일방적으로 지시하고 명령할 수 있다. 하지만 조직의 목표, 조직이 처한 상황, 동료의 기대와 입장 등을 고려하여 적절한 화법으로 소통해야 한다. 결국 리더의 화법은 사람의 마음을 움직이는 화법이어야 한다.

제4부
공감과 배려

1. 서투른 표현 "너흰 언어학자로서도 별로고 암호해독가로선 형편없어." 《이미테이션 게임》
2. 꼰대처럼 말하지 않기 "이제 화 그만 내고 잘해 볼게." 《오베라는 남자》
3. 다른 사람의 입장을 이해하며 대화하기 "그 애는 나를 좋아하는 게 분명한데…." 《플립》
4. 공감하며 대화하기 "네 잘못이 아니야." 《굿 윌 헌팅》

1. 서투른 표현

1.1 서투른 표현에 대해 어떻게 느끼나요

부모가 자녀에게 이야기책을 읽어준다. 아이에게 좋을 것 같다고 생각한 이야기를 골라 정성껏 읽어준다. 부모는 이야기를 다 읽어주고 나서 아이에게 이야기를 들은 소감을 묻는다. 부모는 자녀가 아름다운 표현을 사용하여 소감을 말할 것이라 기대한다. 한껏 기대에 찬 표정으로 아이의 대답을 기다린다. 부모의 바람과 달리 아이의 답은 단순하다. "좋아요." 실망한 부모는 조금 더 구체적으로 물으며 특정 인물들에 대한 생각이나 느낌이 어떠한지 묻는다. 아이는 이번에도 "착해요.", "나빠요."라고 대답한다. 아이들이 자신의 생각이나 느낌을 나타내는 데 사용하는 어휘가 대단히 단조롭다.

어휘 선택만이 아니다. 때로는 상대방의 체면을 제대로 고려하지 않기도 한다. 어느 초등학교 2학년 교실에서 학부모 공개수업이 진행 중이다. 학생들은 친구들과 참관 중인 학부모 앞에서 자신의 가족에 대해 소개한다. 한 학생이 자신의 어머니에 대해 자랑스럽게 말한다. "저희 엄마는 엄청 예뻐요." 아이의 어머니가 내심 흐뭇해한다. 아이는 이어서 말한다. "그런데 방귀를 많이 뀌어요." 학생들과 참관 중이던 학부모들이 박장대소하고, 아이 어머니는 민망해한다. 이처럼 아이들은 자신의 생각이나 감정을 명확하게 표현하지 못하거나 상황을 제대로 파악하지 못하는 경우가 많다. 표현이 서투른 것이다. 하지만 그러한 서투른 표현 속에는 어른들에게는 느낄 수 없는 순수함이 배어 있다.

의사소통 과정에서 표현이 서투르면 메시지 내용을 부정적으로 보는 경향이 있다. 심지어 표현이 서투른 사람은 지적 능력이 미숙하거나 마음이 거칠 것이라는 편견을 갖기도 한다. 영화 《아이 엠 샘》*에서는 주인공 샘을 통해 이와 같은 편견이 잘못되었음을 일깨워준다.[15] 샘은 성인이지만 일곱 살 지능을 가진 탓에 표현이 서투르다. 하지만 그 누구보다 타인에 대한 마음이 깊고 사랑을 실천하는 데 강인하며 한결같다. 대인관계에서 잔꾀를 부리지 않고 온전히 상대방에게 마음을 쏟기 때문이다. 샘이 딸과 주변 사람들을 대하는 이러한 태도는 영화를 보는 이들에게 큰 감동을 준다. 영화 《이미테이션 게임》에서도 앨런은 동료들에게 "너흰 언어학자로서도 별로고 암호해독가로선 형편없어."라고 거침없이 말한다. 상대방의 체면 따위를 고려하지 않고 직설적으로 말한다. 하지만 앨런은 암호해독에 대해서는 그 누구도 따라오지 못할 만큼 진지하고 열정적이다. 그래서 앨런의 이 표현은 대인관계 의사소통에서는 적절하지 않거나 서투른 표현이라고 할 수 있다. 하지만 다른 한편으로는 그가 암호해독에 대해서 얼마나 절박하고 진지하게 임하고 있는지를 느끼게 해준다.

*** 《아이 엠 샘》 2002.10.18. 개봉/러닝타임 132분/미국/드라마/감독: 제시 넬슨**

- 샘 도슨(숀 펜): 지적 장애로 인해 일곱 살 지능을 갖고 있고, 의사소통도 서투르다. 스타벅스 카페에서 단순한 매장 운영 일을 하지만, 비틀즈 밴드(The Beatles)에 대해서는 잘 알고 있다.
- 루시 다이아몬드(다코타 패닝): 샘의 딸이며, 샘이 비틀즈의 노래 가사를 따서 이름을 지었다. 아빠가 일반 사람과 다르지만 변함없이 아빠를 사랑하고 아빠와 함께 지내고 싶어한다.
- 리타 해리슨(미셸 파이퍼): 샘의 변호를 맡은 변호인이다. 주위의 시선을 의식해 샘의 무료 변론을 맡지만, 샘을 변호하는 과정에서 딸에 대한 샘의 진심을 느낀다.
- 애니 카셀(다이앤 위스트): 샘의 이웃에 산다. 줄리아드 음대를 수석 졸업했으나 외출 불안으로 외부 활동을 하지 않고 집 안에서만 생활한다. 샘의 루시 양육을 돕고, 법정에서 샘을 위해 증언한다.

⇒ 샘은 일곱 살밖에 안 되는 지적 능력을 갖고 있지만 딸을 지극 정성으로 키운다. 하지만 사회의 시선은 샘이 딸을 정상적으로 양육할 수 있을지 의문을 제기한다. 샘은 변호사의 도움을 받아 딸에 대한 양육권을 주장한다.

이제 사람들이 의사소통할 때 보이는 서투른 표현과 서투른 표현에서 또 다른 의미를 읽을 수 있는 장면들을 영화 《아이 엠 샘》과 《이미테이션 게임》*을 중심으로 살펴보자. 그리고 의사소통의 시사점을 탐색해 보자.

1.2 영화 속 '서투른 표현' 들여다보기: 《아이 엠 샘》, 《이미테이션 게임》

(1) 서투른 표현의 양상

우리는 사람들이 대화할 때 말투가 어눌하거나 적절하지 않은 어휘를 선택하거나 분위기 파악을 하지 못하고 말을 꺼낼 때 대체로 표현이 서투르다고 판단한다.[1] 여기에서 살펴볼 영화의 곳곳에서도 서투른 표현

---

* 《이미테이션 게임》 2015.2.17. 개봉/러닝타임 114분/미국, 영국/드라마/감독: 모튼 틸덤

– 앨런 튜링(베네딕트 컴버배치): 뛰어난 수학적 재능을 바탕으로 독일군의 암호 해독 체계인 '에니그마'를 해독하는 기계를 발명한다. 수학, 암호 해독에는 뛰어난 능력을 갖고 있지만 다른 사람과 대인관계는 원만하지 않다.

– 조안 클라크(키이라 나이틀리): 앨런 튜링의 암호 해독팀에서 함께 연구하는 여성 수학자이다. 앨런 튜링과 암호 해독 뿐만 아니라 과학, 수학 등에 대해 대화하는 것을 즐긴다. 연구를 진행하는 과정에서 앨런의 청혼으로 결혼하지만 결국 헤어지게 된다.

⇒ 2차 대전 중 실존 인물인 앨런 튜링을 바탕으로 제작한 영화이다. 앨런 튜링은 천재 수학자인데, 연합군의 암호 해독팀에 참가하여 나치 독일의 암호 체계인 에니그마를 해독한다. 하지만 그 과정에서 사람들과 소통하는데 미숙함을 보인다.

[1] 의사소통의 장애 요소: 대화는 화자와 청자가 상호적인 작용을 하면서 이끌어 나가는 협동의 원리를 기본으로 하고 있다. 따라서 대화 참여자 사이의 협동을 깨뜨리는 것은 모두 대화의 장애 요소가 된다. 이것은 대화의 표현 자체와 관련된 것, 대화의 내용과 관련된 것, 그리고 대화자들끼리의 관계와 관련된 것들로 나누어 생각할 수 있다.

① 대화 표현 장애: 발음이 부정확해서 언어 내용 전달이 제대로 되지 않거나, 특정한 어휘들을 섞어서 쓰는 것이 상대방에게 저항감을 주거나 이해를 할 수 없도록 만드는 경우이다. 발음의 오류와 어휘의 오류 유형이 있다.

② 대화 내용 장애: 상대방의 말을 이해하고, 그에 적절한 반응을 보이지 못하거나, 화제를 잘못 선택하는 것과 같이 내용 자체를 소화하지 못하는 경우이다. 순환의 오류(말을 주고받으며 대화 이어가기), 화제의 오류 유형이 있다.

들이 나온다. 일반적인 사람들의 기준에서 볼 때 자연스럽거나 능숙하지 않은 표현이다. 하지만 이 부자연스럽고 미숙한 표현이 경우에 따라서는 사람들의 마음에 울림을 주기도 한다. 표현하는 방식이 서투르지만 진심이 담겨 있기 때문이다. 영화에서는 다음과 같은 서투른 표현들이 나온다. 그리고 그 서투른 표현 속에 영화가 전하는 메시지가 드러나는 경우도 있다.

가. 비언어적 요소의 사용이 부자연스러운 표현

비언어적 요소를 자연스럽게 사용하지 않아 서투른 표현이 되는 경우가 있다. 다음은 영화《아이 엠 샘》의 시작 부분에 샘이 카페에서 일하고 있는 장면이다.

장면 1

말투가 어눌하고 눈 맞춤이 자연스럽지 않는 모습 (《아이 엠 샘》 00:32 ~ 02:22)

샘: (카페의 테이블에 놓인 설탕을 정리하고 나서 **초점 잃은 눈으로 주위를 둘러본다.** 한 테이블에 쏟아진 커피를 닦으며, **다소 느리고 어눌한 말투로**) 디카페인 카푸치노 더블 톨이죠?

손님: 맞아요.

샘: (느리고 어눌한 말투로) 잘 골랐어요. (다른 테이블로 이동한다.)

점장: (샘에게 다가오며) 샘, 전화왔어요. 얼른 달려가요.

샘: (점장과 **눈 맞춤을 하지 않고 다른 곳을 보며** 계속 테이블 정리를 한다.) 그렇군요.

〈장면 1〉은 영화의 시작 부분으로 샘이 카페에서 일하는 모습이다.

③ 대화자 참여자 관계 장애: 대화자의 상호 관계를 위협하는 것, 다시 말해서 상대방의 체면을 손상시키는 것과 같이 대화의 예절을 지키지 않은 경우이다. 대화의 걸림돌 사용(명령 또는 강요, 충고 또는 해결 방법의 제시, 캐묻기 또는 심문하기 등), 승자가 되려는 욕구 유형이 있다(구현정 외, 2007: 217–241).

샘이 매장을 정리하고 손님을 응대하는 모습을 보면 첫눈에 보아도 비장애인과 다름을 알 수 있다. 테이블을 정리하면서 사물들을 볼 때 초점을 맞추지 못하는 표정을 짓는다. 손님들에게 말할 때 다소 느리고 어눌한 말투를 사용한다. 그리고 카페의 점장과 대화할 때에 눈 맞춤을 제대로 하지 않는다. 샘의 표현이 부자연스러워 보인다고 여길 수 있으나, 대화 상대방에게 집중하고 있음을 알 수 있다.

나. 내용이 단조로운 표현

대화 내용이 단조로워 서투른 표현이 되기도 한다. 다음은 영화 《아이 엠 샘》에서 샘이 루시에게 편지를 써서 읽어주는 장면이다.

장면 2

루시에 대한 마음을 담아 쓴 편지를 읽어주는 모습 (《아이 엠 샘》 1:45:38 ~ 1:46:36)

(샘은 위탁 가정에 맡겨진 루시를 만나기로 한 날 가지 못했다. 다음 날 루시를 찾아가 만난다.)

루시: (샘에게 뛰어가서 야속하다는 듯 샘을 때린다.) 약속하곤 오지도 않아? 전화도 안했잖아. 날 잊었어? 어떻게 그럴 수가?

샘: 안 잊었어. 절대로 안 잊어.

루시: 아빠가 미워 미워.

샘: 잠깐만 미워하지 않음 안돼? 말해줄 게 있어서 그렇단 말이야. 어젯밤 너한테 편지를 썼는데 마음속 말을 다 쓸 수가 없었어. 이렇게 썼어. (편지를 꺼내어 읽는다) 사랑하는 루시. 네 마음 아프게 해서 미안해. 항상 네 생각만 했단다. 해먹 위의 루시 학교의 루시한테 키스를 담아 보낸다. 아빠가! 추신 - **노래처럼 너를 사랑해.**

〈장면 2〉에서 샘은 루시에게 자신의 마음을 담은 편지를 읽어준다. 딸에 대한 샘의 감정을 '미안해', '사랑해'라고 소박하게 표현하였다. 분량도 소략하다. 하지만 샘의 간결한 편지에는 말로 다 표현할 수 없는 딸에 대한 미안함과 애뜻함이 담겨 있다. 샘의 지적 능력에 비추어 볼 때 글로 자신의 마음을 표현하는 방식이 결코 쉽지 않을 수도 있다. 그럼에도 불구하고 샘은 마음을 담아 지난 밤 내내 루시를 생각하며 편지를 썼을 것이다. 그리고 품속에 편지를 넣고 루시를 만나러 뛰어왔다. 비록 편지의 내용이나 형식은 단순하지만 샘이 루시에게 전하는 마음이 묵직한 울림을 준다.

다. 인용 내용을 반복 사용하는 표현

제한적인 내용을 되풀이하며 사용하여도 서투른 표현이 되기도 한다. 다음은 영화 《아이 엠 샘》에서 샘이 자신의 생각을 말할 때 비틀즈에 관한 일화를 근거로 인용하는 장면이다.

장면 3-1

비틀즈에 대한 일화를 반복해서 사용하는 모습 (1) (《아이 엠 샘》 25:32 ~ 25:54)

(샘은 루시의 학교에서 루시의 양육과 발달에 대해 상담한다.)

교사 1: 도슨씨, 아이의 학습발달이 처진단 뜻이에요. 배우는 걸 겁낸단 뜻이구요. 딸을 얼마나 사랑하는 진 알아요. 아동복지과에서 다녀갔어요. 그들과 만나서 그들이 가져온 기록을 보니까 도슨씨의 지능은 일곱 살 아이의 수준이에요. 루시가 여덟 살이 되면 어떻게 될지 (걱정스런 표정으로 샘을 본다.)

교사 2: 도슨씨, 무슨 뜻인지 이해가 되셨어요?

샘: 예… 예…(잠깐 동안의 침묵) **존 레논은 새로운 것을 시도하려고 했어요. 오노 요코의 잘못이 아니었죠. 절대 요코의 잘못이 아녔어요. 애니가 그러는데 비틀즈의 1968년 앨범을 보면 안대요. 존은 스스로 변화를 원했어요.**

장면 3-2

비틀즈에 대한 일화를 반복해서 사용하는 모습 (2) (《아이 엠 샘》 1:26:41 ~ 1:28:08)

(법정에서 샘의 변호인과 샘이 루시의 양육권에 대해 묻고 답한다.)

변호인: 루시를 양부모 집에 맡기고 원할 때마다 방문하면 더 낫지 않을까요?

샘: 제가 생각하기에 그건 좋은 생각이 아닙니다. 양부모는 루시를 모르니까요. 전 아빠니까 루시를 잘 알아요. 양부모가 루시를 보고 싶으면 그들이 우릴 방문해서 루시를 보면 되잖아요. 제 결심은 분명합니다. 제 생각은 바뀌지 않아요. 루시는 제 가족이니까요.

변호인: 왜죠?

샘: (생각을 떠올리듯 침묵이 이어진다.) **폴 메카니트가 미쉘을 썼을 때 첫 부분만 썼다고 애니가 그랬어요. 존 레논한테 그걸 줬고 존은 그 다음을 추가했어요. 당신을 사랑해요. 당신을 사랑해요. 존 레논 덕분에 명곡이 된 거예요. 그래서 1970년 4월 10일 비틀즈가 해체되자 전 세계가 울었던 겁니다.**

변호인: (흐뭇한 표정을 지으며) 이상입니다.

〈장면 3-1〉과 〈장면 3-2〉에서 샘은 자신의 판단 근거를 들 때 비틀즈에 대한 일화를 반복해서 사용한다. 샘은 지적장애가 있지만 비틀즈에 대한 정보만큼은 정확하게 기억한다. 그리고 대화할 때 이를 인용한다. 샘이 자신의 주장을 내세울 때면 거의 대부분 비틀즈의 일화를 꺼낸다. 비틀즈 밖에 아는 게 없나 싶을 정도이다. 하지만 이러한 반복은 샘이 추구하는 가치에 대한 한결같음이나 확고한 믿음을 전해준다. 딸에 대한 한결같은 사랑이나 확고한 실천 의지가 느껴진다.

라. 의미 결속성이 낮은 표현

의미의 연결이 자연스럽지 않아 결속성이 낮아지면 서투른 표현이 되기도 한다. 다음은 영화 《아이 엠 샘》에서 샘이 친구들과 대화하는 장면이다.

장면 4

친구들과 화제의 일관성이 낮은 수준으로 대화하는 모습 (《아이 엠 샘》 34:43 ~ 35:39)

(샘과 비디오를 함께 보는 친구들은 법정에 갔다 온 후 모여 대책 회의를 한다.)

친구 1: 판사는 너더러 변호사 구하랬어. 미치겠군. 상황이 그렇게 된거란 말이야. 그러니까 어서 변호사를 구해.

샘: 내가 유죄야?

친구 2: 천만에.

친구 3: **넌 아무도 죽이지 않았어.**

친구 4: 루시가 보고 싶어.

샘: 나도.

친구 1: **상처 전문 변호사 찾아. 가슴에 상처를 입었잖아.**

…(중략)…

친구 2: (전화번호부의 광고를 보며) 센츄리 시티 변호사가 최고야. (전화번호부를 샘에게 넘기며) 얼마나 유능한지 이걸 읽어봐. 로스만, 글렌 헤리슨, 윌리엄스. **전화번호부에 나온 최고의 광고야.**

샘: 아마 우리가 이길 거야.

친구들: 우리가 이겨?

친구 2: 그럼!

〈장면 4〉에서 샘의 변호사를 찾기 위한 친구들과 대화 또한 내용의 연결 관계가 적절하지 않다. 이 대화들은 대화 내용 사이에 유지되어야 하는 의미의 결속성이 떨어진다. 대화 사이에 의미의 결속성이 떨어지면 동문서답이 된다. 하지만 동문서답일지라도 샘이나 샘의 친구들의 대화에서는 상대방에 대한 진지함과 진정성이 느껴진다. 내용의 정확성을 떠나 샘이나 샘의 친구들은 상대방과 진지하고도 진심 어린 마음으로 대화하기 때문이다.

마. 상대방의 의도를 파악하지 못한 표현

서투른 표현은 상대방의 의도를 제대로 파악하지 못하여 반응하는 경우이다. 다음은 영화 《이미테이션 게임》에서 앨런이 동료의 말을 제대로 알아듣지 못하고 반응하는 장면이다.

장면 5

점심을 먹으러 가자는 표현 의도를 파악하지 못하고 말하는 상황
(《이미테이션 게임》 18:48 ~ 19:30)

(점심시간이 되자 피터가 연구 중인 동료들에게 말한다.)

피터: **배고픈 사람?**

(동료들이 연구를 멈추고 피터를 쳐다본다. 앨런만 계속 책상에 앉아 설계도를 그린다.)

피터: 가자.

(동료들이 점심을 먹기 위해 연구실 밖으로 나가려고 한다.)

앨런: (연구실 밖으로 나가려는 동료들을 향해) 나 배고파.

(밖으로 나가려던 동료들이 일순간 돌아서서 앨런을 쳐다본다.)

피터: (잠깐의 침묵) 뭐?

앨런: **네가 물어봤잖아. 수프 좀 사다주겠어?**

피터: (어이없는 표정을 지으며 침묵 유지한다.)

(동료들도 어이없는 표정을 지으며 돌아서서 밖으로 나간다. 앨런은 계속 앉아 설계도를 그린다.)

〈장면 5〉에서 앨런은 연구실에서 동료들과 함께 암호 해독을 위해 연구하고 있다. 점심 식사 때가 되자 피터는 점심 식사를 하러 가자는 의도로 '배고픈 사람'이 있는지 묻는다. 이에 대부분의 동료들은 피터를 쳐다보며 점심을 먹으러 나가자는 의사를 표현한다. 하지만 앨런은 피터의 말을 있는 그대로 해석하여 "나 배고파."라고 대답한다. 그러고는 피터가 점심을 같이 먹으러 가자고 하지 않았고 배고픈 사람이 있는지만 물어봤지 않느냐고 말한다. 앨런은 표현된 말에 담긴 의도에 초점을 두기보다는 표현된 말의 문면적(文面的) 의미에만 초점을 두었기 때문이다. 이처럼 일상적인 의사소통이 서투른 앨런에 대해 동료들은 당연히 황당해한다.

바. 상대방을 고려하지 않은 표현

상대방의 체면 따위를 고려하지 않아 서투른 표현이 되는 경우도 있다. 다음은 영화 《이미테이션 게임》에서 앨런이 연구 동료들을 평가하며 해고하는 장면이다.

장면 6

상대의 체면을 고려하지 않고 말하는 상황 (《이미테이션 게임》 21:45 ~ 24:17)

(앨런은 암호 해독 연구를 진행하기 위한 전권을 위임받는다. 그리고 자신의 방식대로 연구를 진행하기 위해 기존 연구 팀원에 대한 인사권을 단행한다.)
앨런: 이제 제가 명령을 내리는 건가요?
대령: 인정하긴 싫지만 그렇네.
앨런: 좋아요. 키스와 찰스는 해고야.
키스와 찰스: 뭐라고?
앨런: **너흰 언어학자로서도 별로고 암호해독가로선 형편없어.**
동료 1: 네 멋대로 해고할 순 없어.
앨런: (대령을 가리키며) 그래도 된다잖아.
…(중략)…
키스: (몹시 불쾌한 표정으로 사무실 밖으로 나가며 앨런의 면전에서) 지옥에나 가.

동료 2: (사무실 밖으로 나가며 앨런을 향해) 참 비인간적이군. 아무리 너라지만.
정보부 요원: (사무실 한쪽에 서서 이 상황을 지켜보고 있었다. 그리고 동료 연구원들이 다 나가자 앨런에게 말한다.) 학교 다닐 때 친구 없었지?

〈장면 6〉에서 앨런은 암호 해독 연구를 총괄하는 대령에게 자신이 영국 정부로부터 얻은 연구 진행의 권한을 확인한다. 그리고 자신의 연구 계획에 비추어 다른 영역의 연구는 불필요한 것이라고 단정한다. 자신의 연구에 크게 기여하지 못할 것 같은 연구원들을 면전에서 바로 해임한다. 해임하는 사유도 당사자의 입장을 듣거나 당사자들이 받을 심리적인 충격 등을 전혀 고려하지 않고 매우 직설적으로 말한다. 해임당한 당사자들은 몹시 불쾌해하고, 동료 연구원도 황당해한다.

(2) 서투른 표현에 대한 반응

서투른 표현에 대해 영화 속 등장인물들은 다양하게 반응한다. 대부분의 인물들은 서투른 표현을 '틀린 표현'으로 판단하고 차별한다. 반면, 상대방의 처지나 서투른 표현을 이해하고 배려하면서 상대방과 원활하게 소통하도록 노력하기도 한다. 또는 상대방을 있는 그대로 바라보면서 상대방만의 다름을 존중하고, 상대방이 가진 다름에 가치를 부여하기도 한다.

가. 차별하기

서툴게 표현하는 사람에게 사람들은 차별의 시선을 보인다. 다음은 영화 《아이 엠 샘》에서 루시의 친구가 루시 집에 놀러 와서 샘을 보고 놀리는 장면이다.

장면 7

달걀에게 말하는 샘을 보고 지적 능력을 의심하고 놀리는 상황 (《아이 엠 샘》 20:25 ~ 20:58)
(루시 집에 루시의 친구 코너가 놀러왔다. 샘이 이들을 위해 달걀 요리를 한다.) 샘: (달걀을 깨어 조리용기에 넣는다.) 미안. '미스터 달걀' 코너: **왜 저래? 모자라 보여.** 루시: 아빠는… 코너: 너도 그래? 루시: 아냐. 코너: 진짜? 루시: 아니래두. 코너: 어떻게 알아? 루시: 아빠가 말해줬어. 코너: **모자라는 분 같아.** 루시: 넌 모자라지 않구? 샘: 코너가 놀러와서 참 기쁘구나. 코너가 와서 좋지 루시야? 루시: 응. 코너: **맞아요. '미스터 달걀'** 루시: (언짢은 표정으로 코너를 쳐다보며 침묵한다.)

〈장면 7〉에서 루시의 친구 코너는 샘의 어눌한 말투와 달걀에게 말 거는 모습을 보고 샘의 지적 능력을 의심한다. 그리고 샘의 말을 따라하며 샘을 놀리기까지 한다. 코너의 입장에서 볼 때 모자라다는 판단 근거는 지적 능력이 다소 낮고 표현이 서투른 것이다. 루시는 코너가 수업 시간에 발표를 제대로 하지 못한 장면을 떠올리며 코너 너도 모자라지 않냐고 반문한다. 루시가 판단한 코너의 모자람은 표면적으로는 코너가 발표를 못한 것이다. 하지만 영화에서 전하고자 하는 메시지와 연결 지어 보면 타인의 다름을 이해하지 못하는 코너의 의사소통 태도를 비판하고 있다고 볼 수 있다.

나. 이해하고 배려하기

서툴게 표현하는 사람에게 자신과 다름을 이해하고 그 다름에 맞게 대하는 경우이다. 다음은 영화 《아이 엠 샘》에서 샘의 이웃인 애니가 샘이 이해하기 쉬운 방식으로 아이 돌보는 방식을 설명하는 장면이다.

장면 8

갓난아기의 수유 시간을 샘의 눈높이에 맞추어 설명하는 모습 (《아이 엠 샘》 08:23 ~ 09:05)
(밤 중에 갓난아기인 루시가 깨서 운다. 샘은 어찌할 바를 모르고 옆집에 있는 애니에게 도움을 요청한다.) 애니: (루시를 안고) 보석 같은 공주가 언제 깨죠? 샘: 언제나 깨어 있어요. 애니: 이렇게 하면 어때요? 여섯 시에 깬다고 쳐봐요. **유아용 케이블 채널 켜 놓아요.** 샘: 알았어요. 애니: **'호간의 영웅들' 시작하면 아침을 먹이세요.** 샘: 알았어요. 애니: **두 번째 맘마는 '내 사랑 제니' 시간에.** 샘: (흐뭇한 웃음을 짓는다.) 애니: **그 다음은 '왈가닥 루시' 때** 샘: (웃는다.)

〈장면 8〉에서 샘은 육아 지식이 없어 루시에게 제때 수유하지 못한다. 옆집에 있는 애니에게 도움을 청하고, 애니는 샘에게 수유 시간을 설명해 준다. 이때 애니는 텔레비전 프로그램을 예로 들어 설명한다. 애니는 자식에게 수유도 제대로 하지 못하는 샘을 한심하게 여기거나 비난하지 않는다. 아내가 떠난 샘의 상황을 이해하고, 샘의 지적 특성을 고려하여 샘이 충분히 이해하고 혼자서도 실천할 수 있도록 샘을 배려하며 말하고 있다.

다. 개인에 주목하며 다름의 가치를 존중하기

서툴게 표현하는 사람에게 그가 가진 특성과 장점에 주목하여 가치를 부여한다. 다음은 영화 《아이 엠 샘》에서 샘의 딸인 루시와 영화 《이미테이션 게임》에서 앨런의 연인인 클라크가 상대방만이 가진 가치를 존중하며 대하는 장면이다.

장면 9-1

다른 아빠들과 달리 함께 공원에 가는 아빠가 좋다고 말하는 모습
(《아이 엠 샘》 14:01 ~ 14:57)

(샘과 루시가 식당에서 종이접기를 하고 있다.)
루시: 아빠한테 이렇게 한 건 주님의 뜻이야? 아니면 사고야?
샘: 무슨 뜻으로 한 말이야?
루시: 아빠가 달라서야.
샘: 무슨 뜻인데?
루시: 딴 아빠들과 달라서야.
샘: 미안해… 미안해. 정말 미안해.
루시: (아빠의 손을 잡으며) 괜찮아 아빠. 괜찮아. 미안해 하지마. **나는 운이 좋아. 딴 아빠들은 공원에 같이 안가.**
(서로를 바라보며 침묵이 이어진다.)
샘: 그래. 우린 운이 좋아. 그치?

장면 9-2

앨런의 평범하지 않은 능력을 인정하고 존중하는 모습
(《이미테이션 게임》 1:46:05 ~ 1:47:36)

(영화의 후반부이다. 병약해진 앨런이 혼자 살고 있는 집에 클라크가 찾아온다.)
앨런: (눈물을 흘리며 클리크를 보고 말한다.) 당신은 원하던 걸 다 가졌네요. 일과 남편, 평범한 삶.
클라크: **평범한 사람은 그런 일 못 해내요. 오늘 아침… 기차를 타고 지나쳐온**

도시는 사라질 수도 있었어요. 당신이 없었다면. …(중략)… 내가 과학에 심취하고 탐구할 수 있었던 건 오로지 당신 덕분이에요. 그런 당신이 평범하길 바라다니… 난 절대 바라지 않아요. 당신이 평범하지 않았기에 세상이 더 나은 곳이 된걸요.

앨런: 정말 그렇게 생각해요?

클라크: 난 믿어요. 가끔은 생각지도 못한 누군가가 누구도 생각지 못한 일을 해내는 거라고.

〈장면 9-1〉에서 루시는 샘의 지능이 다른 사람과 다르다는 것을 안다. 하지만 그 다름을 이상하게 여기거나 차별하지 않는다. 샘은 지능이 정상적이지 않아 다른 사람들에게는 불편을 주는 존재일 수 있다. 하지만 딸인 루시에게는 자신과 함께 많은 시간을 보내주는 다정한 아빠이다. 루시는 샘의 일반적인 지능 보다는 아빠로서의 역할에 더 높은 가치를 둔다. 〈장면 9-2〉에서 앨런은 의사소통이나 대인관계에서 서툴러 평범한 삶을 살지 못했던 자신의 처지를 아쉬워한다. 앨런의 서투른 의사소통이나 대인관계로 인해 주위에 있는 대부분의 사람들이 불편을 겪었을 수도 있다. 하지만 비범한 암호 해독 능력을 발휘하여 전쟁이 멈추는 데 기여한다. 또한 클라크 개인에게도 자신의 연구 여정에 영향을 준다. 클라크는 앨런이 일상생활에서는 평범하지 않지만 한 명의 수학자이며 과학자로서는 특별했다는 점에 주목하고 이 점을 존중한다. 사람들에게 앨런의 평범하지 않음이 불편했을 수도 있지만 전쟁 상황과 클라크 개인의 삶에 있어서만큼은 앨런만이 가진 특별함이 가치가 있다고 볼 수 있다. 샘과 클라크는 양극단에서 일반인과 다른 지능을 갖고 있지만 샘의 딸과 앨런의 연인은 그 다름이 가진 가치를 인정하고 존중한다.

장면 10

상대방을 인격체로 대할 것을 요청하는 상황 (《아이 엠 샘》 1:03:41 ~ 1:04:03)
(법정에서 샘의 변호인은 샘의 양육 능력에 대해 반대측 변호인과 변론 중이다.) 반대측 변호인: 여덟 살 소녀의 복지 문제를 지체증상을 보이는 사람에게 맡겨선 안된다는 게 제 주장입니다. 샘의 변호인: 이의 있습니다. 삭제해 주세요. **지능이 곧 사랑의 능력을 저울질하는 척도는 아닙니다. 최소한의 예의라도 갖고 증인을 대하도록 주의를 주십시오.**

〈장면 10〉에서 반대측 변호인은 샘의 지적 능력을 문제 삼는다. 그리고 샘이 버젓이 있는 상황인데도 샘의 약점을 들춰낸다. 반대측 변호인은 샘의 지능이 낮으니 샘에 대한 존중도 낮게 하는지 모르겠다. 샘 측의 변호인인 리타는 반대측 변호인의 태도에 즉각 이의를 제기하며 샘을 한 개인으로서 존중해 줄 것을 요청한다.

1.3 표현이 서투른 사람에 대한 이해

지금까지 영화 《아이 엠 샘》과 《이미테이션 게임》을 중심으로 대화할 때 서투른 표현에 대하여 살펴보았다. 영화를 보는 사람들은 주인공이 서투르게 표현하지만 그 속에서 감동의 울림을 느꼈을 것이다. 서투른 표현과 관련하여 우리의 의사소통에 대해 더 생각해 볼 수 있는 내용들을 몇 가지 다루어 보자.

• 표현이 서투른 사람은 병리적·심리적 특성을 갖고 있을 수 있다.

뇌의 특정 부분에 손상을 입으면 정상적인 언어 이해나 표현이 어렵게 된다. 대표적으로 브로카 실어증(Broca's aphasia)과 베르니케 실어증(Wernicke's aphasia)이 있다. 브로카 실어증이 있는 사람은 발음을 힘들어 하거나 말하다 멈추기를 자주 한다. 낱말을 빼먹고 말하거나 엉뚱한 어휘를 사용하기도 한다. 베르니케 실어증이 있는 사람은 다른 사람의 말을 잘 이해하지 못한다. 그리고 발음이 비교적 정확하고 유창하게 말해서 정상적인 대화가 가능한 것처럼 보이지만 의미 없는 말들을 발화한다. 영화 《아이 엠 샘》에서 샘은 말투가 어눌하고, 샘과 친구들은 화제와 연결되지 않은 내용을 말한다. 샘이나 샘의 친구들이 실어증이 있다고 확인할 수는 없지만, 이들은 선천적이거나 병리적인 특성으로 인해 표현이 서투를 수 있다.

사회성이나 의사소통 능력이 낮지만 기억, 퍼즐, 수학, 음악, 미술 등에 탁월한 기능을 가지고 있는 사람들도 일부 있다. 이와 관련된 증상을 서번트 증후군(savant syndrome)이라고 한다. 영화 《아이 엠 샘》에서 샘은 일곱 살 지능을 갖고 있지만 비틀즈에 대한 정보는 놀랍도록 세세하게 기억하고 있다. 샘의 비디오 모임 친구 중 한 명도 지적 장애를 갖고 있지만 비디오에 나온 인물이나 인물의 대사와 자신들의 대화 상황을 놀랍도록 적절하게 연결하여 말한다. 영화 《이미테이션 게임》에서 앨런도 대인관계나 의사소통 능력이 낮지만 수학적 재능은 탁월하다. 특정 분야에서는 일반인을 뛰어넘는 재능을 갖고 있지만 한 개인이 갖고 있는 병리적 특성으로 인해 대인 의사소통이 서투를 수 있다.

그러므로 우리가 서투르게 표현하는 사람을 대할 때에 겉으로 드러난 표현 결과만 보거나 표현 의도를 무리하게 해석하지 않도록 유의해야 한다. 서투르게 표현한 사람들이 갖고 있는 개인의 병리적·심리적 특성과 관련지어 서투른 표현을 이해할 수 있어야 한다.

• 청자의 협력적 참여에 따라 서투른 표현도 정상적으로 소통될 수 있다.

우리는 서투른 표현을 들을 때 그 서투른 표현이 화자만의 문제라고 치부하기 쉽다. 화자가 서투르게 표현했기 때문에 의사소통의 장애가 발생했다고 여기기 쉽다. 하지만 서투른 표현은 화자만의 문제가 아니다. 청자가 서투른 표현을 어떻게 인식하고 협력적인 관계에서 의사소통에 참여하는가에 따라 서투른 표현도 정상적으로 의사소통이 될 수 있기 때문이다.

영화《아이 엠 샘》에서 루시의 친구 코너는 샘이 달걀에게 말하는 것을 보고 샘이 모자란 사람 같다고 놀린다. 코너는 샘의 말을 차별의 시선으로 보고 있기 때문에 샘에게 정상적인 의사소통의 시도조차 하지 않고 있다. 의사소통의 결과로 샘이나 루시는 불쾌함을 느꼈을 것이다. 반면, 애니가 샘에게 수유 방법을 설명할 때에 애니는 샘의 특성을 고려하여 샘이 이해할 수 있도록 TV 프로그램 시간을 예로 들어 분유 먹이는 방법을 설명한다. 샘은 애니의 설명을 충분히 이해하고 고민이 해결된 듯 흡족해한다. 애니는 샘을 이해하고 배려하며 협력적인 태도로 의사소통했기 때문에 이 둘의 사이에는 정상적인 의사소통이 일어났다. 그리고 샘과 애니 모두 의사소통 결과에 대해 만족해했다. 서투른 표현은 화자만의 문제만이 아니라 청자도 함께 부담해야 하는 공동의 의사소통 과제인 것이다.

우리는 표현이 서투른 사람과 대화할 그들의 표현이 서투르다고 하여 마음도 박정할 것이라고 생각하기도 한다. 그래서 그들의 말을 경청하거나 그들의 말에 의미 부여를 하지 않기도 한다. 그들에게 선입관을 갖고 관계를 유지·발전시키는 데 주저하기도 한다. 하지만 영화에서 살펴본 바와 같이 비록 표현이 서투르지만 마음속에 세상 누구보다 따뜻한 마음을 갖고 있다. 그리고 진지하며 한결같은 태도로 상대방을 대한다.

영화의 여러 장면에서 표현이 서투른 주인공들은 상대방을 고려하지 못하거나 대화 상황을 제대로 파악하지 못하였다. 이로 인해 상대방은 무례함을 느끼기도 하였다. 하지만 영화 《아이 엠 샘》에서는 서투른 표현 속에는 꾸미지 않고 솔직하게 표현하는 순진무구함이 전해지기도 한다. 자신의 체면치레를 위해 말하지 않기 때문이다. 표현이 서투른 사람의 말을 들을 때에는 이처럼 표현 자체 보다는 화자의 진심에 주목하며 서투른 표현에 담긴 마음을 이해할 수 있어야 한다.

우리가 표현이 서투른 사람과 대화할 때 정상적인 소통이 되지 않은 원인을 서투른 표현을 하는 사람에게만 부담 지우는 경우가 많다. 그리고 그들과의 대화를 의사소통의 장애로 여기는 경우가 있다. 하지만 우리가 보다 더 협력적인 태도를 갖고 의사소통에 참여하면 서투른 표현도 충분히 정상적으로 소통될 수 있다.

• 다름을 인정하고 다름의 가치를 존중하며 대화하자.

표현을 서투르게 하는 사람은 전반적인 지능이나 일상의 생활 수행 능력도 떨어질 것이라는 편견을 갖고 있다. 하지만 서번트 증후군이라고 알려진 바와 같이 일반 지능은 낮지만 특정 영역에 일반인을 뛰어넘는 탁월한 재능을 가지고 있는 사람도 있다. 또한 '정상인'과 다른 특성을 갖고 있지만 특정 상황이나 영역에서 특별한 능력을 보이는 사람도 있다. 예컨대, 빨간색과 초록색이 함께 있을 때 두 색깔의 차이를 제대로 느끼지 못하는 사람이 있다. 이들을 '적록 색각이상자'라고 하는데 전체 인구의 6% 정도가 된다고 한다. 그런데 이들은 2차 대전이나 베트남 전쟁 때 숲에서 위장하고 있는 군인들을 찾아내는 데 뛰어난 능력을 보였다고 한다. 2005년 케임브리지 대학에서도 비슷한 실험을 하였다. 연구팀은 미묘하게 다른 15가지의 녹색 톤을 준비하고, 정상인에게 구분하게 하였다. 정상인들은 "모두 똑같은 녹색인데요?"라고 반응했다. 하지만 적록 색각이상자의 반응은 달랐다. "여러 가지 녹색이네요. 조금씩 다르군요.” 이들은 사물의 질감과 명암의 미세한 차이를 느끼며 다양한 녹색을 구분할 수 있기 때문이다. ‘정상 색각자’에게 별 차이 없이 느껴지는 녹색들의 차이를 ‘적록 색각이상자’들은 좀 더 민감하게 느끼고 녹색의 조합을 구분해 낼 수 있었다. 6%만 가지고 있는 능력이다.[2]

우리가 ‘일반적’, ‘정상적’이라고 하는 판단은 획일적인 기준을 적용한 결과이기도 하다. 조금 더 많은 사람이 가지고 있는 특성을 정상이라고 볼 근거는 없다. 개인이 가진 다름을 인정하고 존중하는 것이 더 정상적이고, 개인의 다양성을 발굴할 때 사회는 훨씬 더 역동적으로 발전할 것이다. TV 예능 프로그램 중에 국가대표 출신의 은퇴 선수들이 모여 축구팀을 만들고 축구 동호회팀들과 경기하는 내용이 있었다. 국가대표 출신의 은퇴 선수들은 자신의 종목에서는 내로라하는 실력을 가지고 있었다. 하지만 축구라는 획일적인 기준으로 이들의 운동 수행 능력을 본다면 그야말로 초보 수준이었다. 이들에게 축구라는 운동만 시켰다면 세계 무대에서 두각을 나타내는 운동선수가 되지 못했을 것이다. 하지만 축구가 아닌 다양한 분야에서 각자의 운동 재능을 발굴하고 육성했기에 지금의 명성을 쌓을 수 있다. 영화 《이미테이션 게임》에서도 인물들이 갖고 있는 다름을 인정하고 그들만이 가진 특별한 재능을 존중한다. 그렇기 때문에 이 인물들은 비정상적이거나 이상한 존재가 아니라 관련된 이들에게는 특별한 존재이다.

사람들은 능숙하고 세련되게 말하는 이들에게 대체로 높은 신뢰감을 보인다. 의사 표현능력이 우수하므로 지적 능력이나 교육 수준 등도 높을 것이라 여기기 때문이다. 그들의 인격 수양 정도까지도 높을 것이라 예상한다. 하지만 표현이 미숙한 이들에게는 높은 신뢰감을 보이지

2 EBS 지식채널 제작팀(2011, 72-81)의 사례를 참조함.

않는다. 의사 표현능력이 미숙하므로 지적 능력도 낮을 것이라 여기기 때문이다. 심지어 그들의 인격과도 연결지어 판단한다. '말을 잘하느냐'는 상대방을 판단하는 데 있어 중요한 요소임에는 틀림없어 보인다. 하지만 표현이 서투르더라도 그들의 마음까지 문제가 있는 것은 아니다. 표현이 좀 서투를지 모르지만 마음속에는 때 묻지 않은 순수함과 대인관계에서 잔꾀를 부리지 않은 우직함이 느껴지기도 한다. 서투른 표현 속에 진실함이나 인간적인 따뜻함이 담겨있기 때문이다.

서투른 표현은 화자만의 문제가 아니다. 또한 서투른 표현이 곧 의사소통의 장애로 이어지지는 않는다. 서투른 표현으로 인한 의사소통의 장애는 화자와 청자의 공동 문제일 수 있다. 청자가 서투른 표현을 어떻게 인식하고 반응하는가에 따라 서투른 표현이 정상적인 의사소통이 되기도 한다. 나아가 서투른 표현의 이면에 담긴 메시지까지 전달받아 깊은 울림을 느끼기도 한다. 표현이 서투른 사람을 조금 더 깊이 있고 따뜻한 시선으로 바라보며, 그들의 다양성을 존중하고 협력적으로 대화하자.

2. 꼰대처럼 말하지 않기

2.1 혹시 나도 꼰대일까

자기 말만 맞다고 우기기, 달갑지 않은 조언이나 참견하기, 서슴없이 독설 내뱉기. 이런 행동을 자주 하는 사람을 가리켜 우리는 '꼰대'라고 말한다. 꼰대는 본래 아버지나 교사 등 나이 많은 사람을 가리켜 학생이나 청소년들이 쓰던 은어였으나, 근래에는 자기의 구태의연한 사고방식을 타인에게 강요하는 직장 상사나 나이 많은 사람을 가리키는 말로 변형된 속어이다.

꼰대가 조언을 하면 왠지 마음이 불편해지기 일쑤이다. 보통 지위나 경력, 나이 차이로 멘토를 자처하면서 조언을 하기 때문에 "제가 알아서 할게요."라고 거절하든가 "그런 말 듣고 싶지 않아요."라고 맞대응하기에 어려운 경우가 많다. 이러한 상황이 반복되면 사람들에게 회피 대상이 된다. 그런데 꼰대라는 말이 나온 이유에서 볼 수 있듯이 꼰대는 사실 멘토의 역할을 할 위치에 있는 사람인 경우가 많다. 멘토인지 꼰대인지 서로 동상이몽의 상태에서 생기는 소통의 벽을 깨뜨리고 원활한 관계로 변화를 만드는 돌파구가 무엇일지 영화 《오베라는 남자》에서 그 단서를 찾아볼 수 있다.

주인공 오베는 한 마을에 오래 살며 마을 회장도 할 정도로 마을에 애착이 있다. 그런데 마을의 공동 질서나 규칙에 조금이라도 어긋나는 행동을 보면 그냥 두고 보지 못하고 잔소리를 한다. 미쳐버린 세상을 바로잡기 위해 화를 낼 수 밖에 없다고 생각하는 오베는 이웃들과 소통의 벽이 두텁게 생긴 지 오래다. 이유 불문하고 막말을 하는 '꼰대' 할아버지가 되었기 때문이다. 이렇게 점차 이웃들로부터 고립되어 가던 오베는 회사에서마저 퇴직을 당하자 삶을 마감하려고 한다. 그런데 목에 줄을 걸고 의자를 차려는 순간 새로 이사해 온 이웃 파르바네 가족과 마주치면서 계획이 어긋나기 시작한다.

이 영화는 자신도 모르게 꼰대로 변한 할아버지가 청년이었을 때의 모습을 되찾는 과정을 그리고 있다. 어른의 성장영화라고 할 수 있다. 오베가 자신의 모습을 되돌아보고 소통 가능한 사람이 되는 과정이 어떠한지 살펴보자.

2.2 영화 속 '꼰대 화법' 들여다보기: 《오베라는 남자》*

(1) 나 빼고 다 바보

우리가 꼰대라고 말하는 사람들에게는 몇 가지 공통점이 있다. 자기주장만 옳고 남은 틀리다고 억지부리며 다른 사람의 말을 잘 듣지 않는다. 이렇게 자신의 자신만의 세계로 파묻혀가며 자기 보호를 위해서 거칠어지기 십상이고 상처주는 말을 거침없이 내뱉는다. 그러면서도 오히려

* 《오베라는 남자》 2016.05.25. 개봉/러닝타임 116분/스웨덴/드라마/감독: 하네스 홀름

- 오베(롤프 라스가드): 아내를 제외한 세상 사람들의 시선은 눈곱만큼도 신경쓰지 않고 까칠하게 할 말을 다 한다.
- 소냐(이다 엥볼) : 오베의 아내이자 오베의 유일한 정신적 지주였으나 6개월 전에 암으로 세상을 떠난다.
- 파르바네(바하르 파르스) : 새로 이사해 온 젊은 부인이며, 오베에게 여러 가지 도움을 청하며 친해진다.

⇒ 오베는 평생을 바친 직장에서 갑자기 정리해고를 당하고, 유일하게 마음을 터놓던 아내 소냐까지 세상을 떠난다. 그에게 남은 희망은 소냐를 따라가는 것뿐이다. 바로 그때 새로 이사 온 이웃을 마주치며 계획을 미루게 되고, 지금까지 살아온 인생을 돌아보는 기회를 가진다. 어느덧 꼰대 할아버지가 된 오베가 변화하는 모습이 흥미롭다.

남들은 왜 생각 없이 사는지 모르겠다며 답답해한다. 상하관계나 이해관계가 얽힌 상황에서는 갑질로 표출되기도 하며, 점점 많은 사람들로부터 '꼰대'라는 비난을 듣게 된다.

장면 1

물건을 사며 직원에게 갑질하는 상황 (0:55 ~ 2:09)
직원: 50크로나예요 오베: 뭔소리야. 35잖아. (1+1 할인쿠폰을 보여주며) 두 묶음에 70크로나 직원: 두 묶음 사시면 그 가격에 드려요 오베: 난 한 묶음만 사고 싶다고! 계산 못해? 70의 반은 35잖아! 직원: 한 묶음은 50크로나이고, 그 쿠폰은 2묶음을 70에 드리는 거예요. 오베: **이게 말이 돼? 손님 갖고 장난해? 소비자보호원에 고발할 거야. 지점장 나오라 그래!** 직원: 지금 점심 드세요. 오베: 점심? 매장이 이 꼴인데 밥이 넘어가겠다. 오베: (아내의 묘비에 꽃을 놓아주며) 물건 가격을 두 가지로 붙여? 장사꾼들이란!

아내의 묘에 찾아가 꽃을 놓아두는 것을 낙으로 사는 오베. 어느날 50크로나짜리 꽃 두 묶음을 사면 70크로나로 할인을 해 주는 쿠폰을 가져가서 한 묶음을 35크로나에 사려고 한다. 그러나 직원이 한 묶음에는 50크로나라고 하자 고발을 한다느니 지점장을 나오라고 하라느니 하며 점원을 호통친다. 오베는 매장에서 정한 규칙을 무시하고 자신의 계산이 맞다고만 주장하는 것이다. 이런 갑질에 여직원은 어찌할 바를 모르고 당황스럽기만 하다. 불만이 있다면 점원이 아닌 사장이나 고객 센터에 항의를 해야 마땅할 것이다. 앞뒤 안 가리고 자기 고집만 주장하니, 누구도 그의 말에 귀 기울이기를 포기하게 된다.

장면 2

이웃에게 독설하는 상황 (04:10 ~ 04:36)

(오베는 집 앞 잔디에 개 오줌이 묻어있는 것을 발견한다.)

오베: (잠시 후 지나가는 개 주인을 향해 손가락질을 하며) 똥개, 내 집 앞에 오줌 싸지 마!

개 주인: 노망난 할배 말 듣지 마, 프린스. (오베가 개를 걷어차려는 시늉을 하자) 앤더스, 할아버지가 실성했나봐! 프린스를 죽이려고 해.

앤더스: 우리 귀염둥이를?

오베: **개 같은 소리를 하네. 오줌이나 질질 싸는 게 귀여워? 애완동물 배변 금지 몰라?**

앤더스: 아저씨가 뭔데 이래요?

개 주인: 당신도 말 좀 해. 앤더스. 주민회 회장이잖아.

앤더스: 방금 말했잖아.

개 주인: 더 세게 나가야지!

오베가 하루도 거르지 않고 하는 일이 있다. 아침에 일어나자마자 동네를 한 바퀴 돌면서 마을 규정에 어긋난 일이 있는지 점검하고 시정하는 것이다. 분리수거가 잘 되어 있는지, 진입 불가인 차량이 들어 오는지, 반려동물 산책을 하면서 배변 처리를 잘 하고 있는지 등등. 그러던 어느 날 집 앞에서 개 오줌을 발견한다. 마침 산책을 하는 이웃의 개에게 다짜고짜 소리를 친다. "똥개, 내 집 앞에 오줌 싸지 마!" 거리의 청결에 대한 규칙을 지키기를 요구하는 것을 넘어, 이웃에 대한 무시와 경멸의 지경에까지 이른다.

장면 3

오베가 진심어린 충고를 듣는 상황 (1:29:30 ~ 1:31:26)

(파르베네의 집으로 찾아가서)

오베: 전화 좀 써도 될까? 우리 이웃이잖아.

오베: (시청에 전화하며) 부인이 이의 신청했는데 왜 그걸 검토 안 하는 거요? 책임자 누구야? 글도 못 읽으면서 일하나? 무식한 공무원들. 여보세요? 여보세요? 사람이 말을 하는데 전화를 끊어?

파르베네: 그렇게 고함치는데 얘기하고 싶겠어요?

오베: 개무시하잖아!

파르베네: (탁자에 차를 따르며) 앉아봐요.

오베: 대체 달라진 게 없어. 일하는 인간들만 바뀌었지. 어쩜 그리 똑같은지. 다 지들 편한 대로야. 와이셔츠 부대 말이야.

파르베네: (가만히 듣고 있다가) 가슴의 소리를 들어봐요. 나한테 운전 가르칠 때 포기하지 말랬죠? 근데 당신은 자기 연민에 빠져 **당신 빼고 나머진 다 바보라고요? 그게 말이 돼요? 자기만 옳다면서 화만 내잖아요. 이거 아세요? 세상을 혼자 살 수 있을까요? 절대 불가능해요.** 보는 것도 힘드네요. 이제 가세요. 나도 지쳤어요.

오베가 소위 '꼰대'가 된 데에는 사연이 있다. 어머니를 일찍 여의고 아버지와 둘이 살던 오베는 고등학교를 우수한 성적으로 졸업하고 희망찬 미래를 꿈꾸던 행복한 순간, 철도회사에 근무하던 아버지가 불의의 사고로 목숨을 잃는다. 아버지를 이어 철도회사에 근무하면서 차곡차곡 돈을 모으고 있던 차에 옆 집의 화재로 인한 불씨가 날아와 집이 불타버려 무일푼이 된다. 이러한 상황에서 우연히 만난 여인과 결혼을 하고 행복한 나날이 이어지는 듯 했다. 그러나 사랑하는 아내가 첫 아이를 가졌을 때 여행을 다녀오다가 버스 사고로 아이를 잃는다. 오베에게는 새로운 삶의 희망이 생길 때마다 그보다 더한 시련이 닥친다. 그리고 그 원인을 세상 사람들의 탓으로 돌리며 남의 시선에 아랑곳하지 않고 거친 말을 쏟아낸다. 이러한 오베의 태도를 보다못한 파르베네가 일침을 가한다. 오베는 다른 사람들에게 자신이 어떤 모습으로 보이는지 깨닫게 되며 점차 변화를 보인다.

(2) 오지랖이 아닌 배려를

주변 사람에게 사사건건 참견하는 태도를 못마땅하게 여길 때 '오지랖이 넓다'는 말을 한다. 옷의 앞자락이 넓으면 몸이나 다른 옷을 넓게 겹으로 감싸게 되는데, 간섭할 필요도 없는 일에 주제넘게 간섭하는 사람을 비꼬는 말이다. 꼰대가 참견을 할 때 "내가 알아서 할게요."라고 하면 꼰대는 무척이나 당혹스러울 것이다. 건방지다거나 예의 없는 사람 취급을 할 수도 있다. 그러나 배려는 다르다. 상대방이 필요로 하는 것이 무엇인지 파악하고 진정 상대를 위한 의지가 있을 때 오지랖이 아닌 배려로 인식될 수 있다.

오베는 마을 사람 모두의 공공의 이익을 위한다는 사명감을 가지고 주민이건 방문객이건 가릴 것 없이 규율을 지키도록 목청을 높여왔다. 그러나 마을 사람들의 시선은 달갑지 않다. 원치 않는 참견이라 느끼기 때문이다.

그런데 어느 날, 오베는 역설적이게도 이 '참견' 덕분에 삶을 이어가게 되고, 우연히 마주친 새로운 이웃의 행동을 보면서 점차 '참견'과 '배려'를 구별하는 기회를 얻는다.

장면 4

투덜대며 참견하는 상황 (08:50 ~ 10:32)

(오베는 집에서 생을 마감하려고 하는데, 창밖에서 소리가 들린다.)
오베: 그만, 앞으로 약간. 조금만 더 와봐!
파르바네: 그만, 이제 멈춰! 그만 와.
오베: (목에 매었던 줄을 급히 풀며) 저건 뭐냐?
파르바네: 앞으로 가 봐, 패트릭.
오베: 무슨 짓이야?
파르바네: 잠시만요. 저도 미치겠어요.
오베: 이 동네는 차량 출입 금지야. 표지판도 못 읽어?
파르바네: 지금 운전하는 건 제가 아니거든요.
패트릭: (차에서 내려서) 안녕하세요? 패트릭이라고 합니다.
오베: 당신 이름 따위 관심 없고, 후진이나 제대로 해.
파르바네: 바퀴 방향 바꾸고 백미러 보라고.
오베: 저건 뭔 소리야?
패트릭: 몰라요. 이란어예요. 그런데 멋지죠?
(패트릭이 차에 다시 타서 후진을 한다.)
오베: 안돼. 그럼 안돼!
오베: (차가 후진하며 우편함을 들이받는 순간) 안된다니까!
패트릭: 내가 뭐 건드렸어요?
오베: 닥치고 가만있어!
패트릭: 그 차 몰 수 있으…
오베: 누가 누구한테 운전 훈수야!
오베: (자동차 경고음이 울린다.) 이건 뭐야?
패트릭: 후진 카메라 센서가 작동하네요.
오베: 카메라? 골고루 한다.
오베: (주차를 하고 차에서 나오며) 이상한 기계는 왜 달아? 후진 하나 못 하면서!

오베는 아내를 만난다는 생각에 말끔히 몸단장을 하고 천정에 매놓은 밧줄에 목을 건다. 발 밑에 있는 의자를 막 차려고 하는 순간, 창 밖에서 다급한 소리가 들려온다. “그만, 이제 멈춰! 그만 와.” 이웃에 막 이사 온 파르바네 부부가 주차를 하는데 서툰 운전실력 때문에 오베의 집 앞에서 소동을 피우고 있는 것이다. 그 순간 오베는 하려던 일을 멈추고 불쾌한 감정을 감추지 못하고 의자에서 내려온다. 아내의 곁으로 가고 싶은 마음마저 잠시 접고 그는 곧장 밖으로 뛰쳐나간다. 생을 마감하려던 오베를 막은 것은 아이러니하게도 오지랖이었다. 오베는 외부차량 통행 금지의 규칙을 어긴 것에 화가 나고, 운전이 미숙한 것이 못마땅하다. 실은 외부차량이 아니라 새로 이사 온 주민의 차였으며, 운전이 미숙한 것은 이 곳의 지형에 익숙치 않아서이다. 이러저러한 사정을 알아보지도 않고 자신의 기준에 미달하면 일단 화부터 낸다. 화를 내면서 이러쿵 저러쿵 잔소리를 하며 주차를 도와주는데, 전혀 배려심으로 느껴지지 않는다.

장면 5

참견이 아닌 배려를 보여주는 상황 (16:04 ~ 17:05)

(또 다시 의자에 올라가 목에 밧줄을 걸던 오베가 막 의자를 차려던 순간 초인종이 울린다.)

오베: 나 좀 죽자, 죽어. 미치겠다.

(목에 걸었던 줄을 풀고 현관으로 나가니 꼬마 두 명이 서 있다.)

오베: 너희는 뭐야? 원하는 게 뭐야?

파르바네의 딸: 밥이랑 치킨이에요.

오베: 밥 장사 하냐?

파르바네: 감사의 의미로 드리려고요.

패트릭: 사프란 향료 넣은 페르시아 음식이에요. 파르바네가 요리를 너무 잘해서. 덕분에 난 배만 나왔죠. 차는 치웠어요. 표지판을 이제 봤네요. 할아버지 말씀대로 제 잘못이었어요.

파르바네: 시장하실까 봐.

오베: 됐어, 배 안 고파.
파르바네: 그럼 버릴게요.
오베: 음식 버리면 안 돼.

주차를 도와주었다고 감사의 뜻으로 음식을 선물한 것에서 시작된 이웃 파르바네와의 인연은 오랜 세월 자신의 생각에만 갇혀 지내던 오베에게 인생의 전환점을 만들어 준다. 먹기 싫다는 음식을 결국 먹게 만들고, 주차장에서 배기가스를 마시다가 거의 죽음의 문턱까지 다다른 찰나 파르바네가 주차장 문을 두드려 깨운다. 남편이 다쳤다고 병원으로 데려다 달라고 부탁하고 병원에 도착하자 두 아이를 맡기고 사라진다. 아예 운전을 가르쳐달라고 한다. 이러한 친화력은 오베를 당황하게 하면서도 오베를 꼼짝 못하고 따르게 만드는데, 오베는 오랜만에 누군가로부터 걱정하고 배려하는 사람의 온기를 느꼈기 때문이다. 그리고 결국 오베가 자신의 잘못을 뉘우치는 결정적인 계기가 된다. 오베가 이웃들을 위해서 불법 주차나 허술한 구조물을 점검하고 다닌 것은 배려가 아닌 오지랖에 지나지 않았던 것이다.

(3) 다른 사람의 말을 들어보기

우리가 두 귀와 하나의 입을 가졌다는 말은 다른 사람의 말을 경청하는 태도가 필요하다는 것을 빗대어 말할 때 사용한다. 상대의 단점을 꼬집거나 잘못을 지적하고 싶을 때, 잠시 멈추고 그 사람의 사정이나 상황을 한번 들어보면 나름의 이유가 있었던 것을 알게 될 경우가 많다. 상대방의 말을 먼저 들어보려고 하지 않으면 지나친 간섭이나 잔소리를 하기 쉽다.

오베에게는 분리수거를 제대로 하지 않거나 주차를 능숙하게 하지 못하면 '멍청이'이고, 자신이 세운 원칙에 어긋나는 사람들은 '민폐 덩어리'가 된다. 그러나 새로운 이웃과의 만남을 통해 점차 그런 자기 모습을 되돌아보게 된다.

장면 6

이웃 청년의 말에 귀 기울이는 상황 (1:10:44 ~ 1:12:00)

청년: (자전거를 타고 신문 배달하는 아이가 고장난 우편함에 신문을 넣으며) 박살났군.

오베: (덜그럭거리는 소리를 듣고 나와서) 뭐야? 또 너야? 여자 자전거 탐내던 녀석. 안내문을 봤어야지. '자전거 주차 절대 불가'

청년: 소냐 선생님 댁이었죠? 저는 제자였어요. 내게 용기를 준 건 그 선생님뿐이었어요. 그 선생님께 모든 걸 배웠는데 여러 가지로 죄송해요.

오베: (자리를 뜨는 아이를 부르며) **이봐! 자전거 찾아서 뭐하려고?**

청년: 여자 친구 건데 고쳐주려고요. 아직 사귀는 건 아닌데 잘 보이고 싶어서. 이제 알바 가야해요.

오베: 투잡 뛰나?

청년: 네. 차 사려고 케밥 가게에서도 일해요.

오베: (아내 묘지로 가서) 당신 예전 제자가 나타났어. 여보 곧 갈게 좀만 더 기다려. 떠나기 전에 할 일이 또 생겼거든.

사람들이 잠깐 길가에 자전거를 세워두기라도 하면 무단 방치를 이유로 창고에 넣어버리고 꺼내주지도 않는 고집을 부렸던 오베, 반려견 주인에게 "오줌이나 질질 싸는 게 귀여워?"라며 자기의 생각만 옳다고 주장하던 오베였다. 이러한 독단적인 원칙주의를 벗어나게 되는 계기가 찾아온다. 그것은 "이봐! 자전거 찾아서 뭐하려고?"라고 묻는 것에서 시작된다. 마을 규범을 지키는지의 여부만 지켜보며 상대방의 사정 따위는 관심도 없던 오베가 청년의 생각을 물어본 것이다. 황당하게 자전거를 압수당한 청년이 자전거를 돌려달라고 해도 거들떠 보지도 않고 화만 내던 오베가, 이번에는 창고에 처박아 두었던 고장난 자전거를 꺼내 손수 고쳐주기까지 한다.

장면 7

청년 시절의 오베로 되돌아가는 상황 (1:27:30 ~ 1:29:28)

지미: 루네 소식 들었어요?
오베: 아니.
지미: 내일 루네를 강제입원 시킨대요.
오베: 웃기지마. 서류다 뭐다 백만 년 걸려. 쉽게 안 돼.
지미: 이번엔 진짜예요. 진작 결정은 내려졌고요. 부인이 3년간 이의신청했는데 소용없나봐요.
오베: 3년이나 됐다고? 거짓말. 그럼 소냐랑 내가 당연히 알지.
지미: 그 부인이 소냐한테 말 안했을걸요. 당신한테 알리기 싫다고요.
오베: 말을 안 할 이유가 없지.
지미: 아저씨 힘들거라고. 소냐가 평소에 그렇게 말했대요.
오베: 소냐가? 그렇게 말했어? 내가 많이 힘들어할 거라고?
지미: 왜 화를 내세요?
(아내의 묘로 간다.)
오베: 소냐. 난 바보야. 계속 바보였어. 나한테 화내지 마, 소냐. 당신도 틀릴 때가 있다니 너무 슬퍼. 내가 힘들 거란 생각은… 진짜 틀린거야. 루네 일은 내가 수습할거야. **이젠 화 그만 내고 잘해 볼게.**
(루네의 아내에게 찾아가서)
오베: 루네 서류 다 줘 봐요. 사회복지과, 시청, 교회에서 온 것도. 내가 샅샅이 살펴보겠어.

오래전 오베와 루네는 함께 마을 가꾸기에 앞장섰던 절친한 관계였지만 사소한 오해로 인해 점차 멀어지고, 오베는 마을 사람들과도 멀어지게 된 것이다. 오로지 아내와만 소통하며 가족 이외의 사람들은 모두 한심하고 비합리적이라는 생각이 굳어졌다. 이렇듯 자신도 모르게 꼰대 할아버지로 변해 있었지만, 이웃들의 말에 귀를 기울이기 시작하면서 청년 시절의 오베로 되돌아가기 시작한다. 전신마비가 된 친구 루네의 강제입원 소식을 접하며 아내와 이웃과의 추억을 떠올리고, 어떤 수단을 강구해서라도 강제입원을 막겠다고 나서기 시작한다. 그리고 그 동력은 마을 사람들의 말에 귀를 기울이는 소통 방식의 변화였다. "이젠 화 그만 내고 잘해 볼게."라는 말에서 오베의 오지랖이 드디어 상대방의 필요에 부응하는 배려 있는 오지랖으로 바뀐 것을 알 수 있다.

2.3 꼰대가 되지 않는 방법

영화 《친절한 금자씨》에서 금자(이영애 분)의 "너나 잘 하세요."[4]라는 대사는 오랫동안 명대사로 기억되고 있다. 사람들의 공감을 산 이유는 우리도 이렇게 말하고 싶을 때가 종종 있기 때문이다. 잔소리나 참견이 꼭 필요한 상황이라면 상대가 불편해하더라도 해야 할 때도 있다. 그러나 이런 말을 듣는다면 내가 혹시 꼰대가 아닌지 되돌아볼 필요가 있다. 상대를 무시하거나 경멸하는 말투로 인해서 이웃들은 오베의 말에 귀를 기울이지 않는다. 내가 너보다 나은 사람이니 내 말을 들어 마땅하다는 권위 의식이 전달되었기 때문이다. 꼰대가 되지 않고 꼭 필요한 말을 하기 위한 방법을 살펴보자.

• 자신의 기준만을 강조하지 말자

자신의 원칙만을 내세워 지시를 하려고 할 때 갑질이 되기 쉽다. 어떤 사람들은 항상 원칙을 명확히 구별하려고 한다. 하지만 어떤 상황에 완벽

---

4 금자는 자신의 주변인들을 하나 하나 열심히 도와주며 13년간의 복역생활을 무사히 마친다. 출소식에서, 금자와 가까이 지내던 전도사는 금자에게 두부를 선물하지만, 금자는 무표정한 얼굴로 두부를 떨어뜨리고 "너나 잘하세요."라고 쏘아붙인다.

하게 들어맞는 유일한 원칙이란 존재하지 않는다. 세상에는 수없이 많은 원칙이 있고 사람들은 저마다 자신에게 유리한 방식으로 원칙을 적용할 수 있다. 그런데도 자기의 기준에만 맞춰 '원칙대로라면'이라고 말하는 사람과 가까이 하고 싶을 사람은 없을 것이다. 상대를 따르게 하는 것은 진실한 생각이지 원칙이 아니다(김경숙 역, 2020:32). 자기의 구태의연한 사고방식을 타인에게 강요하는 직장 상사나 나이 많은 사람을 '꼰대'라는 속어로 칭하는 것도 이러한 이유에서이다. 세상에는 내 마음에 들지 않는 방식이 있을 수 있다. 남들에게는 유리하고 나에게는 불리하게 만들어진 규칙도 있고, 그냥 마음에 안드는 제도가 있을 수 있다. 이럴 때 올바른 방식은 무엇인지 함께 고민하고 해결책을 찾는 노력이 필요하다. 마음에 들지 않는다고 투덜대거나 화를 내는 것으로 문제가 해결되지는 않는다.

• 상대의 자존심을 지켜주자

대부분의 인간은 나를 깎아내리는 사람보다 나를 인정해 주고 칭찬해 주는 사람에게 끌릴 수밖에 없다. 나의 존재가치를 거기서 느끼기 때문이다. 현명한 사람들은 대부분 상대방을 인정할 줄 안다(권민창, 2022:20). 듣기 싫은 충고라도 얼마든지 부드럽게 할 수 있다. 그 방법은 상대방의 자존심을 지켜주며 말하는 것이다. 오베는 자신이 항상 옳고 남은 바보 멍청이라는 생각으로 가득했고, 따라서 상대방의 자존심을 지켜주기는커녕 짓밟기 일쑤였다. 상대를 깎아내리지 않고 인정해주며 충고나 지시, 조언을 할 수 있다면 그러한 배려를 봐서라도 불편한 마음을 드러내지 않을 것이다. 진정한 충고로 받아들여지길 바란다면 상대방의 자존심을 지켜주면서 하면 좋겠다.

• 상대방의 상황을 물어보는 여유를 갖자

내가 옳다고 생각하는 원칙을 강요하던 오베가 생각을 바꾸게 된 계기는 원칙보다 중요한 가치에 눈을 뜨면서이다. 자전거를 찾으러 하는 청년으로부터 여자 친구에게 자전거를 수리해서 주려고 하였다는 말을 듣자, 자신이 과거에 아내에게 해 주었던 여러 가지 일을 떠올린다. 사고로 다리를 못쓰게 된 아내를 위해 싱크대의 높이를 낮춰준다든지, 장애를 이유로 받아주지 않았던 학교에 경사로를 만들어 교사로서 근무를 하게 해 주었던 일 등이다. 상대의 상황을 듣고 자신의 일처럼 느끼게 된 오베는 결국 손수 창고에 가둬놓았던 자전거를 고쳐서 주인에게 돌려주게 된다. 상대방의 말에 귀를 기울이고 그 사람의 생각에 마음을 쓰게 되었기 때문이다. 원칙보다 중요한 가치에 눈을 뜬 것이다. 애초에 청년의 상황에 대해 들어보려고 했다면 상처를 주지 않고 잘못을 바로잡을 수도 있었을 것이다. 나만 옳다는 생각을 버리고 상대방의 말에 귀를 기울이면 원칙이나 옳고 그름에 얽매이지 않을 수 있다.

누군가에게서 꼰대라는 말을 들을 기회는 별로 없을 것이다. 보통은 면전에서 꼰대라고 말하지 않기 때문이다. 그래서 일단 꼰대가 되면 좀처럼 벗어나기가 힘들어진다. 지금부터라도 사람들의 시선, 표정 등의 반응을 잘 살펴 보자. 내가 꼰대였다는 것을 발견할지도 모른다.

3. 다른 사람의 입장을 이해하며 대화하기

3.1 다른 사람의 입장을 이해하며 대화하나요

명심보감에 오이밭에서는 신발을 고쳐 신지 말고, 오얏나무 아래에서는 갓을 고쳐 쓰지 말라는 구절이 있다.[5] 의심받을 만한 행동을 하지 말라는 뜻이다. 한 나그네가 길을 가다가 오이밭에서 신발을 고쳐 신기 위해 허리를 숙이거나 자두나무 아래에서 갓을 고쳐 쓰기 위해 팔을 드는 모습을 떠올려 보자. 오이밭이나 자두나무 주인이 멀리서 이 모습을 본다면 어떻게 생각할까? 오이밭에서 신발을 고쳐 신는 행위는 오이를 따려는 행위로, 자두나무 아래에서 갓을 고쳐 쓰는 행위는 자두를 따는 행위로 의심할 만하다.

하지만 나그네의 입장에서 뒤집어 생각해 보자. 나그네는 농작물에는 관심 따위가 없을 수도 있다. 그저 자신의 의관을 바르게 하고 싶었을 것이다. 하지만 상황이 그러하니 영락없이 까마귀 날자 배 떨어진 격이 된다. 주인에게 "도둑놈" 소리라도 듣는다면 참 불쾌할 것이다. 이처럼 나그네의 동일한 동작을 농작물의 주인과 나그네의 입장에 따라 달리 볼 수 있다. 자기만의 입장만 내세우기 보다는 상대방의 입장도 한번쯤 헤아리며 말할 필요가 있겠다.

5 과전불납리 이하부정관(瓜田不納履 李下不整冠, 명심보감 정기편)

이처럼 동일한 행위나 사건에 대해 서로 다른 입장에서 바라보는 모습을 살필 수 있는 영화로 《플립》이 있다.[6] 이 영화는 줄리와 브라이스라는 10대 소녀와 소년 사이의 감정과 관계의 성장을 다루고 있다. 우리가 한 이성에게 호감을 가질 때 상대방이 나를 어떻게 생각하는지 궁금하기도 하고, 상대방이 나를 좋아하는 게 분명한 것 같다고 하더라도 자신만의 착각인지 확신을 갖지 못하기도 한다. 영화에서도 주인공들은 서로에게 "그 애는 나를 좋아하는 게 분명한데…"라고 생각하면서도 상대방의 마음을 정확하게 확인하지 못한다. 하지만 영화에서는 하나의 사건에 대해 대해 줄리와 브라이스의 입장을 뒤집어서 보여준다. 그래서 영화를 보는 이들은 주인공들이 서로에게 갖고있는 애틋함, 초조함, 기대 등의 미묘한 감정선을 어렵지 않게 읽을 수 있다. 이 밖에도 하나의 사안에 대해 관련된 등장인물들이 각자의 입장에서 어떻게 생각하고 있는지 '플립'해 가며 보여준다. 이제 영화의 장면 속으로 들어가서 조금 더 자세히 살펴보자.

*** 《플립》 2017.07.12. 개봉/러닝타임 90분/미국/로멘스/감독: 로브 라이너**

- 줄리 베이커(매들린 캐롤): 용기있고 진취적인 성격이며 브라이스가 이사 온 첫날부터 호감을 갖고 다가간다.
- 브라이스 로스키(캘런 맥오리피): 소극적이고 약간의 고정관념이 있으며, 줄리에게 처음에는 경계심을 갖고 있으나 나중에는 줄리의 품성을 알고 줄리에게 자신의 마음을 표현한다.
- 쳇 던컨(존 마호니): 브라이스의 외할아버지이다. 플라타너스 나무를 지키기 위해 나무에 올라간 줄리의 용기가 자신의 아내와 비슷하다고 느낀다. 손자인 브라이스에게 상대방의 반짝이는 면을 보라고 조언한다.
- 리차드 베이커(에이단 퀸): 줄리의 아버지이다. 줄리에게 대상의 부분이 아닌 전체를 보라고 조언한다. 플라타너스 나무가 베어져 나가 줄리가 실의에 빠져 있자 줄리에게 플라타너스 나무를 그려 주는 자상함과 장애가 있는 동생을 돌보는 인간적인 면을 갖고 있다.
- 스티븐 로스키(안소니 에드워즈): 브라이스의 아버지이다. 학창 시절 음악에 대한 꿈을 펼치지 못하고 현실적인 직업을 선택했다. 상대에 대해 다소 냉소적인 태도를 갖고 있다.

⇒ 줄리네 옆집에 브라이스네가 이사 온다. 줄리는 브라이스와 이웃이 되어 함께 생활하며 서로에 대해 좋은 감정을 느낀다. 그리고, 특정 사건에 대해 줄리와 브라이스의 시점을 플립(flip)하면서 각자의 마음 상태를 보여준다.

3.2 영화 속 '서로 다른 입장의 대화' 들여다보기: 《플립》

동일한 대상이나 사건에 대해 각자의 입장에 따라 생각하거나 느끼는 바가 다를 수 있다. 그렇기 때문에 사람들은 대화할 때 상대방이 어떻게 생각하고 느끼고 있는지를 섬세하게 살핀다. 상대방의 입장을 제대로 파악하려고 다른 사람의 마음속에 들어가 볼 수는 없는 노릇이다. 영화에서는 이를 해결해 주기라도 하듯 동일한 사건에 대해 각자의 입장에서 갖고 있는 생각과 느낌을 '플립'하며 보여준다. 마치 영화를 보는 사람들이 상대 인물의 마음속에 들어가기라도 한 것처럼 말이다. 다음과 같은 장면에서 동일한 대상이나 사건에 대해 플립 되어 있는 서로 다른 생각이나 느낌을 살펴보자.

(1) 거리를 두려는 브라이스가 본 "눈치 없음" vs 다가가려는 줄리가 본 "부끄러움"

브라이스는 초등학교 2학년 때 어느 마을로 이사 간다. 이사 들어갈 집에 도착해서 짐을 내리려고 할 때 맞은 편에 살고 있는 줄리가 브라이스네를 발견한다. 줄리는 같은 또래인 브라이스에게 관심을 갖고 브라이스에게 다가가 인사한다. 브라이스는 낯선 여자 아이에게 경계의 눈빛을 보낸다. 줄리는 아랑곳하지 않고 이삿짐 내리는 것을 도와주려고 한다. 브라이스의 아버지는 줄리에게 도와주지 않아도 된다고 완곡하게 거절한다. 하지만 줄리는 아버지의 의도를 알아차리지 못하고 이삿짐 옮기는 것을 계속 돕는다.

장면 1-1(브라이스의 시점)

줄리를 경계하고 거리를 두려는 브라이스 (01:24 ~ 02:46)

줄리: 안녕, 난 줄리 베이커야.
브라이스: (경계의 눈빛으로 줄리를 바라본다.)
…(중략)…
브라이스 아버지: 안 돼, 안 돼. 집에 가렴. 네가 안 보이면 어머니가 걱정하실 거야.
줄리: 엄마는 제가 여기 있는 거 알아요. 가도 된댔어요.
내레이션(브라이스): **도대체 눈치라고는 없는 애였다.**
…(중략)…
브라이스 아버지: 브라이스, 들어가서 엄마 도와드려야지.
브라이스: **(무슨 말인지 모른다는 표정을 짓다가, 이내 알았다는 표정을 지으며) 맞아요.**
(줄리가 브라이스를 뒤쫓아간다.)
내레이션(브라이스): 정말 눈치가 없었다. 그 애에게 꺼지라고 할 참이었는데 정말 이상한 일이 생겼다.
(줄리가 브라이스를 쫓아가다 브라이스의 어깨를 잡는다. 브라이스가 줄리의 손을 뿌리치다 둘이 손을 잡게 된다.)
내레이션(브라이스): **믿을 수가 없었다. 내가 그 이상한 애의 손을 잡고 있었다. (당황한 표정으로 줄리를 바라본다.) 어쩌다 그렇게 된 거지?**
브라이스 어머니: 안녕. 우리 애랑 벌써 인사했구나.
내레이션(브라이스): 난 일곱 살 남자애가 할 수 있는 행동을 했다. (엄마에게 달려가 엄마 뒤에 숨는다. **당황하고 경계 섞인 눈빛으로 줄리를 바라본다.)**

장면 1-2(줄리의 시점)

브라이스에게 호감을 갖고 다가가려는 줄리 (04:54 ~ 05:58)

내레이션(줄리): 브라이스 로스키를 처음 본 날 숨이 막혔다. **그의 그윽한 눈 때문이었다.** (브라이스가 경계의 눈빛으로 줄리를 보았던 장면이 다시 나옴.)
줄리: (이삿짐 차 안) 이거 같이 밀까?

내레이션(줄리): 그 애의 가족이 우리 동네로 이사 와서 도와주러 갔다. 그런데 내가 가자마자 걔네 아빠는 걔더러 엄마를 도와주라고 했다. **가기 싫은 기색이 역력했다.** 그래서 안에 들어가기 전에 같이 놀려고 그 애를 따라갔다. 그런데 **그 애는 내 손을 잡더니 내 손을 쳐다보았다.** (브라이스가 당황한 표정으로 줄리를 보았던 장면이 다시 나옴.) 심장이 멎는 듯했다. 이런 건가? 첫 키스를 하게 될까? 그때 그 애의 엄마가 나왔다.

브라이스 어머니: 안녕?

내레이션(줄리): **브라이스는 부끄러워서 얼굴이 새빨개졌다.** 그날 밤 침대에 누워서 놓친 키스 생각을 했다. **그 애는 나를 좋아하는 게 분명한데 수줍음이 많았다.** 엄마가 남자들은 다 그렇다고 했다. 그래서 내가 도와주기로 했다.

이사 온 첫날 줄리는 브라이스에게 관심을 보이며 인사를 건낸다. 브라이스는 낯선 여자아이를 경계의 눈빛으로 물끄러미 쳐다본다. 하지만 줄리는 브라이스가 자신을 그윽한 눈빛으로 바라보고 있다고 생각한다. 줄리가 눈치없이 계속 이삿짐 나르는 것을 도와준다고 하자 브라이스의 아버지는 줄리를 줄리네 집에 가게 하려고 한다. 브라이스의 아버지는 브라이스가 어머니를 도와드릴 일이 있었던 것처럼 말하며 브라이스에게 집 안으로 들어가라고 눈치를 준다. 브라이스는 처음에는 아버지의 의도를 파악하지 못하는 표정을 짓는다. 그런데 줄리는 브라이스의 이 표정을 보고 브라이스가 자신과 함께 계속 있고 싶어서 집에 들어가기 싫어한다고 생각한다.

브라이스가 줄리의 손을 잡은 상황도 마찬가지이다. 줄리가 브라이스의 어깨를 잡자 브라이스는 줄리의 손을 뿌리치려고 하다가 줄리의 손을 잡게 된다. 우연히 손을 잡게 되어 당황한 표정을 짓는다. 하지만 줄리는 브라이스가 줄리의 손을 잡고 호감을 표현한다고 생각한다. 브라이스는 당황하여 자신의 어머니 뒤로 숨는다. 하지만 줄리는 브라이스가 수줍음이 많아 어머니 뒤에 숨는다고 생각한다. 이처럼 동일한 상황이지만 줄리와 브라이스의 입장에서 뒤집어 보면 줄리와 브라이스가 다르게 받아들이고 있음을 알 수 있다.

(2) 해명하는 브라이스의 "참았어" vs 오해하는 줄리의 "비겁한 변명"

브라이스는 자신이 줄리에게 호감을 갖게 됨을 느낀다. 친하게 지내는 가렛에게 줄리를 어떻게 대해야 할지 묻기로 한다. 브라이스와 가렛은 학교 도서관 한 켠에서 이야기 나눈다. 같은 시각에 줄리도 도서관에서 있었다. 데이나가 줄리에게 다가와서 브라이스가 줄리에게 홀딱 반했다고 말한다. 지금 브라이스가 가렛과 함께 도서관 한 켠에서 이야기하고 있는데, 무슨 이야기를 하는지 엿들으러 가자고 한다. 이렇게 〈장면 2-1〉에서 브라이스는 가렛에게 줄리에 대한 마음을 말하고, 줄리가 이 대화를 엿듣게 된다. 〈장면 2-2〉에서는 며칠 후 줄리네가 브라이스의 집에 초대받는다. 브라이스는 줄리네 가족들을 현관에서 맞이하며 인사를 나눈다. 브라이스는 줄리에게 어색하게 다가간다. 줄리는 며칠 전에 도서관에서 브라이스와 가렛이 나눈 대화를 들었다며 브라이스에게 냉랭하게 대한다.

장면 2-1(브라이스의 시점)

줄리의 험담에 대한 브라이스의 마음 (49:54 ~ 51:07)

가렛: 너 미쳤어? 넌 줄리 베이커를 싫어하잖아.

브라이스: 그러게 말이야. 그런데 자꾸 생각이 나.

가렛: 너 큰일이다

브라이스: 어쩌면 좋지?

가렛: 싹부터 잘라야지. 이건 진짜 감정이 아니야.

브라이스: 아니라고?

가렛: 달걀 때문에 그러는 거야.

브라이스: 걔네 뜰도 욕했고.

가렛: 맞아. 걔네 집 정말 엉망이잖아.

브라이스: 줄리네 삼촌이 정신지체자라서 돈이 많이 들어서 그래.

가렛: 정신지체자? 이제 이해가 간다.

브라이스: 뭐가?

가렛: 줄리 말이야.

브라이스: 무슨 소리야?

가렛: 그 나물에 그 밥이지.

내레이션(브라이스): **너무 기가 막혀서 소리치고 싶었다. 줄리를 잘 알지도 못하는 주제에… 하지만 정작 입에서 나온 말은…**

브라이스: **(헛웃음) 그래.**

가렛: 맞아.

브라이스: 그래, 나중에 보자.

내레이션(브라이스): 학교 끝나고 가렛과 만나기로 했는데 꼴도 보기 싫었다. 그 애는 선을 넘었다. 가렛은 우리 아빠와 생각이 같았다. 두 사람의 생각은 관심 없다. 난 줄리가 좋았다.

장면 2-2(줄리의 시점)

브라이스의 사과에 대한 줄리의 반응 (1:00:32 ~ 1:01:28)

브라이스: 안녕?
줄리: (대답하지 않고 멋쩍어한다.)
브라이스: 예쁜데.
줄리: 너와 가렛이 도서관에서 하는 얘기 다 들었어. 너하고 말 안 할거야. 앞으로 영원히.
(사람들이 모여 있는 곳으로 가서 대화한다.)
브라이스: (대화를 마치고 주방으로 들어가는 줄리에게 가서) 줄리, 얘기 좀 해. 가렛이 한 말이 틀렸다는 거 알아.
줄리: 그 당시에도 틀렸다는 거 알았어?
브라이스: 알았어. 한 대 치고 싶었지만 도서관이라 참았어.
줄리: **그래서 그 애 말에 동의하고 웃었구나.**
브라이스: (억울하다는 표정으로) 그래.
줄리: 그럼 넌 겁쟁이네. (줄리가 돌아서서 주방으로 간다.)

브라이스는 줄리에게 특별한 감정이 없었는데, 요즘에 줄리에게 마음이 간다. 이 마음이 무엇인지, 자신이 진짜 줄리를 좋아하는지 친구인 가렛에게 묻는다. 가렛은 이건 진짜 감정이 아니라고 말한다. 줄리가 준 달걀을 비위생적이라고 버린 것에 대한 미안한 마음에서 온 것이라고 한다. 브라이스도 이전에 줄리네 집에 대해 험담한 내용을 떠올리며 미안한 마음 때문일 거라고 동의한다. 가렛이 맞장구치며 줄리의 집 관리 상태를 말한다. 하지만 브라이스는 줄리의 삼촌 때문에 집 관리 상태에 사정이 있다고 말한다. 가렛은 줄리 집안의 내력까지 근거로 들며 줄리도 문제가 있을 것이라는 식으로 말한다. 브라이스는 너무 기가 막혔지만 도서관 안이고, 친구와의 관계 등을 고려하여 어쩔 수 없이 "그래."라고 말한다. 하지만 엿듣고 있는 줄리의 시점으로 플립하면 브리이스가 "그래."라고 말하며 동의하는 것으로 보인다.

한편, 브라이스의 집에 초대받아 온 줄리에게 브라이스가 말을 건넨다. 사실, 브라이스는 줄리가 초대받아 온다고 할 때 줄리를 만날 생각에 몹시 설렜다. 어떤 옷을 입어야 자신의 마음을 들키지 않으면서도 멋지게 보일지 고민했다. 하지만 브라이스를 본 줄리는 도서관의 대화를 언급하며 냉랭한 반응을 보인다. 브라이스는 당황하며 나름의 해명을 한다. 브라이스는 도서관이라는 장소와 친구와의 관계 등을 고려하여 어쩔 수 없이 동의했다고 한다. 하지만 줄리는 브라이스의 해명이 '비겁한 변명'으로 밖에 들리지 않는다. 줄리는 브라이스가 친구의 말에 반박하지 못하는 겁쟁이라고 말한다. "그래."라는 브라이스의 동일한 발화를 줄리의 입장과 브라이스의 입장에서 각각 뒤집어서 보면 다른 뜻으로 받아들일 수 있다.

(3) 선택을 기다리는 브라이스의 '기대하기' vs 선택을 감추고 싶은 줄리의 "선수 치기"

학교에서 '바스켓 보이' 행사가 열린다. 브라이스는 인기 투표 순위에 따라 바스켓 보이 경매 대상으로 선정되었다. 브라이스는 줄리에게 낙찰받길 바라는데, 다른 여학생이 자신에게 배팅할 것 같아 걱정이다. 브라이스는 다른 여학생에게도 인기가 많다. 한편, 줄리도 브라이스를 낙찰받아 함께 점심 도시락을 먹고 싶다. 하지만 브라이스에게 배팅하면 브라이스를 좋아하는 자신의 마음이 들킬 것 같다. 경매 행사에 참여하지 않으려니 자꾸 브라이스가 떠오른다. 줄리와 브라이스는 서로 어떤 선택을 하고, 어떤 선택을 받을지 몰라 마음이 심란하다. 드디어 행사 당일 경매 시간이 되었다.

장면 3-1(브라이스의 시점)

경매 행사에서 줄리의 선택을 기대하는 브라이스 (1:09:42~1:11:46)

(사회자의 안내에 따라 학생이 한 명씩 나오고 객석에 있는 여학생이 경매를 시작한다. 경매가 계속 진행되고, 브라이스 바로 앞 순서인 에디 트루락이 무대 앞으로 나온다.)

내레이션(브라이스): 이제 에디 트루락. 다음이 내 차례다. 에디의 취미나 바구니 내용물은 궁금하지 않았다. **난 줄리 생각뿐이었다. 줄리가 내게 걸면 어쩌지? 셰리, 멜라니와 붙었다가 지면 어떻게 하지?** 그런 끔찍한 상황을 생각하고 있을 때…

사회자: 없어요?

(브라이스의 기대와 달리 줄리는 에디 투드락을 선택한다.)

줄리: (손을 들며) 8달러.

사회자: 8달러. 한 번, 두 번. 줄리 베이커에게 낙찰.

내레이션(브라이스): **줄리 베이커가 에디 트루락을? 어떻게 에디에게 걸 수 있지? 어떻게 다른 애에게 걸지?**

장면 3-2(줄리의 시점)

브라이스에게 자신의 마음을 들키고 싶지 않은 줄리 (1:15:51~1:19:02)

(사회자의 안내에 따라 학생이 한 명씩 나오고 객석에 있는 여학생들이 경매를 시작한다. 브라이스 바로 앞 순서인 에디 트루락이 무대 앞으로 나온다.)

내레이션(줄리): **말로는 관심 없다고 했지만 재킷 입고 넥타이 매고 바구니를 든 브라이스를 보니 머리가 어질어질했다.** 경매는 빨리 진행됐다.

(사회자가 브라이스의 바로 앞 순서인 에디 트루락을 소개하기 시작한다.)

내레이션(줄리): 브라이스가 다음이었다.

사회자: 5달러, 없어요?

줄리: 왜 안 걸지? 착한 애인데.

친구: 그러니까.

사회자: 아무도 없어요?

줄리: (주저하며 난처한 표정으로 손을 든다.) 8달러.

사회자: 줄리 베이커에게 8달러에 낙찰.

내레이션(줄리): **어쩌다 이렇게 됐지? 에디가 불쌍해서 그런 건가? 브라이스에게 걸까 봐 선수를 친 걸까?**

바스켓 보이 경매 행사에서 브라이스는 줄리에게 낙찰받기를 기대하고 있다. 드디어 다음 순서가 자신의 차례이다. 줄리가 자신에게 베팅할지, 하지 않을지 브라이스는 예상할 수 없어서 초조하다. 만약 줄리가 자신에게 베팅하면 표정 관리를 어떻게 할지, 줄리와 다른 여학생들이 동시에 자신에게 베팅했는데 줄리의 베팅 금액이 낮으면 어떡하나 걱정까지 한다. 하지만 줄리는 다른 남학생에게 베팅한다. 잔뜩 기대했던 브라이스는 줄리의 선택을 이해할 수 없어 한다. 한편, 줄리는 브라이스에 대한 마음을 닫은 상태라 경매 행사에 참여하지 않기로 했었다. 상황에 이끌려 참여하긴 했으나 브라이스의 멋진 모습을 보고 마음이 흔들린다. 브라이스 바로 앞 순서 학생의 경매가 시작된다. 다른 남학생들 경매는 빨리 진행되는 것 같았는데, 이 남학생에게는 배팅하는 여학생들이 얼른 나오지 않는다. 이 학생이 낙찰받으면 바로 다음 차례가 브라이스이다. 초조한 마음에 줄리는 이 남학생에게 마음에도 없는 베팅을 한다. 그리고 브라이스에게 자신의 마음을 들키지 않기 위해 선수를 친 것인지 스스로 묻는다. 이처럼 경매 과정에서 있었던 일에 대해 브라이스와 줄리의 입장에서 뒤집어가며 보여준다.

(4) 인생 초보가 보는 "부분"과 "밋밋함" vs 인생의 고수가 보는 "전체"와 "오색찬란함"

줄리는 이웃집에 이사 온 브라이스에게 호감을 갖는다. 하지만 브라이스의 반응이 신통치 않다. 〈장면 4-1〉에서는 어느 날 줄리의 아버지가 뜰에서 풍경을 그리고 있다. 줄리는 그 옆에 앉는다. 〈장면 4-2〉에서 브라이스는 자신에게 자꾸 다가오는 줄리가 마음에 쓰인다. 그리고 줄리가 준 달걀을 버린 것에 대해 미안한 마음이 든다. 어느 날 브라이스는 외할아버지와 함께 뜰을 산책한다.

장면 4-1

줄리가 보는 브라이스, 아버지가 보는 브라이스 (12:15 ~ 14:52)

내레이션(줄리): …(전략)… 그러다가 하루는 불쑥 얘기를 꺼내셨다.
아버지: 브라이스 로스키와는 어떤 사이니?
줄리: 아무 사이 아니에요.
아버지: 그렇군. 내가 잘못 알았구나.
줄리: 왜 그런 생각을 하세요?
아버지: 그냥. 네가 늘… 그 애 얘기를 하니까.
줄리: 제가요?
아버지: (고개를 끄덕인다.)
줄리: 모르겠어요. **그 애의 눈 때문인 것 같아요. 미소도 예쁘고요.**
아버지: 그 애는 어때?
줄리: 네?
아버지: **풍경 전체를 봐야지.**
줄리: 무슨 뜻이에요?
아버지: 그림은 그저 풍경을 모아놓은 게 아니야. 소는 그 자체로 소잖아. 초원은 그 자체로 잔디와 꽃이지. 나뭇가지 사이로 비치는 햇살은 그저 빛줄기일 뿐이고. 하지만 모든 게 한데 어우러지면 마법이 되거든.

내레이션(줄리): 그땐 무슨 의미인지 잘 몰랐지만 어느 날 오후 플라타너스 나무에 올라갔다가 그 의미를 깨달았다. …(중략)… 거기에 앉아서 몇 시간이고 세상을 바라봤다. 어떨 땐 석양이 보라와 분홍빛인데 어떨 땐 강렬한 오렌지색으로 지평선의 구름에 불을 지폈다. 그렇게 석양을 보던 어느 날, **부분이 모여서 아름다운 전체를 이룬다는 아빠 말씀이 머리에서 가슴으로 옮겨왔다.**

장면 4-2

브라이스가 보는 줄리, 할아버지가 보는 줄리 (39:10 ~ 40:20)

외할아버지: **그 애는 대단한 애다. 밋밋한 사람도 있고, 반짝이는 사람도 있고, 빛나는 사람도 있지. 하지만 가끔씩은 오색찬란한 사람을 만나. 그럴 땐… 어떤 것과도 비교 못해.**

내레이션(브라이스): 밋밋하고 빛나고 오색찬란해? (브라이스의 침실) 도대체 무슨 뜻이지? **줄리 베이커는 늘 평범해 보였는데.** 지금까지는 그랬다. (외할아버지가 브라이스에게 건넨 줄리 기사가 실린 지역 신문을 서랍에서 꺼내어 본다.) 줄리는 나무 위에 있을 때의 느낌을 얘기했다. 땅 위로 높이 들려져서 바람에 어루만져지는 느낌을… 중학생이 그런 말을 쓰다니. 갑자기 뱃속이 울렁거리는 느낌이 들었고 기분이 이상했다. (신문을 서랍 속에 다시 넣는다.) 약해지면 안 돼. 마음 단단히 먹어.

줄리는 이사 온 첫날부터 브라이스에게 호감을 갖고 있었다. 하루 종일 브라이스를 생각하기도 하고, 아버지에게 브라이스에 대해 자주 말하기도 한다. 줄리의 아버지는 딸이 브라이스에 호감을 갖고 있음을 알고, 브라이스의 어떤 면이 좋은지 묻는다. 줄리는 브라이스의 눈과 미소가 매력적이라고 대답한다. 아버지는 상대방의 특정 부분만 보고 그 사람을 판단하지 말고 품성과 같은 한 사람의 전체를 바라보라고 조언한다. 그림을 그리고 있는 상황에 빗대어 그림에서 한 부분이나 특정 소재에만 주목하지 말고 풍경 전체를 보라고 말한다. 브라이스의 외할아버지

역시 브라이스에게 줄리가 갖고 있는 오색찬란한 매력을 보라고 조언한다. 줄리와 브라이스는 상대방의 부분에 주목하거나 밋밋한 특성만 발견한다. 하지만 삶의 지혜가 쌓인 아버지나 외할아버지는 상대방의 전체에 주목하거나 오색찬란한 특성을 발견하라고 말한다. 인생 초보인 주인공과 주인공 주위에 있는 인생 고수가 상대를 바라보는 방식이 플립되어 있다.

(5) 특별한 추억을 가진 사람에게 "보물 같은 나무" vs 특별한 추억이 없는 사람에게 "볼품없는 나무"

줄리네 가족은 브라이스네에게 저녁 식사에 초대받았다. 브라이스네 집의 식탁에 앉아 두 가정은 식사를 한다. 두 가정이 정담을 나누던 중 브라이스의 아버지가 덕담을 건넨다.

장면 5

베어진 마을 나무에 대한 아버지들의 생각 (1:02:15 ~ 1:02:44)

브라이스의 아버지: 이웃이 점점 좋아지고 있어요. 새 집도 모양이 잡혀가고.
브라이스의 어머니: 어떤 거요?
브라이스의 아버지: **크고 못생긴 나무를 자른 집 말입니다.**
내레이션(브라이스): 그 나무를 좋아하는 사람이 있다고 말하려다 말았다. 아빠와 맞서기 싫었다.
줄리의 아버지: **그 나무를 우리 동네의 보물로 여긴 사람들도 있어요.**
브라이스의 아버지: 별로 취미가 고상하지 못하네요.

브라이스 아버지는 집 앞에 있는 커다란 나무를 자른 것이 잘 된 것이라고 말한다. 잘려 나간 그 나무는 사람들의 생활에 불편을 주었을 뿐만 아니라 볼품도 없었다고 평가절하한다. 하지만 그 나무는 줄리에게 세상의 아름다움을 느끼게 해 주었다. 줄리는 그 나무가 베어져 나가는 것을 막기 위해 나무 위에 올라가 시위까지 했다. 나무가 베어져 나가자 줄리는 상실감에 며칠을 앓아누웠다. 줄리에게는 보물과도 같은 나무였기 때문이다. 동일한 나무에 대한 가치를 브라이스 아버지의 입장과 브라이스 아버지 이외 사람들의 입장을 뒤집어 보여주고 있다.

(6) 현실적인 사람의 "진학" vs 이상적인 사람의 "진로"

브라이스의 가족이 줄리의 가족을 초대한 저녁 식사 자리에서 대화가 이어진다. 브라이스의 누나와 줄리의 쌍둥이 오빠는 동갑으로 서로 친하게 지내고 있다. 브라이스의 아버지가 줄리의 오빠들에게 말을 건다.

장면 6

대학 진학에 대한 다른 생각 (1:02:45 ~ 1:03:30)

브라이스의 아버지: 매트, 마크. 이제 곧 졸업이구나.
매트, 마크: 네. 다행이죠.
브라이스의 아버지: 고등학교가 싫어?
매트: 그럼요.
마크: 당연하죠.
브라이스의 아버지: 난 고등학교 때가 제일 좋았는데.
매트: 저희는 아니에요.
마크: 이제는 벗어나고 싶어요.
브라이스의 아버지: **그럼 대학은 안 갈 생각이겠네?**
마크: 갈 수도 있어요.
줄리의 아버지: 몇몇 대학에 이미 합격했답니다.
줄리의 어머니: 맞아요.
브라이스의 아버지: 그래요? 잘 됐네요.
매트: 하지만 **우선 음악을 해 보려고요.**
브라이스의 아버지: 그래.

브라이스의 아버지는 줄리의 오빠들에게 이제 고등학교를 졸업하니 대학 진학 계획을 어떻게 세우고 있는지 궁금해한다. 줄리의 오빠들은 고등학교를 졸업하면 좀 더 자유롭게 자신들이 좋아하는 음악을 하고 싶다고 한다. 브라이스의 아버지는 오빠들이 진학을 아예 포기할 것이라고 속단한다. 하지만 오빠들은 대학 진학 보다는 자신들이 좋아하는 밴드 활동을 먼저 해 보고 싶어 한다. 대학 입학도 이미 몇 군데 확보해 둔 상태이다. 사실, 브라이스의 아버지도 학창시절 밴드 활동을 하며 색소폰 연주를 했다. 하지만 어떤 이유에선지 그 꿈을 펼치지 못했다. 줄리의 오빠들이 밴드 활동에 대해 말할 때 브라이스의 아버지는 침묵을 지켰고 가끔 미소를 짓기도 했다. 하지만 브라이스의 눈에는 아버지가 속으론 무척 슬퍼 보였다. 브라이스의 아버지는 자신의 꿈을 펼치기보다 현실적인 '진학'을 택했다. 하지만 줄리의 오빠들은 자신이 꿈꾸는 길을 찾아가는 '진로'를 택한다. 고등학교 졸업 이후의 선택에 대해 브라이스의 아버지와 줄리의 오빠들의 입장을 뒤집어 보여주고 있다.

3.3 다른 사람의 입장을 이해하며 대화해 보아요

분위기를 띄우기 위해 한 농담이 상대방의 민감한 부분을 건드려 대화 분위기가 싸해진 경험이 있을 것이다. 나는 재미를 위해 한 말이지만 상대방의 입장에서는 드러내고 싶지 않은 화제였기 때문이다. 또는 내가 상대방의 말에 상처받았는데, 상대방은 아무렇지도 않게 이후로도 계속 말을 걸어오는 경험이 있을 것이다. 나는 상대방의 말로 인해 불편함을 느끼고 있는데, 상대방의 입장에서는 대수롭게 생각하지 않거나 '말실수'를 전혀 알아채지 못했기 때문이다. 다른 사람의 입장을 헤아리지 못해서 발생한 일들이다.

영화 《플립》에서 동일한 행위나 사건이라도 누구의 입장에서 보는가에 따라 달리 해석되는 장면들을 살펴보았다. 이 장면들을 바탕으로 다른 사람의 입장을 이해하며 대화하기와 관련하여 조금 더 다루어 보자.

• 의사소통하는 사람들 사이에 복잡한 입장이 존재한다.

두 사람이 대화할 때 '나'와 '너'만 존재한다고 생각한다. 하지만 실제로는 여섯 사람이 관여한다. '내가 보는 나', '내가 보는 너', '네가 나를 어떻게 보는가에 대해 내가 예상하는 나', '네가 보는 너', '네가 보는 나', '내가 너를 어떻게 보는가에 대해 네가 예상하는 너'이다.[5] 대화 참여자가 세 명, 네 명으로 많아질수록 의사소통에 관여하는 사람의 경우의 수는 훨씬 복잡해진다. 이처럼 의사소통에는 다양한 '사람'이 관여된다.

이 영화의 〈장면 1-1〉과 〈장면 1-2〉에서는 브라이스가 보는 줄리, 줄리가 보는 브라이스가 비교적 단조롭게 나타난다. 그런데 〈장면 2-2〉에서는 브라이스를 기준으로 볼 때 의사소통에 관여하는 '사람'들이 복잡해진다. 브라이스는 줄리가 자신을 냉랭하게 대하고 있음을 느낀다. 그리고 줄리가 도서관 대화를 들은 일로 자신에게 좋지 않은 감정을 갖고 있다고도 느낀다. 브라이스는 줄리가 보는 브라이스 자신(네가 보는 나)뿐만 아니라 줄리가 블라이스를 어떻게 평가하고 있을 것이라고 브라이스 자신이 갖고 있는 생각(네가 나를 어떻게 보는가에 대해

5 의사소통의 복잡성: 두 사람이 의사소통할 때 실제로 존재하는 '사람'을 그림과 같이 알렉스와 잭슨(Alex and Jackson)으로 제시할 수 있다(James Campgell and Hal Hepler, 1970. Pamela J. Cooper and Cheri J. Simonds, 2007: 10–11에서 재인용).

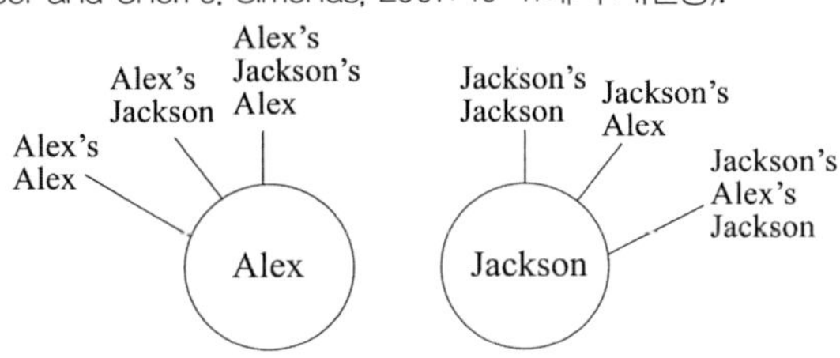

[그림] 의사소통에 관여하는 여섯 '사람'

내가 예상하는 나)의 입장까지 고려하고 있다. 그래서 줄리에게 도서관 대화를 적극적으로 해명하려고 한다. 〈장면 3-2〉에서 줄리가 경매 행사에서 브라이스에게 자신의 마음을 들키지 않게 '선수'를 친 것도 마찬가지로 볼 수 있다.

우리는 의사소통할 때 이와 같은 '여섯 사람'들을 항상 고려하기가 쉽지는 않다. 하지만 의사소통의 복잡성을 알고 이에 대한 민감성을 발휘하여 의사소통에 관여하는 '사람'을 다각적으로 파악해 보자. 다른 사람의 입장을 보다 더 섬세하게 이해할 수 있게 될 것이다.

• 서로의 입장이 다름을 이해하고 존중하며 대화하자.

역지사지(易地思之)란 말이 있다. 나의 입장을 상대방의 입장으로 바꾸어서 생각해 보라는 말이다. 상대방의 입장에서 보면 관점이 달라지게 된다. 기차역 플랫폼에서 나오는 다음과 같은 안내 방송을 떠올려 보자. "기차가 들어오니 손님들께서는 안전선 밖에서 기다려 주십시오." '안전선 밖에서' 기다리라는 말은 손님들이 안전선을 넘어 철로로 들어가라는 말인가? 이와 같은 안내 방송은 기차의 관점에서 본 표현이다. 플랫폼에서 기다리는 손님의 관점이라면 '안전선 안에서'라고 표현해야 할 것이다. 입장이 달라지면 관점이 달라지기 때문에 상대에 대한 다름을 이해하고 존중할 수 있게 된다.

영화의 〈장면 5〉에서도 동일한 나무를 두고도 그 나무에 추억이 깃든 사람의 입장에서는 보물같은 나무이지만 그렇지 않은 사람의 입장에서는 볼품 없는 나무로 보였을 것이다. 〈장면 6〉에서도 마찬가지이다. 삶의 가치를 무엇에 두느냐에 따라 고등학교, 대학 생활의 의미를 다르게 본다. 사람마다 관점, 처지나 입장들이 다를 수 있다. 역지사지하는 마음으로 다른 사람을 헤아려 보자. 서로 다름을 존중하고 이해하며 대화할 때 영화에서 말한 바와 같이 한 사람의 전체를 이해하고 오색찬란한

빛을 볼 수 있을 것이다.

• 상대방이 드러내고 싶은 내용인지, 그렇지 않은 내용인지를 살펴보자.

대화 참여자들끼리 잘 알고 있으면 자아를 드러내기에 자유롭다. 나도 알고 다른 사람들도 잘 알고 있는 내용이면 대화의 내용으로 꺼내 놓기에 자유롭다고 생각한다. 하지만 서로 잘 알고 있는 내용이라 하더라도 누군가가 드러내놓고 싶어 하지 않은데 굳이 이야기한다면 대화의 분위기가 매우 어색해질 것이다. 회사에서 업무 중에 민망한 실수를 한 사람을 가정해 보자. 대부분의 사람들도 그 사실을 알고 있는데 그 사람과 대화할 때 그 실수를 화제 삼아 이야기하면 어떨까? 실수한 사람을 포함하여 대화에 참여하는 사람들이 다 아는 내용이라고 하지만 당사자는 불편함을 느낀다. 이처럼 서로 잘 알고 있는 내용이라고 하더라도 자유롭게 말하기 어려운 경우가 있다. 나도 알고 상대방도 잘 알고 있지만 어느 한쪽이 드러내기를 원하지 않은 경우에는 대화의 내용으로 삼지 않도록 주의해야 한다.[6] 화제를 선정할 때에 대화 참여자들이 다 알고 있는 내용인지만 고려할 것이 아니라 상대방이 드러내고 싶어 하는지, 그렇지 않은지도 살펴보아야 한다. 이것이 다른 사람의 입장을 이해하며 말하는 한 방법이기도 하다.

영화의 〈장면 4-1〉에서도 줄리의 아버지는 줄리와 브라이스가 어떤 사이인지 조심스럽게 물어본다. 혹시라도 줄리가 드러내기를 원하지 않을

6 이창덕(2003: 59–60)에서는 대화의 내용을 무엇으로 선정하는가는 대화의 성공 여부에 상당히 중요한 변수가 된다고 말한다. 일반적으로 대화 내용을 선정할 때 나도 알고 상대도 알고 있으면 자유롭게 이야기할 수 있는 화제라고 여긴다. 하지만 어느 한 명이라도 그 화제를 명시적으로 드러내는 것을 원치 않는 경우에는 그 화제를 대화 내용으로 선정하는 것은 바람직하지 않다고 말한다. 그러므로 대화의 화제를 선정할 때에는 대화에 참여하는 사람들이 그 화제에 대해 잘 알고 있느냐를 고려하는 것도 중요하지만 그 화제를 꺼냈을 때 불편감을 겪는 사람은 없는지도 헤아려 보아야 한다.

수 있기 때문이다. 줄리가 아무 사이도 아니라고 하자 아버지는 줄리의 말을 믿는다. 그리고 줄리가 주도하며 이끄는 브라이스의 이야기를 듣고 조언해 준다.

• 상대방을 알아가는 대화의 즐거움을 느끼자.

상대방을 잘 알지 못한 상태에서는 대화가 원활하게 진행되지 않는다. 상대방의 관심사가 무엇이고 상대방이 나에 대해 어떻게 생각하고 있는지를 알게 되면 좀 더 편안한 분위기에서 활발하게 대화할 수 있다. 그래서 우리는 상대방을 더 많이 알기 위해 대화를 시도하고, 상대방을 더 많이 알아갈수록 더 친밀한 관계에서 대화할 수 있게 된다. 하지만 대화가 충분히 이루어지지 않은 경우에는 서먹서먹한 관계가 길게 이어지기도 하고, 경우에 따라서는 오해가 생기기도 한다. 활발하게 상호작용함으로써 상대방과 유대감이 쌓이고 서로에 대한 신뢰감을 느끼게 되는 것이 대화의 즐거움 중 하나이다.

영화에서 줄리와 브라이스는 서로가 상대에게 좋은 감정을 갖고 있다. 하지만 상대에게 적극적으로 다가가서 말을 걸지 못한다. 줄리는 브라이스의 마음이 어떤지, 브라이스는 줄리의 마음이 어떤지 서로 알지 못하기 때문이다. 줄리와 브라이스의 사이를 지켜보는 동안 어떤 독자는 대중가요 한 곡을 떠올릴 것이다.

어서 말을 해(이주호 작사·작곡, 해바라기 노래)

너는 너는 바보야 그를 잡고 말을 못하면 너는 바보야 / 사랑한다 한 마디 그를 잡고 말을 못하면 떠나 가버려 / 어서 말을 해 / 흔적 없는 거리 거리마다 말 못하는 사람들뿐이야 / 정만 주면 무슨 소용있나 가고 나면 울고 말 것을 / 미워하면 무슨 소용 있나 가고 나면 후회할 것을 (후략)

가사를 보면, 어떤 사람이 상대방에게 좋은 감정을 느끼고 있다. 상대방에게 어느 정도의 '정'을 주었던 걸 보니 생면부지의 사람은 아닌 것 같다. '썸 타는' 정도의 사이로 보인다. 적극적으로 다가가서 사랑한다고 말을 하려고 하자니 용기가 나지 않는다. 그저 그런 사이로 지내려니 상대방의 모습이 눈에 아른거린다. 이성에게 자신의 감정을 고백한다는 것은 물론 떨리는 일이다. 상대방의 반응이 어떨지를 예상하기 어렵기 때문이기도 한다. 그렇더라도 제대로 된 대화를 시도해 보아야 서로의 마음이 어떤지 알 수 있지 않을까?

이 영화의 마지막 장면에서 줄리와 브라이스는 함께 나무를 심는다. 그리고 그동안 서로 제대로 대화하지 못했다는 것을 알고 둘은 이제 앞으로는 오래도록 이야기 나눌 것을 기대한다.

마지막 장면

내레이터(줄리): (묘목 앞에 마주 보고 선다.) 거기 서서 깨달았다. 지금까지 우리는 제대로 얘기를 나눈 적이 없다는 걸 (줄리와 브라이스가 같이 쪼그려 앉아 나무에 흙을 북돋는다.) 하지만 그날 얘기를 시작했다.

내레이터(브라이스): 나는 우리가 오래도록 얘기를 나눌 것임을 알았다. (둘이 흙을 북돋는 중에 브라이스가 자신의 손을 줄리의 손 등에 살포시 얹는다. 둘이 서로 마주 보며 미소 짓는다.)

지금까지 영화의 장면을 중심으로 같은 행위나 사건을 서로 다른 입장에서 뒤집어 살펴보았다. 그리고 다른 사람의 입장을 이해하며 대화하기

위한 방안에 대해 알아보았다. 우리가 의사소통할 때에는 다양한 '사람'이 존재하므로 각각의 사람들을 섬세하게 파악하고 각각의 다른 입장을 이해하며 대화해야 한다. 또한 역지사지의 마음으로 서로의 다름을 이해하고 존중해야 한다. 사람들이 가진 서로 다름을 이질적인 것이라고 규정하지 말자. 우리가 대화하는 이유는 각자가 가진 독특한 다름을 서로 이해하기 위해서이다. 대화를 적극적으로 함으로써 서로의 다름을 이해하고 그 다름이 어우러지는 마력에 빠져보는 것은 어떨까?

4. 공감하며 대화하기

4.1 공감하며 대화하고 있나요

아내: "여보, 나 감기 걸린 것 같아요."

남편: "얼른 병원에 가봐요."

감기에 걸린 아내와 그 남편의 대화이다. 아내가 남편에게 듣고 싶었던 말은 무엇일까? 감기에 걸리면 진료받기 위해 병원에 가야 한다는 것을 아내는 모르고 있을까? 아마 아내는 남편이 자신에게 관심 가져주길 바랄 것이다. 감기에 걸린 자신의 처지를 공감해 주는 말을 듣고 싶을 것이다.

국가적 재난이 발생하면 고위 공직자들이나 정치인들은 어김없이 그 현장을 방문하고, 이 장면이 뉴스로 방송된다. 현장을 찾아 지원활동을 한다며 장갑을 끼고 팔까지 걷어붙이고 있다. 하지만 말쑥한 옷차림과 말끔한 용모는 시청자들에게 이질감을 준다. 이재민들은 재난으로 인해 상실감, 두려움, 분노 등의 복합적인 감정에 휩싸여 있다. 이러한 이재민들에게 경제적 지원이나 행정적 처리를 강조하여 말한다면 인터뷰를 보는 시청자들은 그들이 진정으로 공감하고 있는지 의구심을 갖는다.

사람들은 이 대화 속의 남편이나 고위 공직자, 정치인들을 보면 그들이 말을 참 못한다고 여긴다. 의사소통 능력이 떨어진다고 판단한다. 상대방에게 공감하지 못하기 때문이다. 이처럼 공감은 사적 영역뿐만 아니라 공적인 영역에까지 폭넓게 요구되는 의사소통 능력의 중요한 자질이다. 공감은 상대방의 감정이나 의견에 대해 자신도 그렇다고 느끼는 것이다.[7] 상대방의 감정이나 의견에 공감하며 대화하는 방법은 무엇일까?

공감하며 대화하는 방법이 잘 드러난 영화로 《굿 윌 헌팅》*이 있다. 주인공 윌 헌팅은 수학에 비범한 재능을 갖고 있다. 하지만 정규 교육을 받지 않고 친구들과 어울리며 엇나가는 생활을 하다 절도와 폭행으로 수감된다. 윌의 재능을 안타깝게 여기던 제럴드 램보 교수는 윌에게 함께 수학을 연구하고 심리 상담을 받는 조건으로 풀려나게 해준다. 하지만 상담은 원활하게 이루어지지 않는다. 상담전문가들은 윌의 마음을 열지 못하고 오히려 윌에게 조롱당하기까지 한다. 그러자 제럴드는 자신의 대학 동기인 숀을 찾아가 윌의 상담을 부탁한다. 숀은 대학 시절 제럴드 못지않은 수학 재능을 갖고 있었지만 어린 시절 마음의 상처로 인해 수학 재능을 펼치지 않고 심리학을 전공했다. 그리고 윌과 같은 고향 출신이기도 하다. 제럴드는 숀과 윌이 공통점이 많아 숀이 윌의 상담 적임자라고 생각하고 숀에게 윌의 상담을 부탁한 것이다. 숀은 윌에게

7 표준국어대사전에서는 공감을 '남의 감정, 의견, 주장 따위에 대하여 자기도 그렇다고 느낌. 또는 그렇게 느끼는 기분'으로 정의하고 있다.

*** 《굿 윌 헌팅》 2016.08.17. 재개봉/러닝타임 126분/미국/드라마/감독: 구스 반 산트**

- 윌 헌팅(맷 데이먼): 어린 시절 양아버지의 학대로 마음의 상처를 갖고 있다. 또한 정규 교육을 제대로 받지 못했으며 직업도 안정적이지 않다. 그래서인지 친구들과 어울려 지내며 다소 엇나가는 생활을 하고 있다. 하지만 수학을 비롯한 다른 영역의 학습에 비범한 재능을 갖고 있다.
- 숀 멕과이어(로빈 윌리엄스): 윌과 같이 수학적 재능을 갖고 있었으나 어린 시절 마음의 상처로 인해 심리학을 전공한다. 영화에서 윌을 이해하고 공감하며 심리 상담을 한다.
- 제럴드 램보(스텔란 스카스가드): MIT 대학의 수학과 교수로 필즈상을 수상할 만큼 연구 업적이 뛰어나다. 제럴드는 윌의 수학적 재능을 알아보고 자신과 함께 수학 분야를 연구하길 바란다.

⇒ 윌은 비범한 수학적 재능을 갖고 있지만 어린 시절에 입은 마음의 상처가 있어 엇나가는 생활을 하고 있다. 제럴드 램보 교수가 제안한 조건으로 상담에 참여하지만 상담의 과정에서 윌은 자신의 처지를 공감받지 못한다. 상담사가 바뀌고 숀과 만나게 되면서 윌은 깊은 공감을 경험한다.

조심스럽게 다가가며 대화한다. 그리고 숀은 윌이 저지른 실수와 잘못들, 윌에 대한 부정적인 평판들에 대해 "네 잘못이 아니야."라고 말하며 윌을 이해하고 지지하며 깊이 공감해 준다. 결국 윌은 마음을 열게 되고, 자신이 원하는 삶을 찾아 나선다.

이 영화에는 공감에 대해 생각해 볼 수 있는 장면들이 풍부하게 있다. 특히 윌이 상담 치료를 받는 과정에서 공감이 제대로 이루어지지 않은 대화, 높은 수준의 공감에 이르는 대화들이 나온다. 영화 《굿 윌 헌팅》의 장면을 중심으로 공감하며 대화하는 방법이 무엇인지 들여다보자.

4.2 영화 속 '공감 대화' 들여다보기: 《굿 윌 헌팅》, 《원더》

(1) 공감으로 나아가지 못하는 대화

상대방의 감정이나 의견 등에 대해 자신도 그렇게 느끼며 대화할 때 우리는 공감하며 대화한다고 한다. 상대방에 대해 편견을 갖거나 자신의 가치 판단을 근거로 상대방의 내면을 이해하려고 한다면, 상대방은 공감받고 있지 않다고 느낄 것이다. 다음은 영화 《굿 윌 헌팅》에서 윌이 첫 번째 상담사와 상담하는 장면이다. 상담사의 말이 윌에게 공감을 주지 못한 이유가 무엇인지 살펴보자.

장면 1

자신의 입장에서 이해하고 조언하는 모습 (《굿 윌 헌팅》 29:28 ~ 31:04)

윌: 선생님 책을 읽어 보니 마이크는 주식 중매인 채드와 같은 문제를 안고 있던데요.
상담사: 정확해, 제대로 봤군.
윌: 감사합니다.
상담사: **자네의 심리적 고통을 판단하고 분석하는 게 아니야. 근데 그것이 자네의**

가능성을 망치고 있어. 하나마나 한 말을 해 봤자 시간 낭비야.
윌: 그렇죠. 저도 잘 알아요.
상담사: **아픔을 쉽게 잊을 수는 없겠지만 그래도 조금만 더 노력해 보게.**
윌: 사실 좀 어려워요.
상담사: 어떤 점이?
윌: 딴 사람들한테 제 감정을 숨기는 거요.
상담사: 그래?
…(중략)…
윌: 선생님도 게이라는 걸 숨기기 힘든가요?
상담사: 그게 대체 무슨 소린가? 게이라니? (얼굴이 일그러진다.)
윌: 방금 저랑 자고 싶다고 생각했잖아요.
상담사: 뭐? 너…. 실망 시켜서 미안하게 됐지만….
윌: 괜찮아요. 난 선생님이 누구하고 붙어먹든 알 바 아니죠.
상담사: 붙어먹다니? 무슨 소리야?
(상담사가 불쾌한 표정을 지으며 연구실 밖으로 나온다.)
상담사: (제럴드를 향해) 더 이상 이런 무료 상담은 않겠네. 시간 낭비야.
제럴드: 왜 그러세요?
상담사: 다음 주면 전국 TV 방송에 출연할 건데 저런 미치광이한테 줄 시간 없네. 완전히 돌았어.

상담이 시작되자 윌은 상담사의 저서에 대한 자신의 논평을 말한다. 윌은 심리 상담을 받는 것이 내키지 않았기에 상담사의 저서에 대해 부정적인 내용을 먼저 말하며 삐딱한 태도로 대화한다. 하지만 상담사는 윌의 재능을 이미 알고 있을 뿐만 아니라 상담사로서의 본분을 다하기 위해 윌의 명석함을 칭찬해 준다. 그러나 상담이 얼마 진행되지 않아 상담사는 '지금 이 상담은 의미 없고 시간 낭비'라고 규정한다. 윌의 마음을 이해한다고 하면서 조금만 더 노력하여 자신이 가진 능력을 발현시키라고 조언한다. 윌은 상담사가 윌의 처지에 귀 기울이고 상처받은 마음을 어루만져주기를 바라고 있었을지도 모른다. 하지만 상담사는 윌의 마음을 진심으로 이해하기 보다는 상담사의 입장에서 윌을 이해하고 판단하여 말한다. 어설프게 공감하고 있다. 윌도 상담사의 이러한 태도를 간파했는지 화제에서 엇나가기 시작한다. 급기야 상담사에게 무례한 말로 인신공격까지 한다. 윌과 상담사의 대화는 더 이상 나아가지 못한다. 대화가 종결되고 관계까지 종결되는 파국에 이른다.

(2) 공감으로 나아가는 대화

상대방에게 공감하며 대화하기 위해서는 어떠한 편견이나 가치 평가 없이 온전히 상대방의 입장에서 이해해야 한다. 구현정 외(2007: 257-269)에서는 상대방의 이야기를 잘 들어주기 위한 방안으로 공감적 경청을 들고 있다. 공감적 경청이란 다른 사람이 가지고 있는 틀 안으로 들어가는 것이다. 화자의 관점을 통해서 사물을 보는 것이고, 화자들이 보는 방식에 입각해서 세상을 보는 것이다. 이때 상대방이 생각하는 패러다임을 이해하고, 또 그들이 느끼는 감정도 이해할 수 있게 된다. 다음은 윌의 상담사가 숀으로 바뀌어 대화하는 장면이다. 윌이 숀의 연구실로 찾아가면서 첫 만남의 대화가 이루어진다. 숀이 윌에게 관심을 보이고 공감으로 나아가며 대화하는 방법을 살펴보자.

장면 2

상대방 관심의 흐름을 좇아가고 수용하는 모습 (《굿 윌 헌팅》 37:51~40:30)

숀: 기분이 어때?
윌: (대답을 하지 않고 연구실 내부를 계속 둘러본다.)
숀: 정확히 어디 출신이지?
윌: 방 장식이 맘에 드네요.

숀: **고맙구나.**

윌: 이 책들 도매상에서 다 사들인 거예요, 아니면 정신과 의사용 필독서라도 따로 있는 거예요?

숀: **책 좋아하니?**

윌: 네.

숀: 이 중에 읽은 책 있어?

윌: 모르죠.

숀: 여기 것들은 어때?

…(중략)…

윌: (서재를 쳐다본다) 미합중국 역사 제1권. 맙소사. 제대로 된 역사책을 읽으려면 하워드 진의 저서를 읽으세요. 그걸 보면 눈이 번쩍 뜨일 걸요.

숀: 촘스키의 '매뉴팩처링 컨센트' 보다 낫나? 그건 좋은 책이라고 생각해?

윌: (숀의 질문에 대답하지 못하고 잠깐 동안의 침묵이 있다) 당신들 정신과 의사들은 정말 귀찮군요. 아무리 이런 책들을 모아 봤자 쓸모 없다구요.

숀: **그럼 쓸모 있는 책은 어떤 거지?**

윌: 머릴 날려버릴 정도로 신나는 거요.

숀: **안 그래도 난 머리털이 얼마 없어.**

…(중략)…

윌: (벽에 있는 그림을 보며) 완전 쓰레기군요.

숀: 솔직히 어떻게 생각하는지 말 해봐.

윌: 선과 인상파적 혼합으로 구도가 엉망이에요. 게다가 호머 작품 뺨치네. 배에 탄 사람만 빼면요.

숀: 좀 묘하지. 모네 작품은 별로였거든.

윌: 중요한 건 그게 아니죠.

숀: 그럼?

윌: 색감이요.

숀: 진짜 웃기는 건 뭔지 알아? 사실은 인쇄된 그림에 지시대로 색만 입혔거든.

윌: 그래요? 색깔 좋기만 한데요, 뭘.

숀: 그래? 소감은?

윌: 누구누구처럼 선생님도 곧 귀를 자를 것 같네요.

숀: 그래?
윌: 네.
숀: **당장 프랑스 남부로 이사 가서 고흐로 이름 바꿀까?**

윌은 상담을 받기 위해 숀의 연구실로 찾아간다. 연구실에 들어 온 윌은 숀의 연구실 내부를 둘러본다. 윌이 숀의 연구실에 관심을 보이는 것 같자 숀은 자신의 연구실에 대한 윌의 인상을 묻는다. 윌은 대답도 하지 않는다. 숀이 윌의 고향을 다시 묻자 엉뚱한 대답을 한다. 그리고 윌은 연구실에 가득 찬 책을 숀이 다 읽었는지 비꼬는 듯한 질문을 한다. 숀이 책의 내용에 대해 물어도 대답하지 않고 화제를 바꾸기 일쑤이다. 숀은 언짢아하기 보다는 윌의 관심을 좇아가며 "책 좋아하니?", "그럼 쓸모 있는 책은 어떤 거지?"라고 묻는다. 윌이 역사 서적들을 보고 자신의 지식을 자랑하듯 말해도 숀은 "안 그래도 난 머리털이 얼마 없어."라고 스스로를 희화시킨다. 윌은 벽에 걸린 그림에 대해서도 자신의 예술적 안목을 뽐내려 한다. 숀은 그림에 대한 설명이나 의견을 말하기 보다 윌의 생각에 공감하며 "당장 프랑스 남부로 이사 가서 고흐로 이름 바꿀까?"라고 말한다.

윌은 사람을 처음 만났을 때 예의를 갖추거나 상대방의 질문에 적절하게 대답하기보다는 자신의 관심을 따라 화제를 이끌며 대화한다. 그럼에도 불구하고 숀은 화제의 일관성을 유지하기 위해 어떤 제안을 하거나 감정을 드러내지 않는다. 윌의 말을 확인하거나 이해했다는 표현을 할 뿐이다. 자신의 질문에 윌이 반응하는 대로, 윌이 질문하는 대로 대답하며 윌의 내면으로 조심스럽게 접근한다. 숀은 윌의 관심의 흐름을 좇아가며 공감으로 나아가는 대화를 하고 있다.

(3) 깊은 공감에 이르는 대화

앞서 살핀 바와 같이 상대에 대해 편견을 갖거나 자신의 가치 기준에 근거하여 상대를 이해하려 한다면 온전한 공감이 이루어지지 않는다. 상대의 관심을 좇아가고 수용해 주며 대화해야 한다. 마치 상대방이 된 것처럼 상대의 상처와 즐거움을 인지하며 대화한다면 상대는 깊은 공감을 느낄 것이다. 칼 로저스는 공감이 상대방의 생각이나 감정을 그의 관점에서 이해하고 존중하며 비판적으로 수용하는 것이라고 정의하였다.[8] 공감의 상태 또는 공감적인 것은 마치 상대방이 된 것처럼 상대방의 내적 준거 틀과 그에 속하는 정서적 요소와 의미를 정확하게 이해하는 것을 의미한다. 다음은 윌과 숀의 상담이 끝나가는 단계의 대화 장면이다. 숀이 윌을 깊이 공감하며 하는 말이 무엇인지, 윌이 느낄 공감의 깊이가 어떠할지 살펴보자.

장면 3

윌의 입장을 이해하고 윌을 보듬어 안는 모습 (《굿 윌 헌팅》 47:23 ~ 50:31)

윌: 평가 결과는 어때요? 애정 결핍 같은 건가요? 버림받을까 봐 두려워하는 거? 그래서 제가 스카일라와 헤어진 걸까요?

숀: 헤어진 줄 몰랐어.

윌: 헤어졌어요.

숀: 털어놓고 싶니?

8 칼 로저스는 공감의 특성에 대해 상세히 기술하고 있다. 그 중 주요 내용은 다음과 같다(C. Rogers 1975: 4, 정연옥 · 박용익 2020: 81–84에서 재인용)

① 공감은 타자가 개인적으로 지각하고 있는 세계로 들어가서 그 세계를 완전히 자신의 것처럼 여기는 것이다.

② 공감은 편견 없이 타자의 세계 속으로 들어가는 것이다. 이를 위해 일시적으로 자신의 관점과 가치 평가를 내려놓는 것, 즉 자기 자신을 내려놓는 것이다.

윌: 아니요.

숀: **윌, 나도 아는 게 많지 않지만 이 기록들… 모두 다 헛소리야. 네 잘못이 아니야.**

윌: 알아요.

숀: 내 눈을 똑바로 쳐다봐. 네 잘못이 아니야.

윌: 알아요.

숀: **네 잘못이 아니야.**

윌: 안다구요.

숀: 아냐. 몰라. 네 잘못이 아니다.

윌: 알아요.

숀: 네 잘못이 아냐.

윌: 알았어요.

숀: 네 잘못이 아냐. 네 잘못이 아냐.

윌: 성질나게 하지 말아요.

숀: 네 잘못이 아니야.

윌: 성질나게 하지 말란 말이에요. 선생님만이라도….

숀: 네 잘못이 아니었어.

윌: (얼굴을 감싸고 흐느낀다.)

숀: **네 잘못이 아냐. (윌을 끌어 안는다.)**

윌: (숀을 껴안고 흐느껴 운다.) 젠장, 정말 죄송해요.

숀: 다 잊어버려.

윌은 숀과의 상담이 진행될수록 자신을 점점 열게 되고 다른 사람의 감정을 이해하고 교감하는 방법을 알아간다. 여느 날처럼 윌이 상담을 받기 위해 숀의 연구실을 찾아가던 중 연구실 문 앞에서 숀과 제럴드의 언쟁을 듣게 된다. 숀과 제럴드가 상담 이후 윌의 앞날에 대해 서로 다른 의견을 내며 언성을 높이고 있었다. 윌이 연구실로 들어가자 제럴드가 밖으로 나간다.

윌은 자신을 평가한 서류를 보고 자신에게 문제의 원인이 있다고 기록되어 있을 것이라 짐작한다. 그래서 여자 친구와 헤어진 것도 윌 자신의 잘못이라고 여긴다. 어린 시절 양아버지에게 학대받은 것도 자신의 잘못이라고 생각한다. 숀은 윌에게 무슨 일이 있었는지, 왜 그랬는지에 대해 묻지 않는다. 섣부른 조언도 하지 않는다. 숀 자신도 겪은 어린 시절의 아픔을 말하며 윌의 아픈 마음을 공감한다. 그리고 윌을 보고 "네 잘못이 아니야."를 반복하여 말한다. 이러한 반복은 여자 친구와 헤어진 상황이, 어린 시절 양아버지에게 학대받은 상황이, 서류에 적힌 기록이나 평판들이 모두 윌의 잘못이 아니라고 조목조목 강조하는 효과를 준다. 일종의 공감의 메아리가 되고 있다. 숀은 힘든 상처를 안고 지냈을 윌을 꼭 보듬는다.

깊은 공감에 이르는 장면은 영화 《원더》*에도 잘 나타난다. 어기는 안면

*** 《원더》 2017.12.27. 개봉/러닝타임 113분/미국/드라마/감독: 스티븐 크보스키**

- 어기 풀먼(제이콥 트렘블레이): 선천적으로 안면기형 장애로 태어나서 성형수술만 27회를 받았다. 자신의 얼굴을 감추기 위해 밖에 나갈 때면 헬멧을 쓰고 다닌다. 하지만 호기심이 많고 밝게 지낸다.
- 이자벨 풀먼(줄리아 로버츠): 어기의 어머니로 어기가 학교에 잘 다닐 수 있게 걱정하고 지지해준다.

⇒ 어기는 외모 때문에 제 나이에 취학하지 못하고 10살이 될 때 5학년으로 학교에 간다. 등교할 때에도 얼굴을 감추기 위해 헬멧을 쓰고 다닌다. 학교생활을 하는 동안 외모 때문에 상처를 받지만 가족, 친구, 선생님들의 사랑으로 자신감을 가지고 여러 가지 성취를 이룬다. 졸업식에서는 교장 선생님의 칭찬과 함께 모범 학생에게 주어지는 상을 받는다.

장애를 갖고 태어난다. 외모 때문에 10살이 되어서야 초등학교에 취학한다. 어기는 설레는 마음으로 등교했으나 학교에서 외모에 대한 불편한 시선을 느끼고 속상해한다. 집에 돌아와서도 종일 시무룩하고 저녁도 먹지 않는다. 어머니가 오늘 학교가 어땠냐며 묻지만, 어기는 자리를 박차고 자기 방으로 들어간다. 어머니는 어기의 방에 들어가 대화를 시도한다. 어기는 어머니에게 속상한 마음을 곧바로 쏟아 놓는다.

장면 4

솔직하고 진지한 태도로 대화하는 모습 (《원더》 24:09 ~ 25:45)

어기: 왜 난 이렇게 못생겼어?
어머니: 넌 못생기지 않았어.
어기: 내 엄마니까 그러는 거잖아.
어머니: 내 생각은 엄마라서 안 중요해?
어기: 그래.
어머니: **엄마 생각이니까 제일 중요한 거야. 널 제일 잘 아니까. 넌 못생기지 않았어. 네가 관심 있는 사람은 알게 될 거야.**
어기: 나하곤 말도 안 하는걸.
어머니: 다르게 생겼다고 그러는 거잖아.
어기: 괜찮은 척 할래도 그게 안 돼.
어머니: **알아.**
어기: 계속 이럴까?
어머니: (잠깐의 침묵) **모르겠어.** (어기 옆에 앉는다.) **엄마 말 들어봐. 날 봐. 누구나 얼굴에 흔적이 있어. 이 주름살은 네 첫 수술 때, 이건 네 마지막 수술 때 생겼어. 얼굴은 우리가 갈 길을 보여주는 지도이자 우리가 지나온 길을 보여주는 지도야. 절대로 흉한 게 아니야.**
어기: 엄마 흰머리는?
어머니: (웃는다.) 흰머리는 네 아빠 덕이지.
어기: (웃는다. 엄마를 껴안는다)

어기는 "왜 난 이렇게 못생겼어?"라고 속상한 마음을 드러낸다. 어머니는 어기가 못생기지 않았다고 말하지만, 어기는 어머니이니까 그렇게 말한다고 생각한다. 어머니는 부정하지 않는다. 하지만 어머니가 생각하는 어기의 모습도 중요하다고 진지하게 말한다. 어기를 아는 사람들도 어기가 못생겼다고 생각하지 않는다고 말한다.

어기가 자신의 외모에 대한 친구들의 말에 신경을 쓰지 않으려고 해도 잘 되지 않는다고 말할 때에도 어머니는 어기의 마음을 있는 그대로 공감해 준다. 어기가 "계속 이럴까?"라고 물을 때 "모르겠다."고 솔직하게 대답한다. 어쩌면 계속 그럴 수도 있다는 뜻을 내포하고 있다. 현재의 상태를 이해하고 스스로 극복하도록 용기를 주고 있다. 이처럼 어머니가 어기와 대화하는 내용은 대단히 솔직하다. 무조건 '괜찮다.', '나아질 것이다.'라고 말하지 않는다. 마음에도 없는 말로 위로하거나 어설픈 조언을 하지 않는다. 있는 그대로를 어기와 함께 바라보며 어기가 이러한 사실들을 받아들이고 극복할 수 있게 지지해준다.

어머니가 어기와 대화하는 태도도 매우 진지하다. 어기가 하는 말을 진지하게 들어주고 허무한 희망을 갖지 않도록 솔직하게 말한다. 자신의 얼굴에 있는 주름살을 예로 들어 어기에게 외모의 의미에 대해 말한다. 어기는 어머니가 말한 주름살 이야기의 의도나 의미를 이해하지 못할 수도 있다. 하지만 어기는 어머니가 자신의 말에 경청하고 진지하게 말해주는 태도를 통해 깊은 공감을 느낄 것이다. 그래서인지 어기의 속상한 마음이 풀리고 어기는 어머니의 품에 안긴다.

4.3 공감하며 대화해 보아요

대화하다 보면 상대방의 마음도 모르고 말한다며 핀잔을 받거나, 자신의 말이 상대방에게 상처를 준 경우가 있었을 것이다. 상대방이 나의 의중을 간파하지 못하고 기대했던 반응이 나오지 않아 서운함을 느낀 적도 있었을 것이다. 모두 공감 능력이 부족했기 때문이다. 우리가 의사소통할 때 정보를 명확하게 전달하는 것도 중요하지만 상대방에게 얼마나 공감을 잘하는지도 중요하다. 공감을 잘하는지 그렇지 않은지에 따라 말 잘하는 사람, 의사소통 능력이 뛰어난 사람이라고 판정하기도 한다. 공감 능력이 의사소통에서 기본이 되면서도 의사소통의 성패를 좌우하는 결정적인 요소가 되는 것이다.

공감의 의미와 효과, 공감하며 대화하는 방법 등을 알 수 있는 대화 상황들을 영화 《굿 윌 헌팅》과 《원더》를 통해 들여다보았다. 두 영화 속에는 공감하며 대화하기와 관련된 생각할 거리들이 많다. 그 중에서 몇 가지를 다루어 보자.

- **유아와 부모의 밀착 관계 형성과 언어의 사용으로 인간의 공감 능력은 발달한다.**

공감의 개념과 용어는 현대 철학, 예술, 심리학 분야에서 비교적 최근에 사용하기 시작했지만, 공감 그 자체는 인류의 발달과 관련이 있다고 볼 수 있다. 정연옥 외(2020)에서는 공감의 진화론적 발달에 대해 다음과 같이 해석하고 있다. 인간이 공감 능력을 보유하게 된 핵심적인 첫째 요소는 오랜 시간 지속되는 육아 과정에서 형성된 유아와 부모 사이의 밀착 관계이다. 이 과정에서 상대방의 감정이나 생각을 이해할 수 있는 사회 인지 능력, 즉 공감 능력이 발달하게 되었다. 둘째 요소는 인간 뇌의 발달로 인간이 고등 인지 능력을 갖게 됨으로써 언어를 사용할 수 있게 된 것과 관련이 있다. 인간은 언어 사용을 통해서 자신과 타자를 인식하고 이해할 수 있는 공감 능력을 발달시킬 수 있게 되었다.

영화《굿 윌 헌팅》에서 윌은 어린 시절 양아버지의 학대로 인해 아버지와 애착 관계가 충분히 형성되지 못하고 공감 능력이 발달하는 데에도 지장을 받았을 것이다. 그래서 윌이 대화할 때 공격적이고 반항적인 태도를 보였을 수 있다. 반면 영화《원더》에서는 어기가 어머니와 진지하게, 충분히 대화한다. 어기는 외모로 인해 마음에 상처가 있지만 가족의 공감으로 그 상처가 치유되고 씩씩하게 학교생활을 해 나간다.

• 공감은 협력을 증대하고 상호 호혜적이며 사유의 대상을 확장한다.

인간에게 공감이 필요한 이유에 대해서 공감의 기능적 특성과 관련지어 생각할 수 있다. 공감의 기능적 특성은 첫째, 공감은 협력을 더 잘할 수 있게 한다. 공감을 통해 타인의 감정과 의견을 정확하게 이해하고 수용하는 능력이 발달하게 된다. 그리하여 협력이 필요한 여러 상황에서 상대방의 입장을 고려하고 이타적인 방향으로 행동할 수 있게 한다. 둘째, 공감은 공감받는 사람과 공감하는 사람 모두에게 이익이 되는 상호 호혜성을 갖고 있다. 정혜신(2018: 187, 264)에서는 공감이 어느 한쪽에서 상대를 공감 '해주는' 일방적인 희생이 아니라 양쪽의 감정적 교류임을 강조한다. 그래서 공감받는 사람은 공감의 과정에서 인정의 욕구가 충족되거나 치유를 경험한다. 공감하는 사람 또한 타인이 보인 만족감, 감사의 표시 등을 통해 보상을 받는다. 셋째, 공감은 사유의 대상을 확장시킨다. 공감에 대한 관심을 증대시킬수록 공감의 대상은 나와 물리적으로 연결된 경계를 넘어 낯선 타자나 추상적인 대상에까지 확장된다. 이러한 확장은 이타성, 평화, 박애 정신 등으로 나타난다.

영화 《굿 윌 헌팅》에서 윌은 숀, 연인, 친구들의 깊은 공감을 통해 마음을 열고 상처의 치유를 받는다. 영화 《원더》에서 어기는 가족들과 학교 친구, 선생님들의 공감을 통해 마음의 상처가 치유된다. 그리고 주인공들은 자신이 경험한 공감을 통해 자신과 타자를 올바르게 이해하고 자신을 깊이 있게 성찰할 수 있게 된다. 이때 공감의 과정에서 어느 한 사람만 일방적으로 희생하고 노력하지 않는다. 주인공을 둘러싸고 있는 인물들이 협력하며 공동으로 노력한다. 뿐만 아니라 공감의 과정에 참여했던(이른바 공감 '해주는') 주위 사람들도 주인공들의 변화나 성장을 통해 심리적 보상과 만족감을 얻는다.

● 공감하며 대화하는 방법(1): 상대방의 말을 집중하며 들어보자.

공감하며 대화하기 위해서는 상대방의 말을 잘 들어야 한다. 사람들은 대화할 때 자신의 이야기를 많이 하려고 한다. 또한 말할 때 필요한 정보를 파악할 목적으로 상대방의 말을 듣는다. 하지만 상대방의 말에 집중하고 진지한 태도로 듣는 것이 우선되어야 한다. 상대방이 자신의 시간을 내어 마음을 다해 나의 말을 들어주고 있다는 것을 안다면 우리는 깊은 정서적 지지를 느낄 것이다. 상대방에게 명료한 위로의 말이나 구체적인 해결책을 조언받지 못하더라도 상대방이 나에게 집중하고 진지하게 듣고 있는 태도를 아는 것만으로도 큰 위로가 된다. 이처럼 공감을 위해서 상대방의 말을 집중하며 듣는 것이 필요하다. 상대방에게 집중하며 듣는다는 것은 단순히 상대방의 말소리만 듣는 것을 넘어서야 한다. 상대방에게 나의 온 감각 기관과 마음까지 쏟아야 한다.[9]

9 듣는다는 뜻으로 쓰이는 한자에 '聞(문)'과 '聽(청)'이 있다. '聞'자는 문[門] 안에 귀[耳]라는 글자가 있다. 문밖에서 무슨 소리가 나는데, 그 소리를 듣기 위해 문 가까이 귀를 가져가는 모습을 나타낸다. '聽'자는 귀[耳]로는 상대방의 이야기를 집중해서 잘 듣고, 눈[目]으로는 상대를 집중해서 바라보고 상대방이 말할 때 비언어적으로 전달하는 몸짓, 표정, 눈빛 등을 파악하면

상대방의 말에 집중하며 듣는 대화 장면이 영화 《원더》에도 잘 나온다. 어머니는 어기의 말에 집중하며 대화한다. 어기가 자신의 외모로 속상한 마음을 어머니에게 말할 때 어머니는 어기의 말을 끝까지 들어준다. 그리고 진지하게 반응하며 대화한다. 어기의 어머니처럼 누군가가 자신의 말을 집중해서 듣고 진지하게 반응해 준다면 우리는 깊은 공감을 경험할 것이다. 상대방의 말을 집중하며 듣는 것이야말로 공감하며 대화하는 출발점이라고 할 수 있다.

• 공감하여 대화하는 방법(2): '공감적 경청'을 하자.

공감적 경청이란 일체의 판단을 유보하고 상대방의 입장에서 이해하는 것이다. 상대방의 말을 분석하거나 비판하려는 데 목적이 있는 것이 아니라 감정이입의 차원에서 상대방의 생각이나 감정을 깊이 있게 이해하려는 데에 일차적인 목적이 있다. 공감적 경청의 핵심은 자신의 견해를 개입하지 않고 상대방의 말을 '들어주기'에 있다. 들어주기에는 소극적인 들어주기와 적극적인 들어주기가 있다. 소극적인 들어주기는 상대방에게 관심을 표명하면서 상대방이 계속 이야기를 이어갈 수 있도록 대화의 맥락을 조절해 준다. 적극적인 들어주기는 청자가 객관적인 관점에서 문제에 접근할 수 있도록 화자의 말을 요약, 정리해주고 반영해

서 들어야 한다는 것을 의미한다. 또한 들을 때에는 상대방의 마음[心]과 하나[一] 되어 공감하며 들어야 함을 의미한다(박창균 외 2022:48–49). '문(聞)'이 소리를 듣는 수준이라면, '청(聽)'은 온 감각 기관과 마음을 다해 집중하며 듣는 것으로 공감하며 듣는 수준이라고 할 수 있다.

주는 역할을 통해 화자가 스스로 문제를 해결할 수 있도록 도와주는 것이다(김인자 역 1984; 이창덕 외 2000: 128-129에서 재인용).

영화 《굿 윌 헌팅》과 같이 상담사의 관점에서 윌을 평가하여 '노력하면 쉽게 극복할 수 있다'는 식의 조언은 공감을 불러일으키지 못한다. 숀과 같이 어떠한 편견을 갖지 않고, 판단을 유보한 채 상대방이 관심을 좇아가며 대화 맥락을 조절할 수 있어야 한다. 나아가 상대방의 말을 이해하고 수용하며, 상대방의 말을 재진술하여 상대방이 스스로 문제를 해결할 수 있게 해야 한다. 공감적 경청을 잘하는 것, 상대방의 말을 잘 들어주는 것만으로 좋은 의사소통 능력을 가졌다고 할 수 있다. 어쩌면 말을 잘한다는 것은 말을 잘 듣는 것일 수 있다.

- **공감하며 대화하는 방법(3): 관계 중심의 대화를 하자.**

사람들은 대화할 때 상대방과 정보를 주고받는 데 초점을 두는 경향이 많다. 하지만 대화를 통해 특정한 정보를 주고받지 않더라도 대화하는 그 자체에 의미를 두기도 한다. 대화를 하면서 상대방과 유대 관계를 맺거나 공감을 받기도 한다. 전자의 경우를 용건 중심의 대화라고 한다면 후자의 경우를 관계 중심의 대화라고 한다. 감기에 걸린 아내와 대화하는 남편의 대화로 다시 돌아가 보자. 남편은 감기에 걸리면 병원에 가서 진료받아야 한다는 정보에 초점을 둔 용건 중심의 대화를 하고 있다. 반면 아내는 자신의 상황을 이해하고 공감해 주길 바라는 관계 중심의 대화를 기대한다. 상대방에게 공감하며 대화하는 것은 관계 목적의 말하기와 가깝다. 상대방에게 명확하고 구체적인 정보를 전달하는 데 초점을 두기 보다는 상대방의 입장에서 이해하고 상대방을 수용하는 데에 초점을 둔다.

영화 《굿 윌 헌팅》에 나온 숀은 윌에게 어떤 정보를 전달하거나 자료를 설명하기 위해 애쓰지 않는다. 어린 시절의 상처, 연인과의 헤어짐 등으로 아픈 윌의 마음을 공감한다. 숀은 윌의 엇나가는 말과 행동들이 윌이 가진 내면의 문제로 인해 발생했다고 판단했을 수도 있다. 그리고 윌에게 문제의 원인을 분석해 주고 해결책을 제시해 줄 수도 있다. 하지만 숀은 윌의 엇나가는 말과 행동들이 윌 때문이 아니라고 말한다. 숀은 윌에게 "네 잘못이 아니야."라고를 되풀이하며 윌의 입장에서 이해하고 윌을 보듬어 안아준다. 숀은 그야 말로 묻지도 따지지도 않고 윌에게 공감하며 대화하고 있다.

지금까지 영화 속 대화 장면들을 통해 공감하며 대화하는 의미와 방법들에 대해 살펴보았다. 공감하며 나누는 대화는 인간의 진화론적 발달 특성과 관련이 있고, 인간의 생활에 많은 부분에서 가치가 있다. 공감하며 대화하기 위해서는 상대방의 입장에서 상대방을 온전히 이해하고 수용하며 대화하는 것이 중요하다. 그리고 공감하며 대화하는 것이 의사소통 능력을 구성하는 중요한 자질 중 하나라고 할 수 있다. 이제 우리도 영화에 나온 감동적인 대화 장면들을 떠올리며 숀이나 어기의 어머니처럼 공감하며 대화해 보자.

제5부
관계와 문화

1. 관계 발전과 의사소통 "너 배고프지?"《그것만이 내 세상》
2. 친구를 만들어 주는 우정대화 "이번엔 절대 도망가지 말아요."
《언터처블: 1%의 우정》
3. 교사와 학생의 대화 "새로운 걸 배운다는 사실에 흥분됐나요?"《세 얼간이》
4. 인생을 바꾸는 사람과 대화 "인생은 초콜릿 상자와도 같아.
어떤 초콜릿을 먹게 될지 모르니까."《포레스트 검프》
5. 영화 속 명대사로 본 한국인의 말 문화 "너나 잘하세요." 《친절한 금자씨》

1. 관계 발전과 의사소통

1.1 대인관계는 어떻게 발전하는가

우리는 누군가와 만나 관계를 맺고 살아간다. 그런데 누군가와 관계는 처음 만났을 때처럼 그 자리에 그대로 머무르기도 하고, 시간이 지나면서 관계가 점차 발전하기도 한다. 대인관계의 형성과 발전은 자아 노출, 정보 공유, 사회적 교환 등 다양한 이론으로 설명된다.[1] 즉, 대인관계는 자아를 드러내고 이해하는 과정을 통해, 일상적인 정보에서 내밀한 정보를 주고받음으로, 비용과 보상의 관점에서 상호작용을 통해 발전한다고 말한다.

사람들 사이의 관계 발전은 굳이 특정 이론에 기대지 않더라도 의사

[1] Knapp(1978)에 의하면 대인관계는 '시작–탐색–강화–통합–결속'의 다섯 국면을 거쳐 발전한다.
첫째, 시작 단계(initiating)는 인사를 나누거나 날씨나 시간과 같은 중요하지 않은 의례적인 이야기를 나눈다.
둘째, 탐색 단계(experimenting)는 상대방에 대한 정보를 조금씩 알아가게 되며, 이때 나눈 이야기들은 서로의 관심사 같은 다소 개인적인 정보들을 포함한다. 이를 바탕으로 두 사람은 서로의 만남이 어떻게 전개될 수 있을 것인지에 대해 생각한다.
셋째, 강화 단계(intensifying)는 탐색 단계보다 좀 더 깊고 넓은 사적인 정보들을 공유하고 서로를 알아가며 관계를 견고하게 만든다.
넷째, 통합 단계(intergrating)는 상대방에게 '짝' 또는 '우리' 의식을 느끼게 되며 마치 한 덩어리처럼 행동하고 함께 결정한다. 통합의 단계에서는 말투나 태도, 언어적 행동이 유사해지고, 신체적 친밀감이 커지고, 일상적인 일을 함께 하고, 공감의 영역이 확장되고, 제3의 인물이나 사물에 대해 두 사람이 함께 애정을 느낀다.
다섯째, 결속 단계(bonding)는 두 사람이 서로의 관계가 오래 지속될 것을 당연하고 확고하게 믿는 상태이다.

소통이 중요한 변수로 작용한다는 점은 우리의 일상적인 경험을 통해서도 알 수 있다. 타인과 의사소통 방식에 따라 그 사람과 관계는 발전되기도 하고 악화되기도 한다. 그런데 그뿐만이 아니다. 의사소통에 따라 관계가 달라지지만 관계가 발전하면서 의사소통 방식과 이야기하는 내용이 달라진다. 즉, 의사소통과 대인관계는 상호적이며 순환적이다. 이와 같은 관점에서는 누군가와 관계가 원만하지 않은 것은 그 사람과 의사소통에서 문제가 있을 수 있고, 그렇다면 의사소통의 변화를 통해 대인관계 개선을 꾀할 수 있다는 생각으로 이어갈 수 있다.

대인관계 발전 이론에서 대상화되는 인간관계는 주로 사회적 차원에서 만나는 사람들의 관계에 관한 것이다. 그런데 가족 구성원은 사회적 관계로 만나는 사람들과는 달리 '가정'이라는 특수한 환경 속에서 '가족'이라는 이름으로 맺어진 친밀한 관계를 형성한다. 두 편의 영화 《그것만이 내 세상》*과 《형》에 등장하는 형제는 가족이라는 이름으로 맺어진 관계지만 남과 다를 바 없는 사이이다. 영화에서는 이들이 어떻게 진정한 형제로 관계가 발전해 나가는지를 보여준다. 영화 《그것만이 내 세상》에서는 형이 집에 돌아와 장애를 가진 동생과 갈등을 겪다가 형제 관계가 발전한다. 그리고 영화 《형》은 실명한 동생을 돌보기 위해 형이 집에 돌아와서 함께 살면서 남보다 못한 형제의 갈등이 그려진다. 두 영화는 소재나 주제 면에서 비슷한 점이 많다. 형제는 친형제가 아니고 부모의

*** 《그것만이 내 세상》 2018.01.17. 개봉/러닝타임 120분/한국/코미디, 드라마/감독: 최성현**

- 조하(이병헌): 한때는 WBC 웰터급 동양 챔피언이었지만, 지금은 오갈 데 없어진 한물간 전직 복서이다.
- 진태(박정민): 라면 끓이기와 게임을 잘하며 무엇보다 피아노에 천재적 재능을 갖고 있다.
- 엄마(윤여정): 조하가 중학교 때 남편의 폭력을 피해 집을 나와서 진태 아버지를 만났고 진태와 둘이서 살고 있다.

⇒ 한물간 전직 복서 조하가 우연히 17년 만에 헤어진 엄마와 재회하고 숙식을 해결하기 위해 따라간 집에서 뜻밖의 동생 진태를 만나 펼쳐지는 두 형제의 이야기이다.

죽음이나 부재로 인해 형제가 가깝게 지내야 하는 상황 설정도 그러하다. 두 영화 모두 처음에는 형제가 남들처럼 어색한 관계로 만남을 시작하지만, 서로가 서로를 알아가고 이해하는 과정을 통해서 애정을 키워가며 진정한 형제가 된다.

두 영화에서는 이야기가 전개되면서 형제 사이의 관계가 점차 발전해나가는 모습이 잘 드러난다. 형제가 처음 만나는 장면에서 그들은 서로에 대해 관심조차 갖지 않는 정말 남보다 못한 사이이다. 그러나 이야기가 거듭되면서 둘은 진정한 형제로 관계가 발전해 나간다. 이 과정에서 주목할 것은 관계가 발전하면서 그들 사이에서 이루어지는 의사소통의 내용과 의사소통 방식의 변화이다.

이와 같은 '관계와 의사소통', '의사소통과 관계'의 의미를 영화 《그것만이 내 세상》과 《형》을 통해 생각해 보고자 한다. 먼저 Knapp(1978)의 대인관계 발달 단계에 따라 두 편의 영화에 나타난 형제들의 대인관계 발전 양상과 의사소통 방식의 변화 과정을 살펴보고, 대인관계와 의사소통의 의미에 대해 생각해 보자.

1.2 영화 속 '관계와 의사소통' 들여다보기: 《그것만이 내 세상》, 《형》

(1) 관계의 시작

시작(initiating) 단계는 누군가를 만나는 것으로 관계를 시작하는 첫 과정이다. 누군가와 관계를 시작할 때는 대개 인사를 나누거나 날씨나 시간과 같은 중요하지 않은 의례적인 이야기를 나눈다. 이 단계에서는 이야기를 하더라도 상대방에 대해 별로 관심을 갖지 않는다. 다음은 영화 《그것만이 내 세상》에서 조하(형)와 진태(동생)가 17년 만에 처음 만나는 상황이다.

장면 1

진태(동생)과 조하(형)이 처음 만나는 상황 (《그것만이 내 세상》 17:41 ~ 18:01)

어머니: (진태를 보며) 진태야 엄마가 말했지. 여가 조하형이다. 인사해라.
진태: (휴대폰을 쳐다보며) 네.
어머니: '안녕하세요' 케야지.
진태: (휴대폰을 쳐다보며 바닥을 향해) 안녕하세요.
조하: (고개를 다른 곳을 돌려 시선을 회피한다.)
어머니: 저는 오진태입니다.
진태: (여전히 휴대폰을 쳐다보며) 저는 오진태입니다.
어머니: (조하를 보며) 야다. 니 동생.
조하: (어머니를 보며) **누가 내 동생이라는 거야**. 체! (고개를 돌린다.)

두 형제는 김조하와 오진태로 이복형제다. 진태는 어머니가 중학교 때 재혼하여 낳은 동생으로 서번트 증후군(savant syndrome)[2]을 갖고 있다. 어머니가 두 형제를 소개하지만 서로 외면하며 형은 동생을 인정조차 하지 않는다. 그렇지만 이때부터 두 형제의 관계는 시작된 것이다.

---

2 자폐증이나 지적 장애 등을 가지고 사회성이 결여된 사람 중 의사소통에 지장이 없는 일부에서 드물게 나타나는 천재성을 뜻하는 말. 수학, 음악, 미술 등에서 탁월한 재능을 보인다. 영국의 의사 존 랭던 다운(John Langdon Down)이 1887년 런던의학회의 강연에서, 의사 생활동안 발견했던 특이한 재능을 가진 환자의 사례를 소개하면서 '백치현자(idiot savant)'라고 호칭한 것에서 유래했다. '서번드'라는 말은 학자나 현자를 뜻하는 프랑스어 'savant'를 차용한 말로, 일반적인 지적 수준은 백치에 가깝지만 특정 분야에서 천재적인 재능을 보이는 환자를 표현한 호칭이었다. 이후 '서번트(savant)'에 '증후군(syndrome)'을 붙여 이런 증상을 가진 경우를 '서번트 증후군'이라고 부르게 되었다.

장면 2

두식(형)이 출소하여 두영(동생)과 집에서 처음 만나는 상황 (《형》 7:10 ~ 7:46)

두식: (퉁명스러운 말투로) 너 고두영이냐?
두영: (누워서 아무 말을 하지 않는다.) …….
두식: 있으면서 문도 안 열어줘. 개새야! (퉁명스럽게) **너 장님 됐지.** (커튼을 확 열어젖히며) 존나 깜깜하네.
두영: (화난 목소리로) **나가!**
두식: (커튼을 열어젖히며) 지랄! (혀를 차고 누워있는 두영을 쳐다보며) 오랜만이다.
두영: (여전히 화난 목소리로) 꺼져라.
두식: (방을 나가며 코웃음을 친다.) 흣!

위 장면은 영화 《형》에서 두식(형)과 두영(동생)이 15년 만에 처음 만나는 상황이다. 두식은 오랜만에 만난 동생에게 욕을 하며 장님 됐냐고 퉁명스럽게 말하자 동생도 나가라고 한다. 보통 오랜만에 만나거나 처음 만나는 사람들은 의례적인 인사를 나누는데 두 형제는 인사는커녕 서로 언성을 높여가며 욕을 하고 있다. 두 형제의 첫 만남도 비록 유쾌하지는 않지만 둘의 관계는 시작된 것이다.

(2) 서로에 대한 탐색

관계가 시작된 다음에는 서로에 대해 알아가는 과정을 거친다. 이 과정을 탐색(experimenting) 단계라고 한다. 탐색 단계에서는 대화를 통해 개인적인 관심사와 정보 등을 노출하고 이를 통해 상대방에 대해서 알고 이해하게 된다. 다음은 두영이 두식에게 지난 추억을 떠올리며 자신의 속마음을 털어놓는 장면이다.

장면 3

두영이 두식에게 추억을 떠올리며 자신의 속마음을 이야기하는 모습 (《형》 31:30 ~ 34:00)

두식: (두영이를 쳐다보며) **야, 너 뭐 어디 가고 싶은 데 없어?**
두영: 납골당 옮겼다며 거기 가보고 싶어.
두식: 나 보고 거기 가자고. 너랑 나랑. 존나 사이좋게. 에이 양심 없는 유전자야, 너랑 니 엄마는…
두영: 싫으면 말지, 왜 없는 사람 욕을 해.
두식: 닥쳐, 이 개새야!
두영: (담배 피우며 누워 있는 두식에게) 기억나냐? 정수 목욕탕, 양자강. 아빠 월급 타는 날, 엄마랑 아빠랑 너랑 나랑 목욕하고 짜장면 먹고…
두식: 기억 안 나.
두영: 너 나가고 한 번도 안 갔어. 내가 가자고 졸랐는데 너 오면 그때 같이 가자고.
두식: 뭐래 씨발!
두영: **너 나가고 남은 사람들 졸라 행복하게 산 거 같지. 사춘기라서 그런 가보다, 성공해서 돌아오려고 오래 걸리나보다, 별의별 이유를 다 만들어서 이해하려고. 근데 끝내 안 돌아오고. 18살 나 혼자 엄마 아빠 장례식 다 치르고… 그때 접었어. 정말 끝난 거구나.**
두식: (생각에 잠긴다.)
두영: 교도소에 신고 안 할 테니까 걱정말고 나가, 나가서 편하게 살아. 혼자가 편해 이제…
두식: (생각에 잠긴다.)

두식이 두영을 일광욕시키려고 마당에 데리고 나가서 어디 가고 싶은 곳이 있냐고 물어보며 대화가 시작된다. 그러자 두영은 부모님 납골당에 가고 싶다고 하며 두식이 없을 때 상황과 자신의 속마음을 이야기하자, 두식은 가족들의 심정을 이해하며 마음이 흔들린다. 형이 동생에게 어디 가고 싶은 곳이 없느냐고 물어보는 것이나 동생이 형에게 자신의 속마음을 털어놓는 것은 조금씩 둘의 관계가 진전되어 나가고 있다는 것을 보여 준다.

장면 4

조하와 진태가 개인적인 이야기를 나누는 상황 (《그것만이 내 세상》 45:30 ~ 46:30)

조하: (진태에게) 야?
진태: 네.
조하: **너 배 고프지?**
진태: 네.
조하: 라면 먹을까?
진태: 네.
조하: 라면 있어?
진태: 네.
조하: (찬장의 라면을 보며) 야, 뭐 중국집도 아니고 짜파게티밖에 없어?
진태: 네.
조하: 너 짜파게티 잘 끓이지?
진태: (짜파게티를 끄집어내며) 짜파게티 요리사!
조하: (자장라면을 먹으며) **너 피아노 언제부터 쳤냐?**
진태: 열 살이요.
조하: **피아노 그거 치면 재미있냐?**
진태: (신나서) 네. 좋아요. 피아노.
조하: 남자가 복싱, 드라이빙 이런 거 해야지. 무슨 지집애처럼 피아노를 치고 그러…
진태: **나 드라이빙 잘해요.**
조하: 니가?
진태: 네.
조하: 뭐, 저거저거 게임? 에이 못하는 게 어디 있냐? 니가?
진태: 네.
(둘이서 함께 자동차 게임을 한다.)

조하는 잠을 자려다 말고 진태에게 배 고프냐고 물어보고 그렇다고 하자 같이 라면을 먹으면서 이런저런 이야기를 주고받는다. 조하는 진태에게 배 고프냐는 질문부터 자장라면을 잘 끓이는지, 피아노는 언제부터 쳤는지, 피아노를 치면 재미있는지 물어본다. 그러자 진태는 대답을 하면서 드라이빙 게임을 좋아한다고 말한다. 형은 진태와 자신이 관심사와 일치하는 드라이빙 게임을 같이 하게 된다. 형이 동생에게 이것저것 물어보고 이야기를 나누며 공통의 관심사를 발견하여 함께 게임을 하는 모습은 이전과는 다른 관계 변화가 일어났음을 보여준다.

(3) 관계의 강화

강화(intensifying) 단계는 탐색 단계에서 주고받는 이야기보다 더 깊고 넓은 범위의 사적인 정보를 공유하는 과정이다. 이 단계는 양파의 껍질을 벗겨나가는 것처럼 보다 내밀하고 개인적인 정보를 주고받으면서 이해가 깊어지고 관계가 더욱 견고하게 되는 과정이다. 다음은 두식이 목욕탕에서 두영의 등을 밀어주면서 자신이 가출한 이유를 이야기해 주는 장면이다.

장면 5

두식이 목욕탕에서 두영의 등을 밀어주며 가출 이유를 설명하는 상황
(《형》 35:28 ~ 37:15)

두식: (두영이 등 때를 밀며) 으, 때 좀 봐. 하수구 막히겠네 씨.
두영: 조용히 해 좀.
두식: 졸라 시원하지, 어. 전문가의 손길이 느껴지냐?
두영: 밥 먹고 등만 밀었냐?
두식: **내가 임마, 교도소 들어가기 전에 일 년 동안 목욕탕에 숨어 있어서, 일년 내내 때밀이 했었다고. 집 나간 새끼가 마음 편히 살았겠냐. 에이, 웨이타, 노가다, 미용실 시다까지 했다. 먹고 살려고.**
두영: 그러게 집을 왜 나갔냐?
두식: 넌 대가리가 나빠서 말해도 몰라.
두영: 엄마랑 사이도 좋았잖아.
두식: 한 때 잘해 줬어, 니네 엄마. 니네 엄마 오고 나서 내가 반에서 도시락 일등

했어. 야, 점심시간 때 맞춰서 냄비 우동 끓여 온 여자는 니네 엄마가 처음이었을 거야.

두영: 기억 나. 나도 그때 있었어.

두식: 그런데 어느 날 옆집 아줌마가 나보고 그러더라. 정신 차리라고 너는 속도 없냐고.

두영: (궁금한 듯이) 왜? 왜?

두식: **니가 엄마, 엄마하는 저 여자가 니 엄마 죽어갈 때 간병하던 여자라고. 하늘에서 니 엄마가 이 꼴을 보면 눈이나 제대로 감겠냐고 지랄을 해서 내가 씨발 뒤집어 엎고 나갔다, 왜. 이 두 양반들이 우리 엄마 빨리 죽으라고 얼마나 고사를 지냈을까 생각이 들어서, 이 개새야! 그걸 물어보고 지랄이야!**

두식은 목욕탕에서 두영의 등을 밀어주며 자신이 고생한 이야기와 가출한 이유를 말해 준다. 이전에 동생이 자신의 속마음을 들려주어 형이 이를 이해하는 계기가 되었다면, 목욕탕에서 형이 들려주는 이야기는 동생이 형을 이해할 수 있는 계기가 된다. 둘의 관계가 이전보다 발전했다고 할 수 있는 까닭은 형이 자신의 내밀한 이야기를 동생에게 들려준다는 점에서 그러하지만, 일반적으로 목욕탕에 가서 때를 밀어주는 사람들의 관계를 생각해 보면 이 장면은 둘 사이의 관계가 발전적으로 변화하였음을 알 수 있다.

장면 6

조하와 진태가 함께 전단지를 나눠 주는 모습 (《그것만이 내 세상》 1:01:00 ~ 1:05:50)

조하: 너 오늘 뭐 할거야?

진태: 피아노 쳐요.

조하: 그거 뭐 하루 온종일 할거야?

진태: 게임도 해요.

조하: 너 돈 안 버냐? 운동도 안 하고? 그럼 맨날 놀고 먹고 게임만 하는 거야.
진태: 피아노 쳐요.
조하: 마, 남자 새끼가 돈을 벌거나 운동을 하거나 해야지.
진태: 네.
조하: 가자! 운동.
진태: (전단지를 나눠 준다. 땅에 떨어진 전단지를 다시 줍는다.)
조하: (진태를 보며 답답해 하며) 저, 지랄한다. (진태에게 다가가) **야, 야, 버리는 거 냅두고 딴 사람한테 줘. 이거 운동이라고 생각하고 빨리빨리 나눠 주면 좋은 거야. 이거 빨리빨리 없어지면 좋은 거야. 알았어? 형은 이쪽 맡을 테니, 너는 여기서만 나눠 줘. 알았어? 잘해라!**
진태: (연신 '네'라고 대답한다.)
조하: (전단지를 돌리는 사이에 사라진 진태를 찾아 나선다.)
진태: (공원에서 피아노 연주 장면을 지켜보다가 직접 연주한다.)
조하: (이리저리 뛰어다니며 진태를 찾다가 공원에서 피아노 연주를 하는 진태를 발견한다. 피아노 연주를 하며 행복해하는 진태를 지켜보며 생각에 잠긴다.)

조하와 진태의 대화에서 서로의 관심사가 잘 드러난다. 조하는 돈을 버는 것과 운동에 관심이 있고, 진태는 게임과 피아노 치는 일에 관심이 있다. 조하는 진태에게 운동하러 가자고 하며 전단지 돌리는 일에 동생을 데리고 나간다. 두 형제는 게임뿐만 아니라 전단지를 같이 돌리고, 또 형이 피아노 연주하는 동생을 보면서 생각에 잠기는 장면 등은 이전과 달라진 관계 변화의 모습을 볼 수 있다. 서로에게 자신의 관심사를 더 많이 드러내게 되고 또 서로의 영역에서 함께 함으로써 서로를 더 이해하고 수용하면서 서로의 관계가 더욱 견고해진다.

(4) 관계의 통합

통합(intergrating) 단계는 두 사람의 관계가 더욱 발전하는 과정으로 상대방을 '짝'이나 '우리'라고 생각한다. 그리고 둘은 하나가 되어 말하고 행동하며 어떤 말을 주고받더라도 어색하지 않고 서로 이해할 수 있는 사이다. 이전까지는 의사소통이 관계를 발전시키는 수단이라면, 이 단계부터는 의사소통이 발전적 관계를 유지하는 수단이라는 점에 차이가 있다.

장면 7

경찰서에서 두 형제가 합심하여 중년 남자를 골탕 먹이는 모습 (《형》 40:03 ~ 43:00)

중년 남자: (경찰에게 억울하단 듯이) 정말이라니까요. 아 그냥 이렇게 살짝 스쳤다니까, 그러시네요. 그런데 정말 얘가 오버 액션하는거라구요, 오버액션!

경찰: (중년 남자에게) 거, 참 좀 조용히 하세요. 아실만한 분이. 동생이, 예. 장애가… 저기 몸이 불편하잖아요.

두식: (울먹거리며) 다 제 잘못입니다. 동생 옷 한번 사주려고 싫다는 애 데리고 나와서는… (울면서) 저는 그냥 단지 세상의 편견을 한번 이겨보라고 데리고 나왔는데… (울며) 편견의 벽은… (손으로 두영에게 사인을 보낸다.) 모두 다 제 탓입니다.

두영: (울며) 미안해. 나 때문에. (형을 찾으며) 많이 아파?

두식: 나 여기 있어 바보야. 지금 내 생각할 때야? 이 바보야.

(둘은 서로 부둥켜안고 운다. 이 장면을 보고 경찰은 울먹거리며 중년 남자는 어이가 없어 한다.)

두식: (버스에서 내리며 유쾌하게 웃는다.) 하하하. 내가 그 새끼 내가, 봐줬다, 나도!

두영: 왜 이래?

두식: 뭐 왜 이래. 야, 너 학원 다니냐? 너야말로 연기 쩔더라.

두영: 너 닮았나 보지.

두식: 야, 개새! 너가 뭐냐?

두영: 그럼 뭐라 그래?

두식: 니가 무슨 홍길동이야. 형을 형이라 부르지 못하게.

두영: 형은 무슨 개뿔. 지나가는 개가 웃겠다.

두식: 어, 방금 너 나한테 형이라고 했다, 응?
두영: 내가 언제?
두식: 방금했어.
두영: 아니다, 그런 적 없는데.
두식: 아 이 새끼. 개새! 어, 사기 치고 있어. 사기는 내 전공인데…
두영: 가. 얼른 빨리 집에.
두식: 가. 앞장서 얼른. 제대로 니가 앞장 서, 새끼야 **(어깨동무를 하고 목을 조르며) 나 없으면 움직이지도 못하는 새끼.**
두영: **놔, 놔. (형의 팔을 뿌리치며) 형!**
두식: **(깜짝 놀라며) 식겁했네.** 진짜, 또, 이게 또 매칠라고. 어, (팔을 내밀며) 야, 잡어. 아, 씨. 넌 새끼 형을…
(동생이 형의 팔짱을 끼고 둘은 유쾌하게 걸어간다.)

두식과 두영은 백화점에서 두영을 무시했던 중년 남자를 합심하여 골탕 먹인다. 그리고 집에 돌아오는 길에 두식은 두영에게 어깨동무를 하며 장난을 치고 동생은 팔을 뿌리치며 '형'이라고 부른다. 두식은 '형'이라는 소리에 놀란 척하지만 아주 흐뭇해한다. 둘은 비로소 형제가 되고 관계의 만족감까지 느낀다. 둘이 팔짱을 끼며 유쾌하게 걸어가는 뒷모습에서 두 형제 사이의 관계가 발전하여 매우 돈독해졌음을 알 수 있다.

장면 8

조하가 진태와 함께 한가율과 이야기를 나누는 모습
(《그것만이 내 세상》 1:08:02 ~ 1:09:10)

조하: 피아노 좀… 콩쿨인가 뭔가 그런데 나가는데 피아노 잘 치는지 가능성이 좀 있는지 그딴 거 한 번만 봐줘요. 한가율 유명하데, 피아노로.
비서: 김조하씨, 경우 없이 굴면 정말 다칩니다.
조하: 아이, 아이. 아줌마는 가만히 좀 있고요. 얘가 맨날 그쪽만 본다고, 맨날

핸드폰으로 한가율 보고 듣고, 그걸 피아노로 다 쳐요. 쇼팽 뭐 그런 거.

조하: 야, 뭐라고 좀 해 봐. 여기 한가율, 진짜 한가율.

진태: (한가율을 쳐다보며) 한가율, 예뻐요.

한가율: 누구예요?

조하: **내 동생.**

진태: **조하형!**

한가율: 돌아가세요. 피아노, 이제 안 쳐요.

조하: 피아노도 여기 있구만. 한 번만 봐주면 되는 건데 뭘 그렇게…

한가율: 죄송해요.

조하: 에이~ 씨!.

진태: 쇼팽 협주곡 1번 한가율 세계 최고! 한가율 피아노 쇼팽과 모차르트 영혼.

조하: (진태에게 권유하며) 너 계속해봐.

진태: (조하에게 귓속말로) 한가율, 예뻐요.

조하: (진태에게 핀잔을 주며) 그거 말고 이 새끼야.

진태: (조하의 어깨를 쿡쿡 찌르며 웃는다.)

…(중략)…

(조하는 진태의 결과를 기다리며 어머니와 통화를 한다.)

조하: (어머니에게 들뜬 목소리로) 진태라니까요, 여기 안내하는 사람도 그러고 구경하는 사람도 그러고 다 진태가 제일 잘했다고 그래. 박수도 제일 많이 나오고. 아이 와서 보면 바로 딱 안다니까요. 오진태, 피아노 챔피언. 네. 아, **진태를 진태라고 부르지. 그럼 내가 뭐라 그래. 내가 언제 '야야' 그랬다고.** 아무튼 발표 나면 바로 알려드릴게요. 언제 오세요? 근데. 뭐, 다음 주면 뭐 한 달 다되어 가는데… 일 많이 힘들어요. 목소리가 다 죽었네. 네. 아휴 배 터지게 잘 먹고 있어요. 걱정하지 마시고 빨리 올라오세요. 아이 참, 잘 먹고 있다니까. 진짜로. 아이 몇 번을 말해. 알았어요. 끊을게요. 네.

조하가 진태를 콩쿠르 대회에 참가시키려는 생각에 피아니스트 한가율을 찾아가 함께 이야기를 나눈다. 조하는 동생의 일이지만 자기 일처럼 나서서 해결하려고 한다. 그리고 한가율과 대화 과정에서 서로를

'내 동생'이라고 '조하형'이라고 소개한다. 또한 조하가 어머니와 통화하는 과정에서 동생을 '진태'라고 부른다. 두 형제가 서로 이름을 불러주며 동생과 형으로 서로를 인정하는 장면이다. 비로소 두 사람이 진정한 형제 관계로 발전했음을 알 수 있다.

(5) 관계의 결속

결속(bonding) 단계는 두 사람의 관계가 통합되어 더욱 단단해지고 굳건해지는 과정이다. 관계 발전의 가장 이상적인 단계로 두 사람은 발전적인 관계가 지속적으로 이어질 것이라고 믿는다. 다음은 영화 《형》에서 두식이 결승전을 앞두고 동생과 전화 통화하는 장면이다.

장면 9

두식이 동생과 장애인 올림픽 결승전 직전에 통화하는 모습 (《형》 1:34:25 ~ 1:36:30)

두영: (울면서) 나 결승전 해.

두식: 그래. 결승전 이 새끼야. 너 이씨, 명심해 개새야, 어. 너 금메달 못 따고 오면 그냥 거기서 오지 마! 씨 그냥 브라질에서 살아. 너 오면 형이 공항에서 입국 금지시켜 버릴 거야. 이 새끼야.

두영: (울면서) 여기도 살만해. 근데, 금메달 따서 한국 갈라고… 꼭 금메달 따서 갈라고. 기다려, 어? 꼭 기다려!

두식: 두영아! 보고 싶어. 보고 싶다고. 빨리 와.

두영: **(울면서)** 많이 아파? 많이 아프냐고.

두식: **(참았던 눈물을 터뜨리며)** 빨리 와. 좆나 아파 이 개새야. 니가 없어서 더 아파. 이 개새야! 빨리 와.

두영: (울면서) 아프지 마라. 얼른 갈게.

이후 두식과 두영은 흐느껴 울며 전화를 끊는다. 두식은 두영이 결승전에서 금메달 따기를 바라고 두영은 아픈 두식을 걱정한다. 서로에 대한 애정과 사랑을 느낄 수 있으며 그들의 말에는 진정성이 느껴진다.

그리고 둘이 흘리는 눈물은 상징적으로 두 형제가 더욱 끈끈해진 관계 발전의 모습을 상징적으로 보여준다.

장면 10

조하가 횡단보도 앞에서 진태의 손을 잡는 모습 (《그것만이 내 세상》 1:54:50 ~ 1:56:40)
조하: (진태를 찾아 나선다.) 진태: (공원에서 피아노를 연주하고 있다.) 조하: (피아노 연주하는 진태를 바라보며 웃으며 기다린다.) (연주가 끝나고 진태가 앞장서서 걷고 조하는 뒤를 따라간다. 그리고 길을 건너기 위해 횡단보도 앞에 나란히 선다.) 진태: (신호가 바뀌지 않았는데 발을 내딛는다.) 조하: (무심하게 손으로 진태를 막는다. 그리고 진태의 손을 잡는다.) 진태: (조하에게 얼굴을 가까이 하며 미소를 짓는다.) 조하/진태: **(둘이서 함께 손을 잡고 횡단보도를 건넌다.)**

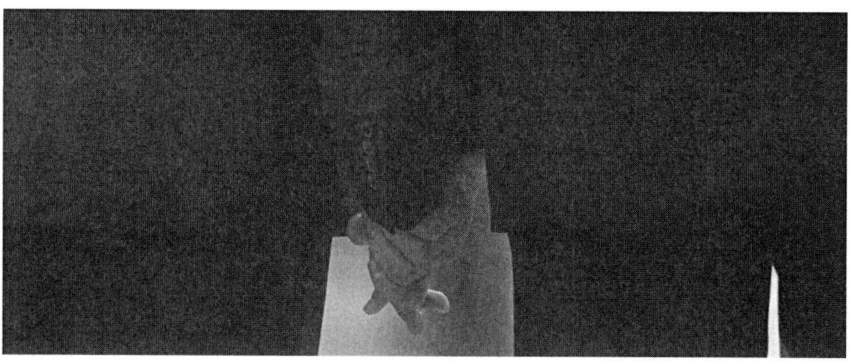

이 장면은 영화 《그것만이 내 세상》의 마지막 부분이다. 어머니 장례식장에서 진태가 사라져 조하가 찾아 나선다. 조하는 이전과 달리 진태가 어디에 있는지 쉽게 알고 찾아가고 함께 돌아오는 길에 손을 잡고 횡단보도를 건너는 모습에서 영화는 끝이 난다. 형이 동생이 어디에 갔는지

쉽게 알 수 있고, 또 말 한마디 하지 않고도 서로를 이해하고 수용하는 모습, 특히 둘이 손을 잡는 모습을 형제 사이가 더욱 굳건해졌음을 알 수 있다. 영화에서는 형제가 손잡은 모습은 두 번이나 확대해서 보여준다. 이때 형제가 잡은 '손'은 영화 《형》에서 형제가 흘린 '눈물'처럼 두 사람의 결속된 관계를 상징적으로 보여주는 장치다.

1.3 대인관계와 의사소통의 관계

대인관계는 누군가와의 만남을 통해 이루어지는데, 만남을 통해서 어떻게 의사소통하느냐에 따라 관계가 달라진다. 영화 《형》과 《그것만이 내 세상》에서는 만남과 의사소통을 통해 관계가 발전되어가는 모습을 잘 보여준다. 하지만 만남과 의사소통은 있지만 대인관계의 변화가 없거나 때로는 의사소통으로 인해 대인관계가 단절되고 종결되기도 한다. 이처럼 '대인관계와 의사소통'의 관계, 즉 대인관계가 의사소통에 미치는 영향, 그리고 의사소통이 대인관계에 미치는 영향에 대한 몇 가지 생각을 정리해 보자.

- **대인관계가 발전하면서 의사소통이 변화한다.**

대인관계의 시작 단계에서 의사소통은 별다른 영향을 미치지 않을 수 있다. 영화 《형》과 《그것만이 내 세상》에서는 모두 서로에 대해 관심이 전혀 없는 상태에서 아무 말이나 심지어 욕설까지 하는 상황이다. 서로 말을 주고받고 있지만 서로에게 관심이 없고 또한 의사소통을 통해서 서로를 드러내거나 알려고 하는 의지조차 없다. 그러다가 관계가 진전되면 개인적인 이야기를 주고받고 속 깊은 이야기도 터놓고 들어주면서 서로를 이해하게 된다. 이를 통해 관계는 더욱 발전적으로 이어진다. 그리고 둘 사이의 관계가 통합이나 결속 단계에 이르게 되면서 서로가 서로에게 하는 말에는 진정성이 담겨 있으며 어떤 말을 하더라도 이해하고 수용하기 위해 노력한다.

- **의사소통이 변화하면서 대인관계가 발전한다.**

의사소통의 변화는 두 사람의 관계 발전을 추동한다. 서로의 관계에 변화가 일어나고 있음은 상대방에게 관심을 갖고 개인적인 질문을 던지면서부터이다. 《형》에서는 '어디 가고 싶은 데가 없는지' 물어보고, 《그것만이 내 세상》에서는 '배 고프냐'라고 물어본다. 이 질문에 대해 답을 하는 과정에서 자신의 속마음을 털어놓고 또 개인의 관심사가 무엇인지 이야기하고 이런 이야기를 귀담아 들어준다. 개인적인 질문과 대답을 통해 관계의 변화가 일어난 것이다. 다음 단계에서는 둘이 공감하거나 공유하는 영역에서, 또 이전보다는 내밀한 이야기를 주고받으며 관계가 더욱 발전한다. 그리고 두 사람의 통합이나 결속은 비언어적 요소(눈물, 어깨동무, 손잡기 등)를 통해 관계가 더욱 돈독해지고 굳건해졌음을 알 수 있다. 또한 두 영화 모두 '형'이라는 호칭을 통해서 관계 발전을 상징적으로 드러내기도 한다. 이는 우리의 일상에서도 어느 정도 친분 관계가 형성되면 호칭을 정리하고 그로 인해 관계가 급진전되는 경험을 통해서도 알 수 있다. 정리하면, 대인관계의 발전에 질문과 대답의 범위와 깊이, 비언어적 요소, 호칭 등이 영향을 미친다는 것을 알 수 있다.

- **대인관계가 발전하는 결정적인 계기가 있다.**

대인관계는 항상 5단계의 과정을 거치면서 선조적(linear)으로 발전하는 것은 아니다. 만남을 통해 관계를 시작하면 서로를 탐색하는 단계에 이른다. 이 과정에서는 서로의 만남이나 관계가 어떻게 전개될 것인가에 대해 생각한다. 그런데 이 과정에서 결정적인 사건을 계기로 관계가 급진전하기도 한다. 영화 《형》에서 두 사람 관계 변화의 결정적 계기는 쇼핑하면서 동생을 무시한 중년의 남성을 공동으로 괴롭히는 장면이다. 이 사건을 계기로 서로 호형호제하게 된다. 영화 《그것만이 내 세상》에서는 제3자(한가율) 앞에서 서로 간 관계를 동생과 형이라고 지칭하는 장면이 결정적 상황이라 할 수 있다.[3] 말 그대로 결정적 계기는 관계에 큰 변화가 일어나는 사건으로 관계를 시작하자마자 강화 단계로 나아갈 수도 있고, 탐색 과정에서 어떤 일을 계기로 바로 통합이나 결속 관계로 발전할 수도 있다. 앞서 논의한 대인관계에 영향을 미치는 요인 중 남녀 사이의 손잡기나 선후배 사이의 호칭 정리와 같은 경우는 관계가 발전하는 결정적 계기가 되기도 한다.

- **대인관계는 항상 발전하는 것이 아니다.**

누군가를 만나서 관계가 시작되었다고 항상 발전적으로 변화하는 것은 아니다. 어떤 사람과는 시작만 하기도 하고 어떤 사람과는 탐색 단계에서 머물러 있을 수도 있다. 또한 상대방을 알고 관계를 형성하고 발전시켜 나가는 단계에서 관계가 악화되거나 종결되는 경우도 있다. Duck(1983)은 서로의 관계에서 불만족한 요인이 생겼을 때 대인관계가 종결되는 과정을 4가지 국면으로 제시한다.

- 1단계(심리적 국면): '상대방과 이 관계로는 더 이상 안 된다.'라고 생각하며 역할 수행의 타당성에 의심을 제시한다. 상대의 행위에 신경을 쓰고 관계의 부정적인 측면을 떠올리며 시들해진 관계 비용을

3 탐색 단계나 강화 단계에서 관계 변화가 일어나는 순간을 결징직 계기로 볼 수도 있다. 예를 들어 《형》에서는 목욕탕에서 동생의 등을 밀어주면 자기 이야기를 터놓은 순간이나 《그것만이 내 세상》에서 복지원 데려다주는 길에 동생이 아파트에서 용변을 본 일을 관계 변화의 결정적 사건으로 볼 수도 있다.

고려한다.

- 2단계(양분 국면): '상대방과 관계가 소원해질 만한 이유가 있었다.'라고 생각하며 대립 관계에 있으면서도 동시에 관계 개선이나 화해를 모색하기 위해 대화를 시도한다. 이전보다 관계 비용을 보다 적극적으로 검토한다.
- 3단계(사회적 국면): '상대방과 난 이런 관계가 싫다.'라고 생각하며 관계 청산에 대해 상대방과 협상한다. 그리고 다른 사람에게 문제를 말하지만 다른 관계에 미칠 악영향을 고려하여 체면 유지나 책임 전가를 위한 이야기를 꾸민다.
- 4단계(봉합 국면): '상대방과 헤어질 수밖에 다른 도리가 없다.'고 생각하며 관계를 해부하고 파헤쳐서 소급하거나 상대방을 탓하거나 욕을 하며 극복한다. 주위의 타인들이 자신의 입장을 지지해 주기를 바라며 서로의 관계를 끝맺는다.

만남을 통해 대인관계를 시작하고 서로를 탐색하는 과정에서 관계가 발전으로 나아갈 수도 있고, 악화될 수도 있다. 대인관계가 악화될 때 관계 개선을 위해 노력할 수도 있고, 그것을 외면하고 회피할 수도 있다. 그런데 대인관계 개선을 위한 의지를 갖고 있더라도 한 사람만의 노력으로는 어렵다. 대인관계는 말 그대로 상호 관계적이기 때문이다. 그렇다고 포기할 일은 아니다. 대인관계 개선이나 발전의 의지가 있다면 대인관계 변화의 핵심은 의사소통이기 때문에 의사소통의 변화를 통해 대인관계 개선이나 발전을 모색해 보자.

2. 친구를 만들어 주는 우정대화

2.1 나와는 다른 사람과의 만남

자신의 주변을 둘러보자. 여러분은 어떤 친구가 있는가? 나에게 친구란 무엇인가? 사람은 무수히 많은 인간관계 속에서 살며 다양한 사람과의 만남을 통해 살아간다. 친구의 종류도 매우 많다. 어릴 적 친구, 학교 친구, 사회 친구, 마음속 이야기를 나눌 수 있는 친구, 예전에는 친구였지만 지금은 그렇지 않은 친구…

"A man is known by the company he keeps."라는 영어 속담이 있다. 그가 사귀는 친구를 보면 그 사람을 알 수 있다는 이 속담은 친구의 중요함을 일컫는 말이다. 처음 만난 낯선 두 사람은 서로 간의 다른 성격, 취향, 가치관에 의해 많은 이질감이 있다. 하지만 어떤 과정을 통해 친구가 되기도 하고 그렇지 않기도 한다. 여기에 절대 친구가 되지 않을 것 같은 두 사람의 우정을 그린 영화가 있다.

《언터처블: 1%의 우정》*은 프랑수아 클뤼제와 오마르 사이가 주연으로

---

* 《언터처블: 1%의 우정》 2012.03.22. 개봉/러닝타임 112분/프랑스/코미디, 드라마 /감독: 올리비에르 나카체

- 필립(프랑수아 클뤼제): 불의의 사고로 혼자서는 아무것도 할 수 없는 전신 불구의 상위 1% 백만장자이다.
- 드리스(오마르 사이): 가진 것은 건강한 신체가 전부인 하위 1% 무일푼 백수이다.

⇒ 필립은 2주 동안 드리스를 간병인으로 채용하고 그를 시험해 보기로 한다. 이들은 서로의 차이를 이해하고 극복하며 우정을 나누게 되고 진정한 친구가 된다.

등장하는 실화를 배경으로 한 2012년 영화이다. 필립은 불의의 사고로 도와주는 손길이 없으면 아무것도 할 수 없는 전신 불구의 상위 1% 백만장자이고, 드리스는 오직 건강한 신체만 가진 하위 1%의 무일푼 백수이다. 드리스는 사회복지기금을 받을 목적으로 채용 면접을 본다. 필립은 자유롭고 거친 드리스에게 호기심을 느끼게 되고, 드리스는 필립이 제안한 내기로 필립을 2주간 간병하기로 한다. 두 사람은 장애인과 비장애인, 백만장자와 백수, 고용주와 고용인, 백인과 흑인, 노인과 젊은이와 같이 다양한 관계 속에서 진정한 친구가 되는 모습을 보여준다.

여기서는 친구 간에 나누는 대화를 영화의 부제목처럼 '우정대화'로 명명하였다. 우정대화는 친구 관계를 형성, 유지, 발전시키는 여러 가지 층위에서 살펴볼 수 있을 것이다. 《언터처블: 1%의 우정》을 통해 서로 너무나 다른 두 사람이 친구가 되는 과정과 그러한 과정을 통해 깊은 우정을 나누는 대화에 초점을 맞춰 친구 간의 대화를 살펴보도록 한다.

2.2 영화 속 '우정대화' 들여다보기: 《언터처블: 1%의 우정》

(1) 다름을 이해하는 대화

"네가 나를 모르는데 난들 너를 알겠느냐. 한 치 앞도 모두 몰라, 다 안다면 재미없지." 이 글은 유행가 가사의 일부분이다. 이 노래는 인생을 관조적으로 바라보는 재미있는 가사 덕분에 공전의 히트를 했다. 유행가 가사처럼 대인관계는 모름의 연속이라고 할 수 있다. 낯선 두 사람이 만나 친구가 되는 과정도 이러하다. 모름을 앎으로 채우는 친구가 되는 첫 단계는 서로 간의 다름을 이해하는 과정이다. 다름을 이해하기에 앞서 낯선 사람에 대해 호기심이 생기고 흥미가 유발되는 단계가 선행되기도 한다.

장면 1

낯선 사람에게 호기심이 생기는 모습 (11:15 ~ 22:15)

필립: 서명이 필요하다고?

드리스: (종이를 펼치며) 맞아요. 대충 몇 글자 적어줘요. '이 자는 능력과 의욕은 충분하지만 이 일엔 적합하지 않다.' 늘 쓰는 말 있잖아요. 세 번 거절당해야 생활보조비를 받아요.

필립: 생활보조비 때문에 왔군. 다른 지원 동기는?

드리스: 갑자기 생겼어요. (마갈리 쪽을 바라보며) 딱 여기 계셨네. 내가 찾던 이상형! 이렇게 헤어지는 건 운명의 장난 같지만 (자리에서 일어나며) 서명 안 해줄 거요?

필립: 지금은 해줄 수 없겠어요.

드리스: 왜요? 왜냐고?

필립: (전동 휠체어를 턱으로 조작해 드리스 앞으로 와서 멈춘다.)

드리스: 심각한 상태군. 부탁 좀 할게요. 제가 늦어서 그래요.

필립: 당신이야말로 심각한데.

드리스: 여기 내 이상형께서 대신 서명해 주면 안 될까요?

필립: 마갈리는 안 돼.

드리스: 아쉬워라! 핑계 삼아 번호 물어보려고 했는데.

필립: **내일 아침 9시까지 와서 받아 가요. 보조금을 못 받게 할 수 없지. 배웅은 못 나갑니다.**

드리스: **일어나지 마세요. 어차피 힘드시잖아.** 내일 봅시다.

…(중략)…

필립: 서류에 서명은 했고, 탁자 위에 뒀으니 가져가요.

드리스: (탁자 위 서류를 집어 들고 나가려고 한다.)

필립: 평생 그렇게 살 건가?

드리스: (나가다 멈춰 뒤를 돌아본다.)

필립: 공짜 돈 받고 사는 거 양심에 안 찔리나 해서.

드리스: 전혀! 왜요?

필립: 어른답게 돈 버는 건 생각도 못 하겠지. 책임감이라곤 없으니까.

드리스: 이제 보니 농담 잘하시네.

필립: **자네를 한 달만 채용해 볼까 하는데. 하루 동안 잘 생각해 봐요. (비웃는 듯이) 2주 안에 그만둔다는 것에 걸지.**

드리스는 생활보조비를 받을 생각에 지원서를 내고 확인 도장을 받으려고 한다. 필립은 여느 지원자와는 다른 태도를 보이는 드리스가 흥미롭다. 확인 도장을 찍어주면 될 것을 굳이 다음 날 찾아오도록 하고, 이튿날 찾아온 드리스에게 한 달간 간병인을 해 볼 것을 권유한다. 약간의 신경전이 있지만 결국 드리스는 이를 수락하게 된다. 필립의 드리스에 대한 태도는 여느 간병인 후보와는 확연히 차이가 있다. 드리스에 대한 필립의 묘한 호기심, 필립은 한 달간의 시간을 두고 드리스를 알아보고 싶고, 동시에 자신의 마음도 확인하려고 한다.

장면 2

상대방의 허물을 감싸는 모습 (34:30 ~ 36:05)

안토인: 필립! 잘 지냈나?

필립: 오라고 하시니 와야지. 무슨 일이야? 갑자기 할 이야기가 뭐길래.

안토인: 급할 건 없고. 왜 보자고 했는지 대충 짐작할 텐데. 저 친구에 대한 말들은 알고 있지? 다들 걱정이 많아. 이본느 말로는 산만하고 폭력적이라던데. 사람을 들일 땐 신중해야지. 갑자기 이웃 주민한테 싸움이나 걸고 말이야. 아무나 집에 들이지 마. 특히 자네 상황이 이렇잖아. 자세히 모르는 것 같아서. 위험한 놈이야.

필립: 계속해.

안토인: 법무부에 연락해서 알아봤어. 갱단의 보스까지는 아니지만 전과 기록이 있더군. 강도죄로 6개월 복역했어. 무엇보다도 환자 돌보는 일에 대해서는 아무 지식이 없잖나? 조심해. 저런 애들은 물불 가리는 게 없다고.

필립: 바로 그게 맘에 들어. **내가 장애인이란 걸 모르는 것 같거든. 나한테 전화기**

> **까지 건네줘. 날 보통 사람처럼 대한다니까. 저 친구, 체력 좋고 팔다리 멀쩡하고 머리도 제법 돌아가고 내 처지를 생각하면 저 친구 과거 따위가 중요할까?**
>
> 안토인: 맘대로 해.
>
> 필립: 할 말 끝났나?

드리스를 채용하자, 가까운 친구가 그의 허물을 이야기하며 필립을 걱정한다. 하지만 필립은 그의 허물을 감싸주고 자신을 장애인으로 대하지 않는 순수한 면이 중요하다고 이야기한다. 필립은 이전의 간병인이 자신을 장애인으로 여기고 측은하게 생각하며 조심스러워하던 모습보다는 장애에 대한 편견 없이 자신을 대하는 드리스의 전력을 문제 삼지 않는다. 필립은 드리스와 시간을 보내며 그가 살아온 환경과 그 속에서 그렇게 살 수밖에 없었던 드리스를 이해하게 된다. 필립의 드리스에 대한 이해는 안토인과의 대화에서 드리스를 감싸는 장면을 통해 명확하게 드러난다.

(2) 다름에 매료되는 대화

친구가 되는 과정이 항상 같은 단계를 거치지는 않으나 다름을 이해하고 난 뒤, 그 다름에 매료되는 과정이 있다. 가까운 친구를 떠올려 보자. 나에게는 없는, 나는 할 수 없는 그 무언가를 찾아보자. 좋은 친구라면 반드시 내가 그에게 빠져든 부분이 있을 것이다. 사람의 마음을 완전히 사로잡는 매력, 나에게 진정한 친구라면 지금은 잊혔을지도 모를 그만이 가지고 있는 무언가가 기억날 것이다.

장면 3

드리스가 그린 그림을 인정하는 모습 (1:07:15 ~ 1:21:32)

> 안토인: (드리스가 그린 그림을 보며) 스타일 괜찮고 감각도 있는데. 무명 작가의 작품에 11,000유로는 너무 세군. 안 샀다가 나중에 값이 3배 뛰면 배 아프겠지? 자넨 고소해 할 것이고. 런던에서 전시 중이라고?
>
> 필립: (너스레를 떨며) 베를린에서도 한대.
>
> 안토인: 베를린이라. 글쎄. 11,000유로면 큰돈인데.
>
> …(중략)…
>
> 드리스: (돈봉투를 열어보며) 이게 뭐예요?
>
> 필립: **내가 그림 팔았어.** 11,000유로야. 계속해 봐, 소질이 있어.
>
> 드리스: 맞아요. 어떤 강한 느낌이 몰려와요. 본능적으로 붓이 움직이는 거죠. 음악을 들으면 내 안의 뭔가가 꿈틀대고 어둠에서 빛을 발견한 듯 드디어 계시를 받은 거예요.
>
> 필립: (옅은 웃음을 띠며) 너무 오버는 말고.

드리스는 자신이 그린 그림을 마갈리, 이본느, 필립에게 소개한다. 필립은 드리스의 재능에 놀라며 그의 미술적 재능을 인정하게 된다. 필립은 친구 안토인에게 드리스의 작품을 현재 전시 중인 무명 작가의 작품이라고 거짓으로 홍보하며 구매를 유도한다. 안토인 역시 평소 필립의 작품에 대한 안목을 감안하여 작품의 가치를 인정하고 구매하게 된다. 이후 필립은 비행기 여행을 하던 중 판매한 비용을 드리스에게 주며 계속 작품 활동을 하라고 권한다. 필립은 목 아래를 전혀 움직일 수 없는 장애인이다. 하지만 미적 감식안은 뛰어나 좋은 작품을 고르고 볼 수 있는 안목이 있다. 필립에게는 없는, 필립은 할 수 없는 드리스의 그림 실력에 자신도 모르게 매료되고 만다.

장면 4

드리스의 음악 세계와 춤에 매료되는 모습 (1:11:10 ~ 1:13:00)

드리스: 졸린 음악 들어줬으니까 이제 내 차례에요. 어스 윈드 앤드 파이어는 완전히 화끈하다니까. (흘러나오는 음악을 들으며) 완전 다르죠?

필립: (웃으며) **되게 다르긴 하네.**

드리스: 나 불러도 대답 안 해요.

필립: 드리스! 드리스!

드리스: (춤을 추며) 드리스 바빠요! 신나게 놀자고. (드리스가 흥겹게 춤을 추며 주변 사람의 호응을 유도하며) 생일 파티에 춤이 빠지면 안 되지. **(필립을 가리키며) 오늘 주인공은 필립이에요. 이본느! 에이스! 앨버트! (파티에 참석한 사람들을 무대로 불러 함께 흥겹게 춤을 춘다.)**

필립의 생사를 확인하기 위해 연례행사로 열리는 생일 파티에서 실내 관현악단이 클래식을 연주하고 있다. 필립은 클래식에 관심이 없는 드리스에게 클래식의 맛을 보여주고자 한다. 하지만 드리스는 흥미를 느끼지 못한다. 드리스는 모름지기 음악은 춤을 추게 해야 좋은 음악이라고 하며 자신의 휴대 전화에 있는 음악을 틀고 춤을 추기 시작한다. 생일 파티의 주인은 필립이다. 필립이 이 행사의 모든 권한을 가지고 있다. 드리스의 행동을 제지할 수 있지만 필립은 그러지 않는다. 음악에 맞춰 자유롭고 흥겹게 춤추는 드리스의 모습을 바라보는 필립도 묘한 기분을 느낀다. 달리 생각하면 필립이 매우 기분 나쁠 수 있는 상황이다. 움직이지 못하는 필립을 상대로 행사장의 모든 사람을 춤추게 하는 드리스를 보며 필립은 자신이 못하는 무언가에 대해 대리만족을 느끼는 듯이 드리스를 바라보며 호응한다.

(3) 차이를 극복하는 대화

서로 간의 다름을 이해하고, 매료된 뒤, 결국 서로 간의 차이를 극복하는 과정을 거쳐 진정한 친구가 된다. 물론 다름에 대한 이해, 다름에 대한 매료, 차이 극복이 반드시 순차적으로 나타난다고 할 수는 없다. 친구가 되는 과정에서 나타나는 양상 정도로 이해할 수 있다. 《언터처블: 1%의 우정》 속 두 주인공은 장애인과 비장애인, 부자와 빈자, 고용주와 고용인, 늙은이와 젊은이라는 극명하게 대조되는 관계를 형성하고 있다. 친구가 되기에는 많은 어려움이 있다. 이러한 사회적이고 구조적인 차이를 이겨낼 때 비로소 진정한 친구가 된다.

장면 5

필립이 드리스에게 도움을 요청하는 모습 (1:39:50 ~ 1:41:20)

드리스: (유리창 밖에서 안을 보며) 뭔 일이에요, 형님? (웃으며) 수염이 컨셉인가? 톰 행크스? 캐스트 어웨이? 할리우드 진출하시게? 아님 빅토르 위고? 다 좋아요. 하지만 면도는 합시다. 내가 마침 잘 왔네요. 곧 들어갑니다.

…(중략)…

(의기소침한 필립을 데리고 드라이브를 하다 과속으로 경찰에 잡힌다. 둘은 재치를 발휘해 위기를 모면한다.)

필립: **이제 뭐 하지?**

드리스: **나한테 맡겨요.**

드리스의 가정에는 도움을 필요로 하는 동생이 있다. 필립은 드리스가 자신에게 얽매이기보다는 자신의 인생을 살길 바라는 마음에서 드리스의 독립을 권유한다. 이후 드리스는 자신만의 방식으로 자신의 삶을 살고, 필립 또한 다른 간병인을 고용해 자신의 인생을 산다. 필립은 드리스와는 다르게 그의 공백이 크게 느껴지고, 몸 상태도 좋지 않게 된다. 그러다 이본느가 드리스에게 도움을 요청한다. 재회한 두 사람은 오래된 친구처럼 일탈 행동도 하게 되고, 서로를 의지하게 된다. 예전 필립은 드리스를 부리는 고용주로서 명령이나 지시를 할 뿐이지 무엇을 할지 물어보거나 도움을 요청하지 않는다. 하지만 오랜만에 만나 어려움을 함께 이겨낸 둘의 대화를 보면 필립이 드리스에게 '이제 뭐 하지?' 라고 묻고, 이에 드리스는 자신만 믿으라고 말한다. 필립은 자신을 친구로 대하는 드리스와의 대화를 통해 고용주와 고용인이 아닌, 진정한 친구로서의 만남을 갖게 된다.

장면 6

드리스가 필립의 장애를 극복하도록 돕는 모습 (1:45:50 ~ 1:47:50)

드리스: 오늘 점심 친구는 내가 아니에요.
필립: 왜?
드리스: 다른 손님이 올 거니까. 데이트하라고요.
필립: (심각한 표정으로) 데이트? 무슨 소리야?
드리스: 놀라지 말아요.
필립: (당황해하며) 뭐?
드리스: **이번엔 절대 도망가지 말아요.** 참, 이거… (예전 훔쳐 갔던 달걀 공예품 파베르제를 돌려주며) 이거 찾느라고 꽤 고생했어요. 내 몫까지 키스 잘해요.
필립: (난감한 표정으로 나가는 드리스를 바라본다.) 드리스! 드리스! 나보고 뭘 하라고?
엘레노어: (당황스러워하는 필립을 바라보며) 반가워요. 필립.
(놀라움을 감추지 못하던 필립은 금세 기쁨의 표정으로 바뀌고, 창밖의 드리스를 바라본다. 드리스는 기뻐하는 필립을 보며 손을 들어 인사하고 자기의 길을 간다.)

드리스와 필립은 오랜만에 재회를 한 후, 식당에 간다. 드리스는 식당에서 새로운 손님이 온다고 하며 자리를 떠난다. 필립은 펜팔을 통해 한 여성과 교제 중이다. 하지만 자신의 장애를 극복하지 못하고 엘레노어와의 만남을 차일피일 미루고 있었다. 드리스로 인해 만남이 성사되며

영화는 끝이 난다. 필립과 드리스는 늘 필립이 우위에 있는 관계이다. 하지만 이 장면에서는 드리스가 필립보다 우위에 있다. 드리스가 필립의 장애를 스스로 뛰어넘도록 격려하고 이를 지원한다. 누가 우위에 있는 것이 중요한 것이 아니라 상황에 따라서는 서로 도움을 주고받을 수 있는, 서로 간에 보이지 않던 차이를 극복한 것에 주목할 필요가 있다.

2.3 서로 다른 남이 진정한 친구가 되는 말하기

우리가 사는 시대는 다름과 다양성의 시대라고 해도 무방할 것이다. 하지만 이러한 다름과 다양성을 어떻게 보느냐에 따라 갈등하기도 화합하기도 한다. 현재를 사는 우리에게 조선시대 황희 정승의 일화는 시사하는 바가 크다.

황희는 집안의 노비와 격의 없이 지냈다고 한다. 어느 날은 시비가 붙은 두 노비가 찾아와 황희에게 시시비비를 가려주기를 바랐다. 한 노비의 이야기를 들은 황희는 “자네의 말이 옳다.”고 하였고, 잠시 뒤 다른 노비의 이야기를 들은 황희는 “네 말도 옳다.”고 하였다. 이를 지켜보던 부인이 “이쪽도 옳고 저쪽도 옳다고 하니 그렇다면 틀린 쪽이 없다는 말입니까?”하고 따져 묻자, “부인의 말도 옳다.”고 하였다. 황희는 누가 옳고 틀린 것을 가르기보다는 서로의 입장이 다르다는 것을 이해하고 인정한 것이다.

여기서는 친구가 되기에는 너무도 어려운, 서로 너무나도 다른 두 사람이 친구가 되는 과정과 그 과정 속에서 나누는 대화에 초점을 두고 우정대화를 살펴보았다. 영화 《언터처블: 1%의 우정》을 통해 살펴볼 수 있는 우정대화의 시사점을 정리하면 다음과 같다.

- **친구가 되는 첫 단계, 서로의 다름을 이해하자.**

세상에 나와 같은 사람은 없다. 나 또한 시시각각으로 변하는데 나와 같은 사람이 있기는 쉽지 않은 일이다. 여러분의 친구를 생각해 보자. 나와는 다른 누군가에 대해 호기심이 생기고, 흥미를 갖기 시작했을 것이다. 그 호기심은 나와의 다름에서 출발하였을 것이고, 그 다름을 이해하게 되었을 때 친구로서의 한 발을 내딛게 된 것이다. 나와 다른 상대방을 이해하려고 할 때 비로소 친구가 될 가능성이 보인다. 다음은 영화 속 대사 중 서로의 다름을 이해하는 단계에서 사용된 대화의 양상을 정리한 것이다.

〈상대방 입장을 고려하여 말하기〉

"내일 아침 9시까지 와서 받아 가요. 보조금을 못 받게 할 수 없지. 배웅은 못 나갑니다."

〈사실에 기반을 두되 애정을 가지고 꾸짖기〉

"공짜 돈 받고 사는 거 양심에 안 찔리나 해서."

"어른답게 돈 버는 건 생각도 못 하겠지. 책임감이라곤 없으니까."

〈적절한 도전감을 주며 유익한 방향으로 말하기〉

"자네를 한 달만 채용해 볼까 하는데. 하루 동안 잘 생각해 봐요. 2주 안에 그만둔다는 것에 걸지."

〈상대방의 허물을 감싸며 이해하기〉

"저 친구, 체력 좋고 팔다리 멀쩡하고 머리도 제법 돌아가고 내 처지를 생각하면 저 친구 과거 따위가 중요할까?"

- **친구가 되는 중간 단계, 서로의 다름에 빠져들자.**

친구가 되거나 친구가 되었다고 느껴지면 상대방이 가지고 있는 나와는 다른 면모를 보게 된다. 이때 상대방의 다름이 매력적으로 다가오며 마음을 사로잡히게 된다. 매료되는 것은 이해보다는 한 단계 더 나아간 마음의 작용이라고 할 수 있다. 다음은 영화 속 대사 중 서로의 다름에 매료되는 단계에서 사용된 대화의 양상을 정리한 것이다.

〈칭찬을 통해 북돋우는 말하기〉

"내가 그림 팔았어. 11,000유로야. 계속해 봐, 소질이 있어."

〈의연한 태도로 상대방에 대해 애정 갖고 말하기〉

"되게 다르긴 하네."

- **친구가 되는 최종 단계, 서로의 차이를 극복하자.**

차이를 극복한다는 것은 나와 상대방의 다름을 존중하는 것을 넘어 그 차이로 인한 어려움을 없애는 단계까지를 말한다. 영화 《언터처블: 1%의 우정》에서 필립과 드리스는 장애인과 비장애인, 백만장자와 백수, 고용주와 고용인과 같은 다양한 면에서 차이를 가지고 있으나 영화 종반부에서는 서로 간의 사회적 계급과 계층은 물론 내면의 차이까지 극복하는 모습을 보인다. 사회적으로 만들어진 계급과 내면의 벽이 허물어지면서 비로소 진정한 친구가 되는 모습을 보여준다. 다음은 영화 속 대사 중 서로의 차이를 극복하는 단계에서 사용된 대화의 양상을 정리한 것이다.

〈꾸밈없이 솔직하게 요청하기〉

"이제 뭐 하지?"

〈진심으로 그를 깨우치는 충고하기〉

"이번엔 절대 도망가지 말아요."

여러분은 진정한 친구가 있나요? 진정한 친구가 있다면 친구의 다름을 이해하고, 다름에 매료되고, 차이를 극복할 때 나누었던 구체적인 대화를 떠올려 봅시다.

3. 교사와 학생의 대화

3.1 교사와 학생 사이에 이루어지는 대화

학생들은 하루 중 많은 시간을 선생님과 관계 맺으며 대화한다. 선생님의 설명을 듣고 학습 내용을 이해하거나 선생님의 질문을 통해 사고를 심화하기도 한다. 또한 선생님의 말 한마디에 행복감을 느끼기도 하고 상처받기도 한다. 그래서 교사들은 자신의 말이 학생의 앎의 과정이나 정서 발달에 주는 영향력을 엄중하게 인식하고 자신의 화법을 성찰한다.

교사와 학생 사이의 의사소통에 대해 다룬 출판물과 영상물이 많다. 여기에서는 영화 《세 얼간이》*를 통해 교사와 학생 사이의 대화에 대해 살펴보고자 한다. 이 영화는 인도의 교육 현실을 비판하고 있지만, 한국의 교육 상황에 존재하는 문제점이나 교사와 학생 사이의 대화를 성찰하는 데에도 참조할 부분이 많다. 란초의 말을 빌리자면 한국의 학교 교육을 받고 있는 학생들은 과연 '새로운 걸 배운다는 사실에 흥분되어' 가슴이 뛰는지 우리 스스로에게 물어볼 필요가 있다.

영화의 주인공인 란초, 파르한, 라주, 차투르는 인도의 명문 공과대학 ICE(Imperial College of Engineering) 입학 동기이다. 이들이 벌이는 학교 안팎의 유쾌한 사건 전개를 통해 교육 문제를 비판한다. 그리고 경쟁중심 · 주입식 교육 · 관습적인 가치의 강조보다는 개인의 재능과 꿈을 지향하는 교육을 강조한다. 이 영화의 배경이 학교인 만큼 학생과 교수자(교사)의 대화를 통해 교육의 가치나 목표, 교육방법, 학생과 대화하는 태도 등에 대해 생각해 볼 수 있는 장면들이 많이 나온다. 이제 영화 《세 얼간이》를 중심으로 교사와 학생 사이에서 무엇을 어떻게 말하는지, 학생과 어떤 관계에서 대화하는지 교사의 입장에 서서 좀 더 구체적으로 들여다보자.[4]

*** 《세 얼간이》 2011.08.18. 개봉/러닝타임 141분/인도/코미디/감독: 라지 쿠마르 히라니**

- 란초(아미르 칸): 공학적 지식과 감각이 뛰어나다. 그리고 관습적인 방식을 넘어 자신만의 방식으로 생각하고 행동한다. 관습을 벗어난 생각과 행동으로 인해 교수와 대립을 이루기도 한다.
- 파르한(마드하반): 사진 촬영에 재능이 있고 다큐멘터리 사진작가가 되고 싶어한다. 하지만 엄한 아버지의 기대에 눌려 자신의 꿈을 펼치지 못하다가 결국 꿈을 이룬다.
- 라주(셔먼 조쉬): 어려운 가정환경으로 인해 학업에 집중하는 데 어려움을 겪는다. 그리고 좋은 대학에 다니며 공부하는 목적을 대기업에 취직하는 데에 둔다.
- 차투르(오미 베이디아): 경쟁과 성취 지향의 교육을 충실히 따른다. 시험 성적의 1등을 위해서 동료 학생에게 훼방을 놓기도 한다. 대학 시절 1등을 열망하지만 란초에 이어 2위의 성적을 거둔다.
- 비루(보만 아라니): 총장이자 교수이다. 경쟁과 성취 지향의 교육을 강조한다. 학생들 사이에 '바이러스'라는 별명으로 불린다. 컴퓨터 바이러스를 뜻한다.

⇒ 란초, 파르한, 라주, 차투르는 대학의 입학 동기로 각자의 목표와 형편에 따라 학업에 전념한다. 특히 란초는 기존의 경쟁 중심 교육과 성공에 대한 사회의 가치에 대해 비판적 입장을 취하고 있지만 차투르는 이를 충실히 따르며 학업에 열중한다. 이런 차투르를 란초가 골탕 먹인다. 망신당한 차투르는 화가 단단히 나서 10년 후에 만나 누가 더 성공했는지 보자고 한다. 10년의 시간이 흘러 이들은 다시 만나고, 란초는 매우 많은 특허권을 가진 저명한 과학자가 되어 있었다. 졸업 후 누가 더 성공하는지 보자던 차투르의 내기는 결국 란초의 승리로 끝난다.

4 훌륭한 교사의 자질: 수업은 교육 내용과 인간관계 두 측면에서 훌륭한 교사 자질을 분석할 수 있다. 수업 시간에 가르치는 교육과정의 목표와 내용, 즉 교육 내용과 학생과 교사의 인간관계가 어떠한가에 따라서 수업이 잘 이루어졌는가, 그 수업이 효율적이었는가를 판가름할 수 있다는 점에서 수업 내용과 인간관계 측면에서 훌륭한 교사를 규정할 수 있다. 첫째, 자기가 가르치는 과목 내용과 그 내용을 잘 가르치는 방법을 잘 알아야 한다. 둘째, 가르치는 아이들을 좋아하고, 잘 알며 그들과 관계를 맺고 유지해 나가는 데 능력이 있어야 한다(이창덕 외, 2019: 15).

3.2 영화에서 '교사와 학생의 대화' 들여다보기: 《세 얼간이》, 《지상의 별처럼》

(1) 대화의 내용

영화에서는 교사와 학생이 나누는 대화의 내용을 통해 교사가 강조하는 가치가 드러난다. 주인공의 대사를 빌어 전통적인 교육에서 강조하는 냉정한 경쟁의 가치를 비판한다. 그리고 학생 개인의 재능과 꿈을 추구하며 개인의 적성에 맞는 진로를 선택할 것을 강조한다. 다음은 ICE 총장이자 교수인 비루가 대학의 광장에서 이제 막 입학한 학생들에게 격려의 말을 하고, 주위에 있던 학생들이 모여 비루 교수의 연설을 듣고 있는 장면이다.

장면 1

냉정한 경쟁의 가치를 강조하는 모습 (《세 얼간이》 19:24 ~ 20:40)

비루(총장): (둥지에 있는 뻐꾸기 박제 모형을 들고) 뻐꾸기는 자기 둥지를 만들지 않는다. 다른 새의 둥지에 알을 낳지. 그럼 부화할 때가 되면 어떻게 할까? (모형 둥지에서 알을 하나 들어 바닥에 떨어뜨린다.) 다른 알들을 떨어뜨려버리지. (알이 바닥에 부딪혀 깨진다.) 경쟁은 이렇게 끝나 버리지. 뻐꾸기의 삶은 살인으로 시작해. **자연의 이치지. 경쟁하거나 죽거나.** 너희들도 뻐꾸기와 같다. (입학 지원 서류 상자를 바닥에 쏟으며) 이건 ICE에 입학하기 위해 제군들이 깨뜨린 알이다. 잊지 마라. ICE엔 매년 40만 명의 지원자가 온다. 그중 단 200명만 선택된다. 바로 제군들이야. 나머진 끝이야. 깨진 알들이지. (중략) 기억해라. **인생은 레이스다. 빨리 달리지 않으면 짓밟힐 거다.**

비루 교수는 뻐꾸기를 예로 들며 냉정한 경쟁의 이치를 강조한다. 경쟁에서 낙오된 사람은 깨진 알과 같이 의미 없는 삶이라고 말한다. 치열한 경쟁을 뚫고 입학했지만 살아남기 위해서는 더 노력해야 한다고 말한다. 영화의 다른 장면에서도 비루 교수는 학생들에게 경쟁과 성공을 강조한다. 대학 시절 마지막 시험을 앞둔 즈음에 비루 교수는 학생들에게 마지막 시험까지 최선을 다하라고 독려한다. 그리고 달에 첫 번째로 착륙한 닐 암스트롱은 누구나 알고 있지만, 두 번째는 아무도 기억하지 않는다고 말하며 학생들에게 냉정한 적자생존의 원리를 말한다.

경쟁 중심 교육에서는 한정된 가치를 차지하기 위해 학생들이 레이스를 펼치게 한다. 사회에서 선망하는 직업을 바라보고 학생들이 뛰어가게 한다. 학생들의 재능이나 꿈에는 관심이 없다. 영화 《세 얼간이》에서도 '남자는 공대, 여자는 의대'라는 인도 부모의 학교관과 직업관을 보여준다. 공대와 의대는 좋은 직장에 취직하여 풍요로운 삶을 누릴 수 있는 조건이기 때문이다.

자녀의 재능이나 꿈보다는 좋은 직업을 갖기 위해 자녀를 경쟁에 몰아넣는 부모를 비판하는 장면이 영화 《지상의 별처럼》에도 나온다. 다음 장면에서 이샨의 부모는 이샨이 가진 미술 재능 따위에는 관심이 없고 이샨이 공부를 잘하기를 바란다. 니쿰브 교사는 이샨이 재능을 펼치지 못한 모습을 보고 안타까워하고, 이샨의 부모님을 찾아간다.

장면 2

재능과 꿈을 추구하라고 말하는 모습 (《지상의 별처럼》* 1:44:28 ~ 1:46:14)

(니쿰브 교사는 이샨의 쓰기 오류 패턴, 난독증 증상, 행동 특성 등을 설명한다.)

어머니: 하지만 왜 이샨이?

니쿰브: 원인은 몰라요. 신경 이상으로 누구든 가능하고, 유전이기도 한데 간단하게 뇌의 회로에 문제가 있는 거죠.

아버지: 우리 애가 비정상이란 겁니까?

니쿰브: 이상하시군요. (이샨의 그림을 들어 보이며) 이걸 보세요. 예리한 생각과 상상력을 지녔어요. 우리 둘보다 훨씬 뛰어나죠.

아버지: **그게 뭔 득이 됩니까?**

니쿰브: 왜 득만 찾으세요?

아버지: 그럼 뭘 보나요? **나중에 뭐가 되죠? 어떻게 경쟁할까요?** 내가 평생 돌봐줘야 합니까?

니쿰브: 압니다. 세상은 무자비한 경쟁 사회죠. 다들 일류로만 키우고 싶어해요. 최고만을 원하죠. 의사, 엔지니어, 경영인. 그 밑은 절대 안 돼요. 95.5%… 95.7%가 안되면 천벌 받을 일이죠. 생각해 보세요. **모든 아이들은 자신만의 능력과 꿈이 있어요. 근데 아녜요, 다들 고무줄 당기듯 당겨대죠. 계속해 보세요. 끊어지고 말 테니.**

---

* 《지상의 별처럼》 2012.9.6. 개봉/러닝타임 163분/인도/드라마/감독: 아미르 칸, 아몰 굽테

- 이샨 아와스티(다쉴 사페리): 난독증, 학습장애가 있다. 하지만 사물을 독특한 방식으로 보고 그림과 조형물로 표현하는 능력이 뛰어나다.
- 램 니쿰브(아미르 칸): 미술 교사이다. 이샨과 같이 자신도 어렸을 때 학습 장애가 있었으나 극복하고 교사가 되었다. 이샨의 미술 재능을 알아보고 재능을 펼치도록 도와준다.
- 이샨의 아버지(비핀 샤르마): 경쟁에서 살아남아 좋은 직업을 얻기를 바란다.

⇒ 이샨은 그림과 만들기에 뛰어난 재능을 가지고 있지만 난독증과 학습장애를 갖고 있다. 난독증과 학습장애로 인해 학교나 가정에서 존재감이 없이 지내고 무시당하기도 한다. 하지만 니쿰브 교사는 이샨에게 애정어린 관심을 보이고 미술 재능을 꽃피우게 한다. 전교생을 대상으로 이루어진 사생 대회에서 이샨은 최우수상을 받는다.

니쿰브 교사는 이샨의 부모에게 이샨이 공부를 잘 못하는 이유를 설명한다. 그리고 이샨은 다른 아이들이 갖지 못한 재능이 있다고 말한다. 이샨이 가진 특별한 재능을 믿고 그 재능을 펼치며 학교 생활을 잘할 수 있도록 격려하자고 한다. 하지만 이샨의 아버지는 이샨의 재능이 학교 공부나 사회 생활하는 데 무슨 도움이 되는지 반문한다. 아이들이 좋은 직업을 얻게 하도록 자식을 경쟁에 내모는 부모들의 실태를 니쿰보 교사는 비판한다. 개인의 재능이나 꿈을 좇아 직업을 선택하기 보다는 사회적 시선이나 경제적 관점을 좇아 직업을 선택하려는 실태에 대해 비판하는 장면을 확인할 수 있다.

영화 《세 얼간이》에서 대학의 마지막 기말시험 기간 즈음의 강의실 장면이 나온다. 비루 교수는 학생들에게 기말시험 전에도 취업이 가능함을 안내한다. 이때 취업에 대해 걱정이 많은 라주가 질문한다. 만약 취업을 했지만 기말시험에서 낙제할 경우 취업이 어떻게 되는지 묻는다. 비루 교수는 라주와 파르한을 강의실 앞으로 나오게 한다. 그리고 두 명은 4년간 성적이 최하위였기 때문에 취직하기 힘들 거라며 학생들 앞에서 망신을 준다. 라주, 파르한은 란초와 함께 밤에 교정에 모여 술을 마시며 속상한 마음을 털어 놓는다. 란초가 둘에게 말한다. “네 재능을 따라가란 말야. 마이클 잭슨 아버지가 아들보고 복서가 되라고 했다면, 무하마드 알리의 아버지가 아들보고 가수가 되라고 했다면 어땠을까? 그건 재앙이지.” 란초가 라주와 파르한에게 한 말이지만 영화를 통해 교육의 목표나 내용이 어떠해야 하는지를 말하고 있다.

경제적 기준이나 사회적 시선보다는 자신의 재능이나 꿈을 따라가라는 메시지는 다음 장면에서도 나온다. 비루 교수의 큰딸은 출산하는 날 폭우로 인해 병원에 가지 못하게 된다. 산모와 아기의 생명이 위태로운 상황이다. ‘세 얼간이’의 도움으로 대학의 건물 안에서 안전하게 출산한다. 비루 교수는 안도의 한숨을 내쉼과 동시에 감격에 싸인 표정으로 아이를 안는다.

장면 3

개인의 적성에 맞는 진로 선택을 말하는 모습 (《세 얼간이》 2:35:05 ~ 2:3522)

내레이션: 바이러스가 "우리 손자는 공학자가 될 거야."라고 했으면 아마 턱주가리를 날렸을 것이다. 하지만 바이러스의 말은 우리 모두를 놀라게 했다.

비루: (아이를 안고 바라보며) **발차기 봐라. 축구선수가 되려나 보다. 네가 원하는 걸 하렴.**

비루 교수는 큰딸의 아이가 출생하면 아들이면 공학자를, 딸이면 의사를 시킬 것이라고 마음 먹었던 것 같다. 하지만 천신만고 끝에 출생한 아기를 보고, 아이가 원하는 것을 선택하도록 하겠다고 말한다. 비루 교수의 마음이 이렇게 변하게 된 데에는 숨겨진 사연이 있다. 비루 교수의 아들은 문학을 전공하고 싶었지만 비루 교수가 공학을 전공하도록 강요했었다. 이로 인한 갈등으로 비루 교수의 아들은 극단적인 선택을 하였다. 그래서 비루 교수는 이제 막 태어난 손자에게는 자신이 원하는 걸 하라고 말했다고 볼 수 있다. 비루 교수의 마음이 변한 데에는 영화의 전개와도 관련이 있다. 아이의 출산 장면은 영화의 후반부에 해당한다. 영화가 진행되는 동안 경쟁 중심의 교육, 자신의 꿈보다는 사회적 시선에 맞춘 직업 선택에 대한 비판이 여러 차례 등장하였다. 비판의 대상이 된 중심인물이 비루교수이다. 그런데 영화가 진행되는 동안 인물들 간의 갈등이 해소되면서 비루 교수의 교육관이나 직업관도 바뀌게 된다. 이처럼 영화의 장면들에서는 교사가 학생에게 말할 때 학생의 재능이나 꿈을 펼칠 수 있게 하고 학생 개인의 적성을 찾아가도록 말해야 함을 강조하고 있다.

(2) 대화의 방법

전통적인 수업에서는 교사가 열심히 설명하면 학생은 집중해서 교사의 말을 듣는다. 절대적인 지식이 존재한다고 보았기에 학생은 교사의 설명을 잘 받아들여 오래도록 기억하면 되었다. 하지만 지식을 상대적인 것으로 보면서 학생이 자신만의 방식으로 지식을 구성하는 것이 중요하게 되었다. 교사는 학생이 지식을 잘 구성하도록 학생과 활발하게 상호작용한다. 이 상호작용의 대부분이 언어를 매개로 이루어지는 언어 상호작용이므로 대화를 잘 하는 것이 곧 교육을 잘하는 것이라고도 할 수 있다. 대화의 방법이 교육의 방법이라고도 할 수 있다. 다음 장면들에서는 강의 시간에 이루어지고 있는 교수자(교사)와 학생 사이의 대화 모습을 알 수 있다. 학생의 지적 호기심을 자극하고 학생 주도적인 배움이 일어나도록 교사가 어떻게 말해야 하는지를 생각해 보자.

장면 4

기계적이고 관습에 순응하는 교육의 모습 (《세 얼간이》 23:12 ~ 25:13)

교수: 기계가 뭐지?

…(중략)…

란초: 인간의 수고를 덜어주는 것이죠.

교수: 좀 더 자세히 말해 보겠나?

란초: 노력과 시간을 덜어주는 게 기계라고 생각합니다. 더운 날, 버튼을 누르면 시원한 바람이 나오죠. (천장의 선풍기를 가리키며) 선풍기…기계죠. 멀리 있는 친구와 이야기 할 수 있는 전화기도 바로 기계죠. 수백만 단위를 몇 초 안에 계산해 주는 계산기도 기계예요. 우리는 기계 속에 살고 있다고 해도 과언이 아니죠. 펜촉, 바지 지퍼 모두 기계예요. (바지 지퍼를 내리고 올리며) 순식간에 올리고 내리고 올리고 내리고…

교수: (화난 표정으로 란초 얼굴에 분필을 던진다) 그래서 정의가 뭔데?

란초: 방금 말씀드렸는데요.

교수: **시험지에 그렇게 쓸 건가?** (바지 지퍼를 내리고 올리며) 올리고, 내리고, 올리고, 내리고…

(학생들이 웃는다)

교수: 멍청한 놈! 다른 사람 없나?

차투르: 기계는 물체의 연결로 운동을 발생시키는 겁니다. 다시 말해서 상대적 운동이 발생합니다. 그 말은 즉 힘과 운동이 전달되고 변형됩니다. 지렛대 원리를 이용한 지레, 도르래의 회전 등이 예라고 할 수 있습니다. 구조의 복잡성은 종류에 따라 다른데 움직이는 부품의 결합으로 구성돼 있거나 바퀴, 지레, 캠 같이 단독으로도 가능합니다.

교수: 훌륭해. 완벽한 대답이야.

란초: 교수님, **제가 한 얘기가 저걸 쉽게 풀어서 말한 건데요.**

교수: 쉽게 풀어쓰길 좋아하면 예술대나 상대에 가.

란초: 하지만 의미는 같잖아요. **책에 나온 정의를 달달 외우는 게 옳은 건가요?**

교수: 자네가 책보다 똑똑한가? **점수 잘 받고 싶으면 책에 있는 정의나 제대로 써.**

대학에 입학한 란초, 파르한, 라주 등이 공학 수업을 듣고 있다. 담당 교수는 학생들에게 기계의 정의에 대해 질문한다. 란초는 기계에 대한 정의를 자신의 말로 풀어서 대답한다. 그리고 일상 생활에서 쉽게 접할 수 있는 예를 든다. 하지만 교수는 란초의 대답이 적절하지 못하다며 란초를 야단친다. 차투르가 '학술적인' 형태로 기계의 정의를 대답한다. 교수는 흡족해한다. 란초는 자신의 대답이나 차투르의 대답이 같은 의미이며 달달 외우는 정의가 옳은 대답인지 반문한다. 교수는 책에 있는 정의나 제대로 알아서 시험 점수를 잘 받으라고 면박을 준다.

란초가 교수의 질책에 계속 이의를 제기하자 결국 강의실 밖으로 쫓겨난다. 강의실 밖으로 나가던 란초가 다시 자기 자리로 돌아온다. 왜 다시 오냐고 묻자 무엇을 두고 갔다고 말한다. 교수가 두고 간 게 뭐냐고 묻자 다음과 같이 대답한다. "기록, 분석, 요약, 정리하거나 정보를 분석하고 설명하는데 그림은 있기도 하고 없기도 하고 종이로 묶여 있는데 커버는 있기도 하고 없기도 합니다. 머리말, 개요, 목차, 색인이 있고 인간의 계몽, 교육, 이해를 위해 만들어졌으며 시각기관을 통해 전달되며 감동을 주는 것"이라고 말한다. 교수가 이해하지 못한 표정을 지으며 도대체 그게 무언지 다시 묻자 란초는 책이라고 대답한다. 교수가 어이없는 표정을 지으며 "좀 쉽게 말할 수 없나?"라고 하자, 란초가 대답한다. "아까 그렇게 말했었는데요…" 기계의 정의에 대해 이해하기 쉽게 자신의 말로 재진술한 상황을 비꼬는 것이다.

이 밖에도 영화의 곳곳에서 기계적인 암기, 주입식 교육을 비판한다. 스승의 날 기념 행사에 학생 대표 연사로 차투르가 선정되었다. 차투르는 교수에게 잘 보이려고 잘 알지도 못하는 어려운 힌디어로 연설하려고 한다. 란초 일행은 그 연설문의 일부 어휘를 조작하여 우스꽝스런 내용으로 만들었다. 차투르는 무조건 암기하는 방식으로 공부하다 보니 연설문의 어휘가 바뀐 줄도 모르고 기계적으로 외워서 발표하다 망신당한다. 대부분의 학생들이 교수의 지시를 맹목적으로 따르는 기계였다면 란초는 기계가 아닌 유일한 사람이었다고 할 수 있다. 이처럼 란초를 통해 배움의 방식을 비판한다.

다음 장면은 비루 교수가 대학의 광장에서 신입생들에게 연설하던 〈장면 1〉과 같은 공간이다. 비루 교수는 뻐꾸기의 예를 들며 학생들이 경쟁에서 뒤처지지 않도록 매진할 것을 독려한다. 그리고 주머니에서 펜을 한 자루 꺼내 계속 말을 이어간다.

장면 5

질문이 차단당한 대화의 모습 (《세 얼간이》 20:40 ~ 22:18)

비루(총장): (펜을 들어 학생들에게 보이며) 이건 우주 전용 펜이다. 만년필이나 볼펜은 지구 밖에선 쓸 수가 없다. 그래서 이게 수백만 달러를 들여 개발한 펜이다. …(중략)… 하루는 내가 학생일 때 교수님이 날 부르셨다. (중략) 나에게 이 펜을 보여주시며 "이것은 능력의 상징이다. 이걸 자네에게 주겠네. 훗날 자네처럼 뛰어난 학생을 만나면 이걸 전해주게."라고 하셨다. 하지만 난 32년 동안 펜 임자를 찾지 못했다. 아쉽게도 말이다. 피나는 노력으로 이 펜을 거머쥘 사람!

학생들: (란초를 제외한 대부분의 학생들이 손을 든다.)

비루: 좋아. 손 내려.

란초: (다른 학생들은 손을 내린다. 그런데 란초가 혼자 손을 든다.)

비루: 게시판에 올릴까? (란초가 혼자 손을 들고 있는 것을 보며) **손 내리라니까.**

란초: **아뇨. 질문 있습니다.** 지구 밖에서 펜을 못 쓰면 연필을 쓰면 되잖나요? 그럼 연구비를 안 써도 됐을 텐데요.

비루: (당황하고 난감한 표정을 짓는다.)

비서: (입에 손가락을 갔다 대며) 쉿.

비루: 다…다음에 알려 주겠네.

비루 교수의 연설 중 란초가 질문하려고 한다. 비루 교수는 학생들이 펜을 얻기 위해 열심히 노력하겠다는 의사 표현으로 손을 들기를 바랐다. 하지만 란초는 그런 의사 표현은 하지 않고 궁금한 내용을 질문한다. 비루 교수는 란초와 같이 학생이 주도하는 질문 형태에 당황해하고 질문에 대한 대답을 쉽게 찾지 못해 난처해한다. 란초의 질문에 말을 더듬거리며 다음에 알려준다고 한다. 비루 교수는 자신이 전달하는 내용을 학생들이 충실하게 수용해 주기만을 기대하고 있는지 모른다. 그래서 학생이 주도하는 앎의 방식에 대해서는 불편감을 느끼고 있는지 모른다.

학생의 질문이 없는 교실은 앎에 대한 호기심이 일어나기 어렵다. 앎에 대한 호기심은 학습 동기유발과 관련되기에 교육학에서 중요하게 다룬다. 새로운 사실을 배운다는 설렘, 앎에 대한 호기심을 강조한 장면이 영화 《세 얼간이》의 다른 장면에도 나온다. 대학에서 일어난 한 사건으로 인해 란초는 대학의 비인간적인 교육에 대해 총장인 비루 교수를 찾아가 따진다. 비루 교수는 자신의 노력으로 이 학교를 인도 1위의 대학으로 만들었다고 말한다. 하지만 란초는 그 1위가 어떤 의미의 1위인지 반문한다. 학교에서는 창의성이나 공학의 본질 보다는 학점 잘 받는 방법만 배우고 있다고 말한다. 이에 비루 교수는 란초가 자신에게 교수법을 가르치냐고 격분한다. 그러고는 란초를 강의실로 끌고 가서 학생들 앞에 세운다. 그리고 다음 장면과 같이 '그러면 네가 한번 강의해 봐라.'는 식으로 란초에게 강의하게 한다.

장면 6

앎에 대한 호기심이나 설렘이 없는 대화의 모습 (《세 얼간이》 37:29 ~ 42:06)

란초: (책을 뒤적이다 칠판에 'FARHANITRATE'과 'PRERAJULISATION'이라는 낱말 두 개를 쓴다.) 30초 안에 이 용어를 정의해 보세요. 책을 참고하셔도 좋습니다. 아시는 분은 손을 드세요. 일등에서 꼴등까지 체크하겠습니다. 준비하시고…시작.

(수강 중인 학생들, 비루 교수도 서적을 넘기며 내용을 찾는다.)

란초: 그만. (학생들을 둘러보며) 아무도 못 찾았나요? 시간을 1분 전으로 되돌려 보겠습니다. **제가 질문을 던졌을 때 설레었나요? 호기심이 생겼나요? 새로운 걸 배운다는 사실에 흥분됐나요?** 어때요? 교수님? (비루 교수의 표정이 일그러진다.) 아뇨. 모두 미친 듯이 레이스만 펼쳤죠. 이런 방식이 무슨 소용 있나요? 그게 지식을 늘게 해주나요? 아뇨, 스트레스만 줄 뿐이죠. 여긴 대학이지 스트레스 공장이 아니에요. 서커스 사사노 채찍의 두려움으로 의사에 앉는 걸 배우지만, 사자는 잘 훈련됐다고 하지 잘 교육됐다고는 안 합니다.

비루: 이봐. 이건 철학 수업이 아니네. 두 용어 정의를 설명하겠나.
란초: 교수님, 이건 단어가 아니에요. 제 친구들 이름이죠. '파르한('FARHANITRATE)'과 '라주(PRERAJULISATION)'
(학생들이 웃는다.)
비루: 조용. 집어 치워. 이게 공학 교수법인가?
란초: 저는 공학을 가르친 게 아닙니다. 교수님이 공학에 대해선 훨씬 전문가시죠. 저는 단지 어떻게 가르쳐야 할지 말씀드린 겁니다.

란초는 비루 교수의 강요에 따라 강의실에서 학생들 앞에 선다. 그리고 파르한과 라주의 이름이 들어가 있는 낱말 'FARHANITRATE'과 'PRERAJULISATION'를 썼다. 란초는 대학에서 가르치는 방식대로 이 낱말의 개념을 찾게 하고는 시간제한을 두고 순위를 매기겠다고 한다. 학생들과 비루 교수는 '미친 듯이' 레이스를 펼친다. 하지만 이 두 낱말은 공학의 개념이 아니라 친구의 이름일 뿐이었다고 한다. 란초가 이 낱말을 제시했을 때 학생들과 비루 교수는 맹목적으로 관련 서적을 뒤지며 개념을 찾았다. 앎에 대한 호기심이나 설렘 따위는 없었다.

학생들은 배움의 과정에서 미지의 개념에 대해 호기심을 갖는다. 이 지적 호기심이 학습 동기가 되어 끊임없이 질문하고 대답을 찾는다. 여기에서 질문과 대답은 교사나 동료 학생과의 사이에서 일어나는 것뿐만 아니라 자기 내면에서 일어나는 것을 포함한다. 이때 일어나는 질문과 대답을 찾는 과정이 곧 앎의 과정이다. 그러므로 앎에 대한 호기심이나 설렘이 없다면 진정한 의미의 배움이 일어나기 어렵다. 앎에 대한 호기심이나 설렘이 있어야 학습 동기가 잘 유발되고, 앎의 과정에 몰입할 수 있다. 영화의 이 장면에서는 학습 동기를 고려하지 않은 기계적이고 맹목적인 교육 방법을 비판하고 있다.

(3) 대화의 태도

교사와 학생의 성공적인 의사소통에서 관계의 측면도 중요한 요인으로 작용한다. 교사가 학생과의 관계를 어떻게 설정하고 대하느냐에 따라 의사소통의 양상이나 결과가 달라지기 때문이다. 교사가 학생에게 일방적으로 지시하는 입장을 취하면 학생은 경직된 상태에서 학습하며, 학생의 발달 과정에서 자신의 역할이 축소될 것이다. 교사가 학생의 입장을 이해하고 학생의 발달을 적극적으로 지원하는 입장을 취한다면 학생은 보다 유연하고 자신감 넘치는 상태에서 학습하며, 학생의 발달 과정에서 자신의 역할이 확대될 것이다.

영화에 나오는 조이는 헬리콥터(드론) 만들기를 좋아하고 대학 시절 동안 로봇 만들기에 푹 빠져있다. 그래서 학생들이나 교수들은 그를 '조이 로보'라고 부른다. 조이는 헬리콥터 만들기에 몰입하느라 학과의 과제도 마치지 못했다. 다음 장면에서 조이는 복도를 걸어가고 있는 비루 교수를 보고는 비루 교수에게 뛰어가 말을 건다. 그리고 과제 제출 기한을 연장해 달라고 부탁한다.

장면 7

과제 제출 기한 연장을 요청하지만 거절하는 모습 (《세 얼간이》 27:06 ~ 28:34)

(조이는 복도에서 있다가 비루 교수가 이동하고 있는 것을 발견한다. 그리고 비루 교수에게 다가간다.)

조이: 교수님 거의 다 했습니다.

비루: 다 했다는 건가? 다 했냐고?

조이: 이 헬기 한번만 봐주세요.

비루: **제출해. 그럼 고려해보지.**

조이: 조금만 시간을 주세요.

비루: 왜? 왜 그래야 하지?

조이: 아버지가 쓰러지고 두 달 동안 집중할 수가 없었어요.

비루: 그동안 먹는 걸 잊은 적 있나?

조이: 아니요.

비루: 그동안 씻는 걸 잊은 적 있나?

조이: 아니요.

비루: **그럼 왜 공부만 안 한 거지?**

조이: 교수님 정말 끝나가요. 제발 이번 한번만 봐주세요.

비루: 로보군. **일요일에 내 아들이 기차에서 떨어져 죽었어. 그리고 월요일 아침에 강의를 했지. 그러니까 그런 핑계는 그만 대겠나? 동정을 줄 수 있을지 몰라도 기한 연장은 안 돼.** (자리를 뜬다)

조이: (교수가 떠난 쪽을 바라보며) 교수님, 정말 거의 다 됐는데…

조이는 헬리콥터 만들기에 몰입하느라 과제를 제대로 하지 못했다. 그래서 비루 교수에게 자신의 사정을 말하며 과제 제출 기한을 연장해 달라고 부탁한다. 자신이 불성실해서가 아니라 개인 프로젝트를 의미있게 진행했다고 호소한다. 또한 집안 사정으로 과제에 집중할 수 없었던 상황까지 말한다. 하지만 비루 교수는 과제 제출 기한 연장을 단호하게 거절한다. 그동안 먹고 씻는 일상 생활은 제대로 했으면서 과제를 제때 다 하지 못했다는 걸 용납하지 않는다. 심지어 자신이 견뎠던 극한 상황을 이야기하며 조이의 과제 제출 연장 사유를 핑계로 치부한다. 물론, 평가의 공정성을 위해 특정 학생의 편의나 사정을 고려하는 것이 문제가 될 수도 있다. 하지만 학생의 이야기를 들어보려고조차 하지 않고 자신이 세운 기준만을 강요하는 비루 교수의 일방향적인 의사소통은 학생과의 바람직한 의사소통이라고 보기 어렵다. 학생 개인의 특성이나 상황을 고려하며 대화할 필요가 있다.

다음 장면에서는 교사가 학생 한 명을 위해서도 시간을 내어 대화하며, 개인의 특성을 고려하여 자신감을 심어주는 모습이 나온다. 이샨은 난독증과 학습 장애를 갖고 있지만 그림과 만들기에 뛰어난 재능을 갖고 있다. 하지만 이샨은 학교에서 일반적으로 기대하는 교육 목표에 미치지 못해 자신의 재능을 드러내지 못하고 학교 생활도 자신감 있게 하지 못하고 있다. 니쿰브는 이샨의 이런 상황을 안타까워하며 이샨이 자신감을 갖게 하려고 한다.

장면 8

이샨의 처지를 이해하고 자신감 갖게하는 상황 (《지상의 별처럼》 1:48:56 ~ 1:55:50)

니쿰브: 얘들아, 오늘은 이야기를 들려줄 거야. 한 소년의 얘기지. 옛날에 한 소년이 있었는데 글을 읽고 쓰질 못했어. 아무리 애써도 알파벳을 외울 수 없었지. 글은 소년의 적이었고 눈앞에서 춤을 추며 소년을 마구 괴롭혔어. 공부에 지쳤지만 누가 그런 고통을 함께 할까? 머릿속은 터질 것 같고 알파벳은 춤을 췄지. 하루는 힘든 공부에 불쌍한 소년이 낙제하자 다들 비웃었지만 소년의 표정은 당당했어. 그러던 어느 날 소년은 성공했지. 그의 이론에 전 세계가 깜짝 놀랐어. 누군지 알겠니?

(아인슈타인의 사진을 든다.)

학생(라잔): 아인슈타인이요.

니쿰브: 맞아 라잔. 아인슈타인이야. 천재 과학자지. 상대성이론으로 세계를 뒤흔들었어.

(니쿰브는 아인슈타인의 추가 업적과 레오나르도 다빈치의 헬리콥터 도안 등에 대해 이야기한다.)

니쿰브: **이샨, 불 좀 켜줄래?**

이샨: (스위치를 켠다)

니쿰브: **전기로 세상을 밝힌 사람은 누구지?**

이샨: (큰 목소리로) 에디슨이요. 토마스 에디슨.

니쿰브: 맞았어, 이샨. 잘했다. 에디슨도 글을 정확히 몰랐어. (중략–에디슨에 대한 추가 설명을 한다. 이어서 인도의 유명한 연예인 아비섹 바찬 사진을 들고 그도 어릴 적 글을 읽고 쓰는 데 힘들었음을 이야기한다. 파블로 피카소, 월트 디즈니, 가수인 닐 다이아몬드, 추리 작가 아가사 크리스티 등의 예를 들어 난독증을 극복한 사례도 이야기한다.) 근데, 왜 갑자기 이런 얘길 하는 걸까?

학생들: (모른다는 표정을 짓는다.)

니쿰브: 우리 중에 세상을 바꾼 그런 보석 같은 사람이 있었던 걸 보여주려는 거야. 그들은 세상을 다르게 봤지. 그 독특함을 이해 못하는 이들은 그들을 반대했지만 결국 성공했고 세상을 놀라게 했어. 오늘 수업을 이 유명한 문제아들이에게 바치자.

학생들: (웃는다)

…(중략)…

(밖으로 나가는 이샨을 불러 세운다.)

니쿰브: 있잖니, **아까 말하지 않은 사람이 있어. 별로 유명한 사람이 아니라 그랬지만 그 사람도 똑같았지. 누구냐면…바로 선생님이야.**

이샨: (놀라는 표정을 선생님을 바라본다.)

니쿰브: **어릴 적엔 나도 학습 장애가 있었지. 선생님 아빤 이해를 못했어. 말썽쟁이에 공부가 싫어 핑계 댄다고 여겼고 잘되긴 틀렸다며 포기했지. 바보 멍청이가 뭘 하겠어? 근데 이렇게…선생님이 됐잖니.**

니쿰브 교사는 학생들에게 특별한 재능이 있으나 이를 인정받지 못했던 다양한 사례를 설명한다. 이샨도 이들과 비슷하다는 메시지를 전해주고 싶었던 것이다. 이야기를 하던 중 니쿰브 교사는 이샨에게 전등 스위치를 켜게 한다. 이어서 전기를 발명한 사람이 누구인지 묻는다. 이샨이 얼른 교사의 질문에 대답한다. 그것도 자신있는 목소리로 말한다. 니쿰브 교사의 칭찬을 들은 이샨은 미소를 지으며 자리에 앉는다. 니쿰브 교사는 수업 시간에 늘 자신 없어 하던 한 명의 학생을 위해서 시간을 할애하여 이야기를 들려주었다. 그리고 이샨이 자신감을 가질 수 있도록 전기 발명가에 대해 치밀하게 질문한 것이다. 니쿰브 교사는 밖으로 나가려던 이샨을 불러세운다. 그리고 자신도 이샨과 비슷한 어려움이 있었지만 결국 선생님이 되었다고 말한다. 이샨의 놀라는 표정을 통해 이샨은 니쿰브 교사에게 강한 동질감을 느꼈음을 알 수 있다. 이샨은 니쿰브 교사의 말에 커다란 정서적 지지를 받았을 것이다.

니쿰브 교사는 학생을 대할 때 학생을 하나의 집단으로 보지 않고 한 명 한 명에 주목했다. 한 명 한 명이 가진 재능이나 처한 상황이 무엇인지 세심하게 살폈다. 이러한 세심함은 학생에 대한 애정 어린 시선이 있을 때 가능하다.

다음 장면에서는 니쿰브 교사가 이샨의 가정을 방문한 며칠 후 이샨의 아버지가 학교로 찾아와서 니쿰브 교사와 면담 요청을 한다. 이 장면 이전에 니쿰브 교사는 이샨의 집을 찾아간 적이 있었다. 그리고 이샨의 부모에게 이샨의 특성과 재능을 말하고 이샨이 재능을 펼칠 수 있도록 관심을 갖자고 말했었다. 하지만 이샨의 아버지는 이샨의 재능은 사회적인 기준에 비추어 '득이 되지 않는다.'고 말했었다.

장면 9

학생에 대한 진심 어린 관심을 강조하는 상황 (《지상의 별처럼》, 2:07:29 ~ 2:10:07)

니쿰브: 어쩐 일로?

이샨의 아버지: 출장 가는 길에 들렀죠.

니쿰브: 이샨은 보셨어요?

이샨의 아버지: 아뇨, 봐야죠. 선생님부터 뵈려고요.

니쿰브: 말씀하세요.

이샨의 아버지: 아내가 인터넷을 찾아 난독증에 대해 전부 읽어봤죠. 그걸 알려 주려고요.

니쿰브: 뭐 때문에요?

이샨의 아버지: **그렇지 않으면 우릴 무관심한 부모로 생각할까 봐서요.**

니쿰브: 관심이요? 네, 아주 중요하죠. **상처를 치유할 수 있고 고통을 달래줘요. 아이는 부모의 애정을 느끼죠. 부모는 관심을 보여주려 안아주고 입 맞춰주고 사랑한다 말해요. 애가 혹시 두려워할까 봐요. 넘어져 실패한대도 "걱정 마. 내가 여기 있잖아."라며 안심시키죠. 관심이고요.** 그렇지 않나요, 아버님?

이샨의 아버지: (안절부절하는 표정을 짓는다.)

니쿰브: 관심이 있으시다니 기쁘네요.

이샨의 아버지: (안절부절하는 표정을 짓는다.) 가봐야겠군요. (자리에서 일어나 나간다.)

니쿰브: 아버님, 어머님이 솔로몬 제도 얘기도 찾아보셨을까요?

이샨의 아버지: 글쎄... 모르겠네요.

니쿰브: **솔로몬제도에선 원주민들이 농사를 지으려고 숲을 개간할 때 나무를 베지 않죠. 그냥 나무 주위에 모여 욕을 퍼부어요. 저주를 하죠. 그럼 며칠 안에 나무는 말라 시들고 스스로 죽죠.**

니쿰브 교사는 학교까지 찾아온 이샨의 아버지가 의외라는 반응을 보인다. 그리고 교실에 있는 이샨을 먼저 만났는지 묻는다. 하지만 이샨의 아버지는 니쿰브 교사에게 할 말이 있으니 이샨을 나중에 만난다고 한다. 그리고 며칠 전에 니쿰브 교사가 가정을 방문하여 이샨에 대해 알려준 난독증 관련 자료를 찾아보았다는 사실을 알린다. 니쿰브 교사는 이샨의 부모가 이샨에게 관심을 갖도록 부탁했었다. 그런데 이샨의 아버지는 자신이 무관심한 부모가 아니라는 모습을 강조하고 싶어한다. 이샨에 대해 진심 어린 관심을 보이기보다는 자신의 체면을 더 우선시 하고 있다. 니쿰브 교사는 이샨의 아버지에게 이샨을 위해 진심 어린 관심을 가질 것을 부탁하며 솔로몬 제도의 원주민 이야기를 들려준다.

니쿰브 교사와 아버지의 대화이지만 교사가 학생들을 어떤 관계로 대해야 하는지를 알려주는 장면이다. 이샨이 학습장애를 겪고 있는 상황을 이샨의 부모는 발견하지 못했지만 니쿰브 교사는 발견했다. 이샨이 갖고 있는 그림과 만들기의 재능을 이샨의 부모는 발견하지 못했지만 니쿰브의 교사는 발견했다. 부모가 보지 못한 모습을 교사가 본 이유는 무엇이었을까? 니쿰브 교사는 이샨에게 진심 어린 관심을 갖고 있었기 때문이다. 대상에 대해 마음이 있으면 비로소 보이기 마련이다. 학생들이 저마다 가진 특성이나 재능을 찾아 꿈을 펼칠 수 있도록 도와주기 위해 교사는 학생과 진심 어린 관계를 유지하며 대화해야 한다.

3.3 교사와 학생 사이의 바람직한 대화 모습은

영화《세 얼간이》와《지상의 별처럼》을 함께 보며 교사와 학생 사이에서 이루어지는 대화의 내용, 대화 방법, 대화의 태도 등에 대해 들여다보았다. 교사가 무엇을 말하는지, 어떻게 말하는지, 학생에게 어떤 태도를 갖고 말하는지에 따라 의사소통 양상이 달라진다. 이는 곧 학생의 인지 및 정서 발달에 영향을 주게 된다. 두 영화에서 들여다본 교사와 학생의 대화와 관련하여 몇 가지를 조금 더 다루어 보자.

- **가슴 뛰게 하는 내용을 대화하자.**

한국의 교육 현실을 비판하는 유머가 있다. 프랑스, 독일, 한국 학생이 수련 활동 중 번지점프를 준비하고 있다. 먼저, 프랑스 학생이 점프를 준비하고 있다. 하지만 겁이 나서 뛰어내리지 못한다. 이를 본 교관이 말한다. "밑에 흐르고 있는 계곡의 물이 너무 아름답지 않습니까?" 프랑스 학생은 아름다운 자연 속으로 몸을 던지듯 과감하게 뛰었다. 다음은 독일 학생이 준비한다. 독일 학생도 두려움에 겁이 나서 뛰어내리지 못한다. 교관이 말한다. "명령입니다. 뛰어내려요." 독일 학생도 즉각 반응하며 뛰어내렸다. 끝으로 한국 학생 차례이다. 한국 학생 역시 겁이 나서 몸이 얼어있다. 교관이 말한다. "수행평가에 반영됩니다. 얼른 뛰어내려요." 한국 학생이 가장 멋진 자세로 뛰어내렸다. 번지점프의 두려움도 평가 점수로 극복하여 승화시키는 놀라운 한국 학생이다.

영화《세 얼간이》에 나온 교육 장면에서도 교수자들은 학생들에게 경쟁과 경제적인 관점을 강조한다. 개인의 관심이나 재능은 취업과 사회적인 성공을 위해 '이득이 없는 것'으로 여긴다. 그러다 보니 학생들이 창의적인 생각을 펼치지 못하고 기존의 지식을 수동적으로 받아들이고 기계적으로 암기한다. 이러한 교육은 치열한 경쟁만 강조한다. 학생과 교사가 나누는 대화는 학생이 재능과 꿈을 펼칠 수 있도록 만들어 주는 대화이어야 한다. 란초가 말한 대로 '새로운 사실을 배운다는 사실에 흥분'되어 가슴을 뛰게 하는 내용이어야 한다.

- **일대일 구조를 지향하며 대화하자.**

교실에서는 대체로 교사 한 명과 다수의 학생이 의사소통하는 구조이다. 그러다 보니 교사는 학생들을 하나의 집단으로 보고 대화하기 마련이다. 일대다의 대화 구조에서는 교사가 학생 개인이 가진 고민을 들어주거나 학생 개인의 화제에 공감해주고 지지해주는 대화를 운영하기에는 한계가 있다. 학교 수업이 40~50분이고, 한 반에 30명 정도 있다고 할 때 교사와 모든 학생과 일대일로 대화하는 시간은 학생 1명당 1.5분 정도가 될 것이다. 1.5분이라는 시간 동안 학생의 학습을 위해 밀도 있는 의사소통을 하기에는 어려움이 있다. 교사는 학생들을 작은 단위의 집단으로 만들어 소통의 밀도를 높이지만 개별 학생과 의사소통 시간을 늘리기에는 한계가 있다. 교사와 학생과의 일대일 의사소통이 늘어날수록 학생들은 교사와 깊이 있는 대화를 나누고 교사와 친밀감도 깊어질 것이다.

앞서 살펴본 영화 《세 얼간이》에서 교수자는 개인보다는 전체를 대상으로 대화한다. 개인에게 주목하여 그들이 미래를 위해 어떤 꿈을 꾸고 있는지는 관심을 덜 갖는다. 다수의 학생을 대상으로 경제적인 가치에 따라 사회에서 바라는 하나의 기준만을 강조한다. 개인보다는 전체를 초점으로 대화하다보니 학생들에게 획일적인 가치를 강조하고, 그 가치를 얻기 위해 경쟁하도록 부추긴다.

학생 개인 안에서 교육적인 변화가 일어나기 위해서는 교사와 학생이 조금 더 긴밀한 관계에서 대화할 필요가 있다. 학생 개인의 가치를 발견하기 위해 교사는 학생과 일대일 대화를 지향해야 한다.[5] 교사였던 시인 나태주도 꽃들이 가진 가치를 하나하나 존중하며 개별 주체로 대할 것을 표현했다. 다음은 나태주의 시 〈꽃들아 안녕〉이다.

꽃들에게 인사할 때 / 꽃들아 안녕! / 전체 꽃들에게 / 한꺼번에 인사를 / 해서는 안 된다 / 꽃송이 하나하나에게 / 눈을 맞추며 꽃들아 안녕! 안녕! / 그렇게 인사함이 / 백번 옳다.

- **일방적 전달이 아닌 상호작용하며 대화하자.**

영화 《세 얼간이》에서 교수 · 학습 방법에 대해서도 비판하는 장면이 많이 나온다. 전통적인 교실에서는 지식을 절대적인 것으로 보고, 이 지식을 교사가 학생에게 잘 전달하면 학생들은 이를 잘 받아들이기만 하면 되었다. 자신의 방식으로 사고하고 비판적으로 지식을 받아들이는 방법을 제한한다. 하지만 최근에는 지식을 상대적인 것으로 보고 교사와 학생, 학생과 학생들이 상호작용하여 지식을 구성하는 과정을 강조한다. 학생의 보다 적극적인 역할을 강조한다. 지식이 만들어지는 과정에 상호작용이 중요한 요인이 된다. 즉, 교사와 학생, 학생과 학생이 끊임없이 상호작용 하면서 지식을 만들어가는 것이다. 따라서 교사는 영화 《세 얼간이》에 나온 장면과 같이 기계적인 암기, 관습적인 학습이나 학생의 질문을 차단하는 수업이 되지 않도록 해야 한다.

교사가 학생에게 일방적으로 전달하는 의사소통 태도는 수업 장면 이외에서도 찾아볼 수 있었다. 영화 《세 얼간이》에서 조이는 비루 교수

5 수업대화는 일반적으로 1대 다 대화의 특성을 갖는 대집단 대화로 분류할 수 있다. 구성주의에서는 학습자가 개인을 둘러싸고 있는 다양한 환경과 상호작용하면서 지식을 구성하는 방식에 관심을 두고 있다. 나아가 소집단 속에서 토의, 토론과 같은 대화를 통해 정련됨을 강조한다. 따라서 수업 상황에서 1대 다의 대집단 대화 양상은 1대 1 대화인 2인 대화나 1대 소수인 소집단 대화로 전환되는 것이 바람직하다. 이런 수업대화의 의도적인 전환을 위해서 교사는 일방적인 강의식 수업을 탈피하려는 노력을 경주하고 개인의 수준에 맞는 대화 전략과 소집단 대화가 활성화될 수 있는 방안을 끊임없이 찾아야 한다(이창덕 외, 2019: 92).

에게 과제 제출 기한을 연장해 달라고 부탁한다. 하지만 비루 교수는 조이의 부탁을 단번에 거절한다. 조이의 사정을 들어보려고도 하지 않는다. 심지어 자신의 경험을 말하며 학생의 사정을 핑계로 치부한다. 이와 같이 교사의 일방적인 말하기로 인해 학생과의 소통이 막히고 관계까지 나빠지는 것은 뻔한 일이다.

교사는 학생들에게 일방적으로 지식을 전달하기 보다는 상호작용하며 대화하여 학생들이 주도적으로 지식을 구성하게 해야 한다. 또한 교사 자신의 가치나 입장만을 일방적으로 강요하지 않고 학생의 입장을 헤아리며 대화해야 한다.

한국 교육은 세계적으로 부러움을 살만한 결과를 내놓기도 하지만 성찰해 보아야 할 부분도 많다. 학생의 전인적인 성장을 위해 주입식 교육, 경쟁 위주의 교육, 획일화된 교육 등이 타당한지가 한국의 교육현장에서는 지속적으로 언급되고 있다. 이 영화들에서 표현된 장면들은 이러한 한국의 교육 상황을 성찰하는 데 대체로 잘 들어맞는다. 여기에서는 교사와 학생의 대화 장면에 초점을 두어 한국 교육의 문제 상황들을 살펴보고 바람직한 방향을 찾고자 하였다. 교사는 학생들이 앎에 대한 호기심을 갖고 끊임없이 질문을 던지며 주도적으로 지식을 구성할 수 있게 해야 할 것이다. 또한 교사는 학생을 진심 어린 마음으로 바라보고 학생의 재능을 발견하여 꽃 피울 수 있도록 학생과 밀접한 관계를 유지하며 대화해야 할 것이다.

"인생은 초콜릿 상자와도 같아. 어떤 초콜릿을 먹게 될지 모르니까." 《포레스트 검프》

4. 인생을 바꾸는 사람과 대화

4.1 인생의 중요한 시기에 만난 사람과 말

누구에게나 중요한 결정을 해야 하는 순간이 있다. 여러분은 자신의 인생에서 중요한 결정을 해야 할 때 어떻게 하는가? 누군가는 자신의 롤모델이 이러한 상황에서 어떻게 할지를 생각하고 그에 따라 행동하기도 하고, 어떤 이는 자신이 평소에 가진 지론에 따라 행동하기도 한다. 사람은 대부분 자신이 가지고 있는 신념이나 가치관에 의해 중요한 결정을 하게 된다. 신념이나 가치관은 매우 추상적인 개념이지만 구체적인 양태를 보면 자신의 신념이나 가치관이 응축된 말로 표상되고, 사람들은 그에 따라 중요한 결정을 하게 된다. 삶의 방향을 정하는 말은 특정한 시기에 어떤 사람을 만나고 어떤 말을 주고받느냐에 의해 주로 결정된다. 인간의 성장과 발달에는 결정적 시기[6]가 있다고 한다. 결정적 시기에 누구를 만나고 어떤 대화를 하느냐에 따라 그 인생의 방향은 달라지기 마련이다. 결정적 시기에 누구를 만나고 어떤 이야기를 나누었

---

6 성장과 변화가 존재하는 생명체에게 '결정적인 시기(critical period)'란 성장의 과정에 있어 단계별로 필수적으로 조성되거나 주어져야 하는 자극, 조건, 환경이 있기 마련이다. 이를 통해 어떤 심리적 특성이나 행동, 언어 등이 획득되고, 그 시기가 지나면 이런 것들을 획득할 수 없다는 발달의 비가역적 성질에 의한 시기적인 제한성이 존재하는 특정 기간을 말한다.
사람의 경우에 성장에 따른 언어, 심리, 인지, 신체 발달에는 결정적 시기가 있다고 인정되며, 이러한 시기를 놓칠 경우 미흡한 상태에 머무르게 된다. 결정적 시기가 언제이며 그 영향력의 정도, 발달 속도 등은 영역과 개인에 따라 차이가 있는데, 이는 유전과 환경 등에 영향을 받기 때문이다. 〈https://ko.wikipedia.org/wiki/결정적 시기 가설 2023.11.23. 검색〉

는가에 따라 인생이 어떤 방향으로 흘러가는지 잘 보여주는 영화가 있다.

《포레스트 검프》*는 톰 행크스 주연의 1994년 작품이다. 이 영화는 포레스트 검프라는 지적장애와 신체장애가 있는 순수하고 가슴 따뜻한 사람이 결정적 시기에 만난 사람과의 대화를 통해 장애를 뛰어넘어 살아가는 일생을 보여준다. 포레스트 검프의 결정적 시기와 사람은 크게 세 부분으로 나누어 살펴볼 수 있다. 유년기에는 그의 어머니가 중요한 사람이고 어머니와 나누었던 대화, 어머니가 들려주었던 이야기가 그의 신념이나 가치관으로 자리 잡게 되고, 이후의 삶을 그 말에 따라 살아가게 된다. 학창 시절에는 그의 연인인 제니가 중요한 사람으로, 어려움을 겪을 때 제니가 했던 말에 따라 행동하고 그로 인해 어려움을 극복하기도 한다. 장년기에는 군에서 함께 근무하던 동료 버바와 댄 중위가 중요한 인물로 등장하며 그들과 했던 대화를 통해 성공적인 삶을 살아가게 된다.

사람이 일생을 살아가다 보면 중요한 결정을 하는 중요한 시기가 있다. 영화 《포레스트 검프》를 통해 인생의 중요한 시기에 만남과 그 만남을 통한 대화가 어떤 영향을 주는지 살펴보도록 하자.

---

* 《포레스트 검프》 1994.10.15. 개봉/러닝타임 142분/미국/드라마/감독: 로버트 저메키스

- 포레스트 검프(톰 행크스): 불편한 다리, 조금 떨어지는 지능을 극복한 순수한 남자이다.
- 포레스트 엄마(샐리 필드): 부족한 자식을 헌신적으로 돌보는 강인한 어머니이다.
- 제니(로빈 라이트): 포레스트의 평생 친구이자 연인이다.
- 댄 중위(게리 시니즈): 군에서 만난 포레스트의 직속상관이자 동료이다.
- 버바(미켈티 윌리엄슨): 어딘가 조금은 부족한 듯한 포레스트의 친구이다.

⇒ 포레스트 검프는 신체장애와 정신장애가 있는 순수한 사람이다. 포레스트는 인생을 살아가며 중요한 사람을 만나고 그들과 나눈 대화를 통해 자신의 약점을 극복하며 인생을 성공적으로 살아가게 된다.

4.2 영화 속 '인생을 바꾸는 사람과 대화' 들여다보기: 《포레스트 검프》

(1) 정체성 형성을 돕는 대화

인간은 살아가면서 무수히 많은 타자와의 관계 속에서 자신의 의미를 끊임없이 찾아간다. 인간은 부모나 양육자와의 관계를 통해서 정체성을 형성하기 시작한다. 이때 정체성을 형성하는 것은 타자와의 관계 속에서 나누는 대화가 요체이다. 영화 속 어머니는 포레스트의 삶에 지대한 영향을 미치는 인물로 등장한다. 어머니는 강인한 인물로 장애가 있는 포레스트가 장애를 이겨내고 살아갈 수 있는 원동력이 되는 많은 이야기를 해준다. 포레스트가 삶을 대하는 태도나 장애를 극복하는 방식은 어머니와 나눈 대화 속에 많이 등장한다. 특히 어머니는 장애가 있는 아들을 위해 예를 들거나 비유를 드는 방식으로 포레스트가 삶에 대처하는 방법을 이야기해 주곤 한다.

장면 1

장애에 대한 관점을 형성하는 장면 (7:20 ~ 7:35)
어머니: 명심해라. **넌 남들과 하나도 다르지 않아. 내 말 알아듣겠니? 넌 남들과 똑같아. 하나도 안 달라.**

흔히 부모는 자녀의 자존감을 올려주기 위해 "넌 남들과 달라. 넌 특별해."라는 말을 하곤 한다. 하지만 역설적으로 포레스트의 어머니는 포레스트에게 "넌 남들과 똑같아."라고 말한다. 포레스트의 지능 지수는 75점으로 다른 비장애인 학생보다는 떨어지는 지능을 가졌기 때문에 주변 사람이 포레스트를 저능아나 바보로 취급하는 경우가 흔히 있다. 그렇기에 어머니는 포레스트에게 "넌 남들과 같다."는 말을 통해 아들이

장애를 극복할 수 있도록 이야기를 한다. 어머니는 평소에도 포레스트가 다른 비장애인 학생보다 단지 5점이 낮다거나 부진한 면이 조금 있는 아이라고 입버릇처럼 이야기하곤 한다. 이런 영향을 받은 포레스트는 영화 내내 다른 사람이 자신을 바보나 저능아로 취급하는 장면에서 지능 지수가 조금 낮은 것을 대수롭지 않게 이야기한다.

장면 2

타인의 편견에 대처하는 장면 (14:25 ~ 14:32)
제니: 너 바보니? 포레스트: 엄마 말이 **바보는 지능이 좀 낮은 것뿐이래.**

포레스트는 삶을 살아가면서 “당신 혹시 바보예요?”라는 질문을 종종 들었다. 그때마다 포레스트는 어머니가 한 말을 인용하며 자연스레 대화를 이어 나간다. 다른 사람의 시선에서 포레스트는 보통 사람과 어딘가는 다르고, 조금은 부족한 모습을 보인다. 하지만 주변 사람들의 장애에 대한 시선에 포레스트는 별로 개의치 않는다. 이것이 결정적 시기에 어머니가 포레스트에게 해준 타인의 편견에 맞설 수 있게 한 말의 힘이다.

장면 3

인생관을 드러내는 장면 (3:40 ~ 3:50)
포레스트: 엄마가 늘 말씀하시길 **인생은 초콜릿 상자 같은 거라고 하셨어요. 어떤 초콜릿을 먹게 될지 모르니까요.**

운명이란 정해져 있는 것일까? 개척하는 것일까? 포레스트는 운명에 대해 늘 고민한다. 어머니는 포레스트에게 인생이란 초콜릿 상자와

같다고 이야기해 준다. 포레스트가 이해하기에는 아주 좋은 비유이다. 인생이 어떤 방향으로 나아갈지는 아무도 모른다. 내가 어떤 초콜릿을 먹게 될지 모르는 것처럼. 알 수 없는 자신의 인생과 미래를 생각하면 포레스트의 처지에서는 어떤 생각이 들까? 정신장애와 신체장애가 있는 아들을 바라보는 엄마는 어떤 생각이 들었을까? 부족한 아들이 앞으로 살아갈 힘겨울 세상을 바라보는 어머니의 마음은 어떠하였을까? 여기에서 신의 한 수가 있다. 어머니는 미래가 걱정되는 아들에게 예측할 수 없는 미래를 초콜릿 상자에 비유한다. 이 말에는 앞으로 어떤 인생이 펼쳐질지는 모르지만 달콤하고 맛있는 초콜릿을 고르는 심정으로 인생을 대하기를 바라는 어머니의 마음이 담겨 있다. 그래서인지 포레스트는 늘 긍정적인 태도로 삶을 대하는 모습을 보인다.

(2) 장점을 발견해 주는 대화

인간이 스스로 성찰하는 것만으로 자신을 온전히 이해하기란 쉽지 않다. 사람은 여러 다양한 사회적인 관계 속에서 자신을 알아가게 된다. 자신이 항상 하던 말과 행동을 자신만 모르는 경우가 있다. 때로는 자신의 진면목을 다른 사람이 알아차리고 이를 나에게 알려주는 경우도 있다.

제니는 포레스트가 초등학교 입학 시기부터 평생을 사랑하는 인물로 등장한다. 제니는 가정폭력과 아동학대가 있는 가정에서 불우한 어린 시절을 보낸다. 무대 위에서 노래를 부르며 많은 사람의 사랑을 받고 싶어하지만 실제 삶은 녹록하지 않다. 제니와 포레스트는 만남과 이별을 반복하지만 결국 사랑의 결실을 맺게 된다. 제니는 포레스트가 어려움을 겪을 때 어떻게 대처할지를 알려주는 인물이다. 포레스트는 학창 시절부터 주변 사람들의 무시와 차별로 여러 가지 어려움을 겪는다. 이때 포레스트는 제니의 말대로 어려운 상황을 정면으로 맞서 싸우기보다는 자신의 장기인 달리기를 선택한다. 동네 불량배를 만났을 때, 전쟁에서

퇴각할 때, 사랑하는 사람을 떠나보내야 할 때 포레스트는 단지 달렸다.

장면 4

상대방의 강점을 일깨우는 장면 1 (15:40 ~ 15:55)
동네 아이들: 야, 쇠다리! 너 저능아냐 아니면 바보냐? 멍청이 포레스트다! 제니: **저런 애들 신경 쓰지 마! 뛰어 포레스트! 뛰어!** 포레스트: (아이들을 피해 달린다.)

동네 불량배가 포레스트의 장애를 놀리며 괴롭히는 장면이다. 이때 제니는 포레스트가 정면으로 맞서 싸우기보다는 자신이 잘하는 달리기를 통해 어려운 상황을 피하라고 말한다. 포레스트는 달리기를 잘한다. 동네 불량배는 초등학교부터 고등학교 시절까지 계속 괴롭히는데 그때마다 포레스트는 단지 뛸 뿐이다. 그 덕에 대학교 미식축구부에 들어가게 되고 미국 대표 선수가 되기도 한다. 주변의 시선이나 괴롭힘에 휘둘리기보다는 자신이 잘하는 무언가에 열중하는 태도를 통해 포레스트는 자신이 겪는 어려움을 이겨내는 방법을 찾게 된다.

장면 5

상대방의 강점을 일깨우는 장면 2 (39:40 ~ 40:00)
제니: 한 가지 약속해줘. **위험할 때 괜히 용감한 척 말고 뛰어.** 포레스트: 알았어.

베트남 전쟁에 참전하는 포레스트에게 제니는 위험할 때는 그냥 달리라고 말한다. 그 덕분에 여러 동료의 목숨을 구하고 훈장을 받기도 한다. 포레스트에게 있어서 제니는 소년, 정년, 장년 시절에 걸쳐 중요한 인물로 등장한다. 바보로 불리던 포레스트의 장기를 알아봐 주고, 그가

달릴 수 있게 한 것은 결국 제니의 말이었다.

(3) 신의를 지키는 대화

결정적인 시기에 중요한 타자를 만나는 일은 한 개인에게 있어 매우 중요한 일이다. 영화 속에서 장년이 된 포레스트에게는 중요한 동료 두 명이 있다. 두 동료는 모두 군대에서 만난 사이이다. 버바는 제니와의 처음 만남처럼 입영 버스에서 처음 만나게 된다. 버스 안의 모든 입대자가 포레스트를 외면할 때 유일하게 반겨준 친구다. 버바도 포레스트처럼 지적장애가 있다. 둘은 서로 대화가 잘 통한다. 군 복무를 마치고 제대하면 함께 새우 사업을 하기로 약속한다. 댄 중위는 군대에서 만난 직속 상관이다. 집안이 군인 집안이라 약간은 거친 면이 있지만 포레스트는 댄 중위를 실망시키지 않으려고 노력한다.

장면 6

동료와 약속을 하는 상황 (47:30 ~ 48:10)
버바: 너한테 물어볼 중요한 말이 있어. 나랑 새우 사업해 보는 거 어때? 포레스트: 좋아.

버바: 모든 걸 다 계산해 봤어. 배를 사고 연료도 사려면 새우 몇 톤 값은 필요하니 배에서 살자고. 그래야 방세가 안 나가지. **선장은 내가 하고 함께 일하는 거야. 이익은 모두 반반으로 나누는 거야.** 새우는 얼마든지 먹어도 좋아.

포레스트: **좋은 생각이야.**

장면 7

동료와의 약속을 지키려고 하는 상황 (1:26:54 ~ 1:27:10)

포레스트: **전 버바와의 약속 때문에 곧 집을 떠났어요.** 전 약속은 꼭 지키려고 하거든요. 그래서 **버바의 가족을 만나러 갔어요.**

포레스트와 버바는 힘든 군대 생활을 하며 서로 의지하고 우정을 쌓아 나간다. 버바는 군대에 오기 전에 새우잡이 배 선원이었고, 새우로 할 수 있는 요리를 모두 알고 있을 정도로 새우잡이에 진심을 보인다. 〈장면 6〉에서 둘은 전쟁이 끝나면 함께 새우잡이를 하기로 약속한다. 버바는 전쟁 중에 전사하게 되지만 포레스트는 버바와의 약속을 지키기 위해 새우잡이 어선을 장만하여 새우잡이를 하게 된다. 〈장면 7〉은 영화 종반부에 나오는 회상 장면이다. 포레스트는 〈장면 6〉에서 이익이 생기면 반반으로 나누기로 한 약속을 지키기 위해 버바의 집으로 찾아간다. 비록 버바와 포레스트가 함께 일을 하지 않았지만 새우잡이를 하게 된 것은 둘의 약속으로 시작이 되었고, 많은 수익을 내게 되었다. 포레스트는 버바와의 약속을 지키기 위해 수익의 절반을 버바의 가족에게 주기도 한다.

장면 8

신의를 지키는 장면 (1:32:07 ~ 1:33:05)

포레스트: 댄 중위님, 웬일이세요?

댄 중위: 물장구 좀 치러왔네.

포레스트: (어리둥절해하며) 다리도 없으신데요?

댄 중위: 알고 있어. 자네가 내게 편지를 썼잖아, 멍청아. 포레스트가 선장이 됐다길래 확인하러 온 거야. 게다가 **자네가 새우잡이 선장이 되면 내가 일등 항해사 한댔잖아. 약속은 약속이지.**

댄 중위는 유능하고 리더십이 있는 소대장이다. 하지만 전투 중에 두 다리를 절단하게 되고 결국 제대하게 된다. 실의에 빠진 댄 중위는 허송세월하며 지낸다. 사회에서 만난 둘은 서로의 아픔을 이해하는 기회를 갖게 되고, 이때 댄 중위가 포레스트가 새우잡이 배의 선장이 된다고 하자 그렇다면 자신이 일등 항해사를 하겠다고 약속한다. 나중에 포레스트가 새우잡이 배의 선장이 되자, 약속을 지키기 위해 찾아오고 함께 새우잡이를 하게 된다. 이후 여러 사업을 하며 큰 성공을 이루게 된다. 동료와의 만남과 관계를 통해 형성된 포레스트의 신의를 지키려는 태도가 결국 삶을 성공으로 이끄는 원동력으로 작용한다.

4.3 인생을 바꾸는 사람과 말의 만남

결정적 시기에 중요한 사람을 만나고 그와 대화하면서 인간은 성장하게 된다. 영화 속 주인공인 포레스트는 비록 정신적, 신체적 장애가 있는 사람이지만 결정적 시기에 중요한 사람을 만났고, 그들과 소통하며 앞으로 살아갈 미래를 잘 준비한 경우라고 할 수 있다. 완전한 인간이란 있을 수 없다. 모든 것이 낯설고 미숙한 어린 시절, 질풍노도의 학창 시절, 좌충우돌 사회 초년생인 청년 시절 등 모든 시기에 어떤 누군가를 만나고 어떤 대화를 나눴는가에 따라 그 사람의 인생은 달라지게 마련이다. 영화 《포레스트 검프》를 통해 살펴볼 수 있는 인생을 바꾸는 결정적인 대화의 시사점은 다음과 같다.

- **타인과의 만남을 소중히 여긴다.**

누구를 언제 어떻게 만나느냐에 따라서 나의 삶에 지대한 영향을 미치기 때문에 만남은 그 자체로 소중하다. 사람은 살면서 많은 타인을 만나고, 내가 만나고 교류한 사람을 통해서 나의 정체성을 형성하고 내 삶의 방향성을 정하게 된다. 만남이란 소중하고, 그 만남을 지혜롭게 이어가는 것이 중요하다.

- **나도 누군가의 인생에 영향을 미치는 결정적인 말을 할 수 있다.**

만남을 통해 사람과 대화를 나누고 그 대화로 인하여 사람이 변한다. 사람을 변하게 작동시키는 요체가 대화이다. '말이 씨가 된다', '말 한마디로 천 냥 빚을 갚는다', '가는 말이 고와야 오는 말이 곱다'와 같이 말의 중요성은 이론의 여지가 없다. 내 생각은 말로 구현되고 말은 행동으로 표현되며 그 행동으로 나의 삶이 변화한다. 이때 내가 들었던 말이 중요한 것만큼 내가 한 말도 누군가에게 중요한 역할을 할 수 있음을 잊지 말아야 겠다.

• 긍정적인 태도로 인생을 대한다.

사람은 누구나 인생을 대하는 저마다의 태도가 있다. 현명한 사람은 지난 과거에 얽매이지 않고, 다가올 미래를 미리 걱정하지 않고 현재를 충실히 사는 사람이다. 영화 《포레스트 검프》에서 볼 수 있듯이, 인생은 초콜릿 상자와 같다. 아직 오지 않은 미래가 두려움의 대상이기보다는 달콤한 초콜릿을 고르는 것처럼 기대와 설렘의 대상이 되는 것은 그가 가진 인생에 대한 태도에서 기인한다.

인생의 중요한 시기에 의미 있는 사람을 만나고 교류하는 것은 참으로 중요한 일이다. 어찌 보면 삶이 수동적이라고 느껴지기도 한다. 나의 삶이 다른 누군가에 의해 살아가게 된다는 것은 무언가 아쉬움이 있다. 생각을 조금 바꿔보자. 내가 다른 누군가에게 의미 있는 사람이 되는 것은 어떨까? 나로 인해 누군가는 인생의 중요한 시기에 의미 있는 만남을 갖게 되고, 나와 나누었던 대화로 인해 성공적인 삶을 살아가게 된다면 조금 더 주체적인 삶이 되지 않을까 생각해 본다.

5. 영화 속 명대사로 본 한국인의 말 문화

5.1 한국인이 이 대사를 들으면

상대방이 나에게 주제넘게 참견하거나 어줍잖은 조언을 할 때 우리는 "너나 잘하세요."라고 말한다. 이 말은 2005년 개봉한 영화 《친절한 금자씨》에 나온 대사이다. 영화가 개봉되고 제법 시간이 지났지만 여전히 많은 사람들이 이 말을 사용하고 있다. 할 말은 해야 직성이 풀리는 한국인이 상대에 대한 공격적인 감정을 노골적으로 드러내지 않으면서도 톡 쏘는 메시지를 표현할 때 사용한다. 인간관계나 체면을 중요하게 여기는 한국인들이 이 말을 즐겨 쓰는 이유인 듯도 하다. 또한 당사자가 아닌 주위 사람들이 이 말을 들으면 겉으로 드러난 높임 표현과 그 표현 안에 담긴 분노와 멸시의 뉘앙스가 상충하며 생긴 효과로 웃음을 터뜨리게 된다. 이처럼 한국어가 갖는 문법 체계와 한국 문화에 담긴 풍자가 융합되어 사용되면서 이 말은 한국 영화의 명대사 반열에 오르게 된다.

한국영상자료원에서는 명대사로 일컫는 한국 영화 대사 100개를 선정하여 『대사극장-한국영화를 만든 대사 100』을 출판하였다. 이 출판물에서 영화 속 대사를 '시대와 인간을 드러내는 지도'라고 의미 부여하고 있다. 대사 속에는 시대를 살아가는 인물들의 생활이 투영되어 있는데, 이것이 바로 언어에 담겨 있는 문화적 특성이다. 이 장에서는 한국영상자료원에서 선정한 영화 대사를 중심으로[7] 그 대사 속에 녹아있는 한국인의 말 문화를 '나', '너', '우리'의 범주로 설정하여 살펴보고자 한다.

5.2 영화 속 '한국인의 말 문화' 들여다보기: 《범죄와의 전쟁: 나쁜 놈들 전성시대》, 《타짜》, 《베테랑》, 《친절한 금자씨》, 《살인의 추억》, 《황산벌》, 《미나리》

(1) '나'를 드러내는 말 문화

한국인의 말에는 자신의 배경을 드러내며 존재감을 과시하는 말이 있다. 자신의 능력이나 인간관계를 과시하며 '나 이런 사람이야.'라는 메시지를 전한다. 다음은 다양한 방식으로 자신의 배경을 과시하며 '나'의 존재감을 드러내는 장면들이다.

장면 1

자신과 경찰서장과의 인맥을 과시하는 모습 (《범죄와의 전쟁: 나쁜 놈들 전성시대》* 59:40 ~ 1:00:44)
(전직 세관 공무원 출신인 최익현은 조직 폭력배와 손잡고 부산 지역의 나이트클럽 운영권을 장악해 나간다. 그러던 중 한 나이트클럽 운영권을 빼앗는 과정에서 여사장과 몸싸움을 벌이게 된다. 이 일로 최익현이 경찰서로 연행된다.) 형사: 여 앉아. 최익현: 거 내보다 어린 거 같은데 반말하지 마라. 형사: (최익현의 머리를 가격하며) 이 새끼가 뭐 잘했다고. 앉아 인마. 최익현: (수갑이 채워진 상태의 손으로 형사의 얼굴을 돌려치며) 씨발놈이 처 돌았나. 어데서 손을 함부로 놀리노. 느그 서장 어데 있어? 강 서장 데꼬 와. **니 내가 누군지 아나? 으어? 내가 이 새끼야. 느그 서장이랑 인마, 개새끼.** 형사2: (최익현을 진정시키며) 저기…저기…선생님, 실례지만 저희 서장님과 관계가 어떻게… 최익현: 너그 서장 남천동 살제? 으어?

7 영화 《황산벌》과 《미나리》는 이 출판물에 수록되지 않은 영화이다. 특히, 영화 《미나리》는 미국 영화이지만 한국계 미국인 이민자의 삶을 다루고 있어 한국인의 말 문화가 곳곳에 잘 드러나 있다.

형사2: 예…예…

최익현: **내가 인마 느그 서장이랑 인마, 어제께도, 어? 같이 밥 묵고, 어? 싸우나도 같이 가고 어, 마! 이 개새끼야, 마, 다 했어. (형사들을 노려보면서) 이 새끼들이 말이야. 개새끼들.**

형사2: 아, 그러면 (형사1을 보며) 일단…사과 드려라.

최익현: (형사1을 노려보며) 이 새끼.

형사1: (최익현에게 고개를 숙이며) 죄송합니다.

경찰서에 연행된 최익현은 형사가 자신을 거칠게 대하자 자신의 존재를 강조하며 형사에게 오히려 공격적으로 대한다. 자신은 서장의 집도 알고, 어제도 서장과 같이 식사하고 사우나까지 같이 할 만큼 막연한 사이라며 서장과의 친분을 과시한다. 비록 수갑이 채워진 채로 경찰서에 연행되긴 했지만, 자신이 이런 대접을 받을 존재가 아니라는듯 당당하게 말한다. 최익현은 자신이 경찰서장과 특별한 관계의 사람이며, 그래서 대우 또한 특별하게 받아야 한다는 심리를 드러내고 있다. 아이러니하게도 최익현의 이런 태도가 형사들에게 먹힌다. 형사들은 최익현의 존재를 믿고 사과하기까지 한다.

이 장면 외에서도 최익현은 자신의 존재감을 드러내기 위해 족벌을 활용하기도 한다. 동업을 위해 조직 폭력배인 최형배와 만나 대화하는

---

* 《범죄와의 전쟁: 나쁜 놈들 전성시대》 2012.2.2. 개봉/러닝타임 133분/대한민국/범죄, 드라마/감독: 윤종빈

– 최익현(최민식): 비리 세관 공무원이다. 인맥이 넓고 특유의 친화력을 갖고 있다.
– 최형배(하정우): 부산 최대 조직 폭력배의 보스이다. 최익현과 먼 친족 관계인 최씨 집안 사람이다. 처음에는 최익현과 손발이 잘 맞아 동업하지만 나중에는 불화로 동업을 파기한다.
⇒ 비리 세관 공무원인 최익현이 순찰 중에 마약을 발견한다. 이를 바탕으로 한탕하려고 조직폭력배 최형배와 손을 잡는다. 최형배의 조직력과 최익현의 로비 실력으로 세를 확산시킨다. 하지만 1990년 범죄와의 전쟁으로 대대적인 소탕 작전이 시작되자 서로 배신하며 조직이 와해된다.

중에 서로 같은 문중 사람이며, 자신이 더 높은 항렬에 있다는 점을 강조해서 상대방과의 관계 맺기에 성공한다. 또한 검사에게 수사 청탁을 할 때에도 같은 문중 사람임을 강조한다. 자신도 '대단한' 문중의 한 사람이라고 과시하고, 그러한 존재 가치를 통해 상대방에게 신뢰감을 얻으려고 한다.

자신의 존재를 과시할 때 최익현과 같이 인맥이나 족벌을 내세우기도 하지만 다음 장면과 같이 학벌을 내세우기도 한다.

장면 2

자신의 학벌을 과시하는 모습 (《타짜》* 58:11 ~ 58:24)

(정 마담이 운영하는 도박장의 밀실에서 도박판이 벌어지고 있다. 이때 형사들이 불법 도박 수사를 위해 정마담의 도박장으로 들어온다.)

형사: (문을 열고 들어오며) 빨리 빨리. 마, 문 열어.

정 마담: 아, 이거 왜 이래. 새삼스럽게.

형사: (곤란한 표정을 지으며) 고발이 들어와서 그래. 며칠만 좀 들어갔다 와.

정 마담: 하, **나 이대 나온 여자야.** 내가 어떻게 그런 델 들어가?

형사: 좀 봐줘 응? 알았지.

형사들이 도박장에 들이닥치자 정 마담이 문 앞에서 형사들을 대한다. 그러고는 왜 새삼스럽게 단속을 나오는지 묻는다. 정 마담의 불법 도박장

---

* 《타짜》 2006.9.28. 개봉/러닝타임 139분/대한민국/드라마/감독: 최동훈

- 고니(조승우): 가구공장에서 일하다가 가난을 벗어나고자 화투판에 뛰어든다.
- 정 마담(김혜수): 화투판을 만드는 도박장 설계자이다.
- 평경장(백윤식): 전설의 타짜로 고니의 화투 스승이다.

⇒ 고니는 우연히 낀 화투판에서 모든 돈을 날린다. 고니는 평경장에게 비법을 전수받는다. 그리고 전국을 돌며 타자의 길로 들어선다. 승승장구하던 고니는 화투판으로 끌어들인 이들에게 설욕한다. 하지만 이들이 다시 고니를 위협하며 목숨을 담보로 화투판을 벌인다.

운영을 형사들도 이미 알고 있으며, 형사들과의 유착 아래 이 도박장이 운영되고 있음을 알 수 있다. 형사들은 이번에는 어쩔 수 없다며 정 마담이 경찰서 유치장에 며칠만 들어갔다 오면 별 일없이 해결될 거라고 말한다. 하지만 정 마담은 자신이 국내 유명 여자대학교를 나온 사람인데, 범법자로 몰리고 유치장에서 잡범들과 함께 있어야 한다는 것을 용납하지 않는다.

정 마담은 자기 존재의 고귀함과 범죄와의 무관함을 주장하기 위해 자신의 학벌을 내세우고 있다. 자신이 유명 여자대학교를 나온 만큼 그에 상응하는 인격체로 인정해 달라는 것이다. 한국 사회에서 학벌은 자신의 존재를 드러내는 매우 강력한 수단이다. 한국의 대학 준비 과정은 대단히 치열하다. 또한 대학은 묵시적으로 서열화 되어 있어서, 대학의 서열에 따라 개인의 능력이 평가받기도 한다. 나아가 개인의 도덕성이나 인격의 판단 근거자료로 대학의 평판이 사용되기도 한다. 그러니까 '좋은 대학'을 나오면, 그 사람의 지적 능력뿐만 아니라 인격 수양의 정도도 훌륭하고, 인간 자체도 고매한 존재로 여겨지기도 한다.

자신의 존재감을 드러낼 때 인맥이나 학벌과 같은 사회적 관계에 의존하지 않고, 다음 장면과 같이 자신의 개성에 기반하기도 한다. 이른바 스스로가 잘났다고 여기는 것이다.

장면 3

자존심을 강하게 드러내며 말하는 모습 (《베테랑》* 56:58 ~ 57:53)

(배 기사는 임금체불로 시위하다 본사 건물 계단에서 투신한다. 소식을 들은 서도철 형사는 곧바로 병원으로 뛰어간다. 관할 경찰서의 담당 형사는 뒷돈을 받고 사건을 종결시키려고 하고, 서도철은 이를 그대로 두지 않는다.)

서도철: 서울 시내 한복판에서 사람이 투신해서 저러고 있는데, 신문기사 한

토막이 안 실려. 근데 관련해서는 하루도 안 지나서 합의하겠다고 돈으로 저 지랄하고 있고.
동료 형사: 합의는 무슨 합의. 위로금, 위로금.
서도철: 왜 뛰어내렸는지를 밝혀야 위로를 하건 합의를 하건. 씨…(응급실을 가리키며) 저기 누워 있는 저 양반 조태오 사무실에서 구타당했다고.
동료 형사: 아 왜 남의 관할에 와서 자꾸 소설 쓰는 건데. 우리도 조사해서 다 맞춰봤다고. 에? 오히려 투신 때문에 신진물산 법무팀에서 업무방해로 입은 피해 고소하겠다는 거 조태오 실장이 막은 거잖아.
서도철: 니네 돈먹었지?
동료 형사: 같은 식구라고 보자보자 하니까. 씨.
(형사가 서도철의 멱살을 잡으려고 하자, 서도철이 역습하여 제압한다.)
서도철: 콱, 이 새끼가 진짜 죽을라고. 야. **우리가 돈이 없지, 가오가 없어?** 어? 수갑 차고 다니면서 가오 떨어질 짓 하지 말자. 어. (형사를 팽개치고 갈 길을 간다.)

서도철 형사는 사건의 배후가 있음을 직감하고 그 실체를 파악하려 한다. 하지만 동료 형사는 기업의 편을 들며 사건을 급히 마무리하려고 한다. 서도철 형사는 형사로서 약자의 편에 서서 정의롭게 수사하기 보다는 기업의 금권에 휘둘리는 듯한 동료 형사의 모습에 한심함을 느낀다. 그래서 "우리가 돈이 없지, 가오가 없어?"라고 질책한다.

'가오'라는 말은 얼굴[顔]이라는 한자를 일본어로 발음한 것으로 표준어로 등재되지 않은 속어이다. 일상 화법에서는 '후배들 앞에서 가오

* 《베테랑》 2015.8.5. 개봉/러닝타임 123분/대한민국/액션, 드라마/감독: 류승완
- 서도철(황정민): 서울 지방경찰청 광역수사대 강력팀 형사이다.
- 조태오(유아인): 제벌 3세이다.
⇒ 서도철 형사는 의문의 사건을 조사하던 중 사건의 배후에 누군가 있음을 직감한다. 갖은 위협에도 포기하지 않고 수사를 계속 진행한다. 결국 서도철 형사와 조태오의 대결 구도로 영화가 전개된다.

잡는다.'와 같이 쓰이는데, '폼 잡는다, 허세 부린다' 등의 뜻으로 주로 쓰인다. 하지만 긍정적인 뜻을 쓰일 때에는 '체면 차리다, 자존심을 지키다'와 같은 뜻을 담기도 한다. "우리가 돈이 없지, 가오가 없어?"라는 말은 원래 고 강수연 배우가 2015 부산국제영화제의 공동집행위원장을 맡을 때 사용했다고 한다. 영화제 준비 과정에서 예산이 충분하지 않아 고생하는 직원들을 보고 격려하기 위해 한 말이라고 한다. 비록 예산이 부족하고 돈벌이가 잘 될지 모르지만 영화인, 영화관계자로서 명예와 자긍심을 갖고 일하자는 뜻이었다고 한다. 이 말의 영향 때문인지 영화제는 성공적으로 끝났다고 한다.

영화의 장면에서 서도철 형사가 말한 "돈이 없지, 가오가 없어?"란 말도 자신들이 비록 박봉이지만 경찰로서 자존감을 잃지 말자는 것이다. '가오'는 경찰로서의 명예, 자긍심을 뜻한다. 이른바 '뽕'이 가득 차올라 있는 자존심이 강하게 배인 표현이다. 서도철 형사는 족벌이나 학벌과 같은 사회적 맥락이 아니라 자신의 내적 기준에 따라 자신의 존재에 가치를 부여하며 '가오' 잡고 임무를 수행하고 있다.

(2) '너'에게 향하는 말 문화

우리가 상대방과 대화할 때 상대방에 대한 감정이 전달되기 마련이다. 이러한 감정을 의도적으로 드러내기도 하고 감추려고도 한다. 다음 장면에 나오는 말들은 한국어가 가진 문법 체계나 식생활 문화의 특성과 결합되어 상대방에 대한 부정적인 감정이 독특하게 표현되는 경우이다. 이른바 '돌려 까기를 시전'하며 '돌직구'보다 더한 통쾌함을 준다.

장면 4

반말인 듯 존댓말인 듯 말하는 모습 (《친절한 금자씨》* 02:08 ~ 06:47)

(눈발이 날리는 어느 날, 교도소 앞에 전도사 일행이 출소할 이금자를 마중 나와 있다. 이들은 교도소 문이 열리자 찬송가를 부르기 시작한다. 이금자는 얇은 원피스를 입고 있으며, 교도소 문을 나서다 전도사 일행을 발견하고 이들에게로 걸어간다.)

이금자: (멈추어 서며 무표정한 표정으로 전도사 일행을 바라본다.)

전도사: (이금자의 얇은 옷을 보며) 넣어 줬잖아요. 겨울옷. 쯧쯧쯧. (두부가 올려진 접시를 건네며) 고생 많았죠? 13년간. 정말 대견합니다. …(중략)…두부처럼 하얗게 살라고, 다시는 죄짓지 말란 뜻으로 먹는 겁니다.

이금자: (두부 접시를 뒤집으며) **너나 잘하세요.**

영화를 안 봤어도 이 말은 한 번쯤 들어보았을 만큼 유명한 대사이다. 이금자의 이 말은 전도사에게 내 일에 참견하지 마라, 오지랖 떨지 마라는 경고의 메시지이다. 이금자는 아동 유괴 살인범으로 체포되는데, 체포 모습이 TV를 통해 전국에 방영된다. TV에 방영되는 이금자의 아름다운 외모로 인해 세간의 관심이 집중된다. 그중 전도사 한 명도 이금자에게 관심을 갖고 복역 중인 이금자를 찾아가 전도 활동을 지속적으로 한다. 이금자는 전도사의 불순한 의도를 알기에 출소하는 날 자신을 찾아온 전도사에게 "너나 잘하세요."라고 말한다. 이 말은 아랫사람을 지칭하는

*** 《친절한 금자씨》 2005.7.29. 개봉/러닝타임 112분/대한민국/스릴러, 드라마/감독: 박찬욱**

- 이금자(이영애): 고등학교 시절 임신하며, 이로 인해 여기저기 떠돌아다닌다. 백 선생을 찾아가 의탁하게 된다.
- 백한상(최민식): 백 선생이라고도 부른다. 이금자의 고등학교 교생이며, 이금자와 동거한다. 이금자에게 아동 유괴 살인죄를 뒤집어 씌운다.

⇒ 이금자가 아동 유괴 살인 사건의 범인으로 누명을 쓰고 13년간 복역하고, 출소 후 누명을 씌운 백한상에게 복수한다. 이금자는 복역 중 특유의 친절한 태도로 인해 '친절한 금자씨'라를 별명을 얻는다. 하지만 출소 후 교도소 동료의 도움을 받거나 때론 이용하여 백한상에게 복수한다.

'너'와 동작의 주체를 높이는 선어말어미 '-시-'의 사용이 충돌한다. 또한 잘하라는 지시나 명령의 목적은 윗사람에게 말할 내용으로 적절하지 않다. 그래서 반말과 존댓말이 섞인 이 말은 독특한 뉘앙스를 풍긴다. 상대를 높이고 존중하는 것 같지만 오히려 반말로 할 때보다 더한 조롱과 멸시를 느끼게 한다. 이와 같이 윗사람이나 기득권 세력에게 겉으로는 드러내지 않은 것 같지만 결국 더한 의미를 담는 방식으로 말하며 후련함을 느끼게 해준다.

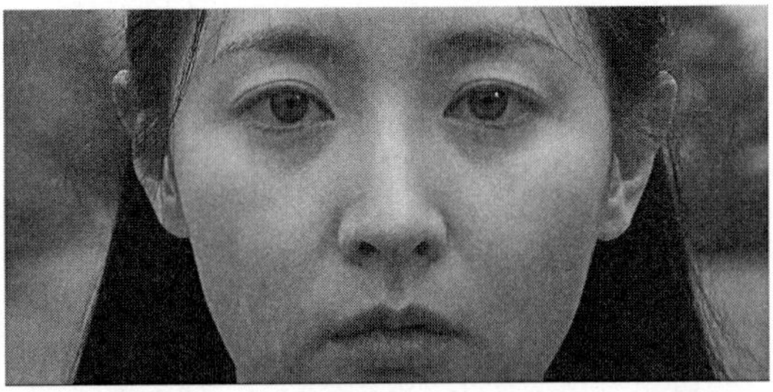

박찬욱 감독도 이 표현에 대해 다음과 같이 밝혔다. "정말이지 한국인만 이해할 수 있는 말이다. 극 중 전도사에게 최소한의 예의를 갖춘 것이거나, 아니면 최소한의 예의보다도 못한, 분노와 멸시를 담은 말일 수도 있을 것이다." 그리고 박 감독은 이 표현을 영어로 번역하는 데 무척 고민이 많았으며, 우스갯소리로 이 대사를 사용한 것을 후회하기까지 한다고 하였다. "너나 잘하세요."를 "Mind your own business."라고 직역하면 그 맛이 전혀 살아나지 않고, 번역할 수 있는 마땅한 표현을 찾을 수 없었기 때문이라고 한다.

장면 5

살인 용의자에게 '밥'을 먹었냐고 묻는 모습 (《살인의 추억》* 1:55:40 ~ 2:00:40)

(서태윤 형사는 유력한 용의자인 박현구를 사건 현장으로 끌고 가다가 연쇄살인의 범인이라고 자백하라고 다그친다. 이때 박두만 형사가 다급히 뛰어오며 서태윤 형사에게 정액 유전자 검사 결과가 나온 서류를 건넨다. 검사 결과 보고서에

는 의뢰한 검체가 용의자 박현구의 유전자와 일치하지 않는다고 되어 있다.)
서태윤: (서류를 보며) 뭔가 잘못됐어. 이건 다 거짓말이야. 필요없어. (서류를 땅에 떨어뜨리고 박현구에게 다가간다.)
박두만: (박현구를 일으켜 세워 얼굴을 움켜쥐며) 니가 정말 아니라는 거야. 내 눈 똑바로 봐.
박현구: (박두만을 응시한다.)
(서태윤 형사가 박현구에게 다가가서 권총을 겨누자 박두만 형사는 총을 쥔 서태윤 형사의 손을 잡아 내린다.)
박두만: (박현구를 다시 응시하며) 답을 해 보라니까.
박현구: (대답하지 않고 박두만 형사를 응시한다.)
박두만: (박현구를 응시하며) 씨발. 모르겠다. (계속 응시하며) **밥은 먹고 다니냐?** 가. 가라, 이 씨발놈아.

형사들이 연쇄 살인범을 수사하는 중에 또다시 잔혹한 살인 사건이 일어난다. 기대했던 유전자 감식 결과마저 박현구를 범인으로서 확증할 수 없게 되자 서태윤 형사와 박두만 형사는 허탈감에 빠진다. 범인을 잡기 위해 수많은 수사 인력이 장시간 동원되었지만 사건은 여전히 미궁에 빠져 있다.

***《살인의 추억》 2003.4.25. 개봉/러닝타임 132분/대한민국/범죄, 미스터리/감독: 봉준호**

- 박두만(송강호): 사건이 일어난 장소의 관할 경찰서 소속 형사이다. 직감과 통찰을 바탕으로 전통적인 수사기법을 사용한다.
- 서태윤(김상경): 서울경찰청 소속 형사로 수사팀에 합류한다. 프로파일링과 같은 새로운 수사기법을 중심으로 수사한다.
- 박현구(박해일): 세 번째로 지목된 유력한 용의자이다. 손이 곱다거나 신고된 인상착의와 매우 유사하지만 결정적인 증거가 부족하여 범인으로 체포되지 않는다.

⇒ 1986년~1991년에 걸쳐서 이루어진 실제 연쇄 살인 사건을 다룬 영화이다. 한 시골 마을에 성폭행 연쇄 살인 사건이 일어나자 전국의 이목이 집중된다. 사건 해결을 위해 특별수사본부가 설치되고, 관할 경찰서 소속 형사인 박두만과 서울시경 소속 형사인 서태윤이 배치된다. 참고로, 영화에서는 범인을 잡지 못한 채 미제 사건으로 마무리된다. 하지만, 2019년에 이춘재가 범인임이 밝혀져서 사건의 이름도 '이춘재 연쇄 살인 사건'으로 불리게 된다.

박두만 형사는 범인이 무고한 시민을 잔혹하게 살해하고도 태연하게 지내고 있을 것을 생각하니 분노가 치밀어 올랐다. 박두만 형사가 박현구에게 "밥은 먹고 다니냐?"라고 말한다. "잔혹한 살인범(용의자)인 너도 밥은 챙겨 먹느냐?", "너는 우리와 같이 밥을 먹는 존재이냐?" 라고 반문하는 것이다. 밥을 먹는다는 행위는 인간이 생명 유지를 위해 하는 지극히 기본적이고 일상적인 것이기 때문이다. 박두만 형사는 살인 용의자인 박현구를 보며 '살인마 같은 너도 우리와 같은 인간적인 면이 있느냐?' 라고 묻고 있는 것이다. 범죄 프로파일링 전공 교수도 이 표현을 "너 같은 인간도 밥을 먹고 다니냐?"라고 받아들여진다고 하였다.

하지만 일부 영화 감독은 이 표현을 달리 보기도 하였다. 범인을 오랫동안 쫓는 형사의 입장에서 생각해 보면, 도망 다니는 범인의 처지를 생각하다가 범인에게 어떤 연민의 감정을 느껴서 감정이 이입된 말일 수도 있겠다고 하였다. 형사 대 범인이 아니라 인간 대 인간으로 "도망 다니느라 애쓴다."와 같은 인간적인 모습을 표현한 것 같다고도 하였다. 하지만, 주인공인 송강호 배우는 "과연 이런 짓을 하고도 밥이라는, 생물학적으로 우리의 힘을 지탱해 주는 밥이라는 게 목으로 넘어갈 수 넘어가느냐, 그런 뜻으로 제가 대사를 했던 것 같아요."라고 말하였다.

밥은 한국인에게 있어 음식의 한 종류를 넘어 인간의 생명 유지를 위한 기본 수단을 의미한다. 여러 음식 중에서 한국인에게 있어 가장 상징적인 것이 바로 밥이다. 이러한 밥을 인간의 탈을 쓴 살인마도 먹는지 주인공은 묻고 있다. 한국인에게 밥의 상징적 의미가 워낙 강하다 보니 배우의 의도마저 다소 왜곡되는 현상이 일어난 것으로 보인다.

(3) '우리'가 공유하는 말 문화

의사소통 참여자들은 서로 공유하고 있는 정보가 있다. 공유된 정보가 많을수록 의사소통이 원활하게 일어난다. 공유하고 있는 정보가 충분하지 않을 때에는 의사소통이 효과적으로 이루어지지 않거나 오해를 불러일으키기도 한다. 다음은 한국인이 공유하고 있는 언어·사회적인 정보나 맥락 덕분에 의사소통이 적절하게 이루어진 경우이다.

장면 6-1

'거시기'라는 어휘를 사용하여 의사소통하는 모습 (1) (《황산벌》* 08:49 ~ 11:43)

(나당 연합군의 첩보를 얻기 위해 백제군 첩자 두 명이 신라군 진영에 잠입한다. 이들은 경상도 사투리까지 쓰며 신라군인들과 자연스럽게 섞여 대화한다. 하지만 신라군인들은 상대 진영인 백제의 지리를 잘 아는 이들을 의심한다. 백제군의 첩자들은 자신들의 정체가 탄로 나지 않게 하려고 서로 감싸주며 대화한다.)

신라군인1: (백제군 첩자1를 가리키며) 니는 왜 야 편을 드노?

백제군 첩자1: 편은 무슨 편. 우리는 그, 다 같이 피, 피를 나눈 전우아이가. (옆에 앉은 신라군인들과 어깨 동무를 하며) 전우, 전우.

백제군 첩자2: (옆에 앉은 신라군인들과 어깨 동무를 하며) 전우, 전우.

신라군인2: 전우? 그래. 전우, 같이 농사짓다 끄내가지구 언제 죽을지 모르는 전우끼리 (신라군인1을 보며) 그만해라. 임마.

백제군 첩자1: 하모 하모. 괜히 전우끼리 편 가르고 그러면 **쪼~까 거시기 해불제.** (백제군 첩자2를 보며) 안그렁가잉~

백제군 첩자2: 그라제이. 안그라면 전우가 아니랑게잉.

신라군들: (의심의 눈길로) 쪼가? 거시기? 그라제?

백제군 첩자1, 2: (당황하며) 우리, 우리 첩자 아이데이. 첩자 아이다.

*** 《황산벌》 2003.10.17. 국내 개봉/러닝타임 104분/대한민국/코미디, 전쟁/감독: 이준익**

- 계백(박중훈): 백제의 지휘관이다.
- 김유신(정진영): 신라의 지휘관이다.
- 백제군 첩자 1, 2(김승우, 신현준): 신라군 진영에 잠입하여 경상도 사투리를 사용하나, 전라도 사투리를 쓰다 정체가 들통난다. 김승우와 신현준은 이 영화에 단역으로 우정 출연하였다고 한다.

⇒ 고구려, 백제, 신라의 3국이 각축을 다투던 때, 황산벌에서 백제와 신라가 결전을 벌인다. 결전에 앞서 상대의 전력을 파악하고 준비하는 과정에서 고구려, 백제, 신라를 주요 인물들이 이북 사투리, 전라도 사투리, 경상도 사투리를 사용한다.

장면 6-2

'거시기'라는 어휘를 사용하여 의사소통하는 모습 (2)
(《황산벌》 30:53 ~ 31:40, 01:17:45 ~ 01:19:00)

(의자왕의 명을 받은 계백은 신라와의 결전을 다짐한다. 그리고 결사 항전의 의미로 장병들에게 갑옷을 옷에 꿰매어 전투에 임하게 한다. 황산벌에서 전투가 벌어지는 날, 계백은 최후의 결전을 치르자고 연설한다.)

계백: (비장한 표정과 목소리로) 우리는 명색이 결사대여. 아, 결사대가 일당 십도 못혀? (장수들을 돌아보며) 아그들에게 단단히 일러라. 죽기 전에 신라 놈덜 열 놈 죽였는가 나한테 확인받고 디지라고. 알겠는가?

장수들: (큰소리로)야!

계백: 할당량 못채운 놈들은 내가 그냥 주게불랑게. 아, 글고, 나가 출정 전에 **갑옷에 대해 거시기 한 거.** 까먹지들 말고 병사들에게 **다시 한번 거시기 잘하라고 단단히들 일러.**

장수들: (비장한 표정과 낮은 목소리로)야!

계백: 그러니께 이번 여그 황산벌 전투에서 **우리의 전략 전술적인 거시기는 한마디로 머시기 헐 때 까정 갑옷을 거시기 한다.** 바로 요거여. 알겄제?

장수들: (큰소리로)야!

…(중략)…

(병사들이 백마의 피를 입에 바르고 최후의 결전을 준비한다.)

계백: 자랑스런 백제의 아그들아, 머덜라고 백마의 피를 입술에 바르는 것이더냐 시방. 그것이 바로 죽음의 맹세 아니여? 사는 것은 불확실한 것이여. 이 징헌 놈의 인간 시상에 확실한 건 딱 하나뿐이다. 그것은 바로 사내가 비루헌 변명을 버리고 **우리 오늘 여그 황산벌에서** (칼을 뽑아 들며) **아쌀하게 거시기 해불자.**

병사들: (연호하며) **거시기 혀불자, 거시기 혀불자, 거시기 혀불자.**

〈장면 6-1〉에서 첩자로 간 백제 군인들은 전라도 사투리를 사용하여 정체가 탄로나기 직전이다. 자신의 정체가 들통날 것 같아 당황하며 상황을 벗이나고 싶어서 동료들끼리 이렇게 의심하는 것은 적절하지 않다고 말하려 한다. 그래서 서로 편을 가르고 의심하는 상황이 "조금 거시기하다."라고 그말한다. '의심받는 것이 불편하다.', '이런 상황이 적절하지 않다.'는 뜻인데, 자신의 마음을 명료하게 드러내지 않는다. 자신의 마음을 강하게 표현했다가는 자신들의 정체가 더 쉽게 탄로 날 수 있을 것이기 때문이다. 그래서 최대한 조심스럽게, 그러면서도 자신의 입장을 담아 완곡하게 표현한다. 이 말을 들은 백제군 첩자2는 그 말의 뜻을 제대로 이해하고 맞장구친다. 백제군 첩자1은 개인 차원의 마음 상태를 다소 모호하게 표현했지만, 백제군 첩자2는 자신들의 정체가 들통 날 것 같은 상황을 공감하고 있기 때문에 그 말의 의미를 정확하게 이해한다.

〈장면 6-2〉에서는 계백은 결연한 의지를 다지기 위해 갑옷을 옷에 꿰매도록 부하들에게 지시한다. 그리고 부하들에게 자신의 지시사항을 잘 알고 있는지 확인하고, 제대로 이행하라고 강조한다. 이때 지시사항이 무엇인지 명시적이고 구체적으로 표현하지 않고 두루뭉술하게, 그야말로 '거시기'하게 말한다. 하지만 부하들은 계백이 말한 것이 무엇인지, 어떤 마음으로 말하는지를 명확하게 파악하고 비장한 표정을 지으며 반응한다. 계백의 지시사항은 그렇게 복잡하거나 정보량이 많지 않다. 또한, 신라와 결전을 앞둔 상태에서 계백이 말하는 비장한 태도도 부하들이 충분히 공감할만하다. 계백과 부하들은 의사소통에 필요한 정보를 충분히 공유하고 있다고 볼 수 있다. 그래서 계백이 '거시기'하게 표현했지만 의사소통이 무리없이 이루어지고 있다.

의사소통에 필요한 정보를 이미 공유하고 있는 상황은 백제군이 전의를 다지기 위해 백마의 피를 입술에 바르는 의식을 하고, 계백이 비장하게 연설하는 장면에서도 잘 드러난다. 신라군과 격돌 직전인 지금 이 상황에서 지휘관이 휘하 장병들에게 할 수 있는 말, 그리고 부하들이 받아들일 수 있는 의미는 단 하나뿐이다. 용맹스럽고 결연한 태도로 전투에

임하자는 것이다. 그래서 계백이 '거시기'하게 말해도 부하들은 다 알아듣는다.

영화의 장면에서는 '거시기'라는 어휘를 사용하여 의사소통이 무리 없이 이루어지고 있음을 확인할 수 있다. 국립국어원의 표준국어대사전에서는 '거시기'의 뜻을 '이름이 얼른 생각나지 않거나 바로 말하기 곤란한 사람 또는 사물을 가리키는 대명사. 또는 하려는 말이 얼른 생각나지 않거나 바로 말하기가 거북할 때 쓰는 군소리.'로 풀이한다.[8] 모호하고 두루뭉술하게 표현할 때 사용하는 어휘이다. 사람들은 '거시기'라는 어휘를 사용하면 의사소통이 '거시기' 해지므로 명료하게 표현하기를 강조한다. 하지만 영화의 장면과 같이 자신의 마음 상태를 드러내거나, 상대방에게 자신의 생각을 전달할 때에 '거시기'라는 어휘를 사용해도 의사소통이 무리 없이 이루어지고 있다. 의사소통 참여자들이 화제와 관련된 정보를 충분히 공유하고 있기 때문이다.

장면 7

자식에게 아낌없이 주고픈 엄마와 사양하는 딸의 모습 (《미나리》* 28:41 ~ 28:47)

(딸의 집에 도착한 순자는 상자를 열고 비닐봉지를 하나씩 꺼낸다. 비닐봉지에는 딸에게 주려고 싸 가지고 온 고춧가루, 멸치 등의 식재료들이 담겨있다.)

어머니: (비닐봉지를 꺼내어 건네며) 자.

딸: (비닐 안의 내용물을 확인하고 반가워하며) 어, 고춧가루. (고춧가루를 손가락에 묻혀서 맛을 보며) 음. 여긴 이런 걸 구할 수가 없어. 8시간이나 운전해서 달라스까지 갔는데 별로였어.

어머니: (또 다른 비닐봉지를 꺼내어 건네며) 자.

딸: 멸치도 가져온 거야? (눈에 손을 대고 운다.)

8 영화에서는 '거시기'를 전라도 사투리로 표현했지만, 표준어로 등재된 어휘이다. 미국식 영어에서도 '거시기'와 비슷한 뜻을 가진 낱말로 'whatchamacallit(what-you-may-call-it.)'이 있다.

순자: 야, 또 울어? 멸치 땜에 울어?
모니카: 아우, 엄마 우리 사는 꼴 다 봤네. 아우. 미안해. 엄마.
순자: 왜? 바퀴 달린 집이라서? 재밌다 얘.
모니카: (애써 웃음 짓는다.)
순자: 있어 봐, 잠깐만. (가방 속을 뒤적이며) 그렇고. (돈이 담긴 봉투를 꺼내며) 이거, 이거는 내가 너한테 주는 거니까 받아둬.
모니카: **(두 손으로 봉투를 밀치며) 아니에요. 엄마, 엄마 엄마, 아니야.**
순자: **(봉투를 다시 딸에게 주며) 받아 둬.**
모니카: **(다시 두 손으로 봉투를 밀치며) 아니야, 엄마. 아니야. 내가 엄마한테 용돈을 줘야지. 나 이제 일 해요.**
순자: **(딸의 손에 돈 봉투를 쥐어주며) 얼른 넣어 둬.**
모니카: **(봉투를 받으며) 아, 정말….**

순자는 아이를 돌봐 달라는 딸의 부탁을 받고 한국에서 미국으로 온다. 딸의 집에 가는 여느 친정어머니처럼 순자는 여러 가지 음식을 가득 싸서 간다. 특히 이역만리에서 살아갈 딸을 생각하며 미국에서 구하기 어려운 고춧가루, 멸치 등을 가져온다. 모니카는 어머니가 가져오신 한국산 식재료를 보고 반가워하며 기쁘게 받는다. 순자는 모니카에게 이 식재료 외에 현금 봉투도 준다. 모니카는 고춧가루나 멸치를 받을 때와

* 《미나리》 2021.3.3. 국내 개봉/러닝타임 115분/미국/드라마/감독: 정이삭
- 제이콥(스티븐 연): 시골 마을로 이사하여 가족에게 뭔가 해내는 걸 보여 주고 싶어 하며 자신만의 농장을 가꾸기 시작한다.
- 모니카(한예리): 아이들의 양육 때문에 시골 마을로의 이사를 탐탁지 않게 생각하고, 다시 도시로 돌아가자고 한다.
- 순자(윤여정): 정이 많고 자신을 희생하면서까지 손주를 보살핀다. 손자를 오줌싸개라고 놀리거나 화투를 가르쳐 주는 등 친구 같은 모습을 보이기도 한다.

⇒ 1980년대 한국계 미국인 이민 가족(제이콥과 모니카 부부, 어린 남매)이 시골 농장으로 이사하여 정착하며 살아가는 이야기이다. 모니카의 친정어머니인 순자가 손주들을 돌보기 위해 미국으로 오며 다섯 식구가 함께 살아간다. 낯선 땅에서 자리 잡는 것이 쉽지 않지만 다섯 식구는 끈끈한 가족애를 바탕으로 '아무 데서나 막 잘 자라는 미나리'처럼 아메리칸 드림을 꿈꾸며 살아간다.

달리 두 손으로 봉투를 밀며 사양한다. 어머니에게 돈을 받는다는 것은 염치없는 행위라 생각하고, 자신도 이제 취직하여 돈을 벌고 있다고 말한다. 하지만 순자는 재차 받으라고 하고 모니카 역시 재차 사양한다. 두 번의 사양이 이어지자 급기야 순자는 모니카의 손에 돈 봉투를 쥐어준다. 모니카가 마지못해 받는다.

혹자는 모니카가 사양하는 행위를 겉과 속이 다른 모습이라고 비난할지도 모른다. 받을 마음이 없다면 끝까지 사양했어야지 순자가 몇 번 더 권유한다고 받아들이는 것은 모니카가 애초에 순자의 돈을 받을 마음이 있었다고 말할 것이다. 또는 순자의 권유가 반복되자 모니카가 마지못해 받는 인상을 주려고 한 것이라고도 말할 것이다.

하지만 모니카의 이런 행위와 말을 표리부동이나 가식이고 몰기에는 모니카에게 다소 억울한 측면이 있다. 모니카는 가정까지 꾸린 성인이 노모에게 금전적 지원을 받을 만큼 궁핍하게 보여 부모에게 걱정을 끼쳐드린 것 같아 죄송한 마음이 들었을 것이다. 자식 된 도리를 다하지 못하여 자식으로서 체면이 서지 않아 부끄러운 마음도 들었을 것이다. 그야말로 염치가 없었을 것이다. 모니카는 순자가 준 돈을 뻔뻔하게 받기보다는 최소한의 염치를 차리며 받고 있다. 모니카가 사양하며 말한 "아니에요."에는 비록 부모와 자식 간이지만 인간관계에서 부끄러움을 인식할 줄 아는 마음이 담겨 있는 것이다. 또한 한국의 부모는 자녀를 끔찍하게 위하는 것으로 유명하다. 한국의 자녀들은 부모의 이러한 마음을 잘 알기에 부모님께 보은하는 마음으로 효를 실천하는 것을 중요하게 여긴다. 모니카는 자식에게 아낌없이 주고 싶은 부모의 마음이 무엇인지 잘 알고 있을 것이다. 그래서 순자가 기뻐하는 것이 무엇인지 헤아리고, 모니카 자신이 기쁘게 받는 것이 도리어 순자의 기쁨이라 여기고 현금 봉투를 끝까지 사양하지 않고 받는다고 볼 수 있다.[9]

5.3 한국인이면 공감하는 한국어의 말 문화

영화의 장면에서 이른바 명대사로 일컫는 말들에 담긴 다양한 심리·사회문화의 특성을 살펴보았다. 비록 한 마디의 말이지만 그 말 한마디에 우리의 모습이 너무나 사실적으로 드러나기도 했고, 인간에 대한 따뜻한 마음도 느낄 수 있었다. 그래서 그 대사들이 사람들의 입에 오르내리며 명대사의 반열에 올랐는지 모른다. 이제 영화의 장면에서 살펴본 말에 담긴 의미와 이를 토대로 효과적으로 의사소통하기 위한 방안을 생각해 보자.

- **한국인은 자존심이 강하다.**

한국인은 자존심이 특히 강하기로 유명하다. 이 자존심은 자신이 특별한 존재라고 여기는 것과 관련이 있다. 그래서 그 특별함에 맞게

9 거절에도 체면이 끼어드는 언어문화: 한국인들은 감성적이고 타인지향적인 성격 탓에 체면을 중시한다(이광규, 1997:65). 가족의 체면, 사회적 지위에 따르는 체면, 연령에 따르는 체면, 세대에 따르는 체면, 직업에 따르는 체면 등이 있고 이것으로 인하여 행하여야 할 행위와 하지 말아야 할 행위 등이 있다. 식사를 하지 않았으면서도 경우에 따라서는 식사를 한 것과 같은 행동을 취하여야 한다. 이러한 체면으로 인하여 사람들은 때로는 참고 견디어야 하며, 참고 견디는 것이 자기 정체의 영역을 넘어설 때 운명이라고 한다. 체면 때문에 식사를 안 하고도 한 체하는 것은 겉과 속이 다른 것이고 이러한 것을 이중성격이 말할 수 있다. 겉과 속이 다른 이러한 이중성격은 때로는 좋게 평가되기도 한다. 이를테면 속말을 다 하지 않는 사람을 속이 깊은 사람이라 하고, 지나치게 솔직한 경우에는 속이 없는 사람. 속이 얕은 사람이라고 한다 (박인기 · 박창균, 2010: 281-282).

대우해 주기를 바란다. 영화 《범죄와의 전쟁》에서 최익현은 자신의 관계 능력을 과시하며 자신도 최소한 경찰서장급으로 대우받을 자격이 있다고 생각한다. 영화 《타짜》에서 정 마담은 자신이 명문 여대를 나온 사람이라는 것을 강조하며 그에 걸맞는 대우를 요구한다.

한국인이 갖는 자존심은 최고의 상태를 추구하는 심리와도 닿아있다. 한국인은 치열한 경쟁을 경험하여 항상 최고가 되기를 바란다. 최고가 된다는 것은 최적의 상태, 완벽을 뜻하기 때문이다. 사람들이 이른바 명품을 소유하는 이유도 완벽함과 관련 지을 수 있다. 명품이 갖는 뛰어난 품질은 다른 제품과 비교할 수 없는 품질의 완결성을 보장한다고 믿기 때문이다. 영화 《베테랑》에서 서도철 형사가 형사로서 자존감을 드러낸 표현은 자신이 그 분야에서는 최고의 자리에 있으며, 그만큼 업무 수행 측면에서나 도덕적으로 완벽하다는 것을 드러내고 있다.

사람들이 자존심을 드러낸 표현을 말할 때에는 여러 가지 이유가 있다. 하지만 앞서 기술한 바와 같이 한국인이 갖고 있는 완벽에 대한 마음과 연결지어 보면 그렇게 말한 숨은 뜻을 더 깊이 이해할 수 있을 것이다. 자존감을 드러내는 표현을 과시로만 보지 않고, 자신을 그렇게 수양하여 세상에 펼쳐 보이고자 하는 이상이 드러난 것이라고 바라보아 주자. 자존심을 드러낸 표현에 대해 긍정적인 측면에서 바라보고 상대방을 인정하고 존중하며 자존감을 높여주어 보자. 그리하면 상대방과의 관계가 더 좋아지고, 상대방이 더 협조적으로 의사소통에 참여할 수 있게 될 것이다.

- **한국어의 높임 표현은 상대에 대한 존중의 마음을 나타낸다.**

한국어는 높임법이 매우 발달하여 모국어 화자도 종종 바르게 사용하지 못하는 경우가 있다. 한국어 높임법은 4가지가 있다. 동작의 주체를 높이는 방법(주체존대), 듣는 상대방을 높이는 방법(상대존대), 동작이 이르게 되는 대상을 높이는 방법(객체존대), 높임의 뜻을 가진 어휘를 사용하는 방법이다. 이렇게 복잡하고 독특한 높임법 체계가 있는 이유는 상대방과의 관계를 정교하게 인식하여 상대를 존중하여 높이고자 하는 마음이 섬세하게 반영되었기 때문이다.

문법의 규범적 측면을 강조하는 사람들은 높임법에 맞게 정확하게 사용해야 높임법의 정신에 맞는 의사소통이 이루어진다고 한다. 하지만 다음의 예를 한번 보자. 커피 가게 주인이 손님에게 "주문하신 커피 나오셨습니다."라고 말하는 표현이 높임법에 맞지 않으므로 사용하지 말아야 한다고 주장하는 이들이 있다. '나오다'는 동작의 주체는 '커피'이므로 커피에 주체존대 선어말어미 '-시-'를 쓰는 것은 알맞지 않기 때문이다. 엄격한 높임법 체계를 들이대는 사람은 이 말이 몹시 어색하고 불편하게 느껴질 수도 있을 것이다. 커피 가게 주인이 주체존대 선어말어미를 정확하게 알지 못하고 다소 기계적으로 사용했을 수도 있다. 그렇다고 하더라도 이 말을 듣는 손님은 주인이 자신을 존대하고 있다는 생각이 들어 조금은 어색하게 들리겠지만 불편감을 느끼지는 않을 것이다. 상대를 존중하여 높이고자 하는 마음이 잘 드러났는데, 문법적인 오류를 부각시키는 것은 문법을 너무 도식적으로 적용한 것은 아닌지 생각해 볼 필요가 있다.

그리고, 높임법을 의도적으로 파괴하거나 모호하게 표현하면 원래 의미와 다른 표현 의도를 갖게 되기도 한다. 예를 들어 경찰서의 취조실에서 형사가 용의자에게 "사장님, 여기가 어딘지 아시죠?"이라고 말했다고 하자. 형사는 높임 표현을 사용했지만, 용의자를 존중하여 높이고자 하는 마음이 있었다고 보기는 어렵다. 위협에 가깝다. 상대방에게 '-씨', '당신'이라는 낱말을 사용한다고 해서 그 사람을 높이는 것이 아니다. 그 말이 사용되는 상황에 따라 비아냥거리는 말이 될 수도 있다. 영화 《친절한 금자씨》에서도 높임법을 파괴하여 원래와 다른 의도를 강하게 전한다. 한국인이라면 그 말이 상대방을 높이는 것이 아니라는 것을 금방 알아챌 것이다. 높임 표현의 방법을 도식적으로 적용하기보다는 높임 표현을 통해 상대방을 존중하여 높이려는 마음을 먼저 갖는 것이 중요하지 않을까?

• 한국인에게 밥은 밥이 아니다.

한국인에게 있어 밥은 대단히 중요하고 상징적인 음식이다. 밥보다 훨씬 맛있고 영양소도 풍부한 음식을 먹어도 이는 '밥'을 먹은 것이 아니다. 말 그대로 '밥'을 먹어야 한 끼를 해결했다고 할 수 있다. 오죽하면 '밥심으로 산다.'고 말하기까지 한다.

한강의 마포대교에는 극단적 선택을 하는 사람이 많아 이를 예방하기 위해 다리의 난간에 다양한 전광판이 설치되어 있다. 그래서 보행자의 움직임을 감지하여 보행자가 다리 난간에 가까이 이동하면 난간에 표시된 글귀가 조명과 함께 점등된다. 그 글귀 중 하나가 "밥 먹었어?"이다. 혹시라도 극단적인 선택을 할지도 모르는 사람에게 인간에 대한 가장 기본적인 관심을 나타낸 표현이다. 마포대교에 설치한 이런 글귀들 덕분인지 극단적 선택을 한 사람의 수가 급감했다고 한다. 이처럼 한국인에게 있어서 밥은 생물학적인 생존을 챙겨 주는 기초적인 음식일 뿐 아니라 기본적인 인간관계를 상징하는 음식이다.

한국인은 만남의 인사말로 "밥 먹었어?"라는 표현을 자주 사용한다. 부모가 자식에게 말할 때에는 건강에 대한 염려와 고생하는 자식에 대한 안쓰러움이 드러난다. 연인에게 말할 때에는 실속있고 기본적인 생활을 챙겨주고 싶은 마음이 드러난다. "밥 먹었어?"를 사용하는 사람들이 누구인지에 따라 의미가 조금씩 다르지만 세대 간, 남녀를 넘나드는 지극히 인간적인 마음이 담긴 것은 모두 같다. 한편, 헤어지는 장면에서

"언제 밥이나 먹자."라고 말한다면 '언제'가 될지는 아무도 모른다. 가까운 사이가 아니어서 딱히 할 말이 없을 때 이 말을 사용하기도 한다.

밥과 관련하여 '식구(食口)'라는 낱말도 살펴보자. 이 낱말은 한자어 그대로 먹은 입을 가리키는데, 한집에서 함께 살면서 끼니를 같이하는 사람을 뜻한다. 그래서 가족의 범위는 한 집에서 한솥밥을 먹는 사람들이다. 또한 '식구'라고 하면 한 조직에서 함께 일하는 사람을 비유적으로 이르기도 한다. 한국인이 "밥 먹었어?", "밥 먹자."라고 말하는 것은 함께 밥을 먹으며 관계를 발전시키기고자 하는 의도도 담겨 있다. 실제로 서먹서먹한 관계에 있는 사람도 함께 밥을 먹음으로써 친해지기도 한다. 이처럼 밥에는 한국인의 인간 관계에서 상대방에 대한 따뜻한 관심과 끈끈한 유대의 마음이 담겨 있다. 우리도 일상 생활에서 대화할 때 상대방에 대한 따뜻한 마음을 담아 "밥 먹었어?"라고 말을 건네보자. 상대방의 마음에 인간적인 온기가 전해질 것이다.

- **한국어 의사소통에서는 '눈치'가 빨라야 한다.**

한국어는 문법적 특성으로 인해 모호한 표현이 많다. 이창덕 외(2023 : 237)에서는 이에 대해 다음과 같이 설명하고 있다. 한국어는 대화 시 조사의 생략은 물론 청자와 화자를 지칭하는 표현, 시간 표현, 장소 표현 등이 비교적 자유롭게 생략되는 언어이다. 그래서 문법적으로 완성된 지식이 구어 상황에서 여지없이 무시되는 지점을 만나게 된다. 말을 할 때 문장의 여러 성분이 생략되어도 의사소통이 가능한 언어 문화 때문에 사람들 사이에 때로는 오해가 생기고, 오해로 상처받게 되거나 의도하지 않은 결과에 부닥치게 될 수도 있다. 요컨대 한국어는 주어가 없는 문장이라기 보다 대화 상황이나 문장 앞뒤의 맥락에서 당연하거나 예측이 가능한 성분을 굳이 말하지 않는 언어라고 할 수 있다.

한국어의 이러한 특성으로 인해 한국어로 대화할 때에는 맥락을 파악하는 것이 중요하다. 대화에서 맥락을 파악하는 것은 쉽지 않다. 대화의 상황에 관여하는 맥락의 요소들이 대단히 복잡할 뿐만 아니라 이 요소들을 대화 상황과 순간적으로 통합하는 고도의 능력이 필요하기 때문이다. 여기에서 맥락을 파악하는 능력을 우리가 흔히 말하는 '눈치'라고도 할 수 있다. 눈치라고 하면 대개 부정적인 의미로 사용하지만 의사소통 상황에서는 이 낱말을 조금 긍정적으로 해석할 필요가 있다. 표준국어대사전에서는 눈치를 '남의 마음을 그때그때 상황으로 미루어 알아내는 것'이라고 풀이한다. '지금 여기'에서 일어나는 대화 장면에서 그때그때 상황으로 미루어 알아내는 것이야말로 고도의 정신 작용이다. 맥락의 요소와 대화 상황들을 눈치 빠르게 파악하고 통합하며 의미를 해석해야 한다. 전화 통화를 할 때 마무리 인사를 예로 들어보자. 끝맺음 인사를 모호하게 하여 다음과 같이 대화가 이어진다.

(대한이와 민국이는 통화를 마치고 전화를 끊으려고 한다.)
대한: 그럼….
민국: 그래, 어….
대한: 어어어어….
민국: 어-어어어어….
대한: 어….

전화를 끝맺는 상황이 분명한데 전화를 끝맺는다는 말이 명확하게 발화되지 않았다. 내가 먼저 끊자니 실례인 것 같고, 상대방이 끊을 때까지 기다리자니 통화가 끝나지 않을 것 같다. 그렇다고 서로 무한정 "어어어…"를 주고받을 수는 없다. 이때 상황을 판단하여 눈치 빠르게 통화를 마무리 짓자고 제안하거나 의향을 물어보아야 한다. 《황산벌》에서도 '거시기'와 같이 두루뭉술한 표현이 쓰였지만 말하는 사람의 태도나 상황, 사전에 공유하고 있는 맥락들을 통합하여 눈치 빠르게 그 말을 이해하고 있다.

- **체면과 염치는 공존의식의 발현이다.**

한국인은 체면을 중요시한다. 사람들은 한국인이 자기를 과시하고 허세를 부리기 위해 체면을 내세운다고 말한다. 하지만 자신의 양심에 기반을 두고 체면을 내세우기도 한다. 우리가 자신의 도덕적 기준에 어긋나는 행동을 할 때 '낯부끄럽다.', '얼굴을 들 수 없다.'라고 말한다. 체면(體面)이라는 한자어를 다시 살펴보면 얼굴[面]의 의미가 포함되어 있다. 이처럼 체면에는 자신의 내적 기준에 따라 행동하려는 도덕적 판단 기제가 담겨 있다.

체면을 차릴 줄 알며 부끄러움을 아는 마음을 염치라고 한다. 그러니까 염치를 알고 양심에 비추어 체면을 차리며 행동해야 한다는 것이다. 하지만 염치없이 체면을 차리지 못하며 행동할 때에는 얌체 같다고 비난받기도 한다. 영화 《미나리》에서 순자가 딸인 모니카에게 생활비에 쓰라며 돈 봉투를 건넬 때 모니카는 돈 봉투를 덥석 받지 않는다. 딸로서의 최소한의 염치를 알고 체면을 차린다. 모니카가 어차피 받을 것이었으므로 그냥 덥석 받았더라면 얌체같다거나 뻔뻔하다고 비난받았을 것이다.

염치를 알고 체면을 차리는 행위는 상대방과 좋은 관계 속에서 공존하고자 하는 노력이다. 상대방에게 나에 대한 좋은 이미지를 심어주기도 하지만 나에게도 상대방에 대한 좋은 이미지가 쌓일 기회가 되기도 한다. 나의 체면도 세워주지만 상대방의 체면도 세워주게 되는 것이다. 영화 《미나리》를 예로 들어 보면, 모니카가 재차 사양하는 행위는 자신의 체면을 차리는 것으로 볼 수 있다. 하지만 순자가 재차 권하게 하여 기어이 주어야겠다는 행위를 부각시킨다. 그럼으로써 순자가 돈 봉투를 주려는 행위가 진정성이 있다는 것을 강조하는 효과를 준다.

이렇게 염치와 체면은 서로에게 긍정적인 영향을 주며 서로 좋은 관계에서 공존하게 한다. 사회학자들은 어떤 사회가 얼마나 건강한가를 판단하는 척도로 공존의식을 들기도 한다. 사람들이 타인의 의식하고 공존하기 위해 노력하는 사회가 건강하며 발전 가능성이 있다고 말한다. 자기만 편하고 잘되는 것이 아니라 다른 사람과의 관계를 생각하며 공존하기 위해 노력하는 한국인의 문화에 비추어 보면 한국 사회가 아직은 건강하다고 자부해도 되지 않을까?

이 장에서 한국인의 말 문화를 '나', '너', '우리'의 범주로 살펴보았다. '나'의 범주에서는 자신을 드러내는 말속에 인맥, 학벌, 자존감의 과시가 투영되어 있음을 알 수 있었다. '너'의 범주에서는 상대방을 향해 말할 때 국어의 높임법에 담긴 정신을 의도적으로 파괴하여 메시지를 전달하는 방식과 밥에 담긴 의미들을 알 수 있었다. '우리'의 범주에서는 상황 맥락을 공유하며 사용하는 어휘와 염치를 알고 체면을 차리며 공존하기 위해 대화하는 모습을 알 수 있었다.

이 장에서는 한국영상자료원에서 선정한 한국 영화 명대사와 그 외의 영화 속 대사를 중심으로 한국인의 말 문화에 대해 살펴보았다. 일부 자료를 중심으로 한국인의 말 문화를 다루었기 때문에 범위가 제한적일 수밖에 없다. 영화의 범위를 확대하면 한국인의 말 문화를 훨씬 더 풍성하게 살필 수 있을 것이다.

강길호·김현주(1995), 『커뮤니케이션과 인간』, 한나래.

일본경제신문사/서라미 역(2019), 『AI 2045, 인공지능 미래보고서』, 반니.

구현정·전영옥(2007), 『의사소통의 기법』, 박이정.

권민창(2022), 『말하기 전에 생각했나요?』, 떠오름.

권순희(2013), 영화 〈세 얼간이〉를 통해 살펴본 바람직한 교사 화법-학교 폭력 해결책에 대한 논의를 위하여, 〈화법연구〉 22, 285-327.

김선미(2021), 음악적 소통 역량 개발을 위한 교수 · 학습 프로그램 연구, 음악교육공학 49.

김성은(2014), 『세상의 모든 음악은 엄마가 만들었다』, 21세기북스.

김찬호(2018), 『유머니즘』, 문학과지성사.

김형찬(2016), 『음악의 재발견』, 태림스코어.

마틴 셀리그만/김인자·우문식 역(2020), 『마디마틴 셀리그만의 긍정심리학』, 물푸레.

무거/류방승 역(2014), 『왜 가면을 쓴 사람이 인정받을까』, 청림출판.

민영욱 외(2020), 『유머의 품격』, 가림출판사.

민현식(2013), 세대간 소통을 위한 언어정책의 방향, 〈국어국문학〉 164, 29-66.

박경현(2007), 리더의 화법; 지도자의 기본 화법 탐색, 〈화법연구〉 10, 9-56.

박봉주(2018), 『유머를 알면 인생이 바뀐다』, 오늘의 문학사.

박영목(2023), 『당신은 꼰대인가? 멘토인가!('맥가이버' 변호사 박영목의 생활 에세이)』, 행복에너지.

박인기·박창균(2010), 『한국인의 말, 한국인의 문화』, 학지사.

박창균(2022), 언어폭력의 의미와 교육적 대처 방안, 〈현장중심 초등교육연구〉 4(2), 187-204.

박창균·김채은·박종호(2022), 『의사소통의 이해와 실천』, 교우미디어.

박창균·이기정(2023), 스피치 프로젝트가 말하기 능력과 말하기 불안에 미치는 영향, 〈화법연구〉 60, 1–29.

브레네 브라운/안진이 역(2023), 『수치심, 불안, 강박에 맞서는 용기의 심리학 마음가면』, 웅진지식하우스.

오승현(2022), 『나는 괜찮은 AI입니다』, 자음과 모음.

오카다 다카시/이정환 역(2017), 『나를 돌보는 게 서툰 어른을 위한 애착수업』, 푸른숲.

우테 에어하르트·빌헬름 요넨/배명자 역(2013), 『거짓말의 힘』, 청림출판.

원호남(2020), 『나꼰대(꼰대가 쓴 '괜찮은 꼰대'에 관한 꼰대적 고찰)』, 바른북스.

유동엽(2004), 논쟁의 불일치 조정 양상에 관한 연구, 서울대학교 박사학위 논문.

유연정(2018), 『영화로 배우는 말의 품격』, 보랏빛소.

이창덕(2003), 음성언어 생태와 듣기 · 말하기 교육, 〈한국초등국어교육〉 22, 37–77.

이창덕 · 박창균 · 이정우 · 김주영 · 이선영(2019), 『수업을 살리는 교사화법』, 즐거운학교.

이창덕·임칠성·심영택·원진숙(2000), 『삶과 화법』, 박이정.

이창덕·조형일·강남욱(2023), 『궁금하고 알아보면 재미있는 한국어 이야기』, 역락.

전승민(2022), 『나는 AI와 일한다』, 위너북스.

정병훈(2013), 『사람들은 왜, 가면 뒤에 숨는가?』, 씨엘북스.

정연옥·박용익(2020), '공감' 개념의 발달과 공감 능력의 진화, 〈의철학〉 30, 73–100.

정혜신(2018), 『당신이 옳다』, 해냄출판사.

조선일보사·국립국어연구원(1997), 『우리말의 예절』, 조선일보사.

존 스튜어트·캐런 제디커·사스키아 비테본/서현석·김윤옥·임택균 역(2015), 『소통: 협력적인 의사소통의 방법–사회구성주의적 접근』, 커뮤니케이션북스.

존 파웰/장호연 역(2018), 『우리가 음악을 사랑하는 이유』, 뮤진트리.

짱젠펑/임국화 역(2010), 『결정적인 말 한마디』, 이코노믹북스.

칼 구스타프 융·캘빈 s.홀/이현성 역(2020), 『칼 구스타프 융(영혼을 파고드는 무의식의 세계와 페르소나 탐구)』, 스타북스.

클라우디아 마이어/조경수 역(2008), 『거짓말의 딜레마』, 열대림.

한국영상자료원(2023), 『Archive Prism #12: 대사 극장 – 한국영화를 만든 대사 100』, 한국영상자료원.

허야거/김경숙 역(2020), 『상처주지 않고 할 말 다하는 말솜씨』, 센시오.

Cooper, P. J. & Simonds, C. J. (2007). Classroom communication. 이창덕 외 역(2010), 『교실 의사소통』. 교육과학사.

Duck, S., & Sants, H. (1983). On the origin of the specious: Are personal relationships really interpersonal states? Journal of Social and Clinical Psychology, 1(1).

EBS 지식채널 제작팀(2011), 『주니어 지식채널2 사이언스』, 지식채널.

Erickson, F. (1979). Talking Down: Some Cultural Sources of Miscommunication in Interracial Interviews. In A. Wolfgang(Ed.), Nonverbal Behavior:Applications and Cultural Implication. New York: Academic Press.

Hall, E. T. (1966). The Hidden Dimension. Anchor Books.

Kim, M. S. (2008). Non-western perspective on human communication. 범기수, 박기순, 우지수 역(2014), 『인간 커뮤니케이션, 비서구적 관점』, 커뮤니케이션북스.

Knapp, M. L. (1978). Social intercourse: From greeting to goodbye. Allyn and Bacon.

McCroskey, J. C. (1984). The Communication Apprehension. In J. A. Daly, & J. C. McCroskey (Eds.), Avoiding communication: Shyness, reticence, and communication, (pp. 13–38). Beverly Hills, CA: SAGE Publications.

Mehrabian, A. (1981), Silent Messages: Implicit Communication of Emotions and Attitudes(2nd Ed.), Wadsworth, Belmont.

Tannetn, D. & Saville-Trokike, M. (1985). Perspectives on silence. Ablex Publishing Corporation.

plicit Communication of Emotions and Attitudes(2nd Ed.), Wadsworth, Belmont.

Tannetn, D. & Saville-Trokike, M.(1985). Perspectives on silence. Ablex Publishing Corporation.

색인

ㄱ

ㄴ

ㄷ

ㄹ

ㅁ

ㅂ

ㅅ

ㅇ

ㅈ

ㅊ

ㅌ

ㅍ

ㅎ

소통의 기술, 영화로 보다

초판발행 2024년 7월 25일

지은이 박창균 · 이정우 · 함 욱 · 김주영

펴낸이 오상훈
펴낸곳 교우미디어
주 소 서울시 동대문구 약령시로 8 교우빌딩 1층 교우미디어
전 화 02-925-2861, 02-925-2866 / **팩스** 02-925-2860, **편집부** 02-925-2825
홈페이지&북스토어 www.kyowoo.co.kr / 이메일 kyowoo@kyowoo.co.kr

등 록 2011년 2월 7일 제305-2011-000007호
ISBN 979-11-85417-46-2 (03700)

Published by Kyowoomedia Printed in Korea

교우미디어는 보다 혁신적이고 참신한 도서를 다양하게 기획하고 있습니다.
책으로 펴내고자 하는 아이디어나 원고는 메일로 보내주세요.
교우미디어는 전과정을 책임지고 최선을 다하겠습니다.

값 29,000원

교우미디어는 (주) 교우의 Imprint 사입니다.
수학정원·과학정원은 (주) 교우의 새로운 브랜드명입니다.